HEYNE BIOGRAPHIEN

Mai 1978

200. GEBURTSTAG - gel. Febr 1988

In der Reihe »Heyne Biographien« sind bereits erschienen:

1	*Friedrich Sieburg*	Napoleon
2	*Wilfried Blunt*	Ludwig II. König von Bayern
3	*Robert Gutman*	Richard Wagner
4	*Antonia Fraser*	Maria – Königin der Schotten
5	*Egon Caesar Conte Corti*	Die Rothschilds
6	*Robert Lekachman*	John Maynard Keynes
7	*Gavin de Beer*	Hannibal
8	*H. F. Peters*	Lou Andreas-Salomé
9	*Erich Eyck*	Bismarck und das Deutsche Reich
10	*Edward Crankshaw*	Maria Theresia
11	*Friedrich Sieburg*	Robespierre
12	*G. P. Gooch*	Friedrich der Große
13	*Zoé Oldenbourg*	Katharina die Große
14	*Theodor Heuss*	Robert Bosch
15	*Werner Maser*	Adolf Hitler
16	*André Castelot*	Maria Antoinette
17	*Kurt Pahlen*	Johann Strauß
18	*Peter Brown*	Der heilige Augustinus
19	*Salvador de Madariaga*	Kolumbus
20	*Marcel Brion*	Die Medici
21	*Alfred Noyes*	Voltaire
22	*H. E. Jacob*	Mozart
23	*David Shub*	Lenin
24	*Friedrich Sieburg*	Chateaubriand
25	*Benoist-Méchin*	Kleopatra
26	*Virginia Cowles*	Wilhelm II.
27	*Fritz Hug*	Schubert
28	*Neville Williams*	Elisabeth I. von England
29	*Paul Guth*	Mazarin
30	*Ronald W. Clark*	Albert Einstein
31	*Bernard Fay*	Ludwig XVI.
32	*André Maurois*	Balzac
33	*Raoul Auernheimer*	Metternich
34	*W. H. Lewis*	Ludwig XIV.
35	*Michael Grant*	Caesar
36	*Berndt W. Wessling*	Beethoven
37	*Mary Lavater-Sloman*	Jeanne d'Arc
38	*Walter Wadepuhl*	Heinrich Heine
39	*Fritz J. Raddatz*	Karl Marx
40	*Conte Corti*	Elisabeth von Österreich
41	*Robin Lane Fox*	Alexander der Große
42	*Henry Troyat*	Tolstoi
43	*Eberhard Horst*	Friedrich II. der Staufer
44	*Jean Héritier*	Katharina von Medici
45	*William Manchester*	Krupp
46	*D. P. O'Connell*	Richelieu
47	*Ruth Jordan*	George Sand
48	*Robert Payne*	Stalin
49	*Walther Siegmund-Schultze*	Johann Sebastian Bach
50	*Edmonde Charles-Roux*	Coco Chanel
51	*Wolfgang Ritzel*	Lessing
52	*Nicholas Henderson*	Prinz Eugen
53	*Michael Grant*	Nero
54	*Louis Madelin*	Fouché

Karl Pisa

SCHOPENHAUER

Wilhelm Heyne Verlag
München

Genehmigte, ungekürzte Taschenbuchausgabe

Printed in Germany 1978
Zeittafel und Bibliographie wurden erarbeitet von Dr. Hubert Fritz
Umschlagfoto: Archiv für Kunst und Geschichte, Berlin
Bildnachweis: Archiv für Kunst und Geschichte, Berlin
Umschlaggestaltung: Atelier Heinrichs, München
Gesamtherstellung: Presse-Druck Augsburg

ISBN 3-453-55055-2

INHALTSVERZEICHNIS

Wenn der Mensch Gott erkennt, ohne sein Elend zu erkennen, verfällt er dem Stolze. Erkennt er sein Elend, ohne Gott zu erkennen, verfällt er der Verzweiflung.
Blaise Pascal

Arthur Schopenhauer war 23 Jahre alt, als er zu dem 78jährigen Dichter Christoph Martin Wieland sagte: »Das Leben ist eine mißliche Sache, ich habe mir vorgesetzt, es damit hinzubringen, über dasselbe nachzudenken.«

Arthur Schopenhauer eignet sich wie kein anderer Philosoph dazu, dem Entstehen einer Weltanschauung nachzuspüren. »Schnell fertig ist die Jugend mit der Welt«, ließe sich Schillers Wort passend auf Schopenhauer variieren. Kein anderer Philosoph hat in seiner Jugend so viel von der Welt gesehen und sich so früh ein Urteil über sie gebildet. Jene »furchtbare überweltliche Szene des Gerichts«, von der Nietzsche in »Schopenhauer als Erzieher« spricht, sah Arthur Schopenhauer schon mit 26 Jahren vor sich, und sein Urteil über »alles Leben« lautete: »Gewogen und zu leicht befunden.« Es sei gar nicht zu bestimmen, wie frühzeitig Schopenhauer dieses Bild des Lebens geschaut haben muß, meinte Nietzsche: »Man kann beweisen, daß der Jüngling, und möchte glauben, daß das Kind schon diese ungeheure Vision gesehen hat.«

Dieses Buch hat sich deshalb in besonderer Weise eine eindringliche chronologische Darstellung der ersten drei Lebensjahrzehnte Arthur Schopenhauers, seiner Einstellung zur Umwelt und seines problematischen Verhältnisses zu den Frauen zur Aufgabe gemacht. Beschenkt und belastet durch die dissonanten Erbteile von Vater und Mutter, geprägt von einschneidenden Kindheitserlebnissen und stimuliert durch den raschen Wechsel von Umwelt und Lebensumständen, war er das typische Beispiel eines Frühvollendeten. Er zählte ganze fünf Jahre, als er seine Heimatstadt Danzig verließ, und mit fünfzehn Jahren ermöglichte ihm sein Vater eine mehrjährige Bildungsreise, die dem Knaben neben den üblichen Eindrücken bereits tiefe Einblicke in die Abgründe des Menschseins vermittelte: Mit sechzehn Jahren studierte er im Bagno von Toulon das Schicksal der Galeerensträflinge, und auch sein Privatleben erfuhr schon in frühen Jahren einschneidende Zäsuren. Mit siebzehn verlor Schopenhauer seinen Vater, und neun Jahre später trennte er sich für immer von seiner Mutter.

Wer war nun dieser Arthur Schopenhauer eigentlich? Ein Pessimist, ein Misanthrop, ein Weiberfeind, wird die geläufige, die allzu geläufige Antwort lauten. Aber er war auch ein Mann von Welt, obgleich er diese Welt verneinte, war ein Einzelgänger aus gutem Haus, dessen Weltschau mit ihrer Düsterkeit die Vorstellungen späterer Protestgenerationen in den Schatten stellt. Als er aber mit der Niederschrift seines Hauptwerkes »Die Welt als Wille und Vorstellung« begann, war der Gärungsprozeß in seinem Denken ein für allemal abgeschlossen. Auf die Frage, wer er zu diesem Zeitpunkt war, könnte man im Stil der heute üblichen Psychogramme antworten: 29 Jahre, Waise — je zur Hälfte physisch und psychisch —, Doktor der Philosophie, Staatenloser, Pazifist, sprachenkundig, kunstliebend, sportlich, materiell unabhängig; ein zorniger und sinnlicher junger Mann.

»Schopenhauer — mit seiner Todes-Erotik, geboren aus einer enormen Spannung von Geist und Sinnlichkeit — ist recht etwas für junge Leute«, schrieb Thomas Mann im Jahre 1938. Formulieren wir es allgemeiner: Die Welt ist für jede neue Generation immer zuerst Erwartung, Anspruch, Ideal, Traum; leidvoll wird der Widerspruch zwischen der Welt als Vorstellung und der Welt als Realität erfahren; die Auflösung des Widerspruchs zwischen dem Sein und dem Sollen der Welt gibt jeder Generation neu zu denken. Nur wer sich mit der Welt, so wie sie ist, von vornherein abzufinden vermag, braucht keine Fragen zu stellen. Jeder andere bleibt unangepaßt und erlösungsbedürftig: Er kann an Gottes Gnadenhand das Jammertal dieser Erde im Glauben an eine bessere Welt durchschreiten; er kann, eingehakt in seine Leidensgenossen, mit dem Kampfruf »Paradise now« zur kollektiven Selbsterlösung aufmarschieren; und er kann im Alleingang nach der Wahrheit suchen und an ihr verzweifeln.

Wenn wir Arthur Schopenhauer als Kronzeugen einer unheilen Welt in den Zeugenstand rufen, so nicht in der Überzeugung, von ihm *die* Wahrheit zu hören. »Leid schafft nicht Wahrheiten«, möchten wir mit Ludwig Marcuse einschränken, »aber läßt vielleicht Augen wachsen für sie.« Wir können dem Kronzeugen Schopenhauer vorhalten, er sei im Grunde genommen nur Zuschauer gewesen und habe sein persönliches Mißgeschick der Welt als prinzipiellen Fehler angekreidet. Doch wir können dem Kronzeugen Schopenhauer nicht absprechen, daß er die Welt mitleidend zu durchschauen vermochte. Die heftige Kontroverse Arthur Schopenhauers bei seiner Probevorlesung vom 23. März 1820 in der Berliner Universität mit seinem großen Gegenspieler Hegel geht weiter. Hegels Verdienst und weltweite Wirkung lag in der Aufnahme des Fortschrittsbegriffes in die Vorstellung eines dialektischen Prozesses. Aber hat nicht auch der Fortschritt seine eigene Dialektik entwickelt, die Aldous Huxley in den Satz einfing: »Technisch sind wir Übermenschen, moralisch sind wir dagegen noch nicht einmal Menschen.«

Schopenhauer hat in der Vorrede zur ersten Auflage seines Hauptwerkes nicht ohne Ironie den Leser daran erinnert, er könne »ein Buch, auch ohne es gerade zu lesen, doch auf mancherlei Art« benutzen, etwa »damit eine Lücke in seiner Bibliothek ausfüllen ... oder es ... seiner gelehrten Freundin auf die Toilette, oder den Theetisch legen«. Die größere Hälfte der Auflage wurde tatsächlich als Makulatur verkauft. Jahrzehntelang hat man Schopenhauer totgeschwiegen. Erst durch die 1851 erschienenen Nebenwerke und Ergänzungen »Parerga und Paralipomena« wurde er populär.

Zwei Jahre später schrieb John Oxenford in der »Westminster Review« vom »Bildersturm in der deutschen Philosophie«. Man erkannte Schopenhauers Geistesverwandtschaft mit Byron, Chateaubriand und Leopardi. 1854 übersandte Richard Wagner Schopenhauer ein Widmungsexemplar seines »Ring des Nibelungen«. 1857 besuchte Friedrich Hebbel den »Weisen von Frankfurt«, der ein Jahr später anläßlich seines siebzigsten Geburtstages mit Glückwünschen aus aller Welt überhäuft wurde. 1859 veröffentlichte Francesco de Sanctis in der Turiner »Rivista Contemporanea« den Dialog »Schopenhauer e Leopardi«. Die Zeitungen in Frankfurt, Berlin und Wien schrieben über ihn, Studenten und Professoren, Handwerker und Künstler, Offiziere und Diplomaten, Pastoren und Blaustrümpfe korrespondierten mit ihm oder pilgerten zu ihm.

Schopenhauer wurde zum Dolmetsch dessen, was Arthur Hübscher das »sinkende Lebensgefühl seiner Zeit« nennt, zum ersten Modephilosophen, der über die Universitäten hinaus und hinweg mit dem Bildungsbürgertum ins Gespräch kam. Ein halbes Jahrhundert nach seinem Tode war er in aller Munde, und seine Schriften hatten in Hunderttausenden von Bänden in allen Hauptsprachen der gebildeten Welt Verbreitung gefunden.

»Die Welt hat einiges von mir gelernt, was sie nie wieder vergessen wird«, urteilte Schopenhauer selbst über sein Werk. Was dies sei, formulierte im zwanzigsten Jahrhundert der Amerikaner Will Durant in seinem Werk »Die großen Denker« mit dem Satz: »Es war sehr gut, daß Schopenhauer die Philosophie zur Auseinandersetzung mit der derben Realität des Bösen zwang und dem Denken die Linderung menschlicher Not als Aufgabe vor die Nase hielt.«

Als Kronzeuge einer unheilen Welt hat Arthur Schopenhauer keinen Richterspruch zu fällen, aber immer noch eine Aussage zu machen über jene »Situationen, die in ihrem Wesen bleiben« und die Karl Jaspers »Grenzsituationen« nennt: »Ich muß sterben, ich muß leiden, ich bin dem Zufall unterworfen, ich verstricke mich unausweichlich in Schuld.«

Wenn Schopenhauer auch erst mit 72 Jahren starb, das Leid hatte er kennengelernt, bevor er Dreißig geworden war.

K. P.

ERSTER TEIL

Schauplätze der Jugend

I

DANZIG

Wäre ich Engländer geworden

»Ein Sohn geboren!« Stolz stieß der 40jährige Danziger Großkaufmann Heinrich Floris Schopenhauer diese Worte hervor, als er am Nachmittag des 22. Februar 1788 mit erhitztem Kopf sein Kontor betrat. Das versammelte Personal, bereits in Erwartung einer so freudigen Nachricht, verharrte in der Pose ehrerbietigen Schweigens. Nur der Buchhalter erhob sich feierlich, um im Namen aller Anwesenden zu gratulieren. Er tat dies mit laut vernehmbarer Stimme. Dann verneigte er sich und fügte halblaut hinzu: »Wenn er dem Papa ähnlich sieht, muß er ein schöner Pavian werden!« Der Buchhalter hatte sein Risiko richtig kalkuliert. Heinrich Floris Schopenhauer war zwar ein gestrenger und heftiger Prinzipal, aber seit seiner Jugend schwerhörig. Sein Vaterstolz ließ ihn nur noch seine innere Stimme vernehmen, die ihm sagte, daß nun sein Sohn in seine Fußstapfen treten und die seit fünf Generationen ungebrochene Kaufmannstradition fortsetzen würde. So bemerkte er auch nicht die verstohlenen Blicke, dic ihn musterten, Antwort suchend auf die Frage, wie wohl der Sohn des Prinzipals und seiner um fast zwanzig Jahre jüngeren Frau tatsächlich aussehen möchte.

Der stolze Vater war ein kräftig gebauter Mann mit

lebhaften Augen und breitem Gesicht, aus dem ein energischer Unterkiefer vorsprang. Nur die leicht aufwärtsstrebende Nase des Vierzigjährigen half der Vorstellung, wie er wohl als Kind ausgesehen haben mochte. Heinrich Floris Schopenhauer stammte aus einer alteingesessenen und angesehenen Kaufmannsfamilie. Schon sein Großvater Johann, der 1695 das Bürgerrecht erworben hatte, machte in Danzig von sich reden. Konnte er doch als Pächter des Stutthofs, der größten städtischen Domäne, Zar Peter den Großen und dessen Gemahlin Katharina zu seinen Gästen zählen. Sein Vater Andreas war in Danzig als Großkaufmann, Bankier und Fabriksbesitzer nicht zuletzt wegen seiner künstlerischen Neigungen bekannt. Die Sammlung von über zweihundert Gemälden, die er zusammengetragen hatte, erregte die Bewunderung des Astronomen Bernoulli. Die Mutter war eine Tochter des späteren holländischen Minister-Residenten Soermans.

Heinrich Floris Schopenhauer wurde von seinem Vater schon in jungen Jahren nach England und Frankreich geschickt, damit er dort den Kaufmannsberuf erlerne. Als der Fünfundzwanzigjährige heimkehrte, fiel er bei seiner Durchreise durch Berlin Friedrich dem Großen auf, der ihn zu einem zweistündigen Gespräch empfing. Zusammen mit seinem jüngeren Bruder Johann Friedrich gründete Heinrich Floris nun in Danzig ein eigenes Geschäft. Bis zu seinem 38. Lebensjahr blieb er ledig, widmete sich seinen Handelsgeschäften, ohne seine geistigen Interessen zu vernachlässigen. In seinem Hause liebte er englischen Komfort, täglich las er die Times, in seiner Bibliothek standen die Werke von Voltaire und Rousseau. Was ihn zu einer Respekt gebietenden Persönlichkeit machte, war seine Unbescholtenheit, Rechtlichkeit und unverbrüchliche Treue.

Er besaß die Weltoffenheit eines Aufklärers und die Unbeugsamkeit eines Republikaners, in dem der alte hanseatische Sinn für Recht und Freiheit lebendig war. Von dem Titel Hofrat, den ihm der König von Polen verliehen hatte, machte er keinen Gebrauch, sein Wappenspruch hieß »Point de bonheur sans liberté«.

Der 22. Februar 1788, der für Heinrich Floris Schopenhauer ein so denkwürdiger Tag war, lieferte ansonsten keine besonderen historischen Ereignisse. Einzig bemerkenswert wäre vielleicht die Tatsache, daß an diesem Datum der aus Danzig nach Warschau zurückgekehrte Geheime Rat Sartorius dem polnischen König Stanislaw August Poniatowski die klägliche Lage schilderte, in der er die Ostseestadt vorgefunden hatte. Sartorius ließ Seiner Majestät immerhin die Hoffnung, die Bürgerschaft — unzufrieden über den letzten Vergleich mit dem preußischen Hof — werde sich wieder beruhigen. In London hörten an diesem Tage die Mitglieder beider Häuser des Parlaments in der zum Amphitheater ausgebauten Westminsterhall vier Stunden lang den ersten der acht Anklagepunkte gegen den früheren Generalgouverneur von Ostindien, Warren Hastings. Den Bericht der Times darüber sollte Heinrich Floris Schopenhauer freilich erst später zu Gesicht bekommen. Und der 38jährige Geheimrat Johann Wolfgang Goethe schrieb unter dem Datum 22. Februar 1788 aus Rom: »Wir haben diese Woche einen Fall gehabt, der das ganze Chor der Künstler in Betrübniß setzt. Ein Franzose namens Drouais, ein junger Mensch von etwa 25 Jahren, einziger Sohn einer zärtlichen Mutter, reich und schön gebildet, der unter allen studierenden Künstlern für den hoffnungsvollsten gehalten ward, ist an den Blattern gestorben. Es ist eine allgemeine Trauer und Bestürzung.«

Was damals die Welt bewegte, war nicht die Kraft aus dem Feld eines Tages. Revolution war das aus Amerika kommende Wort, das die Erde in ihre geschichtliche Umdrehung versetzte. Schon seit der Mitte des 18. Jahrhunderts hatte in Frankreich die »Revolution der Philosophen« damit begonnen, das Kriterium des Guten durch das Kriterium des Nützlichen zu ersetzen. Der Geist der Aufklärung, der immer größer werdende Freimut des Denkens über die Ursprünge der Gesellschaft, die beste Form der Regierung und die natürlichen Rechte des Menschen hatte die Grenzen Frankreichs längst überschritten. Im Jänner 1788 berichtete Baron Grimm aus Paris: »Diese allgemeine Müdigkeit der Christen ist eine charakteristische Erscheinung unseres Jahrhunderts ... Sie kündet eine Revolution an, die nahe bevorsteht und unvermeidlich ist ... Man kann sagen, daß Frankreich der Herd dieser Revolution ist ...« Nicht große Ereignisse, wohl aber große Erwartungen prägten die letzten Jahre vor der Französischen Revolution. Die Briefe und Bücher schreibenden und lesenden Menschen träumten von einer schöneren, geistigeren, idealeren Welt. Dichter und Denker verkündeten die Freiheit und Würde des Menschen. »Ich sterbe für die Freiheit, für die ich lebte und focht und der ich mich jetzt leidend opfre«, ließ Goethe 1787 seinen Grafen Egmont ausrufen, während Schillers Marquis Posa zu Philipp II. sagte: »Der Mensch ist mehr, als Sie von ihm gehalten, des langen Schlummers Bande wird er brechen und wieder fordern sein geheiligtes Recht.« Und 1788 begann Kant seinen »Beschluß« der »Kritik der praktischen Vernunft« mit dem Satz: »Zwei Dinge erfüllen das Gemüt mit immer neuer und zunehmender Bewunderung und

Ehrfurcht, je öfter und anhaltender sich das Nachdenken damit beschäftigt: Der bestirnte Himmel über mir, und das moralische Gesetz in mir.«

In dem schmalbrüstigen Giebelhaus zwischen der Englischen Kirche und dem uralten Schiffergildenhaus in der Heiligengeistgasse war für die kleine und zierliche Mutter des Neugeborenen das Schwerste überstanden. Für die seit knapp drei Jahren verheiratete, einundzwanzigjährige Johanna Henriette Schopenhauer war die Welt im Augenblick zusammengeschrumpft auf das winzige Wesen in ihrer Armbeuge, das vor wenigen Stunden ein von ihr getrenntes Leben begonnen hatte. Ihre eigene Kindheit schien in unendlich weiter Ferne zu liegen. Sie dachte jetzt nicht an den Unterricht, den sie durch Doktor Jameson und Kandidat Kuschel, und an die Unterweisungen, die sie in Benehmen und Konversation durch Fräulein Ackermann erhalten hatte, und sie dachte auch nicht an ihre erste große Liebe, die einem schönen, reichen und — jungen Mann gegolten hatte. Wohl aber wanderten ihre Gedanken zurück zu der Zeit, in der sie zum erstenmal von ihrem Mann Heinrich Floris Schopenhauer gehört hatte. Er hatte ihr imponiert, noch ehe sie ihn gesehen.

Johanna Henriette Trosiener war siebzehn, als Heinrich Floris Schopenhauer im Herbst des Jahres 1783 zum Stadtgespräch geworden war. Damals hatte ein preußisches Armeekorps Danzig von der Landseite blockiert. Der kommandierende General von Raumer war während der Blockade auf dem Schopenhauerschen Landgut Ohra in Quartier gelegen, wohin sich Andreas Schopenhauer nach einem arbeitsreichen Leben zurückgezogen hatte, während sein Sohn Heinrich Floris im eingeschlossenen Danzig saß.

Um sich für die unfreiwillig-gastfreundliche Aufnahme auf dem Landgut erkenntlich zu zeigen, ließ der General dem Sohn des Hausherrn freie Einfuhr der Fourage für seine Pferde anbieten. Heinrich Floris Schopenhauer antwortete ihm ebenso prompt wie trotzig: »Ich danke dem General für seinen guten Willen; mein Stall ist für jetzt noch hinlänglich versehen, und wenn mein Vorrat verzehrt ist, lasse ich meine Pferde totstechen.«

Als Heinrich Floris Schopenhauer der Johanna Henriette Trosiener zum erstenmal gegenüberstand, war also sein Ruf seiner Erscheinung längst vorausgeeilt. Für ihn war es eine Liebe auf den ersten Blick: das zierliche Mädchen mit seinen blauen Augen und seinem hellbraunen Lockenhaar rief seinen Beschützerinstinkt wach. Sie hatte eben ihre erste große Enttäuschung erlebt und war entschlossen, ihre Vernunft sprechen zu lassen. Spontan hielt der 37jährige Mann um die Hand der Achtzehnjährigen an. Und sie gab ihm, ohne sich die damals übliche Bedenkzeit von drei Tagen vorzubehalten, in Gegenwart ihrer Eltern das erbetene Ja-Wort. Ihr Vater Christian Heinrich Trosiener, Kaufmann, Quartiermeister des Fischerquartiers und Kirchenvorsteher an der protestantischen Kirche zu St. Johann, konnte ihr keine große Mitgift in die Ehe mitgeben. Dazu bestand bei einem so wohlhabenden Bräutigam, der aus reiner Neigung in den Stand der Ehe treten wollte, aber auch keine Notwendigkeit. Heinrich Floris Schopenhauer hatte keine Zeit mehr zu versäumen. Der Brautstand dauerte nur fünf Wochen, und an jedem dieser Tage fand die Braut beim Erwachen einen aus seltenen Blumen zusammengestellten duftenden Strauß vor.

Am 16. Mai 1785 wurde das ungleiche Paar nach nur einmaligem Aufgebot in der protestantischen Kirche »Zu allen Gottes Engeln« an der Lindenallee auf dem Wege nach Langfuhr getraut. Eltern und Geschwister begleiteten die in weißen Musselin gekleidete Braut mit dem Myrtenkranz im Haar nach dem Schopenhauerschen Landsitz in Oliva. Auch hier waren Vorhaus und Zimmer mit duftenden Blumen geschmückt. Noch in der ersten Nacht nahm Heinrich Floris Schopenhauer von seiner jungen Frau Besitz. Späte Leidenschaft und erste Hingabe besiegelten ihr spontan-überlegtes Bündnis, das vorerst keine Früchte trug. »Noch vor Vollendung meines neunzehnten Jahres war mir nun durch diese Verbindung die Aussicht auf ein weit glänzenderes Los geworden, als ich jemals berechtigt gewesen war zu erwarten«, sollte Johanna Schopenhauer später ihren Memoiren anvertrauen. »Ich durfte stolz darauf sein, diesem Manne anzugehören, und war es auch. Glühende Liebe heuchelte ich ihm ebensowenig, als er Anspruch darauf machte ...«

Als Heinrich Floris Schopenhauer am Abend des 22. Februar 1788 an das Bett seiner Frau trat, sprachen aus seinem liebevollen Blick Dankbarkeit und Schuldbewußtsein. Er dachte zurück an den 24. Juni des vergangenen Jahres, als er die Hoffnung auf einen Sohn und Erben fast schon aufgegeben hatte und mit seiner Frau um Mitternacht die von ihr sehnsüchtig erwartete Reise antrat. Nach den ersten vier Tagen dieser Reise hatte er seine Frau, die auf ihren angeschwollenen Füßen nicht mehr stehen konnte, wie ein Kind die Treppe zum Zimmer des berühmten Berliner Gasthofs Zur goldenen Sonne hinaufgetragen. Doch nichts konnte Johanna davon abhalten, zum erstenmal in ihrem Leben Paris und London zu sehen, obwohl es ihr nicht verborgen geblieben war, daß sie sich in anderen Umständen befand. Als sie dann im Herbst den Ärmelkanal überquerten, empfand sie das Beschwerliche ihres Zustandes so sehr, daß sie auf kürzestem Wege nach Hause wollte, um sich der Obhut ihrer Mutter anzuvertrauen. Heinrich Floris aber tat alles, um sie zu bewegen, ihre Niederkunft in London abzuwarten; wußte er doch, daß jedes von ausländischen Eltern stammende Kind durch seine Geburt in England dort ein Heimatrecht erwarb. Er konnte dabei an nichts anderes denken als an einen Sohn, der als Engländer natürlich den Beruf eines Kaufmannes ausüben würde. Nicht gewohnt, daß seinem Willen Widerstand entgegengesetzt wurde, ließ sich der künftige Vater auch von der Leidensmiene der werdenden Mutter nicht rühren. Erst nach längeren und heftigen Auseinandersetzungen einigten sich die beiden im November auf den damals berühmtesten Londoner Arzt als Schiedsrichter. Er sollte entscheiden, ob das Risiko einer Geburt in ungewohnter Umgebung schwerer wog als das einer langen Rückreise. Dr. Hunter fand, daß Bewegung für schwangere Frauen gut sei und warnte nur vor zu langen Tagesreisen. Vor der zweiten Überquerung des Ärmelkanals auf der Rückreise ließ der nun doch besorgte Gatte nach einer Probe, die er um halb drei Uhr früh selbst vornahm, die werdende Mutter, in einem Lehnstuhl sitzend, mit Stricken an Bord des Paketbootes ziehen. Doch die Anstrengungen der Fahrt von Calais über Lüttich, Aachen und Osnabrück, wo die Achse des Wagens brach, konnte Heinrich Floris seiner Frau nicht ersparen. Ohnmächtig mußte dort Johanna von einem kraftstrotzenden, aber schwachsinnigen Verwalter in ein leerstehendes Schloß getragen werden. Erst zu Silvester, sieben Wochen vor der Geburt ihres Kindes, kam Johanna in ihrem Elternhaus an.

Im Jahr 1787, in dem die Entscheidung über den Beginn von Schopenhauers Leben gefallen war, hatte Adolph Freiherr von Knigge in seinem Buch »Über den Umgang mit Menschen« geschrieben: »Wenngleich das Zeugungsgeschäft nicht eigentlich absichtliche Wohlthat für die folgende Generation ist, so giebt es doch wenig Menschen, die nicht ganz damit zufrieden waren, daß Jemand sich die Mühe gegeben hat, sie in die Welt zu setzen.« Das Neugeborene konnte zu dieser kühnen Behauptung im Augenblick noch nicht Stellung nehmen. Der Knabe konnte noch nicht sehen, daß in den Augen seines Vaters der Stolz, einen Sohn zu besitzen, nun bei weitem die Enttäuschung überwog, daß dieser nicht in England geboren worden war. Er konnte auch nicht aus dem Blick seiner Mutter herauslesen, daß noch größer als ihr Mutterglück die Genugtuung war, ihrem Manne den langgehegten Wunsch nach einem Erben erfüllt zu haben. Die weise Einrichtung der Natur ersparte ihm so wie allen anderen Kindern die Entscheidung, ob er überhaupt und von welchen Eltern er in die Welt gesetzt werden möchte. Es hätte ihn vermutlich ängstlich gestimmt, daß von den zehn Geschwistern seines Vaters sechs schon als Kinder gestorben waren. Von den drei lebenden Brüdern seines Vaters war der eine von Jugend an schwachsinnig und ein anderer sollte in geistiger Zerrüttung enden. Die Mutter seines Vaters war eine ausgeprägt pathologische Natur, die nach dem Tod ihres Mannes entmündigt werden mußte. Auch der Vater seiner Mutter war von oft nicht zu zähmender Heftigkeit, die das ganze Haus von seiner Donnerstimme erbeben ließ. Der Knabe erbte — wie er später als Mann glaubte — von seinem Vater den Charakter und von seiner Mutter die Intelligenz. Doch damit erbte er von seinem Vater nicht nur den stolzen, unbeugsamen Sinn und eine unbestechliche Redlichkeit, sondern auch Heftigkeit und Jähzorn, Starrsinn und Düsterkeit des Gemütes. Und seine Mutter vererbte ihm zugleich mit der Lebhaftigkeit ihres Geistes, ihrer raschen Auffassungsgabe und ihrer Selbstsicherheit im Urteil ihr stark ausgeprägtes Geltungsbedürfnis. Schon die erste Nacht seines Lebens wurde vom Schicksal seiner Vorfahren überschattet. Im selbständig gewordenen Kreislauf des Blutes vermischten sich die widersprüchlichsten Erbanlagen seiner Eltern. Dieser rätselhafte Knabe war dazu geboren, die Welt zu enträtseln. Mit der Neugier und der Phantasie seiner Mutter sollte er sie anschauen, mit der Schroffheit und Unbeirrbarkeit seines Vaters sollte er sich über sie ein Urteil bilden. Ein glückliches Naturell war ihm nicht in die Wiege gelegt. So war vorauszusehen, daß seinem Blick später einmal die Schattenseiten des Lebens nicht entgehen würden.

Für Heinrich Floris Schopenhauer stand vom Tag der Geburt seines Sohnes an fest, daß diesem vom Schicksal der Beruf eines Kaufmannes vorherbestimmt war. Waren doch außer seinem Vater auch die Großväter Andreas Schopenhauer und Christian Heinrich Trosiener Kaufleute gewesen und selbst unter den Ururgroßvätern des Knaben fand sich noch ein Kauf- und Handelsmann namens Johann Jacob Rammelmann und ein Kaufmann Andreas Lessig. Deshalb fiel Heinrich Floris auch die Entscheidung über den Namen des Knaben leicht: Arthur sollte er heißen, weil dieser Name in allen für einen künftigen Kaufmann wesentlichen Sprachen der gleiche blieb. Wenn auch der Knabe unter der immer fragwürdiger werdenden Schutzherrschaft des polnischen Königs Poniatowski und der immer bedrohlicher werdenden Nachbarschaft mit dem

Preußen Friedrich Wilhelms II. aufwachsen sollte, so glaubte der aufgeklärte Weltbürger Heinrich Floris Schopenhauer doch an eine Zukunft, in der die Völker sich selbst regieren, aus der Vernunft abgeleitete Gesetze beschließen und keine Kriege mehr gegeneinander führen würden. In einer solchen Republik des Geistes würde sich ein Arthur Schopenhauer über alle Grenzen hinweg verständigen können.

Der Knabe wurde am 3. März 1788 in der protestantischen St. Marienkirche getauft. Seine Paten waren der Bruder seines Vaters, Johann Friedrich, die Schwester seiner Mutter, Charlotte, und der spätere Senator Wilhelm Ernst Friedrich. Bald nach der Taufe zog seine Mutter mit ihm auf den nordwestlich von Danzig an der Ostsee gelegenen Landsitz Oliva. So erlebte er die erste Zeit seines Lebens dort, wo auch seine Mutter die erste Zeit ihrer Ehe verbracht hatte. Es war ein idyllischer Ort, wo eine Mutter ihr Kind nicht lange in den Schlaf zu wiegen brauchte, denn das Rauschen der Bäume, das Zwitschern der Vögel und das Geriesel des Springbrunnens lullten es ein. Als im nächsten Jahr Arthurs Großvater Christian Heinrich Trosiener den östlich von Danzig vor der Landzunge der Frischen Nehrung gelegenen Stutthof pachtete, begannen die Schauplätze von Arthurs Leben alljährlich in einem gemächlichen Dreivierteltakt zu wechseln: zwischen dem mit großem Aufwand angelegten, verspielt wirkenden Landsitz Oliva, dem ursprünglich gebliebenen, abwechslungsreichen Gut Stutthof und der Hafenstadt Danzig, die das Leben der weiten Welt in ihre geschichtsträchtigen Mauern zog.

Arthur war ein aufgewecktes Kind. Das Landhaus in Oliva bot der Neugier eines Kindes, das etwas sehen und hören, greifen und entdecken wollte, reiche Nahrung. Das nicht große, aber bequeme Haus lag inmitten eines Gartens, an einen Hügel gelehnt, der mit Obstbäumen terrassenförmig bepflanzt war. Noch interessierten Arthur nicht die Bücher in den mit Spiegelgläsern verschlossenen Mahagonischränken und auch nicht die Kupferstiche, die in vergoldeten Rahmen an den Wänden hingen. Auch sollte er noch lange nicht begreifen, warum es ihm verwehrt wurde, die Abgüsse antiker Büsten anzufassen. Dafür bot ihm der Garten in der schönen Jahreszeit mit seinen Blumen und Früchten um so größere Bewegungsfreiheit. Da gab es zwei winzig kleine spanische Hündchen und acht Lämmer, deren Toilette die Gärtnerfrau besorgte, so daß die Tiere stets vorbildlich gebürstet und schneeweiß vor ihm erschienen. Jedes dieser Lämmer trug um den Hals eine Glocke aus England, die einen bestimmten Ton von sich gab; gemeinsam ließen die acht Lämmer eine rein gestimmte Oktave erklingen. Im Teich konnte Arthur mit seiner Mutter in einer aus Archangelsk stammenden bemalten Gondel rund um den 70 Fuß hohen Springbrunnen fahren und die herbeischwimmenden alten Karpfen füttern.

Noch aufregender aber wurde für den heranwachsenden Knaben das Leben auf dem Stutthof, wo es inmitten von weitläufigen Gärten und fruchtbarem Land ein Herrenhaus mit mehreren Nebengebäuden gab. Hier wohnten die Großeltern und Tanten, hier arbeiteten Knechte und Mägde, hier wurden Pferde ein- und ausgespannt und Kühe gemolken, hier wurde Brot gebacken und Bier gebraut. Auf dem Stutthof konnte Arthur auf eigene Faust seine ersten Entdeckungsreisen machen, und er ahnte instinktiv, daß sie im Gegensatz zu Oliva nicht in eine kunstvoll gestaltete, sondern in eine vom Leben selbst geprägte Umwelt führten. So war es kein Zufall, daß das einzige Erlebnis, von dem Arthur Schopenhauer später aus seiner Kindheit zu berichten wußte, aus dem Milieu des Stutthofs und seiner Stallungen stammte. »Als Kind hat man noch keinen Begriff von der Unerbittlichkeit der Naturgesetze und dem starren Beharren jedes Dinges bei seinem Wesen«, meinte der Philosoph in reifen Jahren, seine kindliche Naivität gleichsam entschuldigend. »Das Kind glaubt, selbst leblose Dinge werden ihm ein wenig nachgeben: vielleicht weil es sich mit der Natur als eins erkennt, vielleicht weil es sie sich befreundet glaubt aus Unbekanntschaft mit dem Wesen der Welt. So hat man mich als Kind gefunden, wie ich meinen Schuh in ein großes Gefäß voll Milch geworfen hatte und nun den Schuh recht herzlich bat, herauszuspringen.«

Wie bei allen Kindern reichte auch bei Arthur Schopenhauer die bewußte Erinnerung nicht in jene Zeit zurück, in der er die ersten und ihn am stärksten prägenden Eindrücke erhielt. Die Zeugnisse seiner Mutter über diese Zeit waren spärlich und die einer Schriftstellerin, die sich in ihren Erinnerungen selbst darstellte: »Wie alle jungen Mütter spielte auch ich mit meiner neuen Puppe, war fest überzeugt, daß kein schöneres, frommeres und für sein Alter klügeres Kind auf Gottes Erdboden lebe als das meinige, und hatte am Tage wie bei Nacht kaum einen anderen Gedanken als meinen Sohn Arthur«, schrieb sie rückblickend. In die Zeit, in der ihr Kind ein und zwei Jahre alt war, gehörte aber auch ihre Bemerkung: »Daß ich entfernt von Eltern und Geschwistern nach dem Verlust auch des letzten Freundes meiner frühesten Jugendjahre einzelne Stunden verlebte, in denen ich sehr vereinsamt mich fühlen mußte, liegt ja deutlich zu Tage.« Diese Bemerkung bezog sich auf ihr Leben in Oliva, wo sie so wie in den ersten Jahren ihrer Ehe oft die ganze Woche ohne ihren Mann verbrachte, der erst am Sonnabend in sein Landhaus kam, dann aber häufig in Begleitung mehrerer Freunde. In den ersten Jahren ihrer Ehe hatte sie jedoch Dr. Jameson, ein treuer Freund ihrer Kindheit und Prediger der englischen Kolonie in Danzig, fast täglich in Oliva besucht. Er stand der jungen Frau, die an ihrer aus Vernunft eingegangenen Bindung zuweilen irre zu werden drohte, mit seinem Rat zur Seite. Ebenso hatte Johanna Schopenhauer zwischen Herbst und Frühjahr die Möglichkeit gehabt, in Danzig ihr Elternhaus aufzusuchen und ihre Eltern und Geschwister zu sehen.

Das Jahr 1789 führte jedoch in ihrem Leben zu einschneidenden Veränderungen. Geschäftliche Schwierigkeiten veranlaßten ihren Vater, sein Danziger Haus zu verkaufen, seine Ämter niederzulegen und die Domäne Stutthof zu pachten. Existenzsorgen waren es auch, die Dr. Jameson bewogen, nach einem dreißigjährigen Aufenthalt in Danzig nach Schottland zurückzukehren. Vom Frühjahr bis zum Herbst war Johanna Schopenhauer nun mit Ausnahme eines einmonatigen Besuches auf dem Stutthof an den Wochentagen in Oliva mit ihrem Sohn allein. Das hätte zu einer besonders engen Bindung zwischen Mutter und Kind führen können, hätte die Mutter wirklich keinen anderen Wunsch gehabt, als mit ihrer »neuen Puppe« zu spielen. Doch Johanna war von Jugend auf zum Gesellschaftsleben erzogen worden und an die Anwesenheit Gleichaltriger gewöhnt. Wozu hatte sie gelernt, Konversation zu machen und englisch und französisch zu sprechen? Ein Kind von zwei Jahren war für sie kein Ersatz für die mondäne, internationale Gesellschaft, die sie schon vor ihrer Ehe im Danziger Hause ihrer Freundin Sally Cramp, der Tochter eines reichen Petersburger Bankiers, kennengelernt hatte. Mit wem sollte sie nun über ihren Lieblingsautor Lavater sprechen oder von den amerikanischen Freiheitskriegen schwärmen? Entging ihr, die noch nicht die Mitte der Zwanzig erreicht hatte, nicht Tag für Tag etwas von dem reichen Leben, das sie auf ihrer Reise nur in anderen Umständen beobachten hatte können und von dem sie jetzt, erst wenn ihr Kind eingeschlafen war, in den französischen Romanen aus der Bibliothek ihres Mannes mehr erfahren konnte?

Johanna Schopenhauer wurde selbst von zu vielen Dingen bewegt, als daß — am Tage wie bei Nacht — der Mittelpunkt aller ihrer Gedanken ihr Sohn hätte sein können. Für diesen Sohn aber hätte sie gerade in dieser Zeit der Mittelpunkt seines Lebens sein sollen. Er suchte ihre Nähe, er wollte mit ihr spielen, und er stellte ihr seine ersten, unbeholfenen Fragen. Dabei mußte Arthur mit der Zeit instinktiv fühlen, daß sich etwas in seiner Mutter seiner besitzergreifenden Anhänglichkeit entzog, daß sie nicht ganz für ihn da war, sondern davon träumte, ein anderes, eigenes Leben zu leben. Mag sein, daß schon damals der erste Tropfen in das Glas fiel, das erst viel später voll von Bitternis überlaufen sollte, als der erwachsene Sohn seiner Mutter die banale Feststellung »Ich und du sind zwei« wie eine Anklage ins Gesicht schleuderte.

Nur einmal machte sich in der ländlich-geruhsamen Idylle von Oliva für Johanna Schopenhauer ein fernes

Donnergrollen bemerkbar. Gewohnt, daß ihr Mann als Chef seines Handelshauses Danzig nie an einem der zwei wöchentlichen Posttage verließ, war sie auf das Schlimmste gefaßt, als er an einem solchen Posttage im Juli 1789 zu Pferde heransprengte. Doch als er näher kam und sie das Leuchten in seinen Augen sah, war sie voll freudiggespannter Erwartung. »Sie haben die Bastille gestürmt«, berichtete er ihr noch ganz atemlos über den Ausbruch der Französischen Revolution. Das war für sie, eine ebenso überzeugte Republikanerin wie ihr Mann, die Kunde vom ersten Triumph der Freiheit, die auf ihr Gemüt nach ihrer eigenen Aussage berauschend wirkte. Nun setzte sich der Siegeszug der Freiheit, der in Amerika begonnen hatte, in der glanzvollsten Monarchie Europas fort. Philosophen, Adelige und reiche Bürger hatten zwar schon lange in den französischen Salons von dieser Freiheit gesprochen, doch jetzt stieg das Volk auf die Barrikaden, jetzt wurde die große Masse aktiv.

Beim letzten Namensfest des heiligen Ludwig am 25. August 1787 hatte Johanna Schopenhauer noch in Versailles den königlichen Zug bei der Prozession des roten Ordensbandes durch Vermittlung eines einflußreichen Bekannten von einem bevorzugten Platz aus beobachten können. Doch nicht an den in ihren Augen schwerfällig und schüchtern wirkenden Ludwig XVI. und an seine unbeschreiblich anmutig und würdig wirkende Frau dachte sie in den nächsten Wochen, sondern an das erregende Schauspiel, welches ein 25-Millionen-Volk bieten mußte, das sich seiner eigenen Macht bewußt wurde. Später erhielt sie von ihrem Mann einen Fächer, auf den ein Pariser Maler das Porträt Mirabeaus gemalt hatte, und ein Armband, in das ein Bildnis Lafayettes im Halbrelief eingelassen war. Solcherart war der Modeschmuck, den die Damen der besten Danziger Gesellschaft trugen.

Die Welt, in der sich Arthur zurechtzufinden begann, war kleiner. Er wußte nun, wohin die Fahrt jeweils führte, wenn er in Danzig die Kutsche bestieg. Ging es über die »Höhe«, durch die große Allee von Danzig nach Langfuhr, dann endete die Fahrt in Oliva. Dort begannen im Westen die unwirtlichen Kiefernwälder der Kaschubei, dort gab es im Garten des Zisterzienserklosters chinesische Pavillons, künstliche Wasserfälle und eine Flüstergrotte, dort sah er vom Landsitz seines Vaters aus das Meer, auf dem immer wieder Schiffe mit ihren geblähten Segeln auftauchten und verschwanden. Ging die Fahrt aber durch die »Niederung« und über die Weichsel, dann endete sie auf dem Stutthof. Durchquerte man dort den nahen Fichtenwald, so stand man wieder an der Ostsee und konnte am Strand nach angeschwemmtem Bernstein suchen.

Danzig, die Stadt, in der er geboren wurde, kam dem Knaben Arthur Schopenhauer erst als letzter von den drei Schauplätzen seiner Jugend zu Bewußtsein. Jahr für Jahr wurde ihm nun die Silhouette der Stadt, die bei der Heimkehr von Oliva oder vom Stutthof über den nickenden Köpfen der Pferde auftauchte, vertrauter. Was er für seine Vaterstadt empfand, war vielleicht nicht die »Vaterstadtliebe«, von der der Bürgermeisterssohn Daniel Gralath in seinem »Versuch einer Geschichte Danzigs aus zuverlässigen Quellen und Handschriften« schrieb, die zwischen 1789 und 1791 erschien. Doch seine Anhänglichkeit an den Mittelpunkt seines Lebens, zu dem er immer wieder zurückkehrte, nahm zu. Die Tore und Türme der Stadt und noch mehr das bunte Treiben in ihren Gassen, auf ihren Märkten und in ihrem Hafen prägten sich seinem jungen Gemüt ein. Ob er vom Osten oder vom Westen kam, immer überragte der schlanke Turm des Rathauses und der klobige Turm der Marienkirche das Gewirr der Giebeldächer.

Wenn er von Oliva heimkehrte, durchfuhr die Kutsche das Hohe Tor, hinter dem der trutzige alte Stockturm aufragte, in dem sich das Stadtgefängnis befand. Nach der Fahrt durch das Langgasser Tor sah man bereits den von Giebelhäusern umstandenen Langen Markt, die »gute Stube« Danzigs. Hier erzählte der Artushof mit seinen gotischen Fenstern und der vorgetäuschten Marmorfassade von festlichen Gelagen mit englischen, französischen und italienischen Kaufleuten, bei denen die kleinen Kanonen der unter der Decke hängenden Schiffsmodelle abgefeuert wurden. Von der anderen Seite des Langen Marktes sah man das Satteldach des Hallenlangbaues der Marienkirche, der gut 20 000 Menschen zu fassen vermochte, und ganz aus der Nähe den 82 Meter hohen Turm des rechtstädtischen Rathauses, der errichtet worden war, um über das Dach der Marienkirche hinweg den Seeverkehr vor Weichselmünde beobachten zu können.

Wenn der Knabe hingegen vom Stutthof kam, durchfuhr die Kutsche das Langgarter Tor der Niederstadt, vorbei an der Barbarakirche zur rechten Hand. Dann tauchte am Ufer der neuen Mottlau die Speicherinsel mit ihren Fachwerkbauten auf, eine eigene kleine Stadt, auf der jede Feuerstelle verboten war und die in der Nacht durch feste Tore abgeschlossen wurde. Nach dem Fall Konstantinopels und der Abriegelung des Schwarzen Meeres nahm das Korn Südrußlands lange Zeit auf offenen Flößen den Weg weichselabwärts und wurde in diesen Speichern getrocknet, ehe es in rundbauchigen Koggen nach

Antwerpen, London, ja bis Spanien und Italien verschifft wurde.

Auf der anderen Seite der Speicherinsel schlug im Mottlauhafen das eigentliche Herz der Stadt. Von hier kamen noch um 1570 rund 60 Prozent aller Schiffe, welche die Ostsee verließen. Nun war der Mastenwald schon lichter geworden, 1792 liefen nur 653 Schiffe den Danziger Hafen an. Doch für einen Knaben gab es noch immer genug zu sehen, auch wenn er die Tafeln der Kauffahrer noch nicht lesen konnte, auf denen das nächste Fahrtziel mit den Worten »Will's Gott nach Königsberg — Will's Gott nach Kopenhagen — Will's Gott nach Petersburg« angegeben war.

Wie ein hocherhobenes Beil wirkte aus der Entfernung die Silhouette des Krantores, das flußabwärts aus dem mit Buden bestandenen Kai des Mottlauhafens hervorragte. Dem Mittelteil seiner gewaltigen Rundtürme war ein hölzerner Kran vorgesetzt. Aus einer Luke seines Giebeldaches hingen die Taue, mit denen Masten aufgerichtet und schwere Lasten gehoben wurden — durch die Insassen des städtischen Gefängnisses mit den im Tordurchgang sichtbaren Treträdern, wie man ängstlich zuhörenden Kindern erzählte. Noch weiter flußabwärts bei der Einmündung der Radaune wohnten die Fischer, und flußaufwärts bei der Grünen Brücke standen die Reeperbahnen der Seiler und die Essen der Ankerschmiede. In den Gassen rund um den Hafen sah der Knabe Seeschiffer und Kahnführer, Sackträger und Kornwerfer, und die Mutter erzählte ihm von den »Schimkys« oder »Flissaken«, den kahlgeschorenen und holzbeschuhten polnischen Flößerknechten, die Getreide und Holz nach Danzig brachten und die, von Kopf bis Fuß mit Zwiebeln oder Geschirr behangen, als wandelnde Verkaufsstände durch die Straßen gingen und, sobald sie ihre Ware losgeworden, zu Fuß in ihre Heimat zurückkehrten.

Durch den Prachtbau des Grünen Tores, das an Stelle des alten Koggentores mit seinen festlich weiten Fensterreihen nicht mehr abschreckend, sondern einladend wirkte, gelangte man wieder auf den Langen Markt und in die Langgasse mit ihren Patrizierhäusern. Diese Häuser standen wie in allen Hansestädten mit der Giebelseite zur Straße, und ihre Giebel waren nach niederländischer Art mit gediegenen, zierlichen oder prunkvollen Sandsteinbändern eingefaßt. In der Regel waren diese Häuser nur drei Fenster breit. Dafür waren die Keller oft bis zu zwei Stockwerke tief und in der Nähe der Mottlau, nach der Schneeschmelze in den Karpaten, beinahe jedes Frühjahr überschwemmt. Das mag mit ein Grund für die Entstehung des »Beischlags« gewesen sein, der sich aus den zur Haustür ansteigenden Treppenstufen zu einem Prunkstück der Danziger Hausarchitektur entwickelte, zu geräumigen Eingangsterrassen der Häuser, die zur Straße hin mit schmiedeeisernen Gittern oder steinernen Brüstungen abgeschlossen wurden. Zwischen den Beischlägen waren, einem steinernen Bilderbuch mit religiösen, allegorischen und mythologischen Motiven gleich, die Wasserspeier angebracht. In der warmen Jahreszeit spielten auf den Beischlägen die Kinder, und so mancher Seefahrer sonnte sich dort in der Erinnerung an südliche Hafenstädte. Durch die Beischläge wurden die zwei bis drei Kutschen breiten Hauptstraßen wieder auf »Speermaßbreite« verengt, und wenn anstelle von Reitern die seit 1778 von Paris her in Mode gekommenen Portechaisen vorbeikamen, war das Gedränge groß, auch wenn die Zahl fremder Seeleute, polnischer Adeliger und reicher israelitischer Kaufleute geringer war als in früheren Jahren. Denn seit 1772 war Danzig durch die Teilung Polens von seinem Hinterlande abgetrennt, und kaum eine halbe Stunde vom äußersten Stadttor sahen die Bürger der Stadt den aufgepflanzten preußischen Adler. Er erinnerte nicht nur an die Schikanen der Verzollung, sondern auch an das wechselvolle Schicksal dieser Stadt, die um 1600 noch als erster Handelsplatz der Ostsee die Bezeichnung »Königin der Weichsel« trug. Ihr wohlbestalltes bürgerliches Regiment, ihr Reichtum und die Prächtigkeit ihres städtischen Lebens wurden gerühmt.

Der Barockdichter Martin Opitz ließ sich 1635 in ihren Mauern zu dauerndem Aufenthalt nieder. Andreas Gryphius und Christian Hofmann von Hofmannswaldau besuchten seit 1634 ihr Akademisches Gymnasium. Aber nicht nur Dichtern wurde Danzig zur Heimat, auch Naturforscher wie Daniel Gabriel Fahrenheit waren ihre Söhne. »Was nirgends Platz mehr hat, das zieht in diese Stadt, dieweil sie Künste liebt und guten Frieden hat«, dichtete Geflinger in seinem »Blühenden Danzig«, und Salicetus, der Verfasser des »Göttlichen Danzig«, reimte: »Es ist ein solches Volk, das seine Freiheit liebt, das sich eh' in den Tod als in die Bande gibt.« Doch die Tage, in denen Danzig die Sonderrechte eines Stadtstaates genießen konnte, waren gezählt, und wer die Freiheit liebte, dem gab der Danziger Wahlspruch »Nec temere, nec timide« das Rätsel auf, ob es Mangel an Mut verriete, diese Stadt zu verlassen, oder Unbesonnenheit, in ihr zu bleiben.

Schon lange vor der Geburt Arthur Schopenhauers hatten die Danziger in einem Schreiben an die holländischen Generalstaaten geklagt: »Da stehen wir, wie eine Sandbank, um die das Meer braußt und sehen dem Augenblick entgegen, wo die Wellen über uns stürzen, und uns unbeklagt begraben werden. Wir sind in den Händen eines Nachbarn, dessen überwiegenden Macht wir uns weder durch Politik noch durch Gewalt entgegensetzen können. Die Handlung, sonst der Quell unseres Glüks und Wohlstandes, ist ins Stocken gerathen; dadurch sind einigen 1000 Künstlern, Handwerkern, Schifleuten und Arbeitern die Hände gelähmt. Eine Ader der Staatseinkünfte vertroknet nach der andern ... Wir wenden uns also an sie, Hochmögende Herren, und bitten sie so inständig, als es unser Nothstand erheischt, um ihre Unterstützung und Vorbitte bey unserm mächtigen Nachbar. Wenn die kleinern Freystätten nothleiden, so leiden in kurzem die grössern mit.«

Seit 1650 war die Zahl der Einwohner Danzigs ständig gesunken. Damals hatte sie 77 000 betragen. 1794 sollte sie nur mehr 36 738 betragen. Zwischen dem Kriegsstaat Preußen und dem zerfallenden Polen hatte eine freie Stadt keine Zukunft mehr. Den »Maruschkas«, den polnischen Mädchen, die in der Erntezeit in den Dörfern der Umgebung für drei »Dittchen« Tageslohn arbeiteten, konnte das gleichgültig sein. Den Silberschmieden und Bernsteindrehern Danzigs drängte sich wohl die Frage auf, ob ihnen Berlin auch die Arbeiten, die sie bisher in Krakau, Warschau und Moskau absetzten, abnehmen werde. Im vornehmen Koggenquartier aber überlegte man ernsthaft, ob Danzig noch der Platz sei, von dem aus man in Zukunft mit aller Welt Handel treiben könne.

Zwanzig Jahre zuvor hätte Heinrich Floris Schopenhauer noch die Möglichkeit gehabt, sein persönliches Schicksal von dem seiner Vaterstadt zu lösen. Als er 1773 im Alter von 25 Jahren aus Bordeaux zurückkehrte, wohnte er bei der Durchreise in Berlin der Parade bei und fiel Friedrich II. durch die Eleganz seiner Kleidung und die Fremdartigkeit seiner Haltung auf. Er wurde noch am gleichen Tag eingeladen, sich am folgenden Morgen um sechs Uhr früh im Kabinett des Königs einzufinden, der ihn sogleich mit großer Sachkenntnis über die Handelsverhältnisse in Frankreich und England auszufragen begann. Das Gespräch dauerte an die zwei Stunden. Zum Schluß wiederholte Friedrich immer dringender die Aufforderung, sich doch statt in Danzig in preußischen Landen niederzulassen. Er stellte Heinrich Floris Schopenhauer die Gewährung aller ihm wünschenswert erscheinenden Vorteile in Aussicht und spielte schließlich seinen Trumpf aus, indem er auf eine Landkarte mit der politisch unvorteilhaft gewordenen Lage Danzigs wies. »Voilà les calamités de la ville de Dansic«, sprach der König lächelnd, von der Wirkung seiner Worte überzeugt. Doch gerade dieses Gefühl des Ausgeliefertseins an einen mit dem Schicksal seiner Heimatstadt spielenden Mächtigen, stachelte den Starrsinn des Republikaners Heinrich Floris Schopenhauer auf. Er richtete zwar ein Gesuch an den König und erhielt eine von ihm eigenhändig unterzeichnete Kabinettsorder vom 9. Mai 1773, die sein Niederlassungsrecht in Preußen bestätigte, doch Gebrauch machte er davon nicht. Auf die Nachricht vom Tode des Königs, die sich mit den Worten »Fritz ist tot« 1786 wie ein Lauffeuer in Danzig verbreitete, reagierte man im Hause Schopenhauer nach Jahren schikanöser Versuche, Danzig durch Benachteiligung seines Handels mürbe zu machen, nur mit einem »Endlich!«. Als im März 1793 der Neffe Friedrichs des Großen, Friedrich Wilhelm II., Danzig blockierte, um es besetzen zu können, blieb Heinrich Floris Schopenhauer keine Wahl mehr. Danzig, Thorn, Posen und Kalisch waren durch die zweite Teilung Polens Preußen zugefallen.

In seinem beim Dekan der philosophischen Fakultät von Berlin am 31. Dezember 1809 eingereichten Lebenslauf gab der 21jährige Arthur Schopenhauer später selbst eine Schilderung dieser Tage: »Als im Jahre 1793 der König von Preußen, des wohlregierenden allerhöchsten Vater, die Stadt Danzig seiner Herrschaft unterwarf, ertrug mein Vater, dessen Herz nicht weniger warm für die Freiheit als für die Vaterstadt schlug, den Anblick des Untergangs der alten Republik nicht; wenige Stunden vor der Besetzung der Stadt durch die preußischen Truppen verließ er deshalb diese mit Weib und Kind, blieb die Nacht über in seinem Landhause und reiste am folgenden Tage in Eiltouren nach Hamburg ab. Aber nicht ohne große Vermögenseinbuße kaufte er sich allein mit den Seinigen von dem Geschicke Danzigs los; denn abgesehen von dem für den Kaufmann höchst nachtheiligen Ortswechsel und der in so ungünstigem Zeitpunkt nicht ohne Schaden zu bewerkstelligenden Veräußerungen mußte er auch noch den zehnten Theil seiner gesammten Habe dem Fiscus abgeben, wogegen er dann von jeder Verbindlichkeit gegen die Stadt frei und entbunden erklärt wurde. So ward ich schon in zarter Kindheit, ich stand damals im fünften Jahre, heimathlos; auch habe ich seitdem eine neue Heimath niemals erworben.«

Selbst die Nüchternheit dieses Lebenslaufes läßt ahnen, wie einschneidend dieses Erlebnis für den Fünfjährigen gewesen sein muß. Seinem Vater und seiner Mutter, die sich bei aller Verschiedenheit ihres Wesens in ihrer republikanischen Gesinnung einig waren, fiel die Entscheidung gewiß nicht leicht, doch ihr Motiv war klar: Sie wollten nicht unter der preußischen Krone leben, die ihre Heimatstadt nach und nach in die Knie gezwungen hatte, sondern lieber in der freien Hansestadt Hamburg. Mochten die Eltern ihrem Sohne dieses Reiseziel noch so verlockend schildern, ihr Aufbruch glich doch eher einer Flucht als einer Reise. Was zurückblieb, war für den Knaben aber doch etwas Einmaliges, war die Heimstätte seiner Kindheit. Gerade weil sein Verstand die politischen Beweggründe dieses plötzlichen Aufbruchs noch nicht begreifen konnte, mußte sein Gemüt diesen Abschied um so schmerzlicher empfinden. Ob sein Herz nun mehr an Großeltern, Onkeln und Tanten, an gleichaltrigen Spielgefährten, an Tieren des Landsitzes in Oliva und des Gutes Stutthof oder der gewohnten Umgebung seiner Zimmer hing, nichts davon konnte er in die Kutsche mitnehmen, die eilig mit dem notwendigsten Reisegepäck beladen wurde. Seine Eltern führten den von ihnen für diesen Fall längst gefaßten Entschluß binnen vierundzwanzig Stunden aus und hatten weder Zeit noch Lust zu weiteren Erklärungen.

Heinrich Floris Schopenhauer bedrückten zwar die Gedanken an die erlittenen Verluste und an die Schwierigkeiten des Neubeginns in Hamburg, doch hegte er keinen Zweifel an der Richtigkeit der von ihm getroffenen Entscheidung. Er hätte sich nur Vorwürfe gemacht, wenn es ihm nicht auch in dieser Situation gelungen wäre, Haltung zu bewahren. So erschien er seinem Sohn noch unnahbarer als sonst.

Johanna Henriette Schopenhauer wieder erlebte die überstürzte Abreise in einem seltsamen Zwiespalt. Ihr war, als ob das, woran ihr Herz hing, schon Jahre zurücklag, während ihr Leben im Alter von 27 Jahren noch vor ihr liegen mußte. Der Abschied von der trübseligen Stimmung ihrer Heimatstadt fiel ihr nicht schwerer, als ihre Hoffnung wog, in Hamburg mehr von dem zu finden, was sie vermißte. Ihr Sohn fand an ihr nicht den Halt, den ein Verzweifelter sucht, sondern nur den flüchtigen Trost, den man einem unverständigen Kind gewährt. In diesem Augenblick hätte ihm jenes kleine Heft geholfen, das erst 1799 anonym erschien und das ihm sein Vater später schenkte: die Leitsätze des Matthias Claudius »An meinen Sohn H.«. Einzelne Sätze dieser Schrift konnte er in dieser Stunde des Abschieds, ehe sie noch gedruckt waren, vorausempfinden: »Der Mensch ist hier nicht zu Hause, und er geht hier nicht von ungefähr in dem schlechten Rock umher ... Alle Dinge mit und neben ihm gehen dahin, einer fremden Willkür und Macht unterworfen, er ist sich selbst anvertraut und trägt sein Leben in seiner Hand.« Arthur verstand nicht mehr die leisen Worte, die seine Eltern miteinander wechselten. Das Rumpeln der durch das schwedische Pommern davonholpernden Kutsche vermochte keine Antwort auf das Warum dieses Abschieds zu geben.

II

HAMBURG

In zarter Kindheit heimathlos

»Vom Vater angeerbt ist mir die von mir selbst verwünschte und ... mit dem ganzen Aufwand meiner Willenskraft bekämpfte Angst, die mich zuweilen bei den geringfügigsten Anlässen mit solcher Gewalt überfällt, daß ich bloß mögliches, ja kaum denkbares Unglück leibhaftig vor mir sehe. Eine furchtbare Phantasie steigert diese Anlage manchmal ins Unglaubliche.« Dies vertraute Arthur Schopenhauer im Alter von 45 Jahren seinem Geheimbuch "Εἰς ἑαυτόν" an, in das er Persönliches, Selbstbeobachtungen und Weisheitsregeln einzutragen pflegte. In diesen nach seinem Tod vernichteten, in ihrem Inhalt jedoch rekonstruierten Bemerkungen an sich selbst illustrierte er den für ihn so charakteristischen Wesenszug der baren Angst mit einer Erinnerung an die erste Zeit seines Aufenthaltes in Hamburg: »Schon als sechsjähriges Kind fanden mich die vom Spaziergang heimkehrenden Aeltern eines Abends in der vollsten Verzweiflung, weil ich mich plötzlich von ihnen für immer verlassen wähnte.« Schauplatz dieser Szene war das Haus Altstädter Neuer Weg Nr. 76, das Arthur mit seinen Eltern seit dem Frühjahr 1793 bewohnte. Die Eltern hatten Arthur einer der Jungmägde oder »Lüttmeiten«, die zu seinem Dienst bestimmt waren, anvertraut. Diese berichtete den Eltern, ihr Sohn hätte bereits geschlafen, sei dann aber wie aus einem Angsttraum erwacht und nicht mehr zu beruhigen gewesen; die Beteuerungen, seine Eltern befänden sich nur auf einem Spaziergang, hätten bei Arthur keinen Glauben gefunden, vielmehr sei er von der fixen Idee besessen gewesen, seine Eltern hätten Hamburg Hals über Kopf verlassen.

Dieser Angsttraum blieb eine Episode, doch eine zweite Heimat sollte Hamburg für Arthur auch in den nächsten Jahren nicht werden. Für seine republikanisch gesinnten Eltern war diese noch freie Hansestadt ein naheliegendes Ziel, für den aus seiner gewohnten Umgebung herausgerissenen Knaben aber blieb sie ein Boden, in dem er nicht mehr Wurzeln schlagen konnte. Schon bald nach seiner Ankunft in Hamburg vermißte Arthur mit dem Beginn des Frühjahrs und des Sommers schmerzlich die alljährliche Fahrt nach Oliva und auf den Stutthof; und im Herbst wurde ihm bewußt, daß er ohne Rückkehr nach Danzig auch nicht seine Großeltern, Onkel und Tanten sehen konnte. In Danzig waren die Eltern seines Vaters, Andreas Schopenhauer und seine Frau Anna Renata, die Eltern seiner Mutter, Christian Heinrich Trosiener und seine Frau Elisabeth, die verheiratete Schwester seines Vaters, Maria Renata Tietz, der — einzige normale — Bruder seines Vaters, Johann Friedrich, die verheiratete Schwester seiner Mutter, Charlotte Reyger, und die beiden unverheirateten Schwestern seiner Mutter, Annette und Juliane, zurückgeblieben. Besonders an dem nur um fünfzehn Jahre älteren »Julchen«, der jüngsten Schwester seiner Mutter, hing der Knabe sehr. Aber auch die übrigen Mitglieder dieser Großfamilie vermißte Arthur als einziges Kind seiner Eltern um so mehr, als sein Vater und seine Mutter bei ihren Bemühungen, in Hamburg Fuß zu fassen, ihn anfangs vernachlässigten.

Bald nach den ersten Weihnachten, die Arthur in Hamburg feierte, teilten ihm seine Eltern mit, daß sein Großvater Andreas Schopenhauer am 23. Dezember 1793 auf seinem Landgut in Ohra gestorben sei. Vier Monate später trug man in Danzig Arthurs Onkel Johann Friedrich Schopenhauer, der ein Jahr jünger als sein Vater war, zu Grabe. 1794 reiste dann Johanna Schopenhauer im Auftrag ihres Mannes zur Regelung der doppelten Erbschaftsangelegenheiten nach Danzig. Die Frage, ob auch er Danzig wiedersehen und dorthin zurückkehren würde, blieb für den Knaben offen. »Denn wenn schon mein Vater von jener Zeit an bis zu seinem Ende seinen Wohnsitz in Hamburg hatte und daselbst eine Handlung betrieb, so wollte er doch nie unter die Zahl der Bürger aufgenommen werden, sondern wohnte dort nach dem daselbst gültigen Rechte der Ausländer als Beisasse«, schrieb Arthur Schopenhauer später in seinem Lebenslauf. Die Gründe, die Heinrich Floris Schopenhauer zu dieser provisorischen Haltung bewogen, lagen auf der Hand. Er hatte zwar den zehnten Teil seiner Habe in Danzig dem Fiskus abgeben müssen, um von jeder Verbindlichkeit gegen die Stadt entbunden zu werden, doch seinen Grundbesitz hatte er behalten und durch das väterliche Erbe noch beträchtlich vermehrt. Auch hatte Heinrich Floris Schopenhauer die Hoffnung auf eine Wiederherstellung der Republik Danzig nicht aufgegeben; aus der französischen Revolution war inzwischen eine Schreckensherrschaft geworden, doch mit der Mobilmachung eines Millionenheeres versetzte Frankreich auch alle Monarchien des

Kontinents in Angst und Schrecken. Nicht zuletzt aber bot Hamburg in jener Zeit vielfältige Möglichkeiten, sich als Bewohner innerhalb seiner Mauern niederzulassen. Die Stadt nahm im letzten Jahrzehnt des 18. Jahrhunderts Emigranten aus Frankreich und Holland und flüchtige Leibeigene aus Holstein und Mecklenburg auf. Dazu kamen Handwerksburschen aus allen Ländern Deutschlands, Mägde und Knechte aus der Nachbarschaft und Glücksritter, die hier Reichtümer zu erwerben hofften. Nur zwei Drittel der Einwohner Hamburgs waren dort auch geboren und von den 100 000 Einwohnern zählten nur 4000 zu den »Erbgesessenen«, die in der Stadt ein Grundstück besaßen, das mindestens eintausend Reichstaler mehr wert als durch Hypotheken belastet war.

Zu den rechtlich fixierten Nexusverhältnissen, die durch Eid bekräftigt wurden, zählten neben dem Großbürgerrecht und dem Kleinbürgerrecht die Schutzverwandtschaft und der Fremdenkontrakt. Mit dem Erwerb des Bürgerrechts waren beträchtliche Kosten verbunden. Als Schutzverwandte wurden nur Taglöhner, Matrosen und andere Personen aufgenommen, die nicht über Feuer und Herd in der Stadt verfügten. Als einer, der in der Stadt »einen ansehnlichen Handel« treiben wollte, hatte Heinrich Floris Schopenhauer nur die Wahl zwischen dem Großbürgerrecht und dem Fremdenkontrakt. Der Fremdenkontrakt verschaffte wohlhabenden Fremden, wie Angehörigen des English Court, aus den Niederlanden geflüchteten Lutheranern und französischen Refugiés, später aber auch portugiesischen und deutschen Juden, die wichtigsten bürgerlichen Rechte, insbesondere auch das Recht des Handels und des Grundstückerwerbs. Die Wahl Hamburgs als Wohnsitz eines wohlhabenden Kaufmannes und überzeugten Republikaners bedurfte am Ende des 18. Jahrhunderts keiner näheren Begründung. Die 1200 Angehörigen des Kaufmannsstandes zählten zu den angesehensten Bewohnern dieser größten Handelsstadt Deutschlands, die sich schon 1619 das »Haupt der Hansestädte« genannt hatte und die mit ihrem »Hauptrezeß« aus dem Jahre 1712 über eine der besten reichsstädtischen Verfassungen in Deutschland verfügte. Hier herrschten nach dem Urteil des Arztes Dr. Johann Jakob Rambach bis 1800 »Ruhe, Sicherheit und Freiheit in einem solchen Grade, wie vielleicht in keinem anderen Staate«.

Aber auch für eine gesellschaftlich ehrgeizige und erlebnishungrige junge Frau wie Johanna Schopenhauer war Hamburg als Wohnsitz keine schlechte Wahl. »Unsere Emigrazion nach Hamburg ... Vergleich beider altberühmter Hansestädte. Gesellige Zustände, Sitten, Gebräuche, wie sie daselbst waren ... Treiben von 40 000 französischen Emigranten in Hamburg ... Merkwürdige Bekanntschaften. Das Sievekingsche Haus, D. Reimarus, Busch, Domherr, Meyer, Klopstock. Der neopolitaner Tischbein, Professor Meißner aus Prag etc. etc.«, lauteten die Stichworte, die Johanna Schopenhauer als schon berühmt gewordene Schriftstellerin einen Monat vor ihrem Tod für den nicht mehr erschienenen zweiten Band ihrer Memoiren notierte.

Wenn sich Arthur noch lange nach seiner Ankunft in Hamburg verlassen vorkam, dann nicht zuletzt deshalb, weil nicht nur ein Szenenwechsel, sondern auch ein Wechsel in seiner Rolle erfolgt war. Er stand nicht mehr im Mittelpunkt einer Großfamilie, und er war auch in den Augen seiner Eltern nicht mehr der hilflose Neuankömmling in dieser Welt, der er nach seiner Geburt gewesen war.

Der Blick seines Vaters richtete sich nach erlittenen Vermögenseinbußen und dem für einen Kaufmann nachteiligen Ortswechsel vorerst auf die Gründung eines neuen Handelshauses, auf das Wiederanknüpfen alter Beziehungen und das Anbahnen neuer Geschäfte in einer durch Kriegswirren sich ständig wandelnden Welt. Und der Blick seiner Mutter wanderte nach der Einrichtung des neuen Haushaltes bereits weiter zu den berühmten Zirkeln der Hamburger Gesellschaft, denen sie nicht nur angehören, sondern einen eigenen Salon in ihrem Haus an die Seite stellen wollte. So wurde Arthur, der als Knabe so klein war, daß ihm sein mittelgroßer Vater stets als Riese erschien, leicht übersehen: noch war er zu jung, um für eine kaufmännische Ausbildung zu taugen, und erst recht zu jung, um die gesellschaftlichen Ambitionen seiner Mutter teilen zu können. So lernte er in seinem ersten Hamburger Jahr neben der Heimatlosigkeit auch die Einsamkeit kennen. Obwohl Arthur Schopenhauer zwischen seinem 6. und seinem 20. Lebensjahr rund ein Jahrzehnt seines Lebens als Knabe und Jüngling in Hamburg verbrachte, verlor er über sein Elternhaus in dieser Stadt in seinem späteren Leben nie ein Wort. Wenn ihn auch Vater und Mutter zu Beginn seines Aufenthaltes in Hamburg noch nicht verließen, so fehlte ihm doch jenes Maß an Geborgenheit, das andere, in Hamburg geborene Knaben, besaßen. Vergeblich ermahnte den schon sechzehnjährigen Arthur Schopenhauer sein Schulkamerad Georg Christian Lorenz Meyer in einem Brief vom 30. März 1804: »Du fühlst wohl nicht so sehr als wie ich, den ganzen Werth von dem, was ich Dir sagen will, da Du Hamburg nicht so liebst als ich; aber gestehen muß ich es; seitdem ich die letzte Reise machte, habe ich Hamburg womöglich noch mehr lieben gelernt als wie vorher, ich will hoffen und wünschen, daß dieß bei Dir auch der Fall sein möge.«

Hamburg war keine Stadt, der sich Arthur gemächlich, bald von der einen, bald von der anderen Seite kommend, in Begleitung seiner Mutter nähern konnte. Mit einem Schlag hatte ihn das Schicksal mitten in eine Umwelt hineinversetzt, die ihn ungeachtet des Verwandtschaftsgrades mit der Hafen- und Hansestadt Danzig auf den ersten Blick doch fremd anmuten mußte. Schon das Blechschild in der Farbe des zuständigen Regimentes mit den Anfangsbuchstaben des Kirchspiels an seinem Wohnhaus Altstädter Neuer Weg 76 war neu und anders. Dieses Schild war nicht älter als er, denn erst 1788 wurden anläßlich der Gründung der »Allgemeinen Armenanstalt« die Straßen und die 7900 Häuser Hamburgs mit solchen Schildern versehen, um den Armenpflegern die Auffindung ihrer Pfleglinge zu erleichtern. Damals hatte man in Hamburg 3909 Armenfamilien mit 7891 Personen gezählt. Ihre Zahl war inzwischen auf die Hälfte zurückgegangen, doch im Jacobi-Kirchspiel, in dem Arthur wohnte, befanden sich immer noch die meisten Armenwohnungen und Armenschulen. Wohlhabende Hamburger hatten in der Zeit nach der Reformation einen Ersatz für die sichtbaren Ausdrucksformen des katholischen Glaubens gesucht und ihn in frommen Stiftungen, in »Testamentenhöfen« und »Gotteswohnungen« gefunden, die nun dort, wo einst Galgenfeld und Schindanger standen, armen Frauen als Obdach dienten.

Sobald Arthur die Umgebung seines neuen Wohnsitzes auszukundschaften begann, mußte er bemerken, daß in dieser Welt Reichtum und Armut, Glück und Elend hart nebeneinander hausten. In Gottfried Jänisch, einem um knapp zwei Jahre älteren Sohn eines Arztes, der im Catharinenkirchhof 34 wohnte, fand Arthur seinen einzigen ständigen Spielgefährten und einen ortskundigen Begleiter. Er wußte manch schaurige Geschichte aus Arthurs nächster Umgebung zu erzählen. So führte der Weg von Arthurs Wohnhaus zur Binnenalster am Teufelsort oder dem Platz beim Drillhause vorbei. Der Name »Teufelsort« sollte an einen Platz erinnern, an dem sich immer wieder Menschen ertränkt und nach damaligem Urteil dem Teufel geopfert hatten, der zweite Name an das Haus des Drillmeisters, der früher jedem Bürger drei Wochen lang gegen Entgelt das Exerzieren beigebracht hatte. Auf dem Weg zur Lombardbrücke konnte Arthur das Außenwerk David sehen, wo sich ein Bürgerwachhaus, eine Batterie mit vier Kanonen und eine Windmühle befanden. Hier war der Platz, wo der Knabe seinen Blick von düsteren Episoden der Geschichte dem gegenwärtigen Leiden der Armen und Kranken und möglichen kriegerischen Gefahren der Zukunft abwenden und auf die Stadt richten konnte. Vor sich sah er die Binnenalster, übersät mit platten »Evern«, die dem Warentransport von den Hochseeschiffen zu den Speichern dienten, mit kleinen Segelschiffen und Ruderbooten, aber auch mit »Spiel-Schuten«, Lustfahrzeugen mit Rollverdeck, wie sie damals in Mode waren. Am Horizont erblickte er zur Linken den Turm zu St. Jacobi mit seinem Helm, der seit 1769 den ersten Blitzableiter Europas trug, hinter der Petrikirche den Dom, der seit der Reformation nur mehr Begräbnisplatz und Verkaufsraum für den Weihnachtsmarkt war, davor das Zucht- und Arbeitshaus und ein Dutzend Häuser weiter das steile Dach des Johannisklosters. Anschließend begann am Ufer die doppelte Lindenallee des ursprünglich als Staudamm angelegten und dann als Promenade berühmt gewordenen Jungfernstiegs. Die meist nur drei Fenster breiten Häuser mit ihren barocken Giebeln überragte das damalige Wahrzeichen der Stadt, die St.-Nicolai-Kirche mit den »Klunkern«, den dicken goldenen Kugeln ihres Turms. Rechts davon war schon das nächste Wahrzeichen der Stadt über das Häusermeer hinausgewachsen, der 1788 vollendete, wuchtig-schlanke Turm des »Michel« mit seiner Säulenkuppel, eine der seltenen protestantischen Barockkirchen. Noch größeres Interesse des Knaben aber erregte unweit des Jungfernstiegs das »Bade-Schiff«, die im Juni 1793 in Betrieb genommene erste Badeanstalt Deutschlands.

Bei Heinrich Floris Schopenhauer war der Ehrgeiz, seinen Sohn nach seinem Vorbild zu formen, besonders ausgeprägt. Er teilte diesen Ehrgeiz mit allen Vätern, denen der Wunsch nach einem Sohn und Erben erst jenseits ihrer Lebensmitte erfüllt wird. Darüber hinaus aber war er sich seiner eigenen Rolle als republikanisch gesinnter, aufgeklärter und weltoffener Bürger und Kaufmann so sicher, daß ihn bei der Frage, was aus seinem Sohn werden, was dieser erlernen und wie dieser sich verhalten sollte, nicht die geringsten Zweifel beschlichen. »Über mich aber ... hatte er beschlossen, daß ich ein tüchtiger Kaufmann und zugleich ein Mann von Welt und feinen Sitten werden sollte«, schrieb Arthur Schopenhauer über die Hamburger Zeit in seinem Lebenslauf. Solange Arthur noch ein kleines Kind war, hatte ihn Heinrich Floris

Schopenhauer seiner Mutter überlassen. Zu Beginn des Hamburger Aufenthaltes mußte Heinrich Floris Schopenhauer zuerst an seine eigene kaufmännische Existenz denken. Später aber spürte er, daß er nicht nur seiner immer noch jungen Frau größeres Augenmerk schenken müsse, sondern auch seinem nun schon verständiger gewordenen Sohn.

Es gehörte zu Arthurs schönsten Erlebnissen, wenn er, was selten genug vorkam, an der Hand seines Vaters die Stadt durchwandern durfte. Der Anschauungsunterricht, den der Welthandelsplatz Hamburg bot, paßte gut in des Vaters Bildungsplan, obwohl sich dieser nicht auf das rein Kaufmännische beschränkte. So erhielt Arthur den in allen Patrizierfamilien üblichen Privatunterricht, und im Alter von acht Jahren bestellte sein Vater für ihn die damals vielgelesene »Neue Bilder-Gallerie für junge Söhne und Töchter zur angenehmen und nützlichen Selbstbeschäftigung aus dem Reiche der Natur, Kunst, Sitten und des allgemeinen Lebens«. Bei einem Spaziergang durch Hamburg bedurfte es keines besonderen pädagogischen Geschicks, um den Blick des Knaben immer wieder auf das zu lenken, was einem künftigen Kaufmann von Nutzen sein konnte. Stand doch dort, wo sich die Wasser der Alster und der Elbe im Herzen der Stadt begegneten, die erste Börse Nordeuropas. In dem auf starken Doppelpfeilern ruhenden Gebäude, dem ein Türmchen mit einer Uhr aufgesetzt war, versammelten sich am frühen Nachmittag Kaufleute aller europäischen Nationen, um die ausgehängten Nachrichten zu lesen und miteinander zu verhandeln. Hier wurden angekommene Waren angeboten und versteigert, öffentliche Aufträge kundgemacht und die Dienste von Gehilfen, Schreibern und Übersetzern in

Anspruch genommen. Zahlungsunfähige wurden auf einem Brett als »boshaft, mutwillig, leichtsinnig und unglücklich« eingestuft. Während Arthur den Vater in einer ihm noch unverständlichen Sprache von Geld- und Wechselgeschäften, Kommissions- und Speditionsgeschäften und Seeversicherungen reden hörte, wanderte sein neugieriger Blick hinüber zur Fassade des Rathauses, die mit den Skulpturen der 21 römisch-deutschen Kaiser von Rudolf I. bis Ferdinand III. geschmückt war. Auf der gegenüberliegenden Seite stand die städtische Waage mit der Schutzgöttin der Gerechtigkeit über ihrem Dach. Am meisten aber wurde Arthurs Augenmerk von dem zirkelrunden Bauwerk des alten Kranes gefangen, das die Erinnerung an das Danziger Krantor wachrief. Der aus dem Dach schräg hervorragende Arm hieß »Kranich« und ließ sich von den Schiffen im ältesten Teil des Hafens, dem Nicolaifleet, bis zu den Pferdefuhrwerken auf der Straße drehen. Er konnte bis zu 8000 Pfund schwere Lasten heraus- oder hineinwinden und das Geheimnis seines Antriebes lag auch hier in den von Menschen getretenen zwei großen Rädern im Inneren des Gebäudes.

Auf die oft gestellte Frage, warum sie nach Hamburg gekommen und nicht in Danzig geblieben seien, konnte Heinrich Floris Schopenhauer seinem Sohn noch keine politische Antwort geben. Aber er konnte ihm hier deutlicher als in Danzig vor Augen führen, daß sein Kontor ein Tor zur Welt war. Es war buchstäblich ein Wald von Masten, den Arthur sah, wenn ihn sein Vater zu dem nach der Balkensperre benannten Baumhaus mit sich nahm. Durch den Schlund von Hamburg erblickte er im Rummelhafen ein Gewimmel von einmastigen »Schuten«, dreimastigen schlanken »Fleuten« und kantigen »Fregatten«, die als bewaffnete Kauffahrer dienten. Da wurden mit Hilfe von Galgen kielgeholte Schiffe von Flößen aus gereinigt und Segel ausgebessert, die den Wind der Weltmeere eingefangen und mit seiner Kraft exotische Waren an Land gebracht hatten.

Zweitausendeinhundertsieben Schiffe liefen im Jahr 1795, in dem Arthur sein siebentes Jahr vollendete, in Hamburg ein. Binnenhafen, Niederhafen, Rummelhafen und Jonashafen erzählten die Geschichte von der wachsenden Bedeutung, die Hamburg und die Welt füreinander gewannen. Revolutionen und Kriege, die andere Länder schwer erschütterten, hatten Hamburgs Stellung nur noch bedeutender gemacht. Mit Amsterdam trat Hamburg das Erbe Antwerpens an, als dieses durch die Unabhängigkeitserklärung der sieben nördlichen Provinzen der Niederlande von der See abgeschnürt wurde. Die Unabhängigkeitserklärung der dreizehn nordamerikanischen Staaten gestattete Hamburg die Aufnahme direkter Handelsbeziehungen mit der Neuen Welt. Die Eroberung Hollands durch das französische Revolutionsheer sperrte den Rhein und ließ Hamburg nicht nur zum ersten Ausfuhrhafen des westlichen Deutschland, sondern auch zum wichtigsten Einfuhrhafen für Kolonialprodukte und englische Industrieerzeugnisse werden. Vor diesem historischen Hintergrund fiel es Heinrich Floris Schopenhauer nicht schwer zu glauben, daß der Beruf eines Kaufmannes in Hamburg Zukunft habe. Ja, es lag nahe, daß ein Knabe, der später einmal etwas von der Welt sehen wollte, gut beraten war, diesen Beruf zu ergreifen. Was ein Kaufmann zu tun und zu überlegen habe, erfuhren in Hamburg die Kinder schon aus dem Lehrbuch des kaufmännischen Rechnens, das der Rechenmeister an der St. Michaelis-Kirchenschule, Valentin Heins, 1681 herausgegeben hatte:

»Was aus Amsterdam, aus Antorf (Antwerpen), Breslau,
Danzig oder Polen,
Was von Cöllen und aus Frankfurt, was aus Frankreich
sei zu holen?
Was hingegen abzugeben nach St. Lucar, nach Madrid,
Nach Sevillien und Cadix? Was die Messen bringen mit
dort aus Leipzig und sonsther? Ob auf London
was zu geben?
Ob für unsre Rechnung etwas von Archangel einzuholen?
Ob auf Nürnberg was zu nehmen? Was auf Portugal
doch nun
Oder morgen auf Venedig in dem Wechsel sei zu tun?«

Wenn Arthur seinen Vater vom Beruf des allgemeinen Kaufmannes sprechen hörte, mag er damals in der ersten Begeisterung über das Berechnende hinaus das Abenteuerliche empfunden haben, das J. L. von Heß 1810 in seiner »Topographischen, politischen und historischen Beschreibung« von Hamburg im Bild des Kaufmannsberufes einfing: »Sein Auge war stets auf das Universum des Welthandels gerichtet, und seine Aufmerksamkeit auf die politischen Ereignisse, Zufälle und deren Folgen, oft bis zum Prophezeien, immer gespannt. Er kannte die jährige Erndte der, ihn nahe oder fern betreffenden Erdreiche, zuweilen in ihren genauesten Verhältnissen; er wußte nicht nur, was jeder Staat grade bedurfte, sondern auch oft, was er im künftigen Jahre bedürfen würde. Er verstand sich auf die herrschenden Charaktere der Nationen und ihrer Männer am Ruder nicht selten besser, als mancher politische Bücherwurm, kannte die Staatsfehler der angesehensten Minister, wußte von wem sie gegängelt wurden, kannte die geschlängelten Bahnen, die in ihre Cabinette trugen ... Der erste Rang gebührt unstreitig dem allgemeinen Kaufmanne, dessen Geschäft mehrere Handlungszweige umfaßt. Er besitzt Geld, natürliche und erworbene Talente. Seinen Augen und seiner Geschäftigkeit steht das ganze Gebiet der Handlung offen. Es ist ein unruhiger, spähender Kopf, immer schwanger mit Speculationen, immer sorgsam, nie völlig sicher, dessen Geschäfte ihm sehr interessant sind, weil er sie sich meistens selbst geschaffen hat. Oft durchkreuzen sich seine Pläne; ein Project stockt vor dem andern. Mit Sagacität windet er sich durch, doch kann seine Erfahrenheit durch oft wiederholte Beispiele nie völlig begründet werden, und er nie zu einem immer anwendbaren System gelangen. Wie die Zeiten wechseln, so erhält die Sehkraft des allgemeinen Kaufmanns andere Schwingungen.«

Während Arthur in das Wesen der Handelsstadt Hamburg einen ersten Einblick gewann, blieb ihm das gesellschaftliche Leben der Stadt nur der rätselvolle Anlaß für das Wegbleiben seiner Eltern oder die Einladung ihm fremder Personen. Noch ahnte er nicht, daß die prachtvollen Kaufmannshäuser im Rokokostil und die Landsitze außerhalb der Stadtmauern im englischen Parkstil nicht nur dem behaglichen Lebensgenuß, sondern auch dem Gedankenaustausch mit Gelehrten und Künstlern dienten. Die kulturelle Blüte der Stadt hatte schon im frühen 18. Jahrhundert eingesetzt, Händel hatte hier an der deutschen Oper seinen ersten Ruhm erworben, Lessing hier den ersten Versuch unternommen, ein Nationaltheater nach künstlerischen Grundsätzen ohne fürstliche Unterstützung ins Leben zu rufen. Der Dichter Friedrich

Gottlieb Klopstock hatte hier gemeinsam mit dem »Hamburger Rothschild« Georg Heinrich Sieveking und dem »ersten Gentleman Hamburgs« Johann Caspar Voght den ersten Jahrestag des Sturmes auf die Bastille als »Freiheitsfest« gefeiert.

Die Philanthropen, allen voran der Hauptvertreter der Aufklärungspädagogik und Lehrer am Altonaer Gymnasium Johann Bernhard Basedow, hatten in Hamburg schon vor der Französischen Revolution eine Erziehung gemäß den Gesetzen der Natur und der Vernunft zu einer weltbürgerlichen und bekenntnisfreien Gesinnung gefordert. Zu diesem Geist bekannten sich auch die Gründer der 1765 ins Leben gerufenen »Patriotischen Gesellschaft«, zu denen der Verfasser der »Wolfenbüttler Fragmente«, der Theologe Hermann Samuel Reimarus, sein Sohn, der Arzt Dr. Johann Albert Heinrich Reimarus, der Domherr, Jurist und Reiseschriftsteller Friedrich Johann Lorenz Meyer, der Volkswirtschaftler und Universalgelehrte Professor Johann Georg Büsch und der Baumeister Ernst Georg Sonnin gehörten. Während die Verhandlungen der Erbgesessenen Bürgerschaft hinter verschlossenen Türen vor sich gingen, bildeten die öffentlichen »Deliberations-Versammlungen« dieser Gesellschaft eine Art Nebenparlament.

Als die Schopenhauers nach Hamburg kamen, hatten die Nachrichten von den Greueltaten der Jakobiner den Blick der ursprünglich blindlings Begeisterten für die Schattenseiten der Französischen Revolution geschärft. Klopstock hatte das ihm verliehene französische Bürgerdiplom zurückgeschickt, während Sieveking und Voght sich um die Unterstützung französischer Emigranten verdient machten. Die Bürger der Hamburger Stadtrepublik, die keinen Adel kannten, besannen sich darauf, daß ihnen viele Errungenschaften dieser Revolution auch ohne Blutvergießen zugute kamen.

Johanna Henriette Schopenhauer blieb nach ihrer Ankunft in Hamburg nicht lange verborgen, in welchen gesellschaftlichen Zirkeln die interessantesten Persönlichkeiten Hamburgs verkehrten. Sie war begierig, den damals 69jährigen Klopstock kennenzulernen, der in der Königsstraße in unmittelbarer Nähe des Jungfernstiegs wohnte, von Wilhelm Tischbein, der im Hotel »Zum Römischen Kaiser« logierte, mehr über seinen italienischen Reisegefährten Goethe zu erfahren, und die Bekanntschaft des Arztes Johann Albert Heinrich Reimarus zu machen, der mit Lessing befreundet gewesen war. Im Jahre ihrer Ankunft in Hamburg war das Stadtgespräch der herrliche Landsitz am hohen Elbufer zu Neumühlen, den Georg Heinrich Sieveking gemeinsam mit dem Herausgeber des »Altonaischen Merkurius«, Pieter Poel, und Johann Konrad Matthießen erworben hatte. Dort sorgte Sievekings Frau Johanna, eine geborene Reimarus, in den folgenden Jahren für das Wohl von Gästen mit so klingenden Namen wie Klopstock, Basedow und Wilhelm von Humboldt. Daß hier buchstäblich die ganze Welt zu Gast war, bestätigte der Archäologe K. A. Böttiger mit seiner Schilderung:

»Gegen 2 Uhr nachmittags kommen aus allen Gegenden Kutschen und Fußgänger. Die Salons, der Garten, alles füllt sich mit Menschen, die sich einander nicht kennen, einander nicht vorgestellt werden, oft selbst der Dame des Hauses nicht bekannt sind. Ich habe zwei Sonntage da gespeist. Das erste mal waren 80, das zweite mal 70 Couverts in zwei großen Speisesälen gelegt, und noch waren überzählige Gäste. Für den Fremden mag dies ein ganz angenehmes Schauspiel sein. Es ist eine *congregatio gentium* wie am jüngsten Gericht und eine Zungenvermischung wie in der Pfingstepistel. Da war beide mal der letzte Sprößling aus dem Hause Gonzaga, ein Prinz ohne Land, aber mit vielem Verstand und ein erklärter Demokrat, gegenwärtig. Da waren ein paar reiche Holländerinnen, die vor Juwelen glänzten. Da saß ein Engländer aus Liverpool neben einem Republikaner aus Bordeaux, neben ihnen eine Dlle Feraud, die an Dumouriez' Seite focht und mit ihm emigrierte, und neben ihr in scherzhaftem Gespräch Barthelemy, ein Bruder des Baseler und Agent der Republik. Weiter oben ein schwedischer Konsul, der aus Marokko zurückgekehrt war, in Unterredung mit einem Paar englischer Juden aus St. Domingo und einem Amerikaner aus New Yersey. Der Bankier Küstner aus Leipzig saß dem ehrlichen Büsch gegenüber. Mir hatte mein Glückstern das erste mal den wackeren Reichardt zum Nachbarn und Exegeten der Tischgesellschaft gegeben, da mein anderer Nachbar, ein muffiger Emigrant, nirgends recht anzuzapfen war. Mich mußte also dies bunte Gewühl recht angenehm unterhalten, weil ich mich durchaus in einer neuen Welt befand.«

So unerreichbar Johanna Henriette Schopenhauer auch ein solcher Landsitz erscheinen mochte, den sich selbst der »Hamburger Rothschild« nicht allein leistete, so nachahmenswert erschien ihr der Teetisch des Hauses Reimarus. Johann Albert Heinrich Reimarus war ein berühmter Arzt, der den Nutzen von Belladonna für Augenoperationen erkannt und die Blatternimpfung eingeführt hatte, der sich aber auch mit Blitzableitern beschäftigt und die Hamburgische Gesellschaft zur Förderung der Künste und Gewerbe mitbegründet hatte. Auch hier war es die Frau des Hauses, Christiane Sophie Louise, die es verstand, alle geistig interessanten und interessierten Menschen um einen Tisch zu versammeln. Gustav Poel berichtete darüber später:

»Der Teetisch vereinigte die Gatten frühmorgens, dann im Laufe des Vormittags, wenn der Mann sich ein halbes Stündchen von seinen Patienten abmüßigen konnte, und nach dem Abendessen, selbst wenn sie erst spät aus einer Abendgesellschaft nach Hause gekommen waren. Dann hatte sie immer Journale in Bereitschaft mit den angemerkten Stellen, die ihn der Mühe überhoben, das Ganze durchzulesen, oder sie trug mündlich ihm vor, was ihn auf andre Weise erfreuen konnte. Gegen Abend stand das freundliche Wohnzimmer den Besuchenden offen, und wenige Tage in der Woche vergingen, wo nicht ihr in so manchen gedruckten Briefen und Reisebeschreibungen gepriesener Teetisch der Sammelplatz fremder und einheimischer Gelehrter und wißbegieriger junger Leute wurde. Der Mann, welcher um diese Tageszeit kaum andere Besuche als bei gefährlichen Patienten machte, arbeitete dann in seinem anstoßenden kleinen Bibliothekzimmer, dessen Türen offen standen, so daß er an der Unterhaltung teilnehmen konnte. Der Ort dieser anspruchslosen, aus wechselnden Gästen zusammengesetzten Vereinigung ist berühmter geworden, als manche Akademie.«

Bald wurde Arthurs Mutter klar, daß es für sie nur dann einen Platz in dieser Hamburger Gesellschaft geben konnte, wenn ihr Mann seiner Zugehörigkeit zum Stand der Kaufherren auch sichtbar Ausdruck verlieh: sie lag deshalb ihrem Mann immer wieder mit dem Wunsch nach einem repräsentativeren Haus in den Ohren. Nach drei

Jahren ihres Aufenthaltes in Hamburg war es endlich soweit. Heinrich Floris Schopenhauer kaufte von J. P. Rendtorff und Godeffroy & Co. ein solches Haus in der von den wohlhabenden Kaufherren bevorzugten Wohnstraße, die noch aus der Zeit der Tuch- und Gewand-Bereiter die Bezeichnung »Am Neuen Wandrahm« trug. Das Haus Nr. 92 vereinte unter seinen Dächern alle Möglichkeiten des gesellschaftlichen und geschäftlichen Lebens. In dem der Innenstadt mit der Nicolaikirche und der Börse zugekehrten Vorderhause befanden sich die Repräsentations-, Kontor- und Wohnräume. Das der Stadtmauer mit der Nicolausbastei zugekehrte Hinterhaus ging mit seinen Böden, Speichern und Lagerkellern zum Fleet hinaus und stellte die Verbindung zum Elbstrom her. Was Arthur beim Anblick dieses neuen Elternhauses vertraut anmutete, waren nur die Beischläge. Sonst aber kam er sich, als er zu Ostern des Jahres 1796 als Achtjähriger zum erstenmal die Vielzahl der Räume sah, etwas verloren vor. Da gab es einen riesigen Saal und eine Galerie, zehn Zimmer und Stuben, vier Kabinette und vier Kammern. Der Rahmen dieses Hauses mit seinen Deckengemälden war glänzender, als es die rein familiären oder beruflichen Bedürfnisse erfordert hätten. Selbst die von Danzig her gewohnten schönen Möbel und die kostbare Bibliothek konnten für Arthur nicht mehr die Atmosphäre eines als ursprünglich empfundenen Heimes herbeizaubern. Erst später sollte er auf dem Speicher einen Spielplatz entdekken. Im Grunde genommen aber ahnte er, daß die Größe dieses Hauses nicht für ihn bestimmt war. Es überstieg selbst die Verhältnisse seines Vaters ein wenig, ganz entsprach es nur dem großen gesellschaftlichen Ehrgeiz seiner Mutter. Für die Innigkeit, die ein beengteres Zusammenleben zu gewähren vermag, bot das ständige Kommen und Gehen von Bediensteten, Geschäftspartnern und Gästen keinen Ersatz. Der Preis für jede Einladung in dieses Haus war die Einladung seiner Eltern in andere Häuser, mit dem Ergebnis, daß Arthur am Abend oft allein, wie ein Prinz in einem verwunschenen Schloß, einschlief.

Als am 22. Februar 1797 Arthurs Geburtstag gefeiert wurde, stand der Knabe zum erstenmal im Mittelpunkt des neuen Heimes. Seine Eltern widmeten ihm ihre ganze Aufmerksamkeit, sein Freund Gottfried Jänisch durfte ihn besuchen, und auch die Dienerschaft gratulierte dem jungen Herrn. Möglicherweise wählten die Eltern diesen Anlaß, um — anknüpfend an die kleinen Geschenke — schon von der möglichen Erfüllung eines ganz großen Wunsches zu sprechen. Johanna Henriette Schopenhauer war nun bereits im fünften Monat schwanger. Die halben Andeutungen, in denen sich Vater und Mutter ergingen, und die vielsagenden Blicke, die sie tauschten, standen für den Knaben bereits einige Zeit in einem seltsamen Kontrast zu dem Abstand, den sie sonst immer voneinander gehalten hatten. Er ahnte wohl etwas von dem Geheimnis, in das ihn nun seine Eltern mit der Frage, ob er sich nicht immer schon einen Spielkameraden im eigenen Haus gewünscht habe, vorsichtig einzuweihen versuchten. Die Eltern, die nichts als freudige Zustimmung erwartet hatten, sahen sich sofort durch neugierige Gegenfragen bedrängt. Ob es ein Bruder oder eine Schwester werden würde, wußten sie nicht mit der gewünschten Bestimmtheit zu sagen. Schließlich ermahnte Heinrich Floris Schopenhauer den Knaben, seiner Mutter nicht weiter mit solchen Fragen lästig zu fallen. Damit war wie so oft das letzte Wort durch den Herrn des Hauses gesprochen, der seine Unterweisungen sonst gerne mit dem Ausspruch »So hat es Herr Bethmann gehalten« bekräftigte. Ein solcher Hinweis auf den Chef des Hauses Bethmann in Bordeaux, bei dem Heinrich Floris Schopenhauer lange Zeit als Volontär tätig gewesen war, hätte freilich auch kein Licht in das Dunkel gebracht, aus dem Arthurs jüngste Überraschung gekommen war.

Ob Arthurs Eltern, die am 12. Mai ihren zwölften Hochzeitstag feierten, sich dieses zweite Kind tatsächlich gewünscht hatten oder nicht, die Bindung, die sie miteinander eingegangen waren, wurde auf diese Weise sichtbar erneuert. Die Geburt des Kindes sollte, darüber waren sich die Eltern diesesmal einig, im Haus am Neuen Wandrahm erfolgen. Johanna Henriette Schopenhauer hatte zwar auch in den letzten Jahren manche Reise gemeinsam mit ihrem Gatten unternommen und war allein nach Danzig gefahren, um ihre Eltern und Verwandten zu besuchen. 1797 aber hatte sie auch die Nachricht vom Tode ihres Vaters nicht dazu bewegen können, Hamburg zu verlassen. Christian Heinrich Trosiener war am 17. Jänner dieses Jahres auf dem Stutthof gestorben und hatte außer seiner Frau zwei unversorgte Töchter hinterlassen, die auf die Hilfe von Heinrich Floris Schopenhauer angewiesen waren. Johannas Platz war nun aus mehr als einem Grund an der Seite ihres Mannes. Heinrich Floris Schopenhauer, der kurz vor Vollendung seines fünfzigsten Lebensjahres stand, sah der Geburt seines zweiten Kindes nicht mehr in der ungeduldigen Erwartung auf einen Sohn und Erben, dafür aber mit um so größerer Fürsorge für die Mutter entgegen.

Für Arthur war es ein aufregendes Erlebnis. Der Tod bildete für ihn nur eine verblassende Erinnerung an die

Großväter und den Onkel, die man im fernen Danzig zu Grabe getragen hatte. Das im eigenen Heim erwartete neue Leben aber prägte sich mit allem, was damit zusammenhing, tief in sein Gedächtnis ein. Er durfte, als die Ankunft seines neuen Spielgefährten unmittelbar bevorstand, nicht mehr zu seiner Mutter; er wartete in Gesellschaft seines Vaters, den die stundenlange Ungewißheit so erschöpfte, daß er schließlich einschlief, während der Sohn durch seine Neugier wachgehalten wurde. »Das Geburtsjahr meiner Schwester ist 1797, im Juni oder Juli«, schrieb Arthur Schopenhauer nach dem Tode seiner Schwester, die im Alter von 61 Jahren starb, an deren Freundin Sibylle Mertens-Schaaffhausen, »das Datum weiß ich nicht, obwohl mir der Tag noch sehr lebhaft vorschwebt, wie der accoucheur, in meiner Gegenwart, meinen Vater, durch Rauchen unter deßen Nase, weckte, u. ich eine von der neuen Schwester mitgebrachte große Tüte Marzipan erhielt.« Tatsächlich war es der 12. Juni 1797, an dem sich diese Szene abspielte. Man hatte im Hause Schopenhauer einen männlichen Geburtshelfer beigezogen und sich nicht mit einer »Wehmutter«, in Hamburg auch »Bademutter« genannt, begnügt. Die große Tüte Marzipan hatte der Knabe längst verzehrt, als seine Schwester in der St. Katharinenkirche auf den Namen Luise Adelaide Lavinia getauft wurde. Arthur zweifelte, ob dieses nur zum Schreien fähige winzige Mädchen als Spielgefährtin taugen würde. Doch Heinrich Floris Schopenhauer wußte ihn zu trösten. Mein Sohn, so sagte er, soll im Buch der Welt lesen lernen. Und er verriet Arthur auch, was auf den nächsten Seiten stehen würde: eine Reise nach Frankreich, wo er Paris sehen und bei einem Geschäftsfreund seines Vaters in Le Havre Französisch lernen sollte.

III

LE HAVRE

Wo ich so froh gewesen war

»Wenn jemand reiste, oder der Gesundheit wegen, zum Vergnügen, in Geschäften, oder aus anderen Gründen sein eigenes Land verließ, so fühlte er sich niemals völlig in der Fremde«, schrieb Edmund Burke 1796 über das Europa vor Ausbruch der Französischen Revolution. Damals habe zwischen den Reisenden eine »Verwandtschaft im Verhalten« bestanden, durch die sich »kein Bürger Europas in keinem Teil Europas im Exil fühlen« mußte. Inzwischen waren entlang des Weges von Hamburg nach Paris, den der neunjährige Arthur Schopenhauer in Begleitung seines Vaters zurücklegen sollte, die Schlachten von Valmy, Jemappes und Neerwinden geschlagen worden, Frankreich hatte seine Schreckensherrschaft und seine Nachbarn hatten den Schrecken seines Revolutionsheeres erlebt. Doch der Sommer des Jahres 1797 war kein schlecht gewählter Zeitraum, um ungehindert von den noch kriegführenden Mächten den Rhein zu überqueren. Preußen hatte, um freie Hand gegen Polen zu haben, auf das linke Rheinufer verzichtet und Norddeutschland blieb hinter dieser Demarkationslinie neutral. Auch am Oberlauf des Rheins waren nach dem Fall von Kehl die Feindseligkeiten am 23. April zu Ende gegangen. Am

18. dieses Monats hatte der in Norditalien siegreiche General Bonaparte nach Überschreitung der Alpen dem Kaiser in Wien den Vorfrieden von Leoben abgetrotzt. Das Frankreich des Direktoriums war eine auf dem Kontinent von niemandem mehr in Frage gestellte Landmacht, die über 40 Millionen Menschen herrschte, während jenseits des Ärmelkanals William Pitt, der 16 Millionen Engländer regierte, Friedensfühler auszustrecken begann.

Einer Reise von Hamburg durch Norddeutschland, die besetzten österreichischen Niederlande und Frankreich bis nach Le Havre am Ärmelkanal schienen keine unüberwindlichen Hindernisse entgegenzustehen. Für eine Handelsstadt wie Hamburg waren regelmäßige Fahrposten für Briefe, Wertsendungen und Personen eine Lebensbedingung. Es gab Postverbindungen in alle Himmelsrichtungen, nach Lübeck, Stettin, Danzig und Kopenhagen ebenso wie nach Leipzig, Köln, Amsterdam und Antwerpen. Neben der freistädtischen Post gab es die Thurn und Taxis'sche, die kurbrandenburgische, hannoversche, mecklenburgische, schleswig-holsteinsche, dänische und schwedische Post. Die ordinären Postkutschen hatten den Ruf, unbeschreiblich langsam zu sein und ihre Fahrgäste auf den Poststationen stundenlang warten zu lassen. Schon Lichtenberg spottete, daß in Deutschland, »wenn der Vater den Verlust der Tochter erst den dritten Tag gewahr würde, wenn er nur wisse, daß sie mit der Post gegangen ist, so kann er sie zu Pferd auf der dritten Station wieder einholen«. Es kam tatsächlich vor, daß die Fahrgäste solcher »Armensünderkarren« in 24 Stunden mit ermatteten Pferden und auf schlechten Straßen nur acht Meilen zurücklegten. Da war es ein geringer Trost, daß auf allen Straßen, auf denen Posten liefen, das ventillose Horn des

Postillons seiner Kutsche vor allen anderen Fahrzeugen den Vorrang verschaffte.

Auch wer, wie Heinrich Floris Schopenhauer und sein Sohn, mit einer Eilpost reiste, besaß zwar den Vorzug, hinter Fenstern und auf gepolsterten Sitzen zu sitzen, vor Überraschungen aber war kein Reisender gefeit. Er mußte mit holprigen, staubigen und überschwemmten Straßen und überfüllten Gasthöfen rechnen, aber auch auf Rad- und Achsbrüche und gestürzte Pferde gefaßt sein. Doch mit solchen Strapazen und Unfällen fand sich der Reisende gerne ab, wenn ihm bösere Überraschungen erspart blieben. War doch das zu Ende gehende Jahrhundert das klassische Zeitalter der Räuberbanden, die im Gefolge der Kriegshandlungen, der revolutionären Umwälzungen und der rasch wechselnden Grenzen und Herrschaften immer frecher ihr Haupt erhoben. Nicht auf leisen Sohlen, sondern lärmend, nicht einzeln, sondern in großer Zahl überfielen sie mit geschwärzten oder verlarvten Gesichtern die Postkutschen und verhinderten durch Terror fremde Hilfeleistung für die Überfallenen. Zu beiden Seiten des Rheins trieben die Brabanter Bande unter Picard, die Krefelder Bande unter dem berüchtigten Fetzer und die Moselbande, aus der der Schinderhannes hervorging, ihr Unwesen. Auch in Frankreich erreichte die Räuberkriminalität unter dem Direktorium einen Höhepunkt. Die Inflation hatte zur Vermehrung des Bargeldbesitzes, aber auch zur Flucht in die Sachwerte geführt. Oft wurden vor Überfällen durch Absingen der Marseillaise und durch militärisches Gehaben die Opfer in Sicherheit gewiegt. Dann aber entpuppten sich die angeblichen Soldaten als Deserteure, als abgediente Soldaten, als Räuber von Profession, die alleinfahrende Postkutschen und einsame

Bauerngehöfte ausplünderten. Traurige Berühmtheit erreichten die »Chauffeurs«, die die Füße ihrer Opfer ins Feuer hielten, um sie zur Preisgabe des Verstecks von Wertsachen und Ersparnissen zu bewegen. Nicht selten wurden gefangengenommene Räuber von Geschworenengerichten aus Angst vor der Rache der noch freien Banditen freigesprochen.

Arthur sah dem Tag seiner Abreise von Hamburg mit Ungeduld entgegen. Er ahnte nichts von den Strapazen, die ihn erwarteten, und von den Gefahren, die auf Reisende lauern konnten. Er hörte nur von seinem Freund Gottfried Jänisch, wie sehr er um das große Abenteuer dieser Reise zu beneiden sei, und von seiner Mutter, daß er seinem Vater während dieser Reise keinen Ärger bereiten möge. Es erfüllte ihn mit Genugtuung, die Aufmerksamkeit, die bisher ausschließlich seiner Schwester gegolten hatte, nun von Tag zu Tag stärker sich zugewendet zu sehen. Dieses Mal brach sein Vater nicht so hastig auf wie von Danzig, sondern wartete ab, bis er über das Befinden seiner Frau und seiner Tochter vollkommen beruhigt sein konnte. Als dann die Stunde der Abreise kam, war Arthurs Neugier größer als sein Abschiedsschmerz. Er sah, wie der für ihn bestimmte Koffer angeschnallt und ein großer Speisekorb mit Wein und französischer Pastete aufgepackt wurde, und freute sich über die Apfelsinen, die in der großen Seitentasche des Wagens auf ihn warteten. Von seiner Mutter hatte er schon im Hause Abschied genommen, und so bestieg er zusammen mit seinem Vater und als dessen einziger Begleiter die Postkutsche und merkte bald, wie die erstaunten Blicke der Mitreisenden vom Vater zu ihm wanderten und auf ihm verweilten.

Es dauerte nicht lange, bis Heinrich Floris Schopenhauer die Frage nach dem Ziel der Reise gestellt wurde, und es erfüllte Arthur mit Stolz, als das Wort »Paris« aus dem Munde seines Vaters auf den Gesichtern der Mitreisenden einen Ausdruck der Bewunderung hervorrief, die zweifellos ihm, dem Knaben, galt. Trafen doch im Paris jener Zeit durchschnittlich nur 220 Reisende pro Tag aus aller Herren Länder ein. Bald wurde es für Arthur zur Gewohnheit, nach jedem Pferdewechsel darauf zu warten, bis neu zugestiegene Mitreisende die gleiche Frage stellten. Es war ihm bewußt, daß dies die längste Reise war, viel weiter als die von Danzig nach Hamburg, doch die Zeit, die er mit seinem Vater gemeinsam fuhr, konnte ihm gar nicht lange genug dauern. Seine Gedanken verweilten nicht länger in Hamburg, wo seine Mutter mit seinem Schwesterchen und wo sein Freund Gottfried zurückgeblieben waren. Seine Phantasie beschäftigte sich mit Paris, der Stadt, die in ihren Mauern sechsmal mehr Menschen beherbergte als Hamburg. Sobald er, auf halbem Wege zum Ziel, bei der Zollvisitation am linken Rheinufer die ersten französischen Soldaten gesehen hatte, bedrängte er seinen Vater, ihm doch mehr von diesem »Wunder der Welt« zu erzählen.

Zehn Jahre waren es nun her, daß Heinrich Floris Schopenhauer mit seiner Frau in Paris gewesen. Damals war gerade das letzte Namensfest Ludwigs XVI. gefeiert worden, damals trug Frau Schopenhauer bereits den Sohn unter dem Herzen. Viel Blut war inzwischen in Paris geflossen, doch nicht davon und daß es nicht vergebens geflossen sei, erzählte der aufgeklärte Kaufmann seinem Sohn. Er suchte nach einem harmloseren Anknüpfungspunkt und fand ihn in der Tatsache, daß auch an der

Wiege dieser Stadt Kaufleute gestanden hatten, denn ohne sie und die Schiffe, die über die Flüsse vom Meer die Waren heranschafften, wäre aus der kleinen Inselstadt inmitten der Seine nie jene Riesensiedlung geworden, die es nun war. 1711 habe man bei Bauarbeiten unter dem Chor der Kirche von Notre-Dame ein Denkmal der »Nautae Parisici«, der Pariser Schiffer der Römerzeit, gefunden. Ein Römerschiff sei auch auf dem »Sigillum mercatorum aquae Parisius«, dem Siegel der Pariser Hansekaufleute aus dem Jahre 1200, abgebildet gewesen. Einmal, während der Belagerung von Paris durch Heinrich IV., habe man sich sogar mit dem Plan getragen, aus Paris eine Hansestadt zu machen. Doch mit solchen Vergleichen vermochte Heinrich Floris Schopenhauer seinem Sohn Paris nicht näher zu bringen. Die Tage des Juli waren heiß und die Straßen der Champagne staubig. Das unaufhörliche Pferdegetrappel und Rädergerassel schläferte auch die größte Neugier ein. Als sie an die Barriere der Zollmauer von Paris kamen, baumelte der Kopf des Knaben teilnahmslos hin und her. Er sah nur noch mit verschleiertem Blick die mit Fußgängern und Equipagen überfüllten Straßen und hörte nur noch wie aus weiter Ferne die heiseren Schreie der Kutscher und die miteinander wetteifernden Rufe der Straßenhändler. Was sich an Paris verändert hatte, konnte nur sein Vater entdecken. Heinrich Floris Schopenhauer sah zu seiner Überraschung Modenarren mit riesigen Hüten und hochgeknöpften Fräcken, denen Straßenjungen mit Brettern für einige Sous die Pfützen überqueren halfen, als hätte es hier nie eine Revolution gegeben, bei der das »Nationale Rasiermesser« bis zu sechzig Menschen pro Tag den Kopf gekostet hatte. Es war das Paris, in dem man vor Bäckerläden

Schlange stand und Walzer zu tanzen begann, eine Stadt ungelinderter Not und neu erwachter Lebensgier, deren Bürger sich je nach Größe ihrer Trikolorkokarde ein wenig mehr zur Revolution oder zum Ancien Régime bekannten und deren zynische Gleichgültigkeit gegenüber der Zukunft bald der blinden Begeisterung für einen siegreichen General weichen sollte.

Obwohl Heinrich Floris Schopenhauer seinem Sohn Paris nach der Ankunft von seinen schönsten Seiten zeigte und es ihm nicht nur als ein Abbild vergangener Pracht, sondern auch als eine Baustelle der Zukunft vor Augen zu führen versuchte, sollte die Erinnerung Arthurs an seine erste Begegnung mit dieser Stadt bald verblassen. Was jedoch in seiner Erinnerung weiterlebte, war jene »freundliche, an der Seinemündung und der Meeresküste gelegene Stadt« Le Havre, von der später der Einundzwanzigjährige in seinem Lebenslauf schrieb, daß er in ihr »den weitaus frohesten Theil« seiner Kindheit verlebt habe. Le Havre wurde dem Neunjährigen zur Wahlheimat. Was er dort erlebte, bewegte sein Gemüt. Sehnsüchtig kehrten seine Gedanken immer wieder dorthin zurück. Als Arthur Schopenhauer im Alter von fünfzehn Jahren Le Havre ein zweites Mal besuchen konnte, schrieb er in sein Tagebuch:

»Ich hatte während dieser Zeit viel an sie alle, an die Örter um u. in der Stadt, wo ich so froh gewesen war, gedacht, viel davon geträumt, hatte aber niemand gehabt, mit dem ich davon sprechen konnte, u. dadurch war mir alles dies beinah wie ein bloßes Bild meiner Einbildungskraft geworden. Und so war es mir natürlich ein ganz wunderbares Gefühl gerade an derselben Stelle mit denselben Gegenständen umgeben zu seyn: ich konnte mich kaum überreden, daß ich wirklich in Havre wäre. Auf eine sonderbare Weise kamen mir allerhand Dinge u. Gesichter, an die ich während der ganzen Zeit meiner Abwesenheit nicht gedacht zu haben glaube, wieder ins Gedächtnis zurück, ich erkannte einen jeden. Bald war mir als wäre ich gar nicht weg gewesen.«

Auch das Wiedersehen mit Le Havre zerstörte nicht den Traum seiner Jugend. Er mußte in seinen Briefen an seinen in Le Havre zurückgebliebenen Jugendfreund Anthime immer wieder davon geschrieben haben, denn dieser rühmte Arthurs »gutes Gedächtnis« und schrieb ihm in einem Antwortbrief vom 7. September 1805: »Du trauerst der Zeit nach, die Du in Le Havre verbracht hast ...« Wie konnte den zwei Schauplätzen in Deutschland, auf denen sich bisher das Leben des Knaben abgespielt hatte, ein dritter in der Fremde den Rang ablaufen? Das lag wohl wie bei einem guten Theaterstück nicht nur am Ort der Handlung, sondern am Zusammenspiel der handelnden Personen. Das lag wohl aber auch an dem von Natur aus gut inszenierten Beginn der letzten Reiseetappe. Als Heinrich Floris Schopenhauer mit seinem Sohn von Paris aufbrach, bot ihnen die Seine ihr Geleit zum Meer an. Vor ihnen lag ein Tal, das sie zu einer »empfindsamen Reise« einlud. Aufgereiht an der glitzernden Kette des Flußlaufes und eingebettet in den Samt grüner Wiesen und Wälder lagen Marktflecken und Städte, Burgen und Abteien. Bewaldete Inseln, inmitten des Flusses, nahmen sich wie in grauer Vorzeit gestrandete und überwucherte Schiffe aus. Die Kreidefelsen des Steilufers glichen verfallenen Resten einer Befestigungsmauer.

Die Fahrt ging über eine historische Straße, über die schon Römer und Wikinger, Briten und Franzosen als

Krieger und Kaufleute gezogen waren. Bei der Einmündung der Epte begann das Land der Normannen. Die Ruinen des von Richard Löwenherz erbauten Château Gaillard erzählten die Geschichte dieses heißumkämpften Tales. Fachwerkhäuser drängten sich um gotische Kirchen. Rouen, die Hauptstadt der Normandie, kündigte sich am Horizont mit dem Spitzenmuster ihrer unzähligen Kirchtürme an. In dieser Hafenstadt, in der einst die Asche der Jeanne d'Arc in die Seine gestreut worden war, machten sich bereits die Gezeiten des Meeres bemerkbar. Am letzten Tag der Reise säumten die Abteien von Saint-Martin-de-Boscherville, Jumièges und Saint-Wandrille die Straße, verfallende Zeugen der Kultivierung dieses Landes. In Caudebec vermischte sich der Geruch des Waldes und blühender Gärten bereits mit dem Aroma des Meeres. Ein befestigtes Schloß grüßte von der Anhöhe des »Nez de Tancarville«. Die Seine erweiterte sich trichterförmig. Schwemmland, Entwässerungskanäle und Salzteiche wurden sichtbar. Quillebeuf tauchte auf, die »Stadt der Schiffbrüche«, wo das Einlaufen in die Seinemündung zwischen den Gezeiten so vielen Kapitänen zum Verhängnis wurde. Und dann sah der Knabe plötzlich jene nicht mehr in der Mündung der Seine versteckte, sondern kühn in die Meeresbrandung hinausgebaute Stadt, die das Ziel seiner Reise war. Le Havre. Bei diesem Anblick konnte sich Arthur nur noch in seiner Phantasie ausmalen, was ihm sein Vater von der Entstehung der Siedlung gesagt hatte: daß man, als Franz I. 1517 befohlen hatte, am äußersten Ende des Küstenstreifens einen Hafen zu schaffen, im sumpfigen Gelände nur unter größten Schwierigkeiten das Bassin du Roi ausheben konnte und daß die ersten Häuser der Stadt in einer einzigen Nacht von einer Sturmflut, der »Male-Marée«, hinweggerissen worden seien. Jetzt erzählten nur noch die Steine der Aufschüttungen, Schutzdämme und Schleusen vom Mut und der Ausdauer früherer Generationen. Eingeschnürt in das Korsett seiner Festungsmauern lag Le Havre dem Knaben zu Füßen, umrahmt von der ländlichen Idylle baumbestandener Hügel und weidenden Viehs, den dunklen Flügeln der Windmühlen, den hellen Segeln der Schiffe und vor dem Hintergrund der glitzernden hohen See. Durch das Tor von Ingouville, dessen neugriechischer Stil eine Stadt des Altertums erwarten hätte lassen, wenn es nicht von Soldaten mit Gewehr und aufgepflanztem Bajonett bewacht worden wäre, und die Rue de Paris fuhren sie am Handelshafen und der Kirche Notre-Dame vorbei zu dem an der Küste gelegenen Kaufmannsviertel Basse-Ville.

Obwohl Arthur die Sprache nicht verstand, in der ihn die Mitglieder der Familie Grégoire de Blésimaire begrüßten, so empfand er doch vom ersten Augenblick an, daß er hier willkommen war: er sah, wie sehr sich der gleichaltrige Sohn des Hauses, Anthime, über die Ankunft eines Spielgefährten freute, er spürte die Fürsorglichkeit, mit der die Frau des Hauses, Colette Grégoire, ihn als Gast aufnahm, und er ahnte auch, daß der Herr des Hauses kein so »gestrenger, heftiger Mann« wie sein Vater war. Was sie ihm noch nicht mit Worten sagen konnten, drückten sie temperamentvoll mit Mienen und Gesten aus. Während Heinrich Floris Schopenhauer mit seinem französischen Geschäftsfreund über die Zeiten sprach, in denen der Rohzuckerhandel zwischen den westindischen Kolonien Frankreichs und Hamburg noch ungestört über Le Havre abgewickelt werden konnte, versuchten Colette und

Anthime ihrem Gast alle Wünsche von den Augen abzulesen. Es war in dieser Zeit üblich, daß Kaufleute ihre Söhne schon in jungen Jahren einer Familie in der Fremde anvertrauten, in der Überzeugung, dieser Umgang werde ihnen eine Lehre sein. Zwischen Heinrich Floris Schopenhauer und seinem Korrespondenten in Le Havre bestand Übereinstimmung in der Auffassung, ihre Söhne sollten einmal angesehene und tüchtige Männer werden, belehrt durch Bücher, aber auch durch Vorbilder, fähig zur Verständigung mit Freunden, Nachbarn und anderen Bürgern dieser Welt. Der hanseatische Kaufmann gestand dabei neidlos zu, daß es zu einer solchen Verständigung des klaren und eleganten Ausdrucks der französischen Sprache bedurfte. Wenn sein Sohn nicht nur ein Kaufmann, sondern ein Mann von Welt werden sollte, konnte er nur durch diese Sprache die von der damaligen Gesellschaft verlangte Eigenschaft des »Esprit« erwerben. Das große Haus Grégoire de Blásemaires vereinte Geschäft und häusliche Wirtschaft, Bildung und Geselligkeit unter einem Dach.

Als Heinrich Floris Schopenhauer seinen Sohn in Le Havre zurückließ, begann sich dieser in der neuen Umgebung bereits heimisch zu fühlen. Die Briefe, die die Mitglieder der Familie Grégoire später an Arthur schrieben, legen davon Zeugnis ab. Zwischen Arthur und Anthime entstand eine herzliche Freundschaft, die auch gutmütigem Spott standhielt. Anthime redete Arthur mit »Held Wooltemâad«, »Ruthra« und »Gevatter« an und nannte ihn einen »Schlaufuchs« und einen »charmanten Schwerenöter«. In Colette Grégoire besaß Arthur eine liebevolle Ziehmutter, die den Knaben ernst nahm und frühzeitig die in ihm schlummernden Fähigkeiten erkannte. »Ich habe versucht, Dir das Leben leicht und so angenehm zu machen, wie es Deinem Alter entsprach«, schrieb sie Arthur nach dessen Rückkehr nach Hamburg, »... nimm Dir, mein lieber Freund, die verschiedenen Unterweisungen zu Herzen, die Du schon erhalten hast, Du wirst bald ein interessanter Mann werden.« Über seinen Ziehvater schrieb Arthur Schopenhauer später selbst in seinem Lebenslauf: »Dieser, ein lieber guter sanfter Mann, hielt mich ganz wie seinen zweiten Sohn und ließ mich mit seinem eignen mir gleichaltrigen Sohn erziehen«. Das Ehepaar Grégoire sah Arthur mit schärferem Blick als die an ihn gewohnten Eltern. Sie erkannten sein »gefühlvolles Herz« und sprachen von seiner »sensibilité«, von der er bei manchen Gelegenheiten Beweise gegeben habe und durch die er das Leiden und die Freuden der Mitmenschen auffassen und verstehen könne. So schlug Arthur dort, wohin ihn sein Vater für zwei Jahre verpflanzt hatte, bald festere Wurzeln als zu Hause.

Über seinen Bildungsgang in dieser Zeit berichtete Arthur Schopenhauer später in seinem Lebenslauf: »So wurden wir von zu uns kommenden Privatlehrern in allen, jenem zarten Lebensalter angemessenen Kenntnissen und Fertigkeiten unterrichtet, so daß ich neben der französischen Sprache vieles Andere dort lernte, auch einige Anfangsgründe im Lateinischen, diese jedoch mehr, damit davon die Rede sein könne, und überhaupt nur in der Absicht, damit ich, wenn mir einmal ein lateinisches Wort aufstieße, nicht ganz befremdet sei.« Einer der Hauslehrer, M. Durant, führte die zehnjährigen Knaben in die französische Literatur ein. Zu ihrem Lesestoff gehörte unter anderem Voltaires »Henriade«. Strenger als der Umgangston, der im Hause Grégoire geherrscht haben mochte, klangen die Briefe, die Arthur von zu Hause erhielt: »Dein Vater erlaubt Dir die elfenbeinerne Flöte für einen Louis d'or zu kauffen«, hieß es in einem dieser Briefe seiner Mutter, »ich hoffe, daß Du einsiehst, wie gut er gegen Dich ist, er bittet sich dagegen aus, daß Du Dir daß einmaleins recht angelegen seyn läßt. Das ist nun wohl das Wenigste was Du thun kannst, um ihm auch zu zeigen wie gerne Du alles thust was er wünscht.«

Arthurs Umgang in Le Havre beschränkte sich nicht auf das Ehepaar Grégoire und dessen Sohn Anthime. Er lernte die ganze weitläufige Familie kennen, darunter den Vetter Marie, den sie den »kleinen Dummkopf« nannten. Er kam in der ganzen Stadt und in ihrer Umgebung herum und mit Menschen aus den verschiedensten Schichten in Berührung. So erwähnten Anthimes spätere Briefe eine Frau und ein Fräulein Delahaye, die oft von Arthur gesprochen hätten, den Perückenmacher François und den Matrosen Maurice, zu dem sie manchmal gegangen waren. Le Havre, das 1790 nicht mehr als 1619 Häuser mit 19.894 Einwohnern zählte, war die kleinste Stadt, in der Arthur bisher gelebt hatte. Das Urteil von Zeitgenossen sprach dennoch von dem großen Reiz, den sie auszuüben vermochte. Casimir Delavigne fand 1775, daß es nach Konstantinopel keine schönere Hafenstadt gäbe. Arthur Young schilderte in seinem 1793 in Paris erschienenen Buch »Voyages en France« die Stadt aus der Perspektive des Schiffsreisenden. Die Kreidefelsen des Vorgebirges, die mit Häusern und Landsitzen übersäten Hügel hinter der Stadt, der belebte große Quai und die Einfahrt zwischen der festungswallartigen Hafenmauer und einem von Zinnen gekrönten Turm, den die Segel des Schiffes nahezu streiften, erregten seine Bewunderung. Auch vom Zentrum der Stadt aus konnte Arthur die grünen Hügel von Ingouville und die Schiffsmasten sehen, die die Häuser überragten. Eine kurze Fußwanderung durch das ländliche Tal von Sainte-Adresse führte ihn zu den Leuchttürmen von Hève über der felsigen Steilküste. Arthurs spätere Tagebucheintragung von den »Örtern um die Stadt« schloß zweifellos auch das nahegelegene Honfleur ein. Diese malerische Hafenstadt auf der anderen Seite der Seinemündung wirkte graublau, weil die Fassaden ihrer Häuser mit Schiefer verkleidet waren. Zu ihren Sehenswürdigkeiten gehörte die Lieutenance, ein Kastell aus dem 16. Jahrhundert, und das seltsamste Bauwerk der Normandie, die im 15. Jahrhundert von Schiffszimmerleuten ganz aus Holz errichtete zweischiffige Kirche Sainte-Cathérine.

Im Nordwesten von Harfleur konnte Arthur von der 90 Meter hohen Côte de Grâce, wo eine Wallfahrtskapelle mit Schiffsmodellen stand, die Lichterspiele der Seinemündung erleben. Zwischen der »Côte fleurie« mit ihren apfelbaumbestandenen Wiesen und wogenden Getreidefeldern und den Felsentürmen und Felsentoren der »Falaises d'Etretat« bot das Meer einen Anblick, der malerischer und elementarer war als die Ostsee bei Danzig. Westlich von Le Havre wetteiferten die auf dem Sandstrand auslaufenden schaumgekrönten Wellenkämme miteinander durch immer neue Brechungen des Sonnenlichts, während sie östlich der Stadt im ewigen Kampf mit der felsigen Küste wahre Naturwunder geschaffen hatten. Noch kam in dieser Zeit niemand auf den Gedanken, in diesem Meer zu baden, es sei denn, der Arzt hatte dazu geraten, sich zur Heilung von der Tollwut dreimal hineinzuwerfen. Doch die ohrenbetäubende Brandung, der fühlbar mit Gischt vermischte Wind, der ständig wechselnde Anblick von Wolken und Wogen und der unnachahmliche Geruch von Salzwasser, Fisch und Teer vermochte auch so alle Sinne des Knaben anzusprechen. Was Arthur hier noch unbewußt erlebte, sollte sich zwei Jahrzehnte später zu einem Doppelbild des ohnmächtigen und zugleich die Natur überragenden Menschen verdichten. In Begleitung eines übermütigen Spielgefährten aber erlebte er an diesem Ort, wo das Meer noch aufregender und das Hinterland noch anheimelnder war als in Danzig und Hamburg, zwei unbeschwerte Jahre seiner sich dem Ende zuneigenden Kindheit. Anthime erinnerte ihn später an seine »Vorliebe für Burgen« und an die Wette, die sie über den Namen einer »Korvette« abgeschlossen hatten.

Arthur wurde in Le Havre nicht zum Augenzeugen des Weltgeschehens. Doch alles, was sich auf hoher See abspielte, wurde in dieser Stadt zum Gesprächsstoff. Der kleine Kriegs- und Fischereihafen mit seiner Schiffswerft lag der Hauptstadt Paris und der feindlichen Küste Englands näher als die Kriegshäfen Brest, Lorient und Rochefort. An Arthurs Ohr drangen zuerst nur schwer verständliche Mitteilungen in der ihm noch fremden Sprache. Aber bald entstand durch eigene Beobachtungen, Erzählungen Anthimes und Mitgehörtes aus Gesprächen Erwachsener in dem Knaben ein Bild von den Ereignissen, das gerade durch seine Unschärfe noch an abenteuerlichem Reiz gewann. In seiner Phantasie belebte sich die Szenerie des Meeres mit Wikingern und Piraten, Schmugglern und Blockadebrechern, Kaperschiffen und ganzen Kriegsflotten. Dabei war das, was in den Jahren 1797 bis 1799 wirklich geschah, noch immer abenteuerlich genug: die britische Kanalflotte blockierte nicht nur den Schiffsverkehr zwischen Le Havre und dem Baltikum, sondern drang mit ihren Fregatten und Briggs bis in die französischen Küstengewässer vor, wo selbst der Verkehr zwischen den eigenen Häfen nur stockend und nicht ohne Gefahr aufrechterhalten werden konnte.

Der französische Marineminister Pléville-de-Pelley ging im Juli 1797 dazu über, kleinere französische Kriegsschiffe gegen Kaperbrief an Private zu vermieten, die als privilegierte Freibeuter englische Handelsschiffe aufbringen und ihre Beute mit dem Staat teilen sollten. Der erwartete Erfolg blieb allerdings aus, denn unter den 70 000 französischen Gefangenen, die man 1801 in England zählte, waren die meisten Seeleute und davon wieder entfiel der größte Teil auf die Besatzungen solcher Kaperschiffe. Im Februar 1798 sah es dann so aus, als ob Le Havre im Krieg gegen England doch noch eine entscheidende Rolle spielen sollte. Der legendäre General Bonaparte erhielt das Kommando über eine 150 000 Mann starke Invasionsarmee, inspizierte die Küste von der Straße von Calais über Dunkerque bis Le Havre und gab Befehl, in den Werften von Le Havre eine größere Zahl von kanonenbestückten Truppentransportern zu bauen. Doch schon am 26. Februar berichtete er dem Direktorium, daß die notwendigen Vorbereitungen während der günstigen Witterung des Jahres nicht mehr abgeschlossen werden könnten. Er riet entweder zu einem Marsch auf Hamburg, um den englischen Handel mit Zentraleuropa zu unterbinden, oder zu einer Operation in der Levante, um im Orient, wo 600 Millionen Menschen lebten, die Entscheidung gegen England zu suchen. Die Bürger von Le Havre glaubten ihren Ohren nicht trauen zu können, als sie dann von Bonapartes Landung in Alexandria, seinem Sieg über die Mamelucken bei den Pyramiden und seinem Einmarsch in Kairo hörten. Doch zuletzt traf die Hiobsbotschaft von der Vernichtung der französischen Flotte bei Abukir durch Admiral Nelson ein.

Inzwischen hörte man von einem anderen Invasionsplan, der aus der Hoffnung geboren wurde, einen Aufstand in Irland anzuzetteln. Doch die 500 Mann unter General Humbert, die im August 1798 mit drei Fregatten Killala erreichten, mußten sich ergeben, acht weitere Fregatten unter Kapitän Bompard wurden nördlich der Scilly-Inseln von drei englischen Linienschiffen und mehreren Fregatten verlustreich in die Flucht geschlagen, und eine dritte Expedition scheiterte an den englischen Küstengeschützen. Nur einmal gab es in Le Havre Anlaß zur Schadenfreude: als der Oberkommandierende der englischen Kanalflotte Lord Bridport, der im Frühjahr 1799 den französischen Kriegshafen durch seine Linienschiffe überwachen ließ, einen für ihn bestimmten Köder schluckte. Ein französischer Offizier mit einer fingierten Invasionsankündigung für die irischen Rebellen ließ sich auf dem Kutter Rebecca gefangennehmen und verleitete Bridport dazu, mit seinen Schiffen nach Irland zu segeln, worauf die Franzosen mit 25 Linienschiffen, sechs Fregatten und neun kleineren Schiffen von Brest nach Süden segeln konnten. Doch letzten Endes erreichten auch diese für Malta bestimmten Schiffe nicht ihr Ziel.

Für Knaben im Alter von Arthur und Anthime gaben diese Ereignisse freilich nur den Hintergrund für die Bühne ab, die sie durch ihre Phantasie mit ihren eigenen Helden und Bösewichtern bevölkerten. In dieser ihrer eigenen Welt waren sie die Verschollenen, die heimkehrten, die Gefangenen, die befreit wurden, und die Tapferen, die ihr

Ziel erreichten. Noch genossen sie das Vorrecht der Kindheit, den Ernst des Lebens spielerisch neu zu inszenieren, um das Gute über das Böse siegen zu lassen. Heinrich Floris Schopenhauer und seine Frau Johanna, die in Hamburg das Weltgeschehen in den Zeitungen verfolgten, mußten sich jedoch bisweilen fragen, ob Le Havre für ihren Sohn der geeignete Aufenthaltsort sei. Traf doch bald nach der Rückkehr von Heinrich Floris Schopenhauer die Nachricht vom Staatsstreich des 4. September 1797 ein. Sie erfuhren, daß der Organisator des Sieges, der Kriegsminister Carnot, und 65 Abgeordnete zur Deportation verurteilt worden seien und daß die Parteigänger der Royalisten nach Sinamari in Guyana verschickt würden. Auch hörten sie davon, daß Bonaparte den Oberbefehl über eine Armee zur Invasion Englands erhalten habe, und konnten Arthurs wegen erst dann beruhigt sein, als die bedrohlichen Nachrichten des Jahres 1798 aus ganz anderer Richtung kamen: aus Rom, wo französische Soldaten den greisen Papst Pius VI. gefangennahmen, aus Bern, wo die Franzosen mitten im Frieden die Kassen und Zeughäuser überfielen, und aus Toulon, von wo Bonaparte zu seinem ägyptischen Abenteuer aufbrach. Doch schon zu Beginn des Jahres 1799 sprachen alle Anzeichen dafür, daß ganz Europa wieder Kriegsschauplatz werden konnte. Als es England gelang, neben der Türkei auch Österreich, Rußland, Neapel und Portugal für ein Bündnis gegen Frankreich zu gewinnen, flammte in Italien und der Schweiz der Kampf erneut auf.

In einem Brief vom 8. April 1799 teilte Johanna Schopenhauer ihrem Sohn mit, daß er nicht mehr lange in Frankreich bleiben werde. Bald nach Beginn des Sommers sollte Arthur die Heimreise antreten. Maßgebend für den

Entschluß seiner Eltern, daß er dies allein und auf dem Seeweg tun sollte, waren wohl nicht nur die kriegerischen Ereignisse, sondern auch die unsicheren Verhältnisse in Frankreich, die der französische Polizeiminister in einem Geheimbericht über die Lage der Republik im Jahre 1799 anschaulich schilderte: in 45 von 86 Departements des eigentlichen Frankreich herrschte Chaos und Bürgerkrieg. Die Mißachtung der Gesetze war allgemein. Wehrpflichtige widersetzten sich en masse mit der Waffe in der Hand dem Zugriff der Rekrutierungsbehörden. Marodierende Banden stürmten die Gefängnisse, ermordeten die Gendarmen und setzten die Gefangenen in Freiheit. Steuereinnehmer und Beamte wurden beraubt, getötet oder verstümmelt. Die Stärke der Banden stieg auf 200, 300, ja 800 Mann, und häufiger als je zuvor wurden Postwagen mit Reisenden überfallen. Es war jenes Jahr, von dem später Alexis de Tocqueville schreiben sollte, daß die französische »Republik, nach dem kraftvollen Wort eines Zeitgenossen, nichts als eine aufgeregte Knechtschaft« war. Die Nation »zitterte gleichsam vor den Bewegungen des eigenen Schattens«. Der gleiche Bürger, der sich am Morgen vor einer Restauration ängstigte, fürchtete sich am Abend vor einer Rückkehr zur Schreckensherrschaft: »Viele hatten Angst, ihre Angst zu zeigen.« Das Direktorium schien gegen Ende seiner Laufbahn kampflos in sich zusammenzusinken. Das Land war reif für einen neuen Herrscher.

Wieder schlug für Arthur eine Stunde des Abschieds. Seit dem Brief seiner Mutter vom 8. April wußte er, daß er nun auch seine zweite Heimat verlassen mußte. Und er wußte auch, daß er in Le Havre seinen Freund Anthime zurücklassen mußte, ohne in Hamburg seinen Freund Gottfried Jänisch wiederzufinden. Denn seine Mutter hatte ihm geschrieben: »Ich bin heute recht sehr traurig, mein guter Arthur, es sterben jetzt so viele Leute in Hamburg, ich habe diesen Winter schon so viele Bekannte verloren, und heute früh ist meine sehr gute Freundin Mlle Peterssen gestorben, Du hast sie wohl gekannt, ihre Eltern wohnen uns schräge gegenüber, heute 8 Tag war sie noch bey mir lustig und froh, Mittwoch hat sie das Scharlachfieber gekriegt, und ist heute nacht gestorben. Auch Dir, mein Arthur habe ich einen Verlust anzukündigen, der Dich gewis betrüben wird, Dein guter Freund Gottfried, er ist wieder sehr krank geworden, 14 Tage hat er gelegen, man glaubt er hat mit andern Knaben, im Spiel oder im Streit, einen unglücklichen Schlag gekriegt, er ist fast gar nicht zum Bewußtseyn gekommen, und hat allso nichts sagen können. Auch er ist schon 8 Tage glücklicher als wir alle, er ist auch gestorben, Dein Brief an ihn, mein lieber Junge kam zwey Tage nach seinem Tode an. So hast Du denn schon Deinen liebsten Spielkameraden verlieren müssen. Es ist immer gut, lieber Arthur, wenn man sich auch schon in Deinen Jahren an den Gedanken gewöhnt, daß man das was man am liebsten hat so leicht verlieren kann, und daß die Dauer unsers eignen Lebens so unsicher ist.«

Arthurs gefühlvolles Herz wurde mit dem Herannahen des Sommers von widersprüchlichen Empfindungen hin- und hergerissen. Er fühlte in sich die Freude des Wiedersehens mit seinen Eltern und seiner Schwester, er fühlte aber auch den Schmerz des Abschieds von Anthime und dem Ehepaar Grégoire nicht weniger stark, als wenn er einen Bruder und Vater und Mutter verlassen hätte. Doch er wäre kein rechter Knabe gewesen, wenn die Aussicht, allein mit dem Schiff nach Hamburg zurückzukehren, seine Phantasie nicht ebenso stark beschäftigt hätte. Als der Elfjährige von der schwankenden Schiffsbrücke des einmastigen Küstenfahrzeuges mit verschleiertem Blick noch einmal Anthime und Vater und Mutter Grégoire aus der Ferne liebkoste, ließ ihn die ungeduldig stampfende Meeresbrandung begreifen, daß er nun lernen mußte, auf eigenen Füßen zu stehen. Er nahm sich vor, so tapfer zu sein wie jene Männer, die auf ihren Schiffen monatelang auf hoher See allein waren, und überwand seine kindliche Angst vor dem Verlassenwerden. Sein Französisch verriet ihn nicht mehr als Fremden, und mancher Mitreisende hätte sich gewundert, wenn er geahnt hätte, mit welcher Schärfe er von diesem kleinen Knaben beobachtet wurde. Am 9., 13., 23. und 27. Fructidor französischer Zeitrechnung — zwischen dem 27. August und dem 14. September 1799 — erhielt Anthime Briefe seines Freundes Arthur, dessen lebhafte Schilderungen der Reiseerlebnisse sich auch noch in den Antwortbriefen Anthimes widerspiegelten: »Du hast mich zum Lachen gebracht wie Du mir von Deiner Dame mit dem Schnurrbart erzähltest, Du hättest wie Cook auf seinen Reisen ihr Portrait machen sollen ... Ich habe Deine 2 Briefe vom 23. & 27. Fructidor richtig bekommen & bin über Deine glückliche Ankunft sehr froh, der kleine Lotse mit dem kurzen Rock muß sehr komisch anzusehen sein, vor allem der Kopf.« Länger als eine Woche war der Knabe auf einem einmastigen Küstenfahrzeug unterwegs, durchfuhr den von der englischen Flotte kontrollierten Ärmelkanal und kam an der einst so stolzen, schon lange toten Hafenstadt Brügge und an dem neuen Welthafen Amsterdam vorbei, verbrachte die Nächte im Zimmer auf der Schiffsbrücke und erlebte mit, wie die Mannschaft eines anderen Schiffes an Bord genommen wurde. Er hörte bei seiner Ankunft in Hamburg, wie die Kanonen »rataplan« und »bumbum« machten und fühlte sich den Männern, die kämpfend und kapernd die Meere befuhren, ebenso verwandt wie den Kauffahrern und Fischern. Als Heinrich Floris Schopenhauer seinen glücklich in Hamburg gelandeten Sohn in die Arme schloß, vergaß er mit einem Schlag die zwei Jahre der Trennung und gab seiner Freude in deutscher Sprache Ausdruck. Doch der Verständnis heischende Blick seines Sohnes belehrte ihn, daß aus diesem Knaben zwar noch kein Mann, aber doch, wie er es sich gewünscht hatte, ein kleiner Franzose geworden war. Oder wie es Arthur Schopenhauer in seinem Lebenslauf schilderte: »Unbändig freute sich mein guter Vater, als er mich plaudern hörte wie wenn ich ein Franzose wäre: die Muttersprache dagegen hatte ich dermaßen verlernt, daß man sich darin nur mit größter Schwierigkeit verständlich machen konnte.«

IV

HAMBURG

Neigung zur Gelehrtenlaufbahn

In das bis dahin so bewegte Leben des elfjährigen Arthur Schopenhauer schien die Privaterziehungsanstalt des Dr. Johann Heinrich Christian Runge im Sommer des Jahres 1799 das Gleichmaß einer Uhr zu bringen. Der in Danzig geborene Knabe, der nun wieder in Hamburg bei seinen Eltern und seiner Schwester lebte und mit seinem Freund Anthime in Le Havre korrespondierte, verbrachte in den folgenden vier Jahren — mit Ausnahme der Ferien — jede Woche 26 Stunden in diesem Institut. Von Montag bis Samstag wurde er von neun bis zwölf Uhr vormittags und mit Ausnahme von Mittwoch und Samstag auch von drei bis fünf Uhr nachmittags unterrichtet. Der Lehrstoff bestand vor allem aus Geographie und Topographie, Geschichte und Religion. Dazu kamen Naturgeschichte, Deutsch, Französisch und Latein und in der Unterstufe Denkübungen. In der Oberstufe traten an die Stelle der Denkübungen und der Topographie Mathematik und Englisch. Dieser Bildungsgang entsprach ganz den Vorstellungen des Heinrich Floris Schopenhauer, der ebenso wie andere vermögende Hamburger Kaufleute seinen Sohn zu Dr. Runge schickte, damit er dort — wie es Arthur Schopenhauer später in seinem Lebenslauf formulierte —

gründlich lerne, »was einem Kaufmann von Nutzen ist und dem Gebildeten wohl ansteht«.

Dr. Runge war um zwanzig Jahre jünger als Arthurs Vater, besaß aber bereits eine zehnjährige pädagogische Praxis und ausgeprägte Vorstellungen über die Grundsätze, nach denen junge Menschen zu erziehen waren. Der Sohn eines Hamburger Oberküsters, der in Halle bei dem Pädagogen August Hermann Niemeyer studiert hatte, schöpfte zugleich aus den Quellen christlicher Weltsicht und aufgeklärter Weltoffenheit. In seiner 1800 erschienenen Schrift »Pädagogische Haustafel oder notwendige Verhaltensmaßregeln für Eltern zur pflichtgemäßen Erziehung ihrer Kinder« ermahnte er die Eltern, sich selbst um die Kinder zu kümmern, die Erziehung nicht schwankend und willkürlich, sondern charakterfest zu leiten, und bei Bekämpfung von Fehlern nicht gewaltsam-befehlshaberisch, sondern psychologisch vorzugehen. Aus den Tagebüchern des Georg Christian Lorenz Meyer, eines Neffen des Domherrn, der zugleich mit Arthur Schopenhauer diese vornehmste Hamburger Erziehungsanstalt besuchte, gehen die Themen hervor, die in den vier Wochenstunden des Religionsunterrichtes behandelt wurden: die Notlüge, die Art, wie man andre schont und wie man andre durch Ärgernis verführen kann; Behutsamkeit im Urteil über andre wurde empfohlen, man sprach über Friedfertigkeit und über geduldiges Ertragen der Eigenheiten anderer Menschen, über die Möglichkeiten, in seinen Berufsgeschäften auch den Mitmenschen nützlich zu sein, über Milde und Barmherzigkeit, über Gutes tun mit Weisheit, über die Pflicht, auch seinen Feinden zu vergeben, und über die Pflichten gegen Geschwister und Bediente. Dr. Runge war nach Arthur Schopenhauers späterem Urteil ein »vortrefflicher« Mann. Die mit nüchternem Wirklichkeitssinn gepaarte Sittenlehre dieses Erziehers mochte Arthur noch später als Kompaß auf seiner Gratwanderung zwischen Aufklärung und Pietismus gedient haben; doch niemals ließ ihn der Blick in das Jammertal dieser Erde die höhere Bestimmung des Menschen aus dem Auge verlieren.

So wie das Vorbild des Vaters gab auch das Vorbild Dr. Runges dem Leben des heranreifenden Knaben Richtung, ohne damit schon das Ziel seines Lebens zu bestimmen. Die Grundfigur dieses Lebens war nicht der Kreis mit seinem unbestrittenen Mittelpunkt, es war vielmehr die Ellipse, die einen Lebenslauf umschrieb, der stets der Beziehung zu zwei Brennpunkten unterworfen war. Diese Brennpunkte waren am Anfang noch Orte, die auf der Landkarte zu finden waren, später Ziele eines Lebens und schließlich Schichten eines Seins. Bei seinem ersten Aufenthalt in Hamburg hatte der Fünfjährige noch Danzig als seine eigentliche Heimat angesehen. Bei seinem zweiten Aufenthalt in Hamburg wurde für den Elfjährigen Le Havre zur Wahlheimat. Schopenhauers Sehnsucht, seinen Freund Anthime und Le Havre wiederzusehen, sollte jedoch bald gegen einen anderen Wunsch ausgespielt werden. Oberflächlich ging es dabei noch um Orte, in der Tiefe aber bereits darum, ob er die von seinem Vater gewünschte Laufbahn eines Kaufmannes oder die von ihm selbst gewünschte Laufbahn eines Gelehrten einschlagen würde. Seine erste Entscheidung blieb nicht die letzte.

Noch aber war es dem Elfjährigen vergönnt, Kind zu sein. Aus den erhalten gebliebenen Briefen Anthimes geht hervor, daß Arthur drei Gewehre und drei Säbel besaß, mit denen er auf dem Speicher seines Vaterhauses Krieg gegen Ratten und Mäuse führte. Während Anthime sich noch damit begnügen mußte, beim Tanzen zuzusehen, erhielt Arthur bereits Tanzunterricht. In einem Brief vom 14. Februar 1800 bemerkte Anthime: »Es scheint, daß Du der Vestris von Hamburg wirst«, und fügte diesem scherzhaften Vergleich mit dem »dieu de la danse« der Pariser Oper die wohl ebenso scherzhaft gemeinten Worte hinzu: »Ich glaube, daß Du jetzt wohl sehr froh sein mußt, nicht mehr Deinen dicken Bauch und Deine Speckfalten zu haben, denn sie würden Dich hindern mit Grazie zu tanzen.« Ob Arthur seinen Tanzunterricht von einem jener französischen Emigranten erhielt, die sich damals in Hamburg als Tanzlehrer und Fechtmeister ihr Brot verdienten, war nicht entscheidend in einer Stadt, die ein reicher Nährboden für seine Erinnerungen an Frankreich war. Seit 1795 bestand auf einem Grundstück der Drehbahn das Théatre français, wo bis zur Jahrhundertwende die zum Bekanntenkreis von Johanna Schopenhauer gehörende Madame Chevalier gastierte. Obwohl dieser temperamentvollen und vom Publikum vergötterten Schauspielerin nachgesagt wurde, daß sie jungen Leuten die Köpfe verdrehte, wurde Arthur von seinen Eltern mehrfach in dieses Theater mitgenommen.

Auch der 1799 von dem französischen Emigranten Vicomte Lancelot de Quatre Barbes errichtete erste Alsterpavillon gehörte zu den Hamburger Neuheiten, die sich das Ehepaar Schopenhauer in Begleitung seiner Kinder kaum entgehen ließ. Die Hamburger Handelskrise des Jahres 1799, der in sechs Wochen 136 Unternehmungen mit einer Schuldenlast von 37 Millionen Mark Banco zum Opfer fielen, war am Handelshaus des Heinrich Floris Schopenhauer spurlos vorübergegangen. Er konnte seinem

Sohn nicht nur den Unterricht im vornehmen Runge-Institut, Tanzstunden und Unterweisung im Flötenspiel, sondern vielfältige Vergnügungen bieten, zu denen binnen Jahresfrist auch wieder eine größere Reise zählte.

Inzwischen hatte der Knabe im Runge-Institut die Söhne anderer vornehmer und angesehener Hamburger Familien kennengelernt. Der schüchterne Charles Godeffroy wurde zu einem intimen Freund seiner frühen Jugend. Er war der Sohn des hochangesehenen Kaufmannes Pierre Godeffroy, dessen »Weißes Haus« in Dokkenhuden der gesellschaftliche Mittelpunkt der französischen Réfugiés war. Zu Arthurs Freunden durfte sich auch der akkurate Georg Christian Lorenz Meyer zählen, mit dem er sich immer zankte, denn »was sich liebt das zankt und neckt sich, wirst Du sagen«, schrieb Meyer später einmal in einem Brief an Arthur. Dieser Freund war der Sohn des Weinhändlers und Kunstsammlers Johann Valentin Meyer, der im Jahre 1800 Senator wurde, und der Neffe des mit der Familie Schopenhauer bekannten Domherrn Friedrich Lorentz Meyer. Zu Arthurs Freundeskreis gehörte ebenso der Kaufmannssohn Georg Friedrich Röding, mit dessen Eltern seine Eltern gut bekannt waren. In späteren Briefen Georg Christian Lorenz Meyers an Arthur fanden noch zahlreiche Mitschüler Erwähnung, so ein Träger des berühmten Namens Sieveking, ein als »trocken« charakterisierter Ferdinand Böhl, ein »drollig« genannter von Schilden und ein Ellermann, mit denen Arthur gut bekannt gewesen sein muß. Auch manche Einzelheiten über den Alltag in der Erziehungsanstalt Dr. Runges gehen aus diesen Briefen hervor. Georg Christian Lorenz Meyer berichtete von Aufsätzen, »wovon die Kürzesten 30, die Längsten aber 80 Seiten lang«

waren, von einer »großen Execution«, weil ein gewisser Siemers »Federn gestohlen« hatte, worauf »sein Name von der Tabelle genommen, zerrissen« wurde und er das »Mittag — Pfefferfleisch und Quabbensuppe — auf der Diele essen« mußte. Es war der Alltag eines Halbinternates, in dem Dr. Runge den Stundenplan und Madam Runge den Speisezettel bestimmte, in dem sich die Schüler über das wenig abwechslungsreiche Essen ärgerten, über zusätzliche freie Tage freuten und mit Bangen den Examen entgegensahen.

Als sich der Sommer des Jahres 1800 näherte, konnte sich Arthur auf eine drei Monate lange Unterbrechung des Unterrichtes im Runge-Institut freuen. Johanna Schopenhauer war nach einem fünfjährigen, nur von Reisen nach Danzig unterbrochenen Aufenthalt in Hamburg begierig, andere Städte und neue berühmte Persönlichkeiten kennenzulernen. Der zwölfjährige Arthur und seine inzwischen drei Jahre alt gewordene Schwester Adele durften die Eltern auf dieser Reise begleiten, deren weiteste Ziele Karlsbad und Prag waren. Der Knabe kam dabei in Städte wie Göttingen, Weimar, Dresden und Berlin, die in seinem Leben noch eine große Rolle spielen sollten. An Paris reichte keine dieser Städte heran, und selbst Hamburg, das im Jahre 1800 etwa 130 000 Einwohner zählte, wurde nur von Berlin mit seinen 172 000 Einwohnern übertroffen, während Leipzig mit 40 000, Dresden mit 60 000 und Prag mit 75 000 Einwohnern einen Hamburger nicht beeindrucken konnten. Doch sie waren alle reich an Sehenswürdigkeiten und boten Reisenden nach ihrer Heimkehr genügend Stoff zum Erzählen. Arthur wurde von seinen Eltern zur Führung eines Reisetagebuches angehalten, und zum erstenmal begann er, der nach dem Willen seines Vaters so frühzeitig im »Buch der Welt« lesen gelernt hatte, seine Eindrücke mit eigener Hand festzuhalten. Wenn auch sein Blick im Laufe dieser Reise oft an Kuriositäten und Berühmtheiten haften blieb, so wandte er sich doch gleich zu Beginn der Reise dem namenlosen Leid zu. Sein Reisetagebuch begann mit der Eintragung:

»Wir reisten den 16. Juli gegen zwölf Uhr von Hamburg ab, und kamen bey ziemlich trübem Wetter, nach ein paar Stunden im Zollenspyker an, um uns von da über die Elbe setzen zu lassen; indessen dass die Fähre kam, liessen wir uns im Gespräch mit einer armen blinden Frau ein, welche gar keine Idée von Tag u. Nacht hatte. Da wir sie nach der Ursache ihrer Blindheit fragten erzählte sie uns dass man sie eine halbe Stunde weit zur Taufe getragen habe, wobei ihr die Augen erfroren sind. Obgleich sie stockblind ist, sind ihr alle Wege bekannt, u. sie kann sich alles was sie bedarf selbst holen. Ich bedauerte die arme Frau, bewunderte aber die flegmatische Ruhe womit sie ihr Leid erträgt; sie hatte das Vergnügen ein Christ zu seyn theuer erkaufen müssen!«

Zwei Tage später besuchte Arthur mit seinen Eltern das Schloß Celle, das der dänischen Königin Mathilde als Aufenthalt gedient hatte. Er notiert, daß sie von ihrem Gemahl dorthin geschickt wurde, »weil sie im Verdacht des Ehebruchs mit einem Altonaer Predigers Sohn, namens Struensee stand; wir sahn ihre Zimmer u. Meublen, selbst das Bett worin sie ihr Leben, wahrscheinlich durch Gift endigte«. Die Düsternis, die über dem Beginn dieser Reise zu liegen schien, begann sich bald aufzuhellen. Der Reigen von Besichtigungen und Begegnungen wurde immer bunter. In Göttingen sah der Knabe die Gegenstände, die Kapitän Cook von den Südseeinseln mitgebracht hatte, und die 20 000 Bände der Universitätsbibliothek. Bei einem Spaziergang im Park von Weimar begegnete er Schiller. In Jena war er mit seinen Eltern bei dem Arzt Christoph Wilhelm Hufeland zu Gast, der Goethe und Schiller, Herder und Wieland behandelte und durch sein Buch über die »Makrobiotik oder die Kunst sein Leben zu verlängern« Berühmtheit erlangte. Prag erinnerte Arthur an Paris, weil die Häuser weiß wie dort und die Straßen ebenso kotig waren und hier wie dort die Fiaker dutzendweise auf den Gassen warteten. Er beobachtete aber auch, daß außer den niedrigen Klassen von Handwerkern in Prag niemand Herr und Madam genannt wurde, sondern alles »Ihro Gnaden, Exzellenzen u.s.w.«. Die Einwohner von Dresden erschienen ihm als »sehr altmodisch«, doch beim Abschied sprach er vom »lieben Dresden, in dem wir so manche frohe Stunde gehabt hatten«. In Potsdam erlebte er, wie der König von Preußen beim Manöver stürzte, während gleichzeitig »ein unglücklicher verirrter Hase durch die gedrängten Haufen der Zuschauer« lief und »trotz allem Bestreben, ihn zu haschen, doch glücklich« durchkam. Beim Theaterbesuch in Berlin wurde er Zeuge, wie gepfiffen wurde, als Iffland, einer der größten Schauspieler und fruchtbarsten Theaterdichter dieser Zeit, auf der Bühne stand. Iffland erklärte, daß »es ihm unmöglich sey weiter zu spielen weil er an dergleichen Zeichen der Missbilligung nicht gewöhnt wäre«, erhielt aber zum Schluß einen Applaus, der in der ganzen Stadt zu hören war, weil diese Pfiffe in Wirklichkeit einem anderen Schauspieler gegolten hatten. Am nächsten und am übernächsten Tag sah der Knabe Iffland noch in »Piccolomini« und »Wallensteins Tod« von Schiller. Als Arthur Schopenhauer am 17. Oktober des Jahres 1800 nach Hamburg zurückkehrte, waren seine Eindrücke von Städten und Landschaften, Kirchen und Schlössern, Theatern und Museen so kunterbunt wie die eines Vergnügungsreisenden, der nur begierig ist, viele Bilder zu sammeln.

Eine Woche nach der Rückkehr meldete der »Altonaische Mercurius« vom 23. Oktober 1800: »Gestern ist der berühmte Lord Nelson mit dem Gesandten Hamilton und dessen Gemahlin von Dresden, von dort sie die Reise zu Schiffe, die Elbe herunter gemacht haben, hier angelangt. Abends erschien Lord Nelson in dem hiesigen Französischen Schauspielhause und wurde mit lebhaftestem Beyfall des Publicums begrüßt.« Johanna Schopenhauer erwähnte später Lady Hamilton und Nelson als letzte in der Reihe der Personen, mit denen sie in Hamburg bekannt geworden war. Die 35jährige Lady Emma Hamilton bezauberte die Hamburger Gesellschaft durch ihre Schönheit, während der 42jährige schmächtige, einäugige und einarmige Admiral Horatio Nelson sie durch die sichtbaren Spuren seines Mutes faszinierte. Die beiden waren offensichtlich ein Paar, auch wenn die Gattin des britischen Gesandten in Neapel erst ein Jahr später die Tochter zur Welt bringen sollte, die nach ihrem Vater auf den Namen Horatio getauft wurde. Niemand in der Umgebung Arthurs nahm an diesem seltsamen Verhältnis Anstoß, im Gegenteil, der berühmteste Dichter der Stadt, Friedrich Gottlieb Klopstock, brachte Lady Hamilton am Schluß seiner Ode »Die Unschuldigen« seine Huldigung dar. Er las dieses Werk bei einer Abendgesellschaft vor, an der Nelson, Lady Hamilton und andere Damen teilnahmen. Der Admiral revanchierte sich dafür im Jahre 1801 auf seine Weise: er beendete mit der Beschießung Kopenhagens die kurze dänische Besetzung Hamburgs.

Der Unterricht im Runge-Institut ließ Arthurs Alltag in Hamburg dort wieder beginnen, wo er vor seiner Reise mit den Eltern geendet hatte. Weder er noch seine Freunde, die ihn nach seinen Erlebnissen ausfragten, bemerkten, daß vor diesen langen Ferien die Kindheit und nach ihnen die Jugend lag, jene Zeit, in der Knaben nicht nur rasch wachsen, sondern sich in ihrem Wesen verändern und sich der Rolle, die sie später einmal als Männer zu spielen haben, zum erstenmal bewußt werden. Die Form, in der Arthur mit seinen Freunden in Hamburg seinen dreizehnten, vierzehnten und fünfzehnten Geburtstag feierte, blieb äußerlich die gleiche. Er lud sie in das Haus seiner Eltern am Neuen Wandrahm ein oder wurde von ihnen eingeladen, und war herzlich vergnügt mit ihnen. Bei der Feier seines fünfzehnten Geburtstages in der Rosenstraße wurde sogar ein solennes Feuerwerk abgebrannt, und Arthur lud seine Freunde, zu denen Georg Christian Lorenz Meyer und der junge Rücker aus dem Hause Rücker & Westphalen gehörten, bereits zur Feier seines nächsten Geburtstages ein. Doch mit den Jahren wurden aus Rangen kleine Kavaliere, in deren Gesprächen immer häufiger von Bällen und Mädchen die Rede war. Wenn sich Arthur an diesen Gesprächen auch mit immer tiefer werdender Stimme beteiligen konnte, so gab doch seine Kleinheit Anlaß zu Neckereien. Das ging aus späteren Briefen seiner Freunde eindeutig hervor. So fragte ihn Charles Godeffroy in einem Brief vom 20. August 1804: »Apropos Schopenhauer, bist du größer geworden?« Und Georg Christian Lorenz Meyer illustrierte seine Anspielungen in einem Brief vom 31. August 1804 sogar durch eine Zeichnung: »Auch soll es mich recht wundern, ob Du wohl größer geworden bist. Bist Du noch wie sonst, so kannst Du mir bei deiner Zurückkunft durch die Beine kriechen, als nebenstehende Skizze zeigt!!«

Arthur zog sich wegen dieser Neckereien nicht von seinen Freunden zurück. Nach außen blieb er ein angenehmer Gesellschafter, der durch die Treffsicherheit seiner Bemerkungen oft zur allgemeinen Heiterkeit beitrug, doch begann er zugleich sich auf sich selbst zurückzuziehen und ein Innenleben zu entwickeln, bei dem er von niemandem gestört sein wollte.

Die darob besorgte Johanna Schopenhauer erinnerte ihren Sohn in einem Brief vom 4. August 1803 daran mit den Worten: »Weist Du noch wie manchen Krieg ich diesen Winter und sonst vorher mit Dir hatte, wenn Du des Sonntags und die Feyertage durchaus nichts ordentliches vernehmen wolltest, weil es Dir Tage der Ruhe waren?« Als »nichts ordentliches« empfand Arthurs Mutter auch jene Zeit, die Arthur mit seinen Büchern verbrachte, denn sie war mit der Art seiner Lektüre ganz und gar nicht einverstanden. Vorwurfsvoll schrieb sie in diesem Brief: »Du, mein Arthur, must jetzt hinein ins ernste Leben, und wahrlich es wird Dir mehr als ernst, es wird Dir unerträglich vorkommen, wenn Du Dich schon so frühe gewöhnst, Deine Stunden alle mit der Kunst zu vertändeln. Du bist nun 15 Jahre alt, Du hast schon die besten Deutschen, Französischen und zum Theil auch Englischen Dichter gelesen und studiert, und noch außer denen Schulstunden, kein einziges Buch in Prosa, einige Romane ausgenommen, keine Geschichtem nichts als was du lesen mustest um bey H. Runge zu bestehen.«

Neben der Schule, die er mit seinen Freunden besuchte, und den Gesellschaften, zu denen ihn seine Eltern mitnahmen, hatte sich Arthur seit seiner Rückkehr von Le

Havre vor allem mit Hilfe von Büchern sein eigenes, geheimes Reich geschaffen. Die Abenteuer des Lesens erlebte er wie so viele andere Knaben seines Alters nicht durch die Schullektüre, sondern erst, als er Bücher seiner eigenen Wahl zur Hand nahm. Seit seiner Rückkehr aus Le Havre las Arthur Bücher in französischer Sprache ebenso mühelos wie Bücher in seiner Muttersprache, deren Klang ihm wohl hart erschien, aus der er aber nun besser die Tiefe der Gedanken und Empfindungen heraushören konnte. Der lebhafte Briefwechsel zwischen Arthur und seinem französischen Freund Anthime war zugleich gegenseitige Anregung zur Lektüre. Anthime las auf Arthurs Empfehlung hin eine Beschreibung der Pelew-Inseln; die Geschichte vom Häuptling Aba-thule, der den gestrandeten Kapitän Wilson freundlich aufnahm und den Engländern die Insel Orolung schenkte, machte auf ihn großen Eindruck. Arthur wieder besorgte sich die ihm von Anthime empfohlene Anekdotensammlung, einen »Dictionnaire historique d'éducation«. Das geht aus einem Brief Anthimes vom 31. Oktober 1800 hervor: »Ich dachte wohl, daß Du die Anekdotensammlung hübsch finden würdest. Jetzt rate ich Dir, die Lustspiele von Molière zu kaufen, über die Du Dich zu Tode lachen wirst.«

Zur Lektüre in Arthurs erster Reifezeit gehörten auch ein sechzehnseitiges Heft und ein sechsbändiger Roman, die sich wie Tag und Nacht voneinander unterschieden. Das Heft, das auf dem Titelblatt den Namenszug »Heinrich Floris Schopenhauer« trug, hatte er von seinem Vater mit elf Jahren bekommen. Den Roman holte er sich mit vierzehn Jahren aus der väterlichen Bibliothek. Diese beiden Werke besaßen für seine Entwicklung sicher nicht das gleiche Gewicht — den Autor des Heftchens sollte er

Heinrich Schopenhauer (1747–1805),
Vater von Arthur Schopenhauer.

Johanna Schopenhauer (1766–1838),
Mutter von Arthur Schopenhauer.

Arthur Schopenhauer
im Jahre 1818.

Die

Welt

als

Wille und Vorstellung:

vier Bücher,

nebst einem Anhange,

der die

Kritik der Kantischen Philosophie

enthält,

von

Arthur Schopenhauer.

Ob nicht Natur zuletzt sich doch ergründe?

Göthe.

Leipzig:

F. A. Brockhaus.

1819.

Titelblatt des Werks
»Die Welt als Wille und Vorstellung«.

später wiederholt in seinen eigenen Werken zitieren und sein Bild sollte sein Zimmer schmücken, während er sich an die Lektüre des anderen Autors im Alter von 70 Jahren nur wie an einen Jugendstreich erinnerte —, doch spiegelte sich in ihnen die ganze Spannweite der Erlebniswelt eines frühreifen Knaben. Das 1799 anonym erschienene Heftchen trug den Titel »An meinen Sohn H.« und erschien später unter dem bekannteren Titel »An meinen Sohn Johannes«. Durch seine Widmung ließ Heinrich Floris Schopenhauer den Verfasser Matthias Claudius gleichsam stellvertretend zu seinem Sohn sprechen. Arthur war ein aufmerksamer Leser dieses Heftchens, denn Sätze wie »Halte Dich zu gut, Böses zu tun« oder »Habe immer etwas Gutes im Sinn« hatte er mit Bleistift unterstrichen. Er fand darin aber auch Sätze, die lauteten: »Hänge Dein Herz an kein vergänglich Ding. Die Wahrheit richtet sich nicht nach uns, lieber Sohn, sondern wir müssen uns nach ihr richten. Was Du sehen kannst, das siehe und brauche Deine Augen und über das Unsichtbare und Ewige halte Dich an *Gottes* Wort. Bleibe der Religion Deiner Väter treu und hasse die theologischen Kannegießer.« Der Verfasser dieser pietistischen Lebensregel war zu jener Zeit in Hamburg ein bekannter Mann. Nach seinem Studium in Jena und einer Tätigkeit als Privatsekretär in Kopenhagen war Matthias Claudius 1771 nach Wandsbek gekommen, um die Redaktion des »Poetischen Winkels«, des gelehrten und literarischen Teils des neugegründeten »Wandsbeker Bothen« zu übernehmen. »Mir kann kein Mensch mit Grund der Wahrheit nachsagen, daß ich'n Philosoph sei, aber ich gehe niemals durch'n Wald, daß mir nicht einfiele, wer doch die Bäume wohl wachsen mache...«, schrieb er in diesem Jahr, und doch wurde die Frage, wer der Mensch sei, von niemandem einprägsamer beantwortet als von ihm:

»Empfangen und genähret
Vom Weibe wunderbar,
Kömt er und sieht und höret
Und nimmt des Trugs nicht wahr;
Gelüstet und begehret
Und bringt sein Tränlein dar;
Verachtet und verehret,
Hat Freude und Gefahr;
Glaubt, zweifelt, wähnt und lehret,
Hält nichts und alles wahr;
Erbauet und zerstöret
Und quält sich immerdar;
Schläft, wachet, wächst und zehret;
Trägt braun und graues Haar
Und alles dieses währet
Wenn's hoch kommt achtzig Jahr.
Denn legt er sich zu seinen Vätern nieder,
Und er kömmt nimmer wieder.«

Sein Gesamtwerk hatte Matthias Claudius dem Knochenmann »Freund Hein« gewidmet. Für ihn war der Mensch ein aus dem Paradies Vertriebener: »Wir kommen mit Angst und Geschrei in die Welt und fahren mit Herzeleid wieder in die Grube«, schrieb dieser Dichter, den Arthur Schopenhauer später als Philosoph noch oft als seinen Zeugen aufrufen sollte.

Ganz anderer Art war der Roman, den Arthur mit seinem Kommodenschlüssel aus der väterlichen Bibliothek entführte und nachts im Bette liegend las, bis ihn sein Vater dabei ertappte. Der Verfasser, Jean Baptiste Louvet de Couvray, der in sechs Bänden die »Liebesabenteuer des Chevalier de Faublas« schilderte, wollte ganz gewiß keine Lebensregeln aufstellen, sondern nur die raffinierte Liebeskunst der französischen Gesellschaft vor Ausbruch der französischen Revolution schildern. Er war zu jener Zeit ein gerngelesener Autor, der jedoch von Heinrich Floris Schopenhauer sorgsam unter Verschluß gehalten wurde. Die nächtliche Szene setzte der verbotenen Lektüre ein jähes, doch zu spätes Ende. Der vierzehnjährige Arthur hatte bereits gelesen, wie der hübsche sechzehnjährige Chevalier de Faublas nach Paris kommt und während des Karnevals dazu überredet wird, in Frauenkleidern auf einen Ball zu gehen, um der verheirateten 25jährigen Marquise de B. einen Streich zu spielen. Diese weiht ihn schon nach den ersten Seiten in der »Venus süßeste Geheimnisse« ein: »Sie half meiner scheuen Ungeschicklichkeit nach. Mit ebenso viel Staunen wie Glück erhielt ich meine erste Unterweisung, die ich oftmals wiederholte. Wir verwendeten mehrere Stunden zu diesem süßen Unterricht«, ließ der Autor seinen jungen Helden berichten. Die Zahl der lustvoll sich paarenden Leiber nahm fast mit jeder Seite zu, so daß es im Prinzip gleichgültig war, ob Arthur bei seiner Lektüre noch bis zur bereitwilligen Dienerin Justine, bis zur Tänzerin Coralie, der Geliebten von Vater und Sohn Faublas, bis zur jungverheirateten Frau de Lignolle oder bis zur noch unberührten Mademoiselle Mesanges kam. Nur das moralisierende Ende des Romans, bei dem der gleichzeitige Tod zweier Geliebter den Chevalier de Faublas fast zum Irrsinn und schließlich in die Arme der ihm angetrauten Sophie treibt, bekam der Vierzehnjährige nicht mehr zu lesen. Was ihm von seiner Tag- und Nachtlektüre aber bleiben sollte, war jenes Wechselspiel von Zeugung und Tod, das er später den »Pulsschlag der Gattung« nannte. Wenn auch Matthias Claudius und Jean Baptiste Louvet de Couvray weder miteinander zu vergleichen noch auf eine Stufe zu stellen waren, erste Erfahrungen vermittelten dem jungen Leser beide. Von dem einen lernte er, einen selbst über den Tod erhabenen Blick auf das Wesen dieser Welt zu richten, der andere aber ließ ihn bemerken, wie heiß seine Wangen wurden, wenn ihm ein Blick durch das Schlüsselloch eines Schlafgemachs geboten wurde. Waren nicht schon zwischen den Zeilen, die er in diesem Alter las, die Vor-Worte zu dem Gedicht verborgen, das er in wenigen Jahren niederschreiben sollte?

O Wollust, o Hölle,
O Sinne, o Liebe,
Nicht zu befried'gen
Und nicht zu besiegen!
Aus Höhen des Himmels
Hast du mich gezogen
Und hin mich geworfen
In Staub dieser Erde:
Da lieg' ich in Fesseln.
Wie wollt' ich mich schwingen
Zum Throne des Ew'gen,
Mich spiegeln im Abdruck
Des höchsten Gedankens,
Mich wiegen in Düften,
Die Räume durchfliegen,
Voll Andacht, voll Wunder,
Ausbrechend in Jubel,
In Demuth versinkend,
Den Einklang nur hörend;
Wie wollt' ich vergessen

Des niedrigen Staubes,
Nicht schelten die Thoren,
Nicht neiden die Großen,
Nicht spotten der Schwachen,
Die Bösen nicht sehen,
Den Meister im Werke,
In Körpern die Geister
Nur sehen und lieben —
Doch du, Band der Schwäche,
Du ziehst mich nieder,
Daß fest mich umklammert
Das Heer deiner Fäden.
Und jegliches Streben
Nach Oben mißlingt mir.

Wenn Heinrich Floris Schopenhauer im Alter von 55 Jahren von einer fixen Idee besessen war, dann von der, seinen nunmehr 14jährigen Sohn den Beruf des Kaufmannes erlernen zu lassen und ihn zu seinem Nachfolger zu machen. Von einem Erben und Nachfolger hatte er ja schon im Herbst 1787 in England geträumt, noch ehe sein Sohn zur Welt gekommen war. In den letzten Jahren hatte sich Arthur den Vorstellungen seines Vaters entsprechend entwickelt. Der Aufenthalt in Le Havre hatte aus ihm einen kleinen Franzosen gemacht. Die Gelegenheit, aus ihm auch noch einen Engländer zu machen, würde sich schon noch ergeben. Dabei würde er so wie sein Vater die englische Lebensart schätzenlernen und jeden Tag mit der Lektüre der »Times« beginnen.

An Fleiß fehlte es Arthur nicht. Dr. Runge, der großen Wert auf »Privat-Fleiß« legte, bestand nicht einmal darauf, daß Arthur seine privaten Schularbeiten in den dafür eigens vorgesehenen Unterrichtsstunden erledigte. Arthurs

Fähigkeit, sich vorübungslos neues Wissen anzueignen, lag weit über dem Durchschnitt. Für Heinrich Floris Schopenhauer war im Jahre 1802 der weitere Lebensweg seines Sohnes bereits vorgezeichnet. Im zweitfolgenden Jahr würde er ihn zu einem der angesehensten Kaufleute Hamburgs in die Lehre geben. Wenn es dabei am Anfang auch nur darum ging, Geld abzuzählen und Briefe abzuschreiben, seinem Arthur, der sich sogar Zugang zu verbotenen Büchern der väterlichen Bibliothek verschaffte, würden auch die Geschäftsbücher nicht lange ein Geheimnis bleiben. Arthur war nicht oberflächlich, sein Ernst würde mit den Jahren noch zunehmen, dafür würde schon das väterliche Erbteil sorgen. Er mußte nur als künftiger Kaufmann noch lernen, sich den Menschen angenehm zu machen; da konnte der Hang zur Geselligkeit, der bei Arthurs Mutter oft schon die Form einer Sucht annahm, als zweites Erbteil nicht schaden. Wenn Heinrich Floris an den Aufwand dachte, den seine Frau in dem Haus am Neuen Wandrahm mit großen Gesellschaften und mit Kammerzofe, Köchin, Dienerin und Kutscher trieb, und wenn er überlegte, daß er für seine fünfjährige Tochter Adele vorzusorgen und auch noch der Mutter und den beiden Schwestern seiner Frau beizustehen hatte, dann konnte ihn eigentlich nur der Gedanke beruhigen, in seinem Handelshaus möglichst bald einen geschäftskundigen Sohn an seiner Seite zu wissen.

Durch den Kopf des vierzehnjährigen Arthur aber gingen ganz andere Gedanken. Im »Buch der Welt«, in dem er nach dem Willen seines Vaters lesen lernen sollte, begann er die Seiten des Kaufmännischen bereits zu überblättern. Die frühen Reisen und die Kenntnis der französischen Sprache hatten seinen Horizont auch in andere Richtungen erweitert, der Unterricht im Institut des Dr. Runge weckte seinen Wissensdurst weit über das dort Gebotene hinaus. Schöne Künste und Latein kamen dort nach seinem Geschmack viel zu kurz. Ob er nun in der väterlichen Bibliothek stöberte, die von seinem Freund Anthime empfohlenen Bücher las oder seine Mutter von ihren Gesellschaften erzählen hörte, immer stieß er dabei auf Güter, die höher waren als jene, mit denen sein Vater handelte. Er wußte zwar, daß die Kaufleute zu den angesehensten Bürgern von Hamburg zählten, er sah aber auch, wie sehr diese Kaufleute die Gesellschaft von Männern des Geistes suchten. Was war der Respekt, der seinem Vater gezollt wurde, gegen die Bewunderung, die man einem Dichter wie Klopstock oder einem Maler wie Tischbein entgegenbrachte? Hamburg hatte von Klopstock am 22. März 1801 mit dem volltönenden Geläut seiner sechs Hauptkirchen, mit einer Ehrenwache von 109 Mann zu Fuß und zu Pferd und mit dem Geleit aller Gesandten, Senatoren, Kaufleute, Lehrer und Künstler Abschied genommen. Wilhelm Tischbein, der seit 1801 in Hamburg lebte, konnte sich der Freundschaft Goethes rühmen, wovon wieder ein Abglanz auf Arthurs Mutter fiel, mit der ihn herzliche Sympathie verband. Fast alle Persönlichkeiten aus dem Bekanntenkreis von Arthurs Eltern schrieben mehr als nur Rechnungen und Geschäftsbriefe: Der nächste unter Johanna Schopenhauers Bekannten, Professor Johann Georg Büsch, war nicht nur ein anerkannter Volkswirtschaftler, sondern ein universell gebildeter Mann, der ursprünglich Theologie studiert und eine ganze Bibliothek an Büchern und Abhandlungen geschrieben hatte. Der Domherr Friedrich Johann Lorenz Meyer hatte Jus studiert und »Darstellungen aus Italien« und »Fragmente aus Paris« veröffentlicht.

Der französische Gesandte in Hamburg, Graf Reinhard, hatte Kants Schrift »Zum ewigen Frieden« übersetzt und der in Hamburg lebende Baron von Staël-Holstein war der Gatte der berühmten Madame de Staël, die 1800 mit ihrem Werk über »Literatur, in ihren Verhältnissen mit den gesellschaftlichen Einrichtungen und dem Geiste der Zeit« hervorgetreten war.

Was Arthur allzufrüh und allzuoft von seinem Vater über den Kaufmannsberuf gehört hatte, begann eine gegenteilige Wirkung auszuüben: Er sah nun schärfer die Enge des väterlichen Kontors und durchstreifte in seinen Träumen immer häufiger das grenzenlose Reich des Geistes. Noch während der vier Jahre des Unterrichts im Runge-Institut erkannte er, daß seine Neigung einen anderen als den von seinem Vater vorgezeichneten Weg einschlug. Arthur Schopenhauer schrieb darüber später in seinem Lebenslauf:

»Lange vor Ablauf dieser Zeit jedoch erfaßte mich eine starke Neigung zur Gelehrtenlaufbahn, und ich ging meinen Vater mit inständigen Bitten an, mir in dieser Beziehung den Willen zu thun und mich nicht Kaufmann werden zu lassen. Dieser aber hegte hiergegen den größten Widerwillen und ließ sich, da er, nach seinem Dafürhalten, einzig meinen Vortheil im Auge hatte, nicht erweichen. Da ich jedoch, durch keine Fehlbitte erschreckt noch ermüdet, ihm stets mit dem nämlichen Anliegen in den Ohren lag, und auch Dr. Runge mir das Zeugniß gab, daß ich andere und höhere Geistesfähigkeiten besitze, als welche der Kaufmann braucht, so wurde endlich der überaus feste Sinn meines Vaters soweit gebrochen, oder doch wankend gemacht, daß er sich, obwohl widerstrebend, einzuwilligen geneigt zeigte und davon sprach, mich dem Gymnasium zu übergeben. Da seiner väterlichen Liebe mein Wohl vor allem am Herzen lag und in seiner Ideenverbindung die Begriffe Gelehrtentum und Dürftigkeit unzertrennlich verknüpft waren, so glaubte er vor Allem dafür sorgen zu müssen, daß dieser drohenden Gefahr bei Zeiten vorgebeugt werde. Er beschloß deshalb, mich zum hamburger Canonicus zu machen und begann sich mit den dazu erforderten Bedingungen zu beschäftigen.«

Diese Bedingungen waren ausschließlich finanzieller Art. Es handelte sich um eine Sinekure in des Wortes eigentlicher Bedeutung. Der Vater wollte für den Fall, daß sich sein Sohn von der Absicht Gelehrter zu werden nicht abbringen ließ, »ohne Sorgen« sein. Für den protestantisch getauften Arthur hätte eine solche Domherrenstelle höchstens eine moralische Verpflichtung bedeutet, die später mit der Freiheit eines Gelehrten in Konflikt hätte geraten können. Rechtliche Verpflichtungen wären ihm daraus nicht erwachsen und er hätte auch nicht wie ein Kanonikus der katholischen Kirche eine bestimmte Stellung in der kirchlichen Hierarchie eingenommen. Wohl aber waren die Kosten für die Erwerbung des Anrechts auf eine solche Pfründe beträchtlich. Die Mutter des Domherrn Friedrich Johann Lorenz Meyer hatte »18.008 Speciesthaler und circa 600 Thaler Spesen« aufwenden müssen, um ihrem Sohn »die zehnte Präbende am hiesigen Domstift« zu kaufen. So zogen sich denn auch die Verhandlungen in die Länge, die Heinrich Floris Schopenhauer über die Höhe der Geldaufwendung führte. Johanna Schopenhauer hat später in einem Brief vom 28. April 1807 an ihren Sohn behauptet, es wäre ihr wärmster Wunsch gewesen, ihm diese Domherrenstelle zu verschaffen. Die Frage, ob die erforderliche Summe über die finanziellen Verhältnisse ihres Mannes ging, stand für sie sicher nicht an erster Stelle. Für Heinrich Floris Schopenhauer wieder war die Versuchung groß, bei den Verhandlungen auf dem von ihm in Aussicht genommenen Betrag zu beharren, auch auf die Gefahr hin, nicht zu einer Einigung zu kommen. Seine Geduld wurde jedenfalls durch die Ungeduld des Sohnes nicht größer, und wenn seine Frau tatsächlich unwiderstehliche Gründe ins Treffen führte und immer neue Bekannte zu Hilfe rief, mochte dies seinen wankend gewordenen Sinn nur verhärtet haben. So suchte er nach einem Ausweg, um die Last der ihm aufgebürdeten Entscheidung loszuwerden.

Als Heinrich Floris Schopenhauer am Beginn des Jahres 1803 seinen Sohn zu sich rief, las Arthur aus dem Antlitz seines Vaters nicht nur den erwarteten feierlichen Ernst, sondern die beunruhigende Gelöstheit eines Spielers, der schon weiß, wie die Würfel fallen. Sobald sein Vater zu sprechen begann, schlug Arthurs Herz bis zum Halse, denn blitzartig wurde ihm klar, daß in ihm zwei Wünsche lebten, die sich gegeneinander ausspielen ließen. Was ihm sein Vater enthüllte, war keine spontane Eingebung, sondern ein langgehegter Plan, und die Wahl, die er seinem Sohn scheinbar großzügig freistellte, war in Wirklichkeit eine Rechnung, die nach der Überzeugung eines kühl kalkulierenden Kaufmannes aufgehen mußte.

Zwei gegensätzliche und nicht miteinander vermischbare Lebensläufe skizzierte der Vater in dürren Worten: Arthur könnte entweder in Hamburg bleiben und sofort das lateinische Gymnasium beziehen oder in Begleitung seiner Eltern eine mehrjährige Vergnügungsreise durch halb Europa unternehmen. Sollte er sich für die Reise entscheiden, so würde sich für ihn auch die Gelegenheit ergeben, Le Havre und seinen Freund Anthime wiederzusehen; allerdings müsse er dann nach seiner Rückkehr alle auf einen gelehrten Beruf zielenden Pläne aufgeben und als Lehrling in ein Hamburger Kaufmannshaus eintreten.

Die Welt, in der er nach seinen Wünschen leben sollte, begann sich um Arthur zu drehen: Anthime und Le Havre wiedersehen oder allein in Hamburg zurückbleiben? Zum Vergnügen reisen oder die Schulbank drücken? Konnte er sich nicht seinen Wunsch, im »Buch der Welt« weiterzublättern, sofort erfüllen und so auch seinem Vater zu Willen sein? Lag nicht die Erfüllung seines Wunsches, Gelehrter zu werden, noch auf jeden Fall in weiter Ferne? Schwach rief ihm sein Verstand den Preis, den er später für diese Reise zu bezahlen hätte, in Erinnerung. Aber sein Gefühl entschied doch für das Reisen. Hamburg mit seinem Gymnasium trat in den Hintergrund. Sein Leben nahm den von seinem Vater verlockend vorgezeichneten Lauf. Wie schrieb doch Arthur Schopenhauer in seinen »Aphorismen zur Lebensweisheit« über das Dezennium, in dessen Mitte er sich damals befand? »Im zehnten Lebensjahr regiert Merkur. Wie dieser bewegt der Mensch sich schnell und leicht, im engsten Kreise: er ist durch Kleinigkeiten umzustimmen, aber er lernt viel und leicht, unter der Herrschaft des Gottes der Schlauheit und der Beredsamkeit.«

V

WANDERJAHRE

Durch die Anschauung der Dinge genährt

»Das Schicksal von Europa steht auf der Spitze, bricht jetzt der Krieg aus, so wird er fürchterlich geführt werden. Neutralität unmöglich, Feindschaft — Zerstörung — Allianz — Unterjochung — jedes Eigentum unsicher ... Wird Krieg, so haben Bremen und Hamburg französische oder preußische Besetzung, und die Ströme sind gesperrt. Gott gebe den Frieden.« So schrieb am 2. April 1803 der in Berlin weilende erste Überseekaufmann Hamburgs, Johann Caspar Voght, an die Witwe des 1799 verstorbenen Handelsherrn Georg Heinrich Sieveking.

Die schon für das Jahr zuvor geplante und immer wieder aufgeschobene Reise, die Arthur Schopenhauer am 3. Mai 1803 gemeinsam mit seinen Eltern antrat, stand unter dem Vorzeichen einer trügerischen Ruhe. Der zwischen England und Frankreich am 26. März 1802 geschlossene Friede von Amiens sollte Europa nur eine kurze Atempause gönnen. Die Stellung Hamburgs als freie Reichsstadt wurde zwar durch den »Reichsdeputationshauptschluß« von Regensburg am 25. Februar 1803 noch einmal bestätigt, doch als England am 18. Mai Frankreich den Krieg erklärte, marschierte acht Tage später der französische General Mortier mit seinem Armeekorps in das

Kurfürstentum Hannover ein. Diese Ereignisse warfen ihre Schatten voraus, als der 15jährige Arthur mit seinen Eltern die holländische Grenze überschritt. Nach der ersten Nacht, die er in einer ärmlichen Schenke in Holland mit Flötenspiel und Eintragungen in sein Reisejournal verbrachte, fanden die Reisenden am 9. Mai in Amersfoort »in der holländischen Zeitung die Nachricht von der Abreise des englischen u. des französischen Ministers, das sicherste Zeichen des Krieges ...«

Arthurs Befürchtung, daß dieser Krieg den Plan, »nach Frankreich zu gehn, gänzlich zerstöhren würde«, war übertrieben. Doch er erlebte mit, wie der Krieg in das Schicksal anderer Menschen eingriff. In seinem Reisetagebuch hielt er eine Szene fest, die sich am 24. Mai 1803 vor Calais abspielte:

»Drey Böte ruderten aus Leibeskräften auf uns zu. Es waren die Passagiere vom französischen Paketboote, welches nicht hatte weg können, weil grade da wir weg waren, die Nachricht vom Kriege nach Calais gekommen war. Diese unglücklichen Passagiere hatten nicht ein Mal ihre Gepäcke mitnehmen können, die Frauenzimmer u. Kinder mußten mit Angst u. Noth an unserm stets schwankenden Schiffe hinauf klettern; ich sah wie jeder den Matrosen die sie hergerudert hatten, zwei Guineen geben mußte, überdem mußten sie noch die Passage auf unserm, u. wie ich vermuthe auch die auf dem französischen Paketboot bezahlen.«

Die Grenzen waren für Arthur und seine Eltern bei ihrer Reise durch Europa in den Jahren 1803 und 1804 kein Hindernis. Als sie unmittelbar vor den Invasionsvorbereitungen im Lager von Boulogne, aus England kommend, die französische Grenze überschritten, wurden sie nur »ziemlich gelinde visitiert«. Nur vor der Überschreitung der österreichischen Grenze bei Braunau am 19. Juni 1804 gab es Schwierigkeiten. »Ein halbes Dutzend Kanzelei- und Polizeidiener buchstabirten ... mit der scrupulösesten und wichtigsten Miene von der Welt an unserem Passe«, notierte Arthur, der sechs Tage in Braunau zubringen mußte, bis eine nach Wien entsandte Stafette mit dem vidierten Paß eintraf. Die gesamte Reiseroute skizzierte Arthur Schopenhauer später in seinem Lebenslauf: »Wir sahen zuerst Holland und fuhren dann von Frankreich nach England hinüber. Nachdem wir in London einen Aufenthalt von anderthalb Monaten gemacht hatten, setzten meine Eltern die Reise in das Innere von England und nach Schottland fort, während ich bei einem in der Nähe Londons wohnenden Geistlichen zurückgelassen wurde, damit ich die englische Sprache gründlich erlerne, was ich in den drei daselbst verlebten Monaten gut zu Wege brachte. Nach der Rückkehr meiner Eltern nach London schloß ich mich ihnen wieder an und nachdem wir nochmals anderthalb Monate daselbst zugebracht hatten, fuhren wir wieder nach Holland, von wo wir uns durch Belgien nach Paris begaben, um daselbst den größten Theil des Winters zu verweilen. Von dort besuchte ich auch Havre wieder. Darauf sahen wir Bordeaux, Montpellier, Nîmes, Marseille, Toulon und die Hièrischen Inseln. Nachdem wir auch Lyon besucht hatten, traten wir in die Schweiz ein. Als diese ganz durchreist war, gingen wir nach Wien, von dort nach Dresden und Berlin, endlich nach Danzig.«

Die längste Zeit dieser fast zwei Jahre dauernden Reise verbrachte Arthur in den beiden miteinander Krieg führenden Ländern: 24 Wochen in England und 29 Wochen in Frankreich. »Wenn die Franzosen in England landen, was wirst Du dann machen?« wurde Arthur von seinem Freund Georg Christian Lorenz Meyer in einem Brief vom 16. September 1803 besorgt gefragt. Er hätte ihm darauf scherzhaft antworten können, er würde sich die Sache im Theater ansehen, denn tatsächlich besuchte er am Abend des 17. Jänner 1804 im Vaudeville zu Paris ein neues Stück: »La Tapisserie de la Reine Mathilde«. »Es ist eine Art Gelegenheits-Stück«, notierte er in seinem Reisetagebuch, »u. enthält lauter Anspielungen auf das jetzige Projekt einer Landung in England.«

Was sich auf der politischen Bühne Europas abspielte, machte auf Arthur keinen allzutiefen Eindruck, auch wenn er einige der Hauptdarsteller zu Gesicht bekam. Als er das »Theater des Français« besuchte, »entstand plötzlich ein allgemeines lautes Geklatsch: es war Bonaparte. Er machte einige leichte Verbeugungen u. setzte sich zurück«, berichtete er in seinem Tagebuch. »Ich gieng nachher in die Loge seiner gegenüber, um ihn besser zu sehen; indessen konnte ich auch dort seine Gesichtszüge nicht ganz genau unterscheiden, weil es in seiner Loge dunkel war. Er hatte eine ganz einfache Uniform an.« Später sah er Bonaparte im Rahmen eines militärischen Schauspiels: »Der erste Konsul hielt heute, auf dem Hofe der Thuillerien Revüe über 6000 Man italiänische Truppen, die kürzlich angekommen sind. Ich war an einem Fenster auf dem Platz der Thuillerien, von wo ich die Revüe ganz übersehn konnte. Es war ein herrlicher Anblick. Die Person des Konsuls konnte ich sehr gut unterscheiden, doch war ich zu weit ab, um seine Gesichtszüge zu erkennen. Er reitet einen prächtigen Schimmel, u. neben ihm ist stets sein treuer Mameluk.« In London hatte er zweimal bei einem

Antichambre bei Hofe das englische Königspaar gesehen. Trocken berichtete er darüber: »Der König ist ein sehr hübscher alter Mann. Die Königin ist häßlich und ohne allen Anstand. Die Prinzessinen sind alle nicht hübsch u. fangen an alt zu werden.« Noch härter urteilte er über das österreichische Kaiserpaar, das er bei einer Ausfahrt von der Hofburg ganz aus der Nähe beobachten konnte: »Der Kaiser trat heraus die Kaiserin führend und setzte sich neben ihr und kutschierte selbst. Beyde waren in einer höchst modesten Toilette. Er ist ein hagerer Mann, dessen ausgezeichnet dummes Gesicht eher auf einen Schneider als auf einen Kaiser rathen ließe. Sie ist nicht hübsch, sieht aber klüger aus.«

Schopenhauers aus drei Heften bestehendes Reisetagebuch spiegelte aber weitaus mehr vom Weltgeschehen wider als derartige Notizen über die Lenker der Geschichte Europas. Sein Blick blieb nicht an dem Akt der Geschichte, der gerade auf dem Spielplan stand, haften, sondern wanderte, wie etwa im Amphitheater von Nîmes, durch die Jahrhunderte zurück. Die Persönlichkeiten, deren Namen gerade in aller Munde waren, konnten sein Augenmerk nicht von jenen Armseligen ablenken, die in die Annalen der Geschichte immer nur als Zahlen und nie als Individuen eingehen. Als die Großen erschienen ihm nicht jene, die die Realität der Welt zu verändern suchten, sondern die Künstler, die sich ihre eigene Welt erschufen. Gefallen an der Welt, wie sie in Wirklichkeit war, fand er nur in der von Menschenhand unberührt gebliebenen Natur. An einem einzigen Ort seiner Reise bat er seinen Vater, allein zurückbleiben zu dürfen: in Chamonix, wo ihn der Anblick des Montblanc über die tiefen Einblicke in das Jammertal Erde hinweghob. Der Plan zu dieser

Reise stammte von seinem Vater, die Ausführung des Planes jedoch zeigte deutliche Spuren seiner erlebnishungrigen Mutter, die Auswahl aus der Überfülle der Eindrücke aber begann der Sohn zur Überraschung seiner Eltern sehr bald selbst zu treffen. Arthur sah mit andern Augen als sie, sein Blick war durchdringender und entlarvender, er fand sich mit der Welt, so wie sie sich ihm zeigte, nicht einfach ab, sondern unterzog sie einer kritischen Prüfung und glaubte bereits die ersten Spuren ihres verhängnisvollen Wesens zu entdecken.

Das erste Heft von Arthurs Tagebuch, das er bald nach Vollendung seines sechzehnten Lebensjahres abschloß, zeigte in seinen letzten Eintragungen bereits die Handschrift eines Erwachsenen. Die Eintragungen in dem zweiten, zwischen Marseille und Braunau vollgeschriebenen Heft ließen bereits die Ausdruckskraft der künftigen Sprache erkennen. Im dritten Heft zeigte die Schrift in ihrer Flüchtigkeit Spuren der Anstrengungen, welche die Reise mit sich brachte. Hatte man sich doch nichts entgehen lassen und nicht nur in den beiden größten Städten Europas, in London und Paris, sondern auch in Bremen, Amsterdam, Rotterdam, Antwerpen, Gent, Brüssel, Bordeaux, Marseille, Toulon, Lyon, Bern, Zürich, Augsburg, München, Wien, Preßburg, Breslau und Dresden alle Sehenswürdigkeiten aufgesucht. Da wurden berühmte Kirchen und Schlösser besichtigt, Theater und Museen besucht, wilde Tiere bestaunt, Exkursionen und Ausflüge unternommen, da wurde Prozessionen und Jahrmärkten, Hinrichtungen und Bällen beigewohnt und alles Schöne und Häßliche, Erhabene und Kuriose, Unterhaltende und nachdenklich Stimmende dieser widerspruchsvollen Welt wurde immer wieder in tagelangen Kutschenfahrten durcheinandergerüttelt. Arthur fühlte sich in der Londoner St.-Pauls-Kathedrale »einem unaussprechlich Erhabenen und Ehrfurchterregenden gegenüber verschwinden« und sah in der Westminsterabtei »Shakespeare in Lebensgröße auf seinem Grabe — seinen schönen Vers über die Vergänglichkeit in der Hand«:

»Wir sind aus solchem Zeug
Wie dem zum Träumen; unser kleines Leben
Umfaßt ein Schlaf.«

Im Covent Garden sah er Kembel als Hamlet und Cook als Richard III. und später in Paris Talma im »Agamemnon«. Arthur stand in Amsterdam vor den Bildern Rembrandts und im Pariser Louvre vor den Werken Raffaels, Correggios und Leonardos sowie vor den Skulpturen des Laokoon, des vatikanischen Apoll, der mediceischen Venus und des sterbenden Fechters. Bei Windsor sah er das 40 Fuß lange Teleskop des berühmten Astronomen Herschel und in Burgdorf bei Bern erlebte er eine Unterrichtsprobe des berühmten Pestalozzi. Er stieg in die unterirdische Schlucht von St. Fériol hinab und erklomm den Pilatus und die Schneekoppe. Er tanzte mit den Mädchen einer Boarding School und auf Bällen in Bordeaux. Er hörte in London den Bauchredner Fitz-James und war in Wien zweimal im Kasperltheater. In Bremen besuchte er den Bleikeller mit seinen verschrumpften Leichnamen und in Toulon das Bagno mit seinen 6000 Galeerensklaven. Hätten Arthurs Eltern bewußt den Plan verfolgt, ihrem Sohn die Welt von so vielen Seiten zu zeigen, daß ihm in seiner Verwirrung nur noch der Ausweg blieb, den Dingen auf den Grund zu gehen, so hätten sie nicht besser zu Werke gehen können. In Wirklichkeit dachten sie an die Erziehung ihres Sohnes aber nur, als sie ihn in die Schule des Reverend Lancaster in Wimbledon bei London brachten. Dort sollte er nach dem Willen seiner Eltern mit der englischen Sprache und Literatur vertraut werden, dort entstand aber auch seine Abneigung gegen die englische Bigotterie, eine Abneigung, die er lange Zeit ebenso gegen andere christliche Bekenntnisse empfand.

Von der Boarding School in Wimbledon, in der Arthur die Zeit vom 30. Juni bis zum 20. September 1803 verbrachte, schrieb seine Mutter später in ihrer Beschreibung einer Reise durch England und Schottland, daß diese Schule für eine der besten galt und daß selbst Lord Nelson seine Neffen dort erziehen ließ. Vier im Hause wohnende Lehrer unterrichteten etwa sechzig Schüler in einem einzigen großen Raum. »Jeder der vier steht auf einem kleinen Katheder und die Schüler gehen wechselnd peletonweise von einem zum andern«, schilderte Johanna Schopenhauer diesen Vorgang. »Dies währt vier Stunden lang ununterbrochen von 8 bis 12 Uhr. Die Schule wird mit Gebet eröffnet und geschlossen, ganz nach englischer Liturgie, wobei auch des Königs, seines Hauses, der Schwangeren und Säugenden und so weiter von den Knaben christlich gedacht werden muß. Die Knaben erhalten Unterricht in alten Sprachen, in Geographie, Geschichte, Schreiben, Rechnen und der französischen Sprache. Wer Fechten, Musik, Tanzen und Zeichnen lernen will, muß es besonders bezahlen; die Lehrer dazu kommen wöchentlich einmal von London herüber.« Offenbar doch nicht so tief beeindruckt vom guten Ruf dieser Schule, bemerkte Johanna Schopenhauer immerhin, daß »alles, Lehre, Strafe, die ganze Behandlung der Kinder ohne Rücksicht auf Alter,

Charakter und Fähigkeit nach angenommenen Gesetzen mechanisch betrieben wird«. Sechs- bis sechzehnjährige Knaben wurden gemeinsam unterrichtet, verpflegt, spazieren getrieben und täglich in einem großen Bassin gebadet und, wenn sie sich gegen diese Ordnung vergingen, von Reverend Lancaster der Prügelstrafe unterzogen.

Die Art, wie in dieser Schule der Tag des Herrn begangen wurde, mußte in Arthur, der von Le Havre und Hamburg eine viel freiere Erziehung gewohnt war, Widerwillen hervorrufen. Am frühen Sonntagmorgen hielt Reverend Lancaster vor seinen Schülern zur eigenen Übung seine Sonntagspredigt, die sie dann nach 11 Uhr in der Wimbledoner Kirche nochmals hörten. Der Gottesdienst in der Schule dauerte am Morgen eine starke Stunde, jener in der Kirche zwei Stunden und abends um 8 Uhr wurde in der Schule nochmals großer Gottesdienst gehalten. Dazwischen gab es Andachtsübungen, bei denen die Schüler in der Bibel lesen mußten. Alle lauten Ausbrüche der Freude waren hoch verpönt und wurden streng bestraft. Arthur muß seinem Freund Georg Christian Lorenz Meyer sehr anschaulich von diesen Zuständen berichtet haben, denn dieser zog ihn in einem Brief vom 23. August 1803 damit auf: »Unter allen Dingen, die Du mir sagst, die man des Sonntags unterlassen müßte (als tanzen, springen, schießen, fischen, singen, pfeifen, zechen, schreiben, weltliche Bücher lesen, spielen, schreien [dein faible], klettern, Lerm machen u.s. u.s.) so finde ich doch kein Verbot wegen des Schlafens. Ich würde mich hierzu entschließen wenn ich nichts andres thun dürfte.«

Arthur beklagte sich auch nach acht Tagen seines Aufenthalts in einem Brief an seine Mutter über das komplimentreiche Wesen und den zeremoniösen Ton, über den

Mangel an Abwechslung und das Fehlen passender Gefährten. Johanna Schopenhauer gab in einem Antwortbrief aus New Castle der Hoffnung Ausdruck, daß ihr Sohn, der in Wimbledon noch zu neu war, sich inzwischen besser orientiert habe. Zeichnen, Bücher lesen, Flöte spielen, Fechten und Spazieren müßten ihm doch ziemlich viel Abwechslung bieten. Sie konnte sich nicht vorstellen, daß er unter 60 Knaben nicht einen oder zwei finden sollte, die zu ihm passen. Dabei ließ sie es nicht an Ermahnungen und eingeflochtener Kritik fehlen: »Du must nur denen Leuten ein wenig mehr entgegen kommen als sonst wohl Deine Art ist«, schrieb sie ihm und meinte: »Der zeremonieuse Ton muß Dir freylich auffallen, er ist aber der Ordnung wegen unter solch einer Menge junger Leute nohtwendig, es würde schön hergehen, wenn da ein jeder ungenirt zu Werke gehen wollte. So wenig ich für steife regelmäßige Etikette eingenommen bin, so kann ich doch das rauhe sich nur selbst zu gefallen suchende Wesen und Thun noch weniger leiden, welches unsre jungen Kaufmannsdiener und Studenten jetzt annehmen, weil sie glauben, daß es Ton ist; dieser sogenannte Ton muß alle gebildeten Frauenzimmer und alle wohlerzogne Leute aus denen Gesellschaften verscheuchen, wo er herrscht, Du hast keine üblen Anlagen dazu, wie ich oft zu meinem Verdruß bemerkt habe es ist mir lieb daß Du jetzt unter Leuten von einem andern Schlag leben mußt, obgleich sie vielleicht ein wenig zu sehr auf die andere Seite ausschweifen. Ich werde mich herzlich freuen wenn ich bei meiner Zurückkunft bemerken werde daß Du etwas von diesem komplimentenreichen Wesen, wie Du es nennst, angenommen hast dafür daß Du es übertreiben wirst ist es mir nicht bange.«

Arthur fühlte sich von seiner Mutter nicht getröstet und ließ seiner Empörung in seinen nächsten Briefen freien Lauf. Er schrieb von »infamer Bigotterie« und davon, daß »die Wahrheit mit ihrer Fackel die ägyptische Finsterniß in England durchbrennen« solle, worauf ihn seine Mutter ermahnte, auch nicht in der größten Eile einen Brief oder auch nur das unbedeutendste Billett abzuschicken, ohne es noch einmal wörtlich und mit Bedacht durchgesehen zu haben; im übrigen nenne man es im Englischen »bombast«, wenn jemand eine Finsternis, die man wohl erleuchten könne, durchbrennen wolle. Johanna Schopenhauer ging es dabei aber nur um die gesellschaftlichen Formen und nicht um die Rechtfertigung der Zustände in Wimbledon, denn sie schrieb ihrem Sohn: »Vom lieben Kristenthum kriegst Du indessen Dein reichlich Theil, und ich kann es Dir nicht verdenken, wenn es Dir etwas zu viel dünckt ...«

Arthur hatte indessen begriffen, daß der Preis dieser Vergnügungsreise darin bestand, alle für einen Kaufmann notwendigen Kenntnisse zu erwerben. Mit dem Erlernen des Englischen war es noch nicht getan. Wenn er seine Eltern auf der übrigen Tour begleiten wolle, so riet ihm seine Mutter freundschaftlich, dann müßte sein Vater beim Zusammentreffen in London mit seinem Schreiben zufrieden sein. So bat er von selbst um zwei Schreibstunden pro Tag, um die Zeit, die er schon nicht angenehm verbringen konnte, wenigstens nützlich anzuwenden. Arthur konnte zwar nicht den Rat seines Freundes Georg Christian Lorenz Meyer befolgen, sich auf die erstbeste Mail zu setzen und Vater und Mutter nachzureisen, doch erhielt er von seinen Eltern die Erlaubnis, im August jede Woche einmal nach London zur Familie Percival zu fahren. Sein Freund Meyer, der Wimbledon kannte, empfahl Arthur auch, sich seine Langeweile durch Besuche zu vertreiben und nannte ihm die ganz in der Nähe der Schule wohnenden Rückers, Junggesellen, deren Bekanntschaft ihm angenehm sein müßte und denen er Grüße bestellen sollte. Doch Arthur wollte nicht einfach in ein fremdes Haus hineinplatzen, bloß um Grüße zu bestellen. Seine Begründung mußte eher bissig ausgefallen sein, denn Meyer nahm darauf mit den Worten bezug: »Ich weiß wohl daß Du nicht wie *gewisse Leute* bist (dieß soll auf mich gehen?) die in der ersten Viertelstunde überall zu Hause sind.«

Arthur fühlte sich in Wimbledon ganz und gar nicht zuhause, ja der Aufenthalt dort schien dazu angetan, ihm das Land, in dem er nach dem Willen seines Vaters geboren hätte werden sollen, vollkommen zu vergällen. Auf eine dementsprechende Stelle in einem Brief Arthurs antwortete ihm sein Freund Meyer am 30. September 1803: »Daß Du durch Deinen Aufenthalt in England dich bewogen findest die ganze *Nation* zu hassen, thut mir leid ...« Im Grunde genommen aber hatte er kein Volk, sondern nur jenes Maß an Heuchelei hassen gelernt, zu dem er unter der Zuchtrute Lancasters an den Sonntagen in Wimbledon gezwungen worden war. Bigotterie wurde in Arthurs Tagebuch zu einer immer häufiger gebrauchten Vokabel. »Es ist nicht zu leugnen, daß die katholischen Kirchen etwas Feierliches, Ehrwürdiges, Andachterweckendes haben«, hatte er noch nach dem Besuch der Genter Kathedrale am 21. März 1803 geschrieben. Am 10. Mai 1804 erlebte er dann in Bordeaux den »ersten Tag des dreißigtägigen Jubiläums, welches in ganz Frankreich wegen der Wiederherstellung der Religion« begangen wurde. Doch seit seinem Aufenthalt in Wimbledon konnte er auch an katholischen Kirchen keinen Gefallen mehr finden. Nach dem Besuch der Kathedrale in Aix, der finstersten katholischen Kirche, die er je gesehen hatte, schrieb er: »die Messe, die man las, machte mit der bigotten Menge (welche jetzt in Frankr. so zunimmt, daß die Kirchen sie kaum fassen können) u. der schwankenden Beleuchtung von dem matten Tageslicht, u. den Altarkerzen die mit einander kämpften, eine höchst schauerliche Wirkung ...« Von der Stephanskirche in Wien hielt Arthur in seinem Tagebuch fest, daß sie »ein sehr großes uraltes schwarzes aber prachtvolles gothisches Gebäude« sei, fügte dann aber hinzu: »Wir besahen die Kirche an einem Wochentage, u. dennoch war sie voll: ein guter Maaßstab der hier herrschenden Bigotterie.« Solche polemisch klingenden Bemerkungen änderten freilich nichts an Arthurs Zugehörigkeit zu seiner evangelischen Religionsgemeinschaft.

Zwischen dem 20. September 1803, an dem er von Wimbledon nach London zurückkehrte, und dem 25. August 1804, an dem er in Berlin sein Tagebuch abschloß, war Arthur wieder mit seinen Eltern beisammen. Sie fuhren — bis auf die Strecke von Toulon nach Marseille, die Arthur im Wagen einer Miss Nichols zurücklegte — gemeinsam in einer Kutsche, stiegen gemeinsam in den Hotels ab und besichtigten gemeinsam alle Sehenswürdigkeiten. Während in Hamburg Arthur täglich viele Stunden im Institut Dr. Runges verbrachte, sein Vater im Kontor arbeitete und seine Mutter Gesellschaften gab, führte diese Reise die Familie zusammen. Gerade die häufige Gegenwart von Vater und Mutter aber gab Arthur Gelegenheit, die Verschiedenheit ihres Wesens zu beobachten. Natürlich schrieb er darüber nichts in sein Reisetagebuch, das dem Vater — ebenso wie Arthurs Briefe — immer wieder dazu diente, dessen Fortschritte im Schönschreiben zu kontrollieren. Arthur hingegen konnte allein schon aus den Briefen, die ihm seine Mutter nach Wimbledon schrieb, so manches über den zunehmenden inneren Abstand zwischen ihr und dem Vater herauslesen. Er erfuhr, daß seine Mutter mit dem in ihren Diensten stehenden Johannes Duguet und einem einheimischen Führer beschwerliche Extratouren unternahm, bei denen sie der Führer Huckepack trug und sie sich auf einem kleinen Boot auf den Boden legen mußte. Sein um fast zwanzig Jahre älterer Vater nahm an solchen Expeditionen entweder nicht teil oder trug ein anderes Mal, nach der Besichtigung von Kohlenminen bei Manchester, eine Erkältung davon. Johanna Schopenhauer sparte auch nicht mit Anspielungen auf das Wesen von Arthurs Vater. »Du weist der Vater macht nicht gern Bekanntschaften, und so habe ich denn auch nicht viel Gesellschaft als meine eigne gehabt«, beklagte sie sich am 19. Juli 1803 in einem Brief aus New Castle, und am 13. September schrieb sie an Arthur: »Du weist wohl der Vater macht sich gern Sorgen wenn er keine hat« und beklagte sich erneut: »Ich bleibe fleißig zu Hause, weil ich nicht weiß, wo ich hingehen soll, dabei declamiere ich das beliebte Verbum, je m'ennuie, tu t'ennuies etc.« Der Vorwurf, sich zu langweilen, konnte bei einer Frau, der ihr Mann eine fast zweijährige Vergnügungsreise bot, nur dem für ihren Geschmack zu wenig geselligen Wesen ihres Mannes gelten.

Johanna Schopenhauer sammelte Erlebnisse mit einem Eifer, der nicht allein mit der Führung ihres eigenen Tagebuches und ihrem späteren schriftstellerischen Ehrgeiz, sondern auch mit einem Gefühl des Unerfülltseins in ihrer

Ehe zusammenhing. Heinrich Floris Schopenhauer aber ging mit dem, was er seiner Frau bot, nicht zuletzt deshalb bis an die Grenze seiner finanziellen Möglichkeiten, um damit den immer spürbarer werdenden Altersunterschied wettzumachen. Wohl ergaben sich auf dieser Reise auch Kontakte, die für ihn als Geschäftsmann von Nutzen waren, doch mit dem gleichen Erfolg wie von Hamburg aus ließ sich sein Handelshaus bei diesem ständigen Ortswechsel und der für Sehenswürdigkeiten aufgewendeten Zeit nicht führen. Gerade auf dem langen Weg durch große Teile Europas, den Arthur mit seinen Eltern gemeinsam zurücklegte, begann er zu ahnen, daß sein Vater und seine Mutter Wege gingen, die sie voneinander zu trennen begannen, daß der besorgte Vater mit dem ihm noch verbleibenden Rest an Jahren zu rechnen begann, während die erlebnishungrige Mutter keine zeitlichen Grenzen zu kennen schien.

Was Arthur während seiner Reise durch Georg Christian Lorenz Meyer und Charles Godeffroy aus Hamburg zu hören bekam, war ebenso vielfältig wie die Eindrücke, die er unmittelbar gewinnen konnte. Die Freunde berichteten ihm von den Ereignissen im Institut Dr. Runges, von Bällen und Maskeraden, Schneeballschlachten und Pistolenschießen, Bränden und Luftballonauffahrten, falschen Heiratsgerüchten und tatsächlichen Eheschließungen. Das andere Geschlecht kam häufig in den zwischen Jungen dieses Alters üblichen Anspielungen zur Sprache. Aber »warum erzählst Du mir nichts von meiner *charmanten* Cousine??« wurde Arthur nach seinem Besuch in Bordeaux von Meyer gefragt, der geheimnisvoll dazusetzte: »Wahrscheinlich um mir bei meiner Zurückkunft desto mehr davon sagen zu können?!!« Godeffroy wieder kündigte Arthur eine bevorstehende Reise nach England mit der Prophezeiung an, daß er sich dort besser »amüsiren« werde. Wenn er auch später als Arthur nach England käme, tröstete ihn doch der »unmoralische Gedanke«, daß Arthur inzwischen in Hamburg die »Finger vom Copiren schwitzen« würden, während er »die köstliche Zeit der Jugend in den Armen der und des schönen bei den Britten verschwelgen« werde.

Meyer berichtete Arthur auch vom Stadtklatsch und von tragischen Ereignissen: von einem Hauptunternehmer, der sich nach einer fatalen Wechselgeschichte mit dem Schnupftuch erhängte; von dem »tollen Heimann«, der ein »fürchterlich liederliches ausschweifendes Leben führte«, eine Erbschaft von 240.000 Thalern durchbrachte, einem Gerichtsdiener schrieb, er werde sich erschießen, dies auch tat, doch gerettet wurde und in Krankenhaft kam; von einem jungen Menschen von 15½ Jahren, der 39 Thaler aus der Kasse seines Lehrherrn einem Freunde lieh, erwischt wurde, sich Arsenik aufs Butterbrot streute und unter großen Qualen starb; von einem Dr. Wiebel, der sich gleichfalls vergiftet hatte, und von dem Hamburger Kaufmann Riesau, der zum Mörder wurde und dem erst nach Verlesung des Todesurteils sein schwarzer Mantel als Zeichen des Bürgers abgenommen wurde, worauf ihm der Scharfrichter die Hände band und eine unglaubliche Menge Menschen ihn zum Richtplatz geleitete. Schließlich fand auch der Krieg in den Berichten aus Hamburg einen ersten Niederschlag, als die Franzosen mit mehreren hundert Mann am Hamburger Berg landeten, um den englischen Chargé d'affaires Rumboldt mit Gewalt aus dem Bett zu holen und zu entführen. »Welch Aufsehen diese Geschichte heute macht, kannst Du Dir vorstellen«, schrieb

Meyer in einem Brief vom 25. Oktober 1804 an Arthur, »Der Rath ist nun außerordentlich versammelt ... Gottweiß, was diese neue Gewaltthätigkeit für Folgen haben wird.«

Was in Arthur Schopenhauer in seinem siebzehnten Lebensjahr vorging, hat er selbst später in die Worte gekleidet: »... ohne alle gelehrte Schulbildung, wurde ich vom Jammer des Lebens so ergriffen wie Buddha in seiner Jugend, als er Krankheit, Alter, Schmerz und Tod erblickte. Die Wahrheit, welche laut und deutlich aus der Welt sprach, überwand bald die auch mir eingeprägten Jüdischen Dogmen, und mein Resultat war, daß diese Welt kein Werk eines allgütigen Wesens sein könnte, wohl aber das eines Teufels, der Geschöpfe ins Dasein gerufen, um am Anblick ihrer Qual sich zu weiden: darauf deuteten die Data, und der Glaube, daß es so sei, gewann die Oberhand.«

Damit kleidete er seine Jugenderlebnisse bereits in die Begriffe seiner späteren Philosophie. In seinem Reisetagebuch aber schrieb er das, was er am Tag erlebt hatte, meist am selben Abend nieder. Seine Eindrücke waren noch ganz frisch. So legten seine Eintragungen von seiner inneren Entwicklung ein unverfälschtes Zeugnis ab. Er war kein Jüngling von schwachen Nerven. Es galt in jener Zeit als pädagogisch heilsam, Kinder an Hinrichtungen teilnehmen zu lassen. Goethe hatte schon im Alter von neun Jahren der Enthauptung einer Kindesmörderin beigewohnt. Als Arthur am 8. Juni 1803 in London im Alter von sechzehn Jahren Zeuge der Hinrichtung von drei Menschen wurde, schloß er nicht die Augen, sondern hielt in seinem Tagebuch alle Einzelheiten fest:

»Der Unglückliche leidet gewiß nicht eine halbe Minute; sowie das Gerüst fällt, ist er ohne Bewegung: man sieht auch sein Gesicht nicht, über welches eine weiße Mütze gezogen ist. Ich glaube, daß dieser schnelle Tod davon herrührt, daß sie nicht vom Strangulieren sterben, sondern indem ihnen im Schwunge, beim Fall, ein Knoten das Genick bricht: auch hingen sie alle gleich den Kopf zur Seite, was dies bestätigt. Dieser Auftritt ist hier weniger schrecklich, indem man ihn nicht so feierlich macht. Hier sind keine Armesünderglocken, Sterbekleider u. dgl., das Gerüst steht dicht vor der Gefängnistüre, auch ist das Gewühl der Zuschauer nicht so groß, weil man regelmäßig alle sechs Wochen henkt. Ich war an einem Fenster, dem Gefängnis gegenüber, so nahe, daß ich die Gesichtszüge der Deliquenten genau unterscheiden konnte; sie schienen mir selbst nicht blaß. Ich schauderte, da man ihnen den Strick umband, dies war der gräßliche Augenblick: ihre Seele schien schon in der andern Welt zu sein, es war als ob sie das alles nicht bemerkten. Ein Geistlicher war mit ihnen auf dem Gerüst; er sprach besonders mit einem von ihnen anhaltend: es war ein jämmerlicher Anblick, zu sehn, mit welcher Angst diese Menschen selbst den letzten Augenblick zum Beten benutzen wollten! Einer von ihnen, der dabei immer die gefalteten Hände auf und nieder bewegte, machte, nachdem er schon gefallen war, noch ein paarmal dieselbe Bewegung.«

Er begnügte sich aber nicht mit der Schilderung dieses »traurigen Schauspiels«, sondern schrieb, es bleibe »immer der empörendste Anblick, Menschen auf eine gewaltsame Art umbringen zu sehen«.

In seinem siebzehnten Lebensjahr beschränkte sich Schopenhauer nicht mehr darauf, das Wahrgenommene einfach widerzuspiegeln, er begann über das traurige Los der

Menschen zu reflektieren, und daran entzündete sich die Frage nach der Ursache des Leidens. Nach dem Glanz der großen Städte und nach den »reizendsten Gegenden von der Welt« sah er verfallene Bauten und zerstörte Klöster, elende Hütten und verkümmerte Menschen und hatte in Südfrankreich zum Ärger seiner Mutter kein Vergnügen mehr an der Reise. In Nîmes erfüllten ihn die Ruinen des großen römischen Amphitheaters mit sonderbaren Empfindungen, als er sich »auf denselben Sitzen befand, von welchen die Römer ihren Schauspielen einst zusahen: auf vielen Sitzen sah ich halb verwischte Charaktere und Zeichen eingegraben, wahrscheinlich der Name dessen, der hier vor mehr als tausend Jahren saß; auf anderen Steinen waren Namen und Wappen eingegraben, mit Jahreszahlen aus Jahrhunderten, welche die Einschriften als Antiquitäten merkwürdig machen, woran der Reisende, der sich hier Anno 1500 und 1600 verewigte, wohl nicht dachte. Diese Spuren von den verschiedenen Jahrhunderten, welche diese grauen Steine gesehn haben, führen bald den Gedanken an die Tausende längst verwester Menschen herbei, die in diesen mannigfaltigen Jahrhunderten an allen ihren Tagen, so wie ich heute, über diese Ruinen hinwegschritten. Wenn die Dauer des Menschen sich kurz nennen läßt, so ist es im Vergleich mit der Dauer seiner Werke«, schrieb er in sein Reisetagebuch.

Daß die Dauer des menschlichen Lebens nur ein grauenhaftes Schicksal verlängern konnte, lernte Arthur beim Besuch des Arsenals von Toulon. »Alle schweren Arbeiten im Arsenal werden durch die Galeerensklaven verrichtet, deren Anblick für Fremde sehr auffallend ist ...«, berichtet er am 8. April 1804 in seinem Reisetagebuch. »... Sie werden in drei Klassen geteilt: die erste machen diejenigen, die nur leichte Verbrechen und kurze Zeit da sind, Deserteurs, Soldaten, die gegen die Subordination gefehlt haben usw.: sie haben nur einen eisernen Ring am Fuß und gehn frei umher, d. h. im Arsenal, denn in die Stadt darf kein Forçat kommen. Die zweite Klasse besteht aus größeren Verbrechern: sie arbeiten zwei und zwei mit schweren Ketten an den Füßen zusammengefesselt. Die dritte Klasse, die der schwersten Verbrecher, ist an die Bänke der Galeere geschmiedet, die sie gar nicht verläßt: diese beschäftigen sich mit solchen Arbeiten, die sie im Sitzen verrichten können. Das Los dieser Unglücklichen halte ich für bei weitem schrecklicher wie Todesstrafen. Die Galeeren, die ich von außen gesehn habe, scheinen der schmutzigste, ekelhafteste Aufenthalt, der sich denken läßt. Die Galeeren gehn nicht mehr zur See: es sind alte kondemnierte Schiffe. Das Lager der Forçats ist die Bank, an die sie gekettet sind. Ihre Nahrung bloß Wasser und Brot: und ich begreife nicht, wie sie, ohne eine kräftigere Nahrung und vom Kummer verzehrt, bei der starken Arbeit nicht eher unterliegen; denn während ihrer Sklaverei werden sie ganz wie Lasttiere behandelt: es ist schrecklich, wenn man es bedenkt, daß das Leben dieser elenden Galeerensklaven, was viel sagen will, ganz freudenlos ist: und bei denen, deren Leiden auch nach fünfundzwanzig Jahren kein Ziel gesetzt ist, auch ganz hoffnungslos: läßt sich eine schrecklichere Empfindung denken, wie die eines solchen Unglücklichen, während er an die Bank in der finstern Galeere geschmiedet wird, von der ihn nichts wie der Tod mehr trennen kann! — Manchem wird sein Leiden wohl noch durch die unzertrennliche Gesellschaft dessen erschwert, der mit ihm an eine Kette geschmiedet ist. Und wenn dann nun endlich der Zeitpunkt herangekommen ist, den er seit zehn oder zwölf Jahren täglich mit verzweifelnden Seufzern herbeiwünschte: das Ende der Sklaverei: was soll er werden? er kommt in eine Welt zurück, für die er seit zehn Jahren tot war: die Aussichten, die er vielleicht hatte, als er zehn Jahre jünger war, sind verschwunden: keiner will den zu sich nehmen, der von der Galeere kommt: und zehn Jahre Strafe haben ihn von dem Verbrechen des Augenblicks nicht reingewaschen. Er muß zum zweitenmal ein Verbrecher werden und endet am Hochgericht. — Ich erschrak, als ich hörte, daß hier sechstausend Galeerensklaven sind. Die Gesichter dieser Menschen können einen hinlänglichen Stoff zu physiognomischen Betrachtungen geben.«

Aber nicht nur das Leid, das er mit eigenen Augen sehen konnte, gab Arthur zu denken; seine Phantasie beschwor auch die Leiden der jüngsten Vergangenheit herauf, jene Last, welche die Menschen stets mit verdächtiger Eile von sich abzuwälzen versuchten, um wieder mit gutem Gewissen in den Tag hinein leben zu können. Als er in Paris auf dem Platz, wo die Bastille stand, abstieg, halfen ein steinerner Torweg, ein Teil des Schloßgrabens und das Haus des Gouverneurs Delaunay seiner Einbildungskraft nach, »sich diesen Schauplatz des ewigen Elends, der ungehörten Klagen, u. des hoffnungslosen Jammers zu vergegenwärtigen«. Von Lyon war bekannt, daß Collot und Fouché, denen die Guillotine zu langsam arbeitete, dort über 350 Menschen durch Kanonen erschießen ließen. Während der Schreckensherrschaft waren über zweitausend Bürger dieser Stadt umgekommen. Doch die Vergeßlichkeit der Menschen war groß, und der Protest gegen die Guillotine erschöpfte sich im habit carré, dem geschwänzten Rock mit dem spitz hervorspringenden Kragen. Empört schrieb Arthur in sein Tagebuch: »Diese große prächtige Stadt ist jetzt leider als der Schauplatz unerhörter Greuel merkwürdig. Es gibt beinahe keine Familie, von welcher nicht mehrere Mitglieder, und gewöhnlich die Familienväter, auf dem Schafott starben. Und die unglücklichen Einwohner von Lyon gehn jetzt auf demselben Platz spazieren, auf dem ihre Freunde und nahen Verwandten vor zehn Jahren in Haufen gestellt und mit Kanonen à Mitraille erschossen wurden. Stellt sich ihnen nicht das blutige Bild ihrer Väter entgegen, die in Martern den Geist aufgaben? Sollte man es glauben, daß sie an dem Platz vorbeifahren und kaltblütig die Hinrichtung ihrer Freunde erzählen können? Es ist unbegreiflich, wie die Macht der Zeit die lebhaftesten und schrecklichsten Eindrücke verwischt.«

Wenn Arthur Schopenhauer als Einundzwanzigjähriger in seinem Lebenslauf über diese Reise schrieb, daß er sie sich »mit nichten leid sein« lasse, so meinte er damit nicht, daß er diese Einblicke in das Jammertal des Lebens aus seinem Gedächtnis getilgt habe, im Gegenteil: »Denn«, so betonte er, »gerade in den Jahren der erwachenden Mannbarkeit, in welchen die menschliche Seele sowohl Eindrücken jeder Art am meisten offen steht, als nach der Aufnahme und Erkenntniß der Dinge am stärksten verlangt und neugierig ist, wurde mein Geist, nicht, wie gewöhnlich geschieht, mit leeren Worten und Berichten von Dingen, von denen er noch keine richtige und sachgemäße Kenntnis haben konnte, angefüllt und auf diese Weise die ursprüngliche Schärfe des Verstandes abgestumpft und ermüdet; sondern statt dessen durch die Anschauung der Dinge genährt und wahrhaft unterrichtet und lernte daher, was und wie die Dinge seien, früher als er die über ihre Beschaffenheit und Veränderung fortgepflanzten Meinungen in sich aufgenommen hatte. Besonders erfreue ich mich dessen, daß mich dieser Bildungsgang frühzeitig daran gewöhnt hat, mich nicht mit bloßen Namen von Dingen zufrieden zu geben, sondern die Betrachtung und Untersuchung der Dinge selbst und ihre aus der Anschauung erwachsende Erkenntniß dem Wortschalle entschieden vorzuziehen, weshalb ich später nie Gefahr lief, Worte für Dinge zu nehmen.«

Als Arthur sein Reisetagebuch schloß, war er fast auf den Tag genau sechzehneinhalb Jahre alt. Nun ist Jungsein immer gleichbedeutend mit der Schwierigkeit, die Wirklichkeit der Welt zu bewältigen. Das Besondere an Arthurs Entwicklung war weder der Blick auf das Weltganze noch die Beobachtung, wie weit eine noch mit den Augen des Kindes erträumte Welt und eine schon mit den Augen des Mannes durchschaute Welt auseinanderklafften. Zu allen Zeiten erleben ideal gesinnte junge Menschen leidvoll den noch durch keinerlei Erfahrung gemilderten Zusammenprall zwischen dem Hochbild des gesollten und den Niedrigkeiten des von den Menschen tatsächlich gewollten Lebens. Nach diesem Zusammenprall aber schieden sich immer wieder die Geister jener, welche die Welt nachträglich umerschaffen, von jenen, die nur tiefer in das Geheimnis ihres unvergänglichen Wesens eindringen wollten. Arthurs Phantasie, sein Mitgefühl und das noch grobe Werkzeug seiner Begriffe unterschieden ihn nicht von den anderen Jünglingen seines Alters; wohl aber das väterliche Erbteil an Schwermut und Pietismus, das ihn von dieser Welt nicht allzuviel erwarten ließ. Jünglinge anderer Prägung entschieden sich in Schopenhauers Alter dafür, auf den groben Klotz der unerträglichen Realität mit dem groben Keil der Utopie loszugehen und die Welt nach ihren Vorstellungen zurechtzuhauen. Arthur hingegen lernte in diesen »Wanderjahren«, die vor seinen »Lehrjahren« lagen, von der »Wirklichkeit zur Idee« zu denken statt von der »Idee zur Wirklichkeit«. Seine Auflehnung gegen die Welt, so wie sie ihm erschien, richtete sich nicht gegen die Oberfläche ihrer Zustände, sondern gegen das Innerste ihres Wesens, wo seiner Ansicht nach allein schon das Sein-Wollen den Zwiespalt zwischen ihrem Sein und Sollen entstehen ließ. Die mutige Resignation dieser einsamen Auflehnung, die nicht von der Kraft einer Gemeinschaft Gleichgesinnter zehren konnte, sprach schon aus den letzten drei Eintragungen des Reisetagebuches vom 25. August 1804:

> Der ärgste Schlag
> Ist doch der Tod, und Tod will seinen Tag
> (Shakespeare, König Richard II.)
> In coelo quies. Tout finis ici bas.
> — Im Himmel ist Ruhe. Alles endet hienieden.

ZWEITER TEIL

Die Konturen des Lebenswerkes

VI

LEHRJAHRE

Vom Jammer des Lebens ergriffen

Als Arthur Schopenhauer im September 1804 seine Geburtsstadt Danzig wieder betrat, fand er sie rein optisch so vor, wie er sie im Alter von fünf Jahren verlassen hatte. Die preußische Herrschaft hatte auf die Empfindlichkeiten der Kaufmannsfamilien Rücksicht genommen. Lediglich die äußeren Stadtteile hatten Ämter und Militär aufnehmen müssen. Der Handel hatte sich belebt, die Zahl der einlaufenden Schiffe wieder zugenommen. Die Bevölkerung war im Wachsen begriffen. Die Begegnung mit seinen Verwandten zeigte Arthur freilich, daß die Zeit nicht spurlos an ihnen vorübergegangen war. Von seinen Großeltern lebte noch die Großmutter mütterlicherseits, Elisabeth Trosiener, geborene Lehmann. Der einzige noch lebende Onkel war der von Jugend auf schwachsinnige und gerichtlich entmündigte Michael Andreas Schopenhauer. Die mit dem Danziger Kaufmann Christian Gottfried Tietz verheiratete Schwester seines Vaters, Maria Renata, hatte nun einen bereits 23jährigen Sohn. Von den Schwestern seiner Mutter hatte die älteste, Arthurs Taufpatin, Charlotte Elisabeth, in zweiter Ehe den Physikus Felix Ratzky geheiratet, während die jüngere unverheiratete, Juliane Dorothea, bei ihrer Mutter lebte.

Diese im Familienkreis »Julchen« genannte, damals 31jährige Tante, nahm mit liebevollem Blick wahr, welche Veränderung mit ihrem Neffen in den elf Jahren seiner Abwesenheit vorgegangen war: Arthur war zwar größer geworden, aber doch kleiner geblieben als andere seines Alters. Sie verglich ihn später in einem Brief mit einem vierzehnjährigen Violinisten namens Schauer, »der in seinen ganzen Manieren und fast auch in seinem Stumpf Näschen eine solche täuschende Ähnlichkeit« mit ihm hatte, daß sie ihn »nicht ohne Lachen ansehen konnte«. Doch sie übersah nicht, daß sich hinter der Stirn ihres aschblonden Neffen, der schon so weit in der Welt herumgekommen war, ein nachdenklich gewordenes Wesen verbarg. Sie entschuldigte sich später, »fast im Tantenton geschrieben« zu haben, als sie ihn ermahnte: »So müßtest Du die Menschen hinnehmen, wie sie sind. Und nicht zu strenge sein. Du würdest dadurch gewinnen, Dich selbst bei andern angenehmer und für Dich selbst gewiß viel vergnügter sein.«

Arthur war am Beginn seiner Lehrjahre schon fast siebzehn Jahre alt und das, was man in dieser Zeit einen »hoffnungsvollen Jüngling« nannte. Einer der ersten Geschichtsschreiber der Pädagogik, der 1776 geborene Friedrich Heinrich Christian Schwarz, stellte dem »hoffnungsvollen Jüngling« die Ideale des vollkommenen Lebens der Erwachsenen vor Augen: das des »Gesetzgebers«, des »Poeten«, des »Philosophen« und des »Lehrer-Propheten«. Die Einlösung seines Versprechens, den Kaufmannsberuf zu erlernen, war für Arthur keine Verwirklichung eines idealen Lebenszieles, wenngleich Schwarz in seinem 1805 erschienenen »Lehrbuch der Pädagogik und Didaktik« neben dem Staatsmann und dem Helden auch den

Bürger und den Hausmann in der Rolle eines »Gesetzgebers« sah. Der Pädagoge Joachim Heinrich Campe, dessen Jugendausgabe von Defoes »Robinson Crusoe« weltbekannt wurde, vertrat in der von ihm seit 1785 in Hamburg herausgegebenen »Allgemeinen Revision des gesamten Schul- und Erziehungswesens« den Standpunkt, daß ein zukünftiger Kaufmann bis ins 11. Jahr der Natur gemäß erzogen werden dürfe. Nach Erlernung des Schreibens und Rechnens, der Geographie und des Französischen sollten mit seinem 15. Jahre die sechs Lehrjahre beginnen.

Arthur kam zu dem 45jährigen Jakob Kabrun, einem angesehenen Danziger Handelsherrn und Begründer der späteren Handelsakademie, in die Lehre. Er mußte seinem Vater schriftlich die Angelobung machen, »schön und flüchtig schreiben und perfekt rechnen zu lernen«. Sein Vater ermahnte ihn, diesem »guten Mann ... ebenso ergeben wie dankbar« dafür zu sein, daß er ihn auf seinem Kontor Wechselbriefe und Fakturen schreiben ließ, damit diese so aussehen, daß sie in alle Welt gehen können. »Es sind wenige Häuser, wo du dich so gut vorbereiten kannst, ein guter Comptorist zu werden«, schärfte ihm sein Vater ein. Heinrich Floris Schopenhauer machte sich über die äußere Haltung und das Innenleben seines Sohnes Sorgen. Er ermahnte seinen etwas klein geratenen Sohn in seinen Briefen vom 23. Oktober und vom 20. November 1804, »wie andere Menschen aufrecht zu gehen, damit du keinen runden Rücken bekommst, welches abscheulich aussieht. Die schöne Stellung am Schreibepulte wie im gemeinen Leben ist gleich nöthig; denn wenn man in den Speisesälen einen so darnieder gebückten gewahr wird, nimmt man ihn für einen verkleideten Schuster oder

Schneider ... was dein Gradegehen und -sitzen betrifft, so rathe ich dich Jedweden, der mit dir umgeht zu bitten, dir einen Schlag zu reichen, wenn du gedankenlos ob dieser großen Sache dich antreffen läßt. So haben Fürstenkinder verfahren und nicht den Schmertz gescheut für wenige Zeit, bloß nicht als Tölpel ihr Leben lang zu erscheinen. Nichts kann als dieses helfen und ich corrigire dermalen den jungen Lehmann mit Succeß von diesem Erziehungsfehler.«

Arthur, dessen Wesen nach seinem späteren Urteil »unfügsam und für andere beschwerlich« zu werden begann, bekam auch von seinem Vater zu hören, was ihm früher seine Mutter gesagt hatte und was ihm später seine Tante schrieb:

»Ich wollte, daß du lerntest, dir die Menschen angenehm zu machen; denn so würdest du auch gar leicht den Herrn Kabrun bei Tische zu mehreren Reden veranlassen.«

Sein Vater ließ keinen Zweifel aufkommen, daß Arthur mit seiner Lehre bei Herrn Kabrun seine künftige Laufbahn eingeschlagen habe:

»Vom Tantzen und reiten kann man nicht leben als Kaufmann, dessen Briefe gelesen werden sollen und folglich gut geschrieben werden müssen. Hin und wieder finde ich die große Buchstaben deiner Schreiberey noch immer wahre Mißgeburthen, besonders im Teutschen, welches als deine Muttersprache dir keines einzigen Fehlers in der Handschrift zeihen müßte ... allein du mußt doch auch im Französischen und Englischen dich üben und Herrn Kabrun wiederum anliegen, dir Briefe in diesen Sprachen, wie in dem Teutschen, schreiben zu lassen; er hilft dir gerne zurecht und wenn du seinen Briefstyl erhascht, hast du gantz alles was dir von Nöthen ist, auch wollte ich daß du bei hiesigem Herrn Jenisch nicht mehr als ein Kind aufs Comptoir säßest und damit Gott befohlen. Schopenhauer.«

Danzig blieb für Arthur, was es war: ein Beginn, aber nicht die Bestimmung seines Lebens. Drei Monate hielt er sich in seiner Geburtsstadt auf, die er in seinem späteren Leben nie mehr wiedersehen sollte. In der Marienkirche, in der er getauft worden war, war er durch den Diakonus Blech konfirmiert worden. Dem äußeren Anschein nach kehrte er Ende 1804 als junger Christ und angehender Kaufmann nach Hamburg zurück. Zu Beginn des Jahres 1805 trat er bei dem Großkaufmann Senator Martin Johann Jenisch die Lehre an und hörte bei Dr. Runge Vorlesungen in Theologie.

Jenisch war schon mit 34 Jahren zum Kommerzdeputierten und mit 38 Jahren zum Senator gewählt worden. Als Sohn eines bereits sehr begüterten Vaters hatte er aus dem wechselvollen politischen Schicksal Europas Nutzen gezogen. Durch Spekulation mit französischen Assignaten hatte er sein Vermögen vermehrt und in Landbesitz in Wandsbek, Mecklenburg und Dänemark angelegt. Bei diesem erfolgreichen Großkaufmann sollte Arthur nach dem Willen seines Vaters seine Kenntnisse erweitern. Es war eine harte Lehre, über die Arthur seinem Freund Anthime berichtete. »Ich sehe, daß Du wirklich ganz dem Kaufmannsberuf ausgeliefert bist«, schrieb ihm dieser im März zurück. »Da heißt es lange arbeiten, wie du es tust, und man muß gute Augen haben, um am Abend der Ermüdung zu widerstehen. Was mich betrifft, so kann ich nicht bei Licht arbeiten, und deshalb bin ich gezwungen, meine Zeit im Schauspiel etc. zu verbringen.« Arthur aber mußte bis tief in die Nächte über Hauptbuch und Kontoauszügen sitzen. Allerdings hatte er im Kontor auch noch andere Bücher versteckt, die er in unbewachten Augenblicken las. Bei dem äußerlich liebenswürdigen, aber strengen Lehrherrn Jenisch fühlte Arthur vom ersten Tag an inneren Widerstreit zwischen Pflicht und Neigung. Als der Hirnforscher Franz Joseph Gall, dem der Kaiser in Wien 1802 die Verbreitung seiner Lehre verboten hatte, in Hamburg Vorträge über Schädellehre hielt, nahm Arthur sogar zu Notlügen Zuflucht, um sich für die Stunden der Vorlesungen freizumachen. Nie »hatte es einen schlechteren Handlungsbeflissenen gegeben als mich«, bekannte Arthur Schopenhauer später selbst.

Schon als Arthur Ende Dezember des Jahres 1804 nach Hamburg zurückgekehrt war, hatte er die Veränderung im Wesen seines Vaters bemerkt. Er hatte gehört, daß seinen Vater die Rechnung eines Möbelschreiners über Arbeiten anläßlich der bevorstehenden Rückkehr seiner Mutter in so hochgradige Aufregung versetzt hatte, daß er in diesem Zustand einen Freund der Familie nicht mehr erkannt hatte. Obwohl er mit diesem noch vor zwei Jahren in London zusammengetroffen war, hatte er ihm die Tür gewiesen. »Ich kenne Sie nicht! Es kommen so Viele, die sagen, ich bin der und der, ich will nichts von Ihnen wissen«, sollte er nach einem Bericht des Kommis gesagt haben.

Heinrich Floris Schopenhauer, der seit jeher als gestrenger und heftiger Mann bekannt war, zeichnete sich nun durch eine geradezu krankhafte Reizbarkeit aus. Sobald jedoch seine Erregung ihren Höhepunkt überschritten hatte, versank er in tiefes Schweigen und zog sich zurück. Sein Hang zu schwermütigen Grübeleien war ausgeprägter denn je, und seine zunehmende Ertaubung machte ihm immer schwerer zu schaffen. Dazu kamen die Sorgen über tatsächliche oder auch nur eingebildete Vermögensverluste, die sichtlich sein Gemüt verdüsterten. Reichten doch seine geschäftlichen Verbindungen in die miteinander Krieg führenden Länder England und Frankreich und bis in das mit Frankreich verbündete Spanien. Noch lebte Arthur in der Hoffnung, es handle sich bei Gedächtnisschwund und geistiger Verwirrung seines Vaters um den Ausbruch einer akuten Krankheit, von der er wieder genesen werde. Seine Mutter hingegen nahm diese Krankheit wie einen Schicksalsschlag hin, mit dem sie schon die längste Zeit gerechnet hatte, von dem sie sich aber nicht unmittelbar betroffen fühlte. 45 Jahre später sollte Arthur Schopenhauer über diese Zeit berichten: »Ich kenne die Weiber. Einzig als Versorgungsanstalt erachten sie die Ehe. Da mein eigener Vater siech und elend an seinen Krankenstuhl gebannt war, wäre er verlassen gewesen, hätte nicht ein alter Diener sogenannte Liebespflicht an ihm erfüllt. Meine Frau Mutter gab Gesellschaften, während er in Einsamkeit verging, und amüsierte sich, während er bittere Qualen litt. Das ist Weiberliebe!«

Als Heinrich Floris Schopenhauer am 20. April 1805 sein Zimmer verließ, war er soweit bei Kräften, daß er allein bis zur hohen Öffnung des Speichers hinaufsteigen konnte. Es gehörte zu den Vorzügen der Hamburger Kaufmannshäuser, daß die Verbindungskanäle zum Meer nicht an den Wohntrakten vorbeiführten. Die Fleeten, auf denen kleinere Schiffe die ankommenden Güter aus den großen im Hafen liegenden Schiffen abholten und zuführten, gingen, wie es in einer zeitgenössischen Schilderung heißt, »mehrentheils alle hintenwärts zwischen zwei einander neben über gebauten Gassen an den

Waarenräumen vorbei ... so das Niemand durch die Auspackung der Schiffswaaren behindert« war, »noch Gefahr zu ertrinken« lief. Heinrich Floris Schopenhauer aber ging an diesem Tag dieser Gefahr entgegen. Er sah unter sich kein Schiff, dessen Waren entladen wurden. Er sah nur Wasser, in dem Abfälle schwammen. Er fand in diesem Augenblick keinen Halt. Der 58jährige fühlte sich bei dem Schritt, den er nun tat, von niemandem zurückgehalten; er fühlte nur die Last, zu der ihm sein Leben geworden war.

»Über den Körper des am 20. 4. durch einen Sturz aus dem obersten Boden seines Hinterhauses ums Leben gekommenen hiesigen Kaufmanns Heinr. Flor. Schoppenhauer« stellten der Physikus Schultze und des Raths Chirurgus Steffen das Obductions-Attest aus. Über das, was im Inneren dieses Mannes unmittelbar vor seinem Sturz vorgegangen war, schwiegen die Hamburger Senatsprotokolle. Auch die Todesanzeige der Witwe J. Schopenhauer, geb. Trosiener, begnügte sich mit den Worten: »Ich erfülle hierdurch die traurige Pflicht, meinen Verwandten und Freunden den Todesfall meines Mannes, Herrn Heinrich Floris Schopenhauer, durch einen unglücklichen Zufall verursacht, anzuzeigen, unter Verbittung aller Beileidsbezeugungen, die meinen Kummer nur vermehren würden.« Auch der Sohn sagte vierzehn Jahre später bloß andeutungsweise: »Mein bester und teuerster Vater wurde plötzlich dahingerafft durch eine von einem Zufall herbeigeführte grausame Todesart.« Allerdings fügte er hinzu: »Durch diesen Schmerz wuchs meine Traurigkeit so sehr, daß sie von wirklicher Melancholie kaum mehr entfernt war.« Robert von Hornstein, der Arthur Schopenhauer fünfzig Jahre nach dem Tod seines Vaters kennenlernte, mußte von ihm mehr darüber gehört haben, denn er berichtete über ein Gespräch: »(Seiner Mutter) gab er die Schuld an dem Selbstmorde seines Vaters, den er abgöttisch verehrte.« In Hamburg ging schon, als Heinrich Floris Schopenhauer auf dem St. Georgs-Friedhof begraben wurde, das Gerücht um, daß er in einem Anfall von Trübsinn, wegen eingebildeter oder wirklicher Vermögensverluste, sein Leben freiwillig geendet hätte. Es war nicht der erste Freitod eines Kaufmannes, von dem man in der Stadt hörte. Aus dem Abstand späterer Jahre sollte Arthur Schopenhauers Urteil über seine Mutter immer härter ausfallen, während das Vorbild seines Vaters durch den Freitod nicht getrübt, sondern im Gegenteil von allen Schlacken erlebter Strenge und unerfüllter Wünsche gereinigt werden sollte. Mit 40 Jahren konzipierte Schopenhauer für die zweite Ausgabe seines Hauptwerkes ursprünglich folgende Widmung:

»Den Manen meines Vaters, des Kaufmannes Heinrich Floris Schopenhauer. Edler, vortrefflicher Geist! dem ich alles danke, was ich bin und was ich leiste, Deine waltende Vorsorge hat mich geschirmt und getragen, nicht bloß durch die hülflose Kindheit und die unbedachtsame Jugend, sondern auch ins Mannesalter und bis auf den heutigen Tag. Denn indem Du einen Sohn wie ich bin in die Welt setztest, sorgtest Du zugleich dafür, daß er auch als ein solcher in einer Welt wie diese ist bestehn und sich entwickeln konnte. Du warst auf den Fall bedacht, daß er nicht eben geeignet seyn möchte die Erde zu ackern oder sonst durch ein mechanisches Gewerbe seine Kräfte zur Sicherung seiner Substanz zu verwenden, und scheinst vorhergesehn zu haben, daß Dein Sohn, Du stolzer Republikaner, nicht das Talent würde haben können wetteifernd mit médiocre & rampant vor Ministern und Räthen zu kriechen um ein sauer abzuverdienendes Stück Brod erst niederträchtig zu erbetteln oder der sich blähenden Mittelmäßigkeit zu schmeicheln und demüthig sich dem lobpreisenden Gefolge scharlatanischer Pfuscher anzuschließen; daß er vielmehr als *Dein* Sohn auch mit *Deinem* verehrten Voltaire denken würde: ›Wir haben nur zwei Tage zu leben; es ist nicht der Mühe wert, sie damit hinzubringen, daß wir vor verächtlichen Schurken kriechen.‹ Daher weihe ich Dir mein Werk, das nur unter dem Schatten Deines Schutzes entstehn konnte und insofern auch *Dein* Werk ist, und rufe Dir im Grabe den Dank nach, den ich einzig Dir und keinem Andern Schuldig bin: Denn kein Kaiser hat uns diese Muße bereitet. Daß ich die Kräfte, die mir die Natur gab, ausbilden und zu dem verwenden konnte wozu sie bestimmt waren, daß ich dem angebornen Triebe folgen und für Unzählige denken und arbeiten konnte, während Keiner für mich etwas that: das danke ich Dir, mein Vater, danke es Deiner Thätigkeit, Deiner Klugheit, Deiner Sparsamkeit und Sorgfalt für die Zukunft. Darum sei Du mir gepriesen, mein edler Vater!«

Die verhaßte Kaufmannslehre erhielt in den Augen Arthurs durch den Tod seines Vaters den Charakter eines Vermächtnisses. Was er seinem Vater vor Antritt der großen Reise versprechen mußte, das mußte er jetzt halten. Es gab zwar kein Schriftstück über den letzten Willen seines Vaters, aber es bestand kein Zweifel, was sein Vater wollte; Arthur sollte etwa vier Jahre lang bei Senator Jenisch als Kontordiener den Handel erlernen und dann noch ein, zwei Jahre auf einem anderen Kontor zubringen. Gute Stellen, wo man etwas lernen konnte, waren in Hamburg zu dieser Zeit äußerst selten. Wenn man dort mehr Kontordiener antraf als unbedingt benötigt wurden, so nur deshalb, weil junge Leute von Vermögen ihrem Lehrherrn nicht allein umsonst dienten, sondern jährlich auch noch eine bestimmte Summe zuschießen mußten. Arthur hatte nun bereits das 17. Lebensjahr vollendet, und die Zeit, in der er sich auf einen gelehrten Beruf vorbereiten hätte können, ging zur Neige. Arthurs Vaterhaus wirkte wie ausgestorben. Seine noch nicht achtjährige Schwester Adele klammerte sich an die Mutter, die nun keine Gesellschaften mehr gab, sondern sich um den Nachlaß kümmerte. Die Gerüchte über den Freitod des Vaters ermutigten Arthur nicht, die Verbindungen zu seinen Hamburger Freunden fester zu knüpfen. Trost fand er nur in den Briefen Anthimes, der ein Jahr zuvor gleichfalls seinen Vater verloren hatte und Arthurs Verlust am besten nachempfinden konnte: »Ich habe Dir geschrieben, mein lieber Arthur, als wir die Anzeige von Frau Schopenhauer erhielten, um Dich der großen Teilnahme zu versichern, die ich an Deinem Schmerz nehme; inzwischen habe ich Deinen Brief erhalten, der mir dies schmerzliche Ereignis mit seinen traurigen Einzelheiten bestätigt. Du schätzt meine Freundschaft richtig ein, wenn Du überzeugt bist, daß ich Deinen Verlust empfinde, ich teile ihn aus tiefstem Herzen.« Die Freunde aus Kindheitstagen, die ihre Freundschaft bei Arthurs Besuch in Le Havre Ende 1803 erneuert hatten und brieflich in Verbindung geblieben waren, empfanden sich nun als Schicksalsgefährten. Anthime sprach im Laufe des Jahres 1805 Arthur immer wieder Trost zu. So in einem Brief vom 15. Mai: »Man braucht Mut bei so grausamen Anlässen; aber man soll sein Unglück geduldig zu ertragen suchen, indem man daran denkt, daß es noch Unglücklichere gibt, als man selbst.« Und dann in einem Brief vom 7. September: »Mein Wunsch ist, daß Dein Schmerz sich gemäßigt habe, nachdem Du der Natur den Tribut an Trauer geleistet hast, den jeder gute Sohn der Erinnerung an einen verehrungswürdigen Vater schuldig sein muß, und daß Du angefangen haben mögest, Deinem Schmerz mehr philosophisch ins Auge zu sehen.«

Unmittelbar nach dem Tod seines Vaters muß Arthur noch der Meinung gewesen sein, seine Mutter werde das Geschäft seines Vaters weiterführen, denn Anthime antwortete ihm auf seinen Brief: »Ich habe mit Vergnügen gesehen, daß Deine Mutter das Geschäft fortgeführt hat; es wird für Dich viel vorteilhafter sein, ein schon eingerichtetes Haus vorzufinden, als ein neues zu schaffen, wenn Du in der Lage sein wirst, die Leitung der Geschäfte zu übernehmen.«

Lange konnte Arthur diese Hoffnung freilich nicht nähren. Da Heinrich Floris Schopenhauer in Hamburg nur als »Beisasse« gelebt und über sein Geschäft keine testamentarische Verfügung getroffen hatte, trat Johanna Schopenhauer für sich und die Kinder die Erbschaft an. Obwohl sie zwölf Jahre in Hamburg gelebt und engen Kontakt zu bedeutenden Persönlichkeiten dieser Stadt gefunden hatte, waren ihre Bindungen schwächer als ihr Wunsch, ein vollkommen neues Leben zu beginnen. Zu sehr erinnerte sie das Haus Am Neuen Wandrahm an das unheilvolle Ende ihrer nie sehr glücklichen Ehe. Knapp vier Monate nach dem Tod ihres Mannes verkaufte sie dieses Haus. Die Firma ihres Mannes schien zwar noch bis zum Jahre 1836 im Hamburger Adreßbuch auf, doch hatte Johanna Schopenhauer schon im Todesjahr ihres

Mannes die allmähliche Liquidation beschlossen und damit den langjährigen Ersten Gehilfen, den Kaufmann Wilhelm Ganslandt, betraut. Der Umzug in das Haus Kohlhöfen Nr. 87 am anderen Ende der Stadt, so genannt nach den als »Kohlhöfen« bezeichneten Gärten vor Bebauung dieses Viertels, war für Johanna Schopenhauer nur ein Provisorium, denn schon im Mai 1806 überließ sie Arthur und Adele ihrer Dienerschaft, um nach Weimar zu reisen und dort nach einem neuen Wohnsitz Ausschau zu halten. Sie tat dies sehr zum Mißvergnügen ihres Sohnes in Begleitung ihres Schwagers Ratzky, jenes in Briefen zwischen Arthur und seiner Tante Juliane oft geringschätzig und mit ironischem Unterton erwähnten »Doktors«, dem eine »grobe gemeine Natur« nachgesagt wurde. Er hatte sich zwar in Danzig unbeliebt gemacht, aber während seines Aufenthalts in Hamburg Johannas Gunst errungen. Als Johanna Schopenhauer schon nach zwei Tagen in Weimar an Arthur schrieb »Ich glaube, ich werde hier Hütten bauen können«, dachte sie vorerst nur an sich und ihre Tochter, denn ihr Sohn sollte in Hamburg zurückbleiben, um seine kaufmännische Lehre fortzusetzen.

Was Johanna Schopenhauer nach Weimar zog, verriet ein Brief, den sie am 26. Mai 1806, zehn Tage nach ihrer Ankunft, an ihren Sohn schrieb: »Der Umgang hier scheint mir sehr angenehm und gar nicht kostspielig, mit wenig Mühe und noch weniger Unkosten wird es mir leichter werden, wenigstens einmal in der Woche die ersten Köpfe in Weimar, und vielleicht in Deutschland, um meinen Theetisch zu versammeln und im ganzen ein sehr angenehmes Leben zu führen.« Was ihr in Hamburg an der Seite ihres Mannes und im Wettbewerb mit den alteingesessenen und hochangesehenen Familien der Sieveking und Reimarus nicht gelungen war, nämlich Mittelpunkt des gesellschaftlichen Lebens zu sein, das wollte sie in Weimar endlich erreichen. Die Vorbedingungen waren günstig: wenn auch in Süddeutschland im Mai 1806 eine anonyme Schrift von »Deutschland in seiner tiefen Erniedrigung« sprach, dem Höhenflug des deutschen Geistes hatte der Siegeszug Napoleons keinen Einhalt gebieten können. Nirgendwo sonst im deutschen Sprachraum gab es mehr klingende Namen als in Weimar und im benachbarten Jena. Goethe und der im Jahr zuvor verstorbene Schiller hatten die Aufmerksamkeit ganz Deutschlands auf die Hauptstadt des Herzogtums Sachsen-Weimar gezogen, und Jena hatte der in Mode gekommenen Geistesströmung der Romantik seinen Namen gegeben. Dichter und Denker, wie Wieland und Herder, Wackenroder und Tieck, die beiden Schlegel, Novalis, Hölderlin, Brentano und Jean Paul, Fichte, Schelling und Hegel kamen früher oder später mit diesen beiden Städten in Berührung. Während Hamburgs Geistesleben nach dem Tode Klopstocks und dem allmählichen Verlöschen der Neumühlener Gesellschaft nicht mehr auf der Höhe des vergangenen Jahrhunderts war, sah Johanna Schopenhauer in Weimar die Chance, mit Goethe, Wieland, Zacharias Werner und anderen, deren Name damals in aller Munde war, bekannt zu werden. Der aus Hamburg stammende Kammerherr Dr. Ridel, der frühere Erzieher des Weimarer Erbprinzen, und dessen Frau leisteten Johanna Schopenhauer bei ihren ersten Schritten die besten Dienste. Auch der aus Danzig gebürtige Satiriker und Vorkämpfer der inneren Mission Johann Daniel Falk und Johannas Freund, der Hofbibliothekar Carl Ludwig Fernow, standen ihr hilfreich zu Seite. Von dem römischen Gefährten Goethes, dem Maler Wilhelm Tischbein, erhielt sie Empfehlungen an den Dichterfürsten, der damals das Weimarer Hoftheater leitete. Und selbst Napoleon sollte noch in diesem Jahr indirekt dazu beitragen, daß Johanna Schopenhauer in den Augen Goethes die »Feuertaufe« bestand, die sie zur »Weimarianerin« machte. Ihr Entschluß, Weimar als Wohnsitz zu wählen, aber war schon an jenem 26. Mai 1806 gefaßt, an dem sie ihrem Sohn mitteilte, sie habe an der Esplanade und 50 Schritte vom Theater Herders früheres Logis gemietet. Wenn auch dieser Hausanteil nicht so groß war wie das Haus Am Neuen Wandrahm — es umfaßte »drei Zimmer mit einem Kabinet en suite, Küche, Keller, Wagenraum, Waschhaus, Speiskammer, ein Zimmer für Sophie, zwei Bedientenzimmer, alles in der ersten Etage, und eine Treppe hoch, ein schönes Schlafzimmer und noch eine Kammer« —, so konnte doch für Arthur kein Zweifel mehr bestehen, daß sich seine Mutter mit ihrer Tochter samt Dienerschaft dort auf die Dauer niederlassen würde. Sie bat ihn auch ausdrücklich, aus ihrem Plan in Hamburg »keine Geheimnis zu machen«. Sie kehrte nach einer Reise über Jena, Dresden, Halle und den Harz im Frühherbst nur noch einmal kurz nach Hamburg zurück, um ihre endgültige Übersiedlung vorzubereiten und Arthur zu dem Assekuranzmakler Gisbert Willinck in Pension zu geben. Dann reiste sie am 21. September 1806 um 6½ Uhr morgens mit ihrer Tochter Adele von Hamburg ab, ohne sich noch einmal von ihrem Sohn zu verabschieden. Er fand nur den folgenden, noch in der Nacht geschriebenen Brief vor:

»Sonnabend Abend. Du bist eben fortgegangen, noch rieche ich den Rauch von deinem Zigarro, und ich weiß daß ich dich in langer Zeit nicht wiedersehen werde. Wir haben den Abend recht froh miteinander hingebracht, laß das der Abschied seyn. Lebe wohl, mein guter lieber Arthur, wenn Du diese Zeilen erhältst, bin ich vermuthlich nicht mehr hier, aber wenn ich es auch wäre, komm nicht, ich kann das Abschiednehmen nicht aushalten. Wir können einander ja wiedersehen wenn wir wollen, ich hoffe es wird nicht gar zu lange währen, so wird auch die Vernunft uns erlauben es zu wollen. Lebe wohl, ich täuschte dich zum erstenmal, ich hatte die Pferde halb sieben bestellt, ich hoffe es wird dir nicht zu wehe thun daß ich dich täuschte: ich that es um meinetwillen, denn ich weiß, wie schwach ich in solchen Augenblicken bin, und wie sehr mich jede heftige Rührung angreift. Lebe wohl, Gott segne dich. Deine Mutter

J. Schopenhauer.«

Als Arthur diesen Brief las, ahnte er nicht, daß seine Mutter und seine Schwester nach diesem »polnischen Abschied« einem Ziel entgegenfuhren, in dessen unmittelbarer Nähe am 14. Oktober 1806 209 000 französische und Rheinbund-Soldaten 143 000 preußischen und sächsischen Soldaten in der Schlacht bei Jena und Auerstedt eine vernichtende Niederlage zufügen sollten. Noch am 13. Oktober schrieb der künftige große Gegenspieler Arthur Schopenhauers, der damals 30jährige Georg Wilhelm Friedrich Hegel, aus Jena dem Theologen Niethammer: »Den Kaiser — diese Weltseele — sah ich durch die Stadt zum Rekognoszieren hinausreiten; — es ist in der Tat eine wunderbare Empfindung, ein solches Individuum zu sehen, das hier auf einem Punkt konzentriert, auf einem Pferde sitzend, über die Welt übergreift und sie beherrscht.« Am nächsten Tag zählte man 32 000 Tote und Verwundete.

Arthur wäre vollkommen allein in Hamburg zurückgeblieben, wenn nicht inzwischen seine Freundschaft mit Anthime eine unerwartete Wendung genommen hätte. Während Napoleon sich im Jahre 1805 auf dem Kontinent ein Land nach dem anderen unterworfen hatte, hatte Nelson bei Trafalgar die französische Flotte vernichtet. Schon am 20. Dezember 1805 hatte Anthime Arthur in einem Brief berichtet, daß die Blockade von Le Havre durch die Engländer den normalen Handelsverkehr völlig aufgehoben habe. »Unsere Stadt ist zu so starkem Stillstand der Geschäfte gezwungen, daß kein Handel irgendwelcher Art stattfindet. Dieser Stillstand der Geschäfte verursacht mir solche Langeweile, daß ich einige Zeit im Ausland verbringen möchte, um dort zu arbeiten und meine kaufmännischen Kenntnisse zu vermehren«, hatte Anthime geschrieben und hinzugefügt: »Hamburg ist die Stadt, der ich in jeder Hinsicht den Vorzug geben würde, vor allem um das Vergnügen zu haben, Dir, mein lieber Freund, näher zu kommen.« Es war Anthimes Plan, zwei oder drei Jahre in einem Hamburger Handelshaus zu arbeiten, und sein Wunsch, Arthur möge ihm dazu den Weg ebnen. Er wies seinen Freund auf seine kaufmännischen Kenntnisse hin und beteuerte im nächsten Brief, er könne ihm glauben, daß er mit den Jahren vernünftiger geworden sei. Feierlich schloß er: »Ich finde keine hinreichenden Worte, dir zu versichern, daß ich deshalb den größten Herzenswunsch habe, nach Hamburg zu gehen, weil ich die angenehme Befriedigung haben werde, Dir näher zu kommen, unsere engen Beziehungen zu festigen & Dir sichtbar neue Beweise der dauernden

& unverletzlichen Anhänglichkeit geben zu können, die ich Dir fürs Leben gewidmet habe.«

Arthur half seinem Freund bei der Verwirklichung seines Planes und bot ihm, solange er noch im Haus Kohlhöfen Nr. 87 wohnte, sogar an, ihn nach seiner Ankunft in Hamburg bei sich unterzubringen. Im Mai 1806, in dem Johanna Schopenhauer sich auf ihre Erkundungsfahrt nach Weimar begab, erhielt Arthur dann von Anthime die Nachricht, daß dieser demnächst abreisen werde. Zur Erlernung der deutschen Sprache wurde Anthime Ende Mai bei dem Pastor Karl Johann Heinrich Hübbe in dem Deichdorf Allermöhe untergebracht, der Knaben und Jünglinge aus den besten Hamburger Familien als Pensionäre bei sich aufnahm. Die beiden Achtzehnjährigen, deren Väter gestorben waren und deren Mütter in der Ferne weilten, besuchten sich gegenseitig an Sonntagen in Allermöhe und Hamburg, unternahmen gemeinsame Ausflüge, schrieben sich zwischendurch Briefe und wohnten von Beginn des Jahres 1807 an gemeinsam in der Pension Willinck in Hamburg. Seit ihrem letzten, längeren Zusammensein in Le Havre war fast ein Jahrzehnt vergangen, in dem sie aus Kindern zu jungen Männern geworden waren. Sie waren in dem Alter, in dem man auf die wenigen Erfahrungen, die man bereits gemacht hat, stolz ist und begierig, neue zu machen. Arthur als der Belesenere, der schon weiter in der Welt herumgekommen war, schickte seinem Freund Bücher, so Schillers »Geschichte des Abfalls der Niederlande« und Lafontaines Unterhaltungsroman »Quinctius Heymeran de Flaming«. Anthime wollte das Leben aber nicht allein aus Büchern kennenlernen. »So nützlich der vertraute Umgang mit diesem Jugendfreund für die weltmännische Entwicklung Schopenhauers ohne Zweifel gewesen ist, so wenig war er es für seinen im bürgerlichen Sinn moralischen Lebenswandel«, sollte Schemann in Kenntnis des ungekürzten Briefwechsels zwischen Anthime und Arthur urteilen.

Was Arthur Schopenhauer im Alter über ein späteres Zusammentreffen mit Anthime sagte — »Man divergiert immer mehr, je älter man wird« —, begann sich schon damals abzuzeichnen. Anthime, der nach dem Tod seines Vaters von seinem Onkel Delormerie unterstützt wurde, hatte nur die Sorge, möglichst bald eine Stellung zu finden, damit sein Onkel nicht auf den Gedanken käme, daß er »dumme Streiche gemacht habe«. Sonst aber war er guter Dinge und sah »mit Bedauern«, wenn sich sein Freund seiner »schlechten Laune« hingab. Es waren aber nicht nur Launen, unter denen Arthur litt. War er doch überzeugt, daß sein Vater diese Welt mit Absicht vorzeitig verlassen und seine Mutter inzwischen ein neues Leben begonnen habe, während ihm ein Leben nach seinem Wunsch verwehrt blieb. Was er auf der großen Reise gesehen und seither gelesen hatte, bestärkte ihn in der Überzeugung, daß durch die Niederungen eines alltäglichen Broterwerbs kein lohnender Weg führe und daß er vom Kontor aus nicht den Höhenflug der Erkenntnis und des Kunstgenusses antreten werde können. Voll Schwermut gestand Arthur, im holsteinschen Trittau unter Eichen liegend, Anthime, daß »das Leben so kurz, fragwürdig und vergänglich sei, daß es die Mühe großer Anstrengungen nicht lohne«.

Die beiden Freunde offenbarten sich ihre geheimsten Gedanken, wobei Anthime wohl darauf hingewiesen haben dürfte, daß man sich gerade angesichts der Kürze des Lebens die wenigen Freuden nicht entgehen lassen sollte.

Besaß nicht das andere Geschlecht die geheimnisvolle Fähigkeit, alles Denken eines trübsinnigen jungen Mannes auf einen Punkt zu konzentrieren und ihm lustvolles Vergessen zu schenken? Hatte nicht eine große Stadt wie Hamburg mehr zu bieten als die »Umarmungen einer industriösen Dirne«? Gab es nicht zwischen den Dirnen, die in den der »Venus Cloacina geheiligten Häusern« von St. Pauli den Matrosen »um Gesundheit und den Lohn vieler mühsam durcharbeiteten Monden in einer Minute auf einmal berupften« und den wohlbehüteten Töchtern angesehener Kaufleute noch andere weibliche Geschöpfe, wie etwa die reizenden kleinen Aktricen auf dem französischen Theater an der Drehbahn? Auf jeden Fall lassen die ungekürzten Briefe Anthimes den Schluß zu, daß er und Arthur in Hamburg ein »lockeres Leben führten und sich auch dem sinnlichen Genusse hingaben«. Arthur, der schon mit vierzehn die »Liebesabenteuer des Chevalier de Faublas« gelesen hatte, widerstand nicht länger der Versuchung, das verlockende Geheimnis auch für sich zu lüften. In jener Zeit gestand sich Arthur dichtend ein, wie sehr ihn die Sinne fesselten und in den Staub dieser Erde warfen:

»Was wäre wünschenswerter wohl
Als ganz zu siegen
Über das leere und so arme Leben,
Was keinen Wunsch uns je erfüllen kann,
Ob Sehnsucht auch uns gleich das Herz zersprengt.
Wie wär' es schön, mit leichtem, leisen Schritte
Das wüste Erdenleben zu durchwandeln,
Daß nirgends je der Fuß im Staube hafte,
Das Auge nicht vom Himmel ab sich wende.«

Mit nicht geringerer Kraft als der Brennpunkt körperlichen Verlangens war in seiner elliptischen Lebensfigur aber auch der Brennpunkt des geistig-seelischen Verlangens nach einer Überhöhung des Daseins spürbar. Er kaufte sich im Mai 1806 Johann Georg Sulzers »Allgemeine Theorie der schönen Künste«, ein Werk, welches Goethe als »Hausbuch aller Kunstfreunde« bezeichnete, und nahm den Hauptgedanken in sich auf, daß sich das Schöne nicht an den Verstand, sondern an das Gefühl wende. Mit Begeisterung las er Zacharias Werners »Martin Luther oder die Weihe der Kraft«, die Tragödie eines Autors, den Madame de Staël noch den ersten Dramatiker nach Goethe und Schiller nannte, und der alle Widersprüche einer von der Aufklärung bis zur Mystik reichenden Romantik in sich vereinte. Werner betete zum »heiligen« Rousseau, empörte Goethe durch ein Sonett, in welchem er den Mond mit einer Hostie verglich, und tat später als katholischer Priester und Prediger des Wiener Kongresses feierlich Buße für die Verherrlichung Luthers. Im Zeitpunkt der Lektüre aber ergriffen Arthur die Worte des Werner'schen Luther, wie aus seinen Briefen an seine Mutter hervorgeht:

»Ich war so unstet immer, licht und düster;
Bald hätt' ich in den Himmel springen und
Die Sternelein herab mir reißen, bald
Mich in das tiefste Loch verkriechen mögen . . .
. . . Gott ehr' mir meine Flöte,
Sie hat mich baß erquickt! Nach Gottes Wort
Ist nichts so köstlich als die Musika.«

Am tiefsten aber beeindruckte Arthur ein Autor, den er nur unter einem anderen Namen kannte. Ludwig Tieck hatte die Werke seines Freundes Wilhelm Heinrich Wackenroder in seine Obhut genommen. Noch zu Wackenroders Lebzeiten, aber ohne den Namen des Verfassers zu nennen, gab Tieck die »Herzenergießungen eines kunstliebenden Klosterbruders« heraus und später, als Erinnerungsgabe für den früh Verstorbenen, vermischt mit eigenen Beiträgen, die »Phantasien über die Kunst für Freunde der Kunst«. Aus diesem 1799 bei Perthes in Hamburg erschienenen Buch, dessen Herausgeber Schopenhauer für den Verfasser hielt, schöpfte er nicht nur die Gedanken über die beiden wunderbaren Sprachen der Natur und der Kunst, sondern auch die sprachliche Ausdrucksweise. Er begegnete so einem Unbekannten, dessen Wesen ihn tief berührte: jenem Wilhelm Heinrich Wackenroder, der zehn Jahre nach Arthurs Geburt im Alter von 25 Jahren an einem Nervenfieber gestorben war, weil er, wie er sich selbst ausdrückte, seine hohen Phantasien nicht als festen Einschlag kühn und stark in dieses irdische Leben einweben konnte. Die eine der zwei wunderbaren Sprachen redete nach Wackenroder »nur Gott; die andere reden nur wenige Auserwählte unter den Menschen, die er zu seinen Lieblingen gesalbt hat«. Er meinte damit »die Natur und die Kunst ... Die Kunst ... schließt uns die Schätze in der menschlichen Brust auf, richtet unseren Blick in unser Inneres und zeigt uns das Unsichtbare, ich meine alles, was edel, groß und göttlich ist, in menschlicher Gestalt«. Die »wunderbare Gabe der Musik« aber wirke um so mächtiger auf uns und setze alle Kräfte unseres Wesens um so allgemeiner in Aufruhr, »je dunkler und geheimnisvoller ihre Sprache ist«. Die Tonkunst sei

»ganz ein Bild unseres Lebens: — eine rührend kurze Freude, die aus dem Nichts entsteht und ins Nichts vergeht —«.

Über das Grab von Heinrich Floris Schopenhauer hinweg begannen sich Mutter und Sohn durch Briefe zu verständigen. Johannas Briefe waren freilich nicht nur für Arthur bestimmt, sondern hatten oft den Charakter von Rundschreiben, mit denen sie ihre Hamburger Bekannten und Danziger Verwandten über ihre Erlebnisse in Kenntnis setzen wollte. Ein Beispiel dafür ist ein Brief, der nicht weniger als 25 gedruckten Oktavseiten entspricht. Auch verfolgte sie mit etlichen ihrer Briefe den Zweck, Arthur zu Besorgungen zu veranlassen, die entweder für ihren eigenen Haushalt bestimmt waren oder mit denen sie ihren Weimarer Freunden Gefälligkeiten erwies. Dennoch begann mit diesem Briefwechsel ein Dialog zwischen Mutter und Sohn, in dem sich jeder echt mit dem Schicksal des anderen auseinandersetzte. Die Abhängigkeit des Sohnes von seiner alleinigen Vormünderin und der Erbin des väterlichen Vermögens bot dafür keine ausreichende Erklärung, denn es lag nicht in Arthurs Wesen, sich andere Menschen, und sei es auch die Mutter, nur um eines Vorteils willen »angenehm« zu machen. Hingegen bot die räumliche Trennung, die sie nicht zum erstenmal erlebten, in diesen kriegerischen Zeiten für beide Teile Anlaß dafür, um den anderen in Sorge zu sein. Aus Arthur, der in den Briefen dieser Zeit seiner Mutter seine innersten Empfindungen und seine ersten philosophischen Gedanken anvertraute, spricht die Stimme eines Einsamen, der einen Geistesverwandten sucht. Was der Achtzehnjährige in Hamburg bei seinem gleichaltrigen Freund Anthime nicht fand, glaubte er in diesen Monaten bei seiner 40jährigen Mutter zu finden. Johanna Schopenhauer wieder kam ihrem kunstliebenden und trostbedürftigen Sohn zwischen den Zeilen ihrer Briefe nicht nur als Mutter entgegen, sondern als reife Frau, die, allein auf sich gestellt, durch den Gedankenaustausch mit den größten Geistern ihrer Zeit über sich hinauswuchs.

»Ich könnte Dir Dinge erzählen wofür das Haar emporsträuben würde«, schrieb Johanna Schopenhauer ihrem Sohn in ihrem langen Brief vom 18. Oktober 1806 aus Weimar unter dem Eindruck der Schlacht von Jena und Auerstedt am 14. Oktober. »Aber ich will es nicht, denn ich kenne ohnehin, wie gerne du über das Elend der Menschen brütest, du kennst es noch nicht mein Sohn, alles, was wir zusammen sahen, ist nichts gegen diesen Abgrund des Jammers. Was mich beim Anblick alles Entsetzlichen was man sich denken kann noch hielt, ist, daß ich half wo ich konnte, um den Jammer zu lindern.« Während Arthur einen Monat später nur die unblutige Besetzung Hamburgs durch die Regimenter des Generals Mortier erleben sollte, wurde seine Mutter Augenzeugin der blutigen Folgen der Schlacht, die dicht bei Weimar zwischen Kapellendorf und Vierzehnheiligen zur Zerschlagung des Armeekorps des Fürsten Hohenlohe geführt hatte. Fünfzig Schritte vor ihrem Haus schlugen Kanonen- und Haubitzenkugeln ein. Es entstand ein Feuergeschrei und »hoch wie der Montblanc« türmte sich eine Feuersäule empor. 50 000 Soldaten trieben nach Johanna Schopenhauers dramatischer Schilderung in der Nacht nach der Schlacht mit den 6000 Einwohnern Weimars ihr Unwesen. Ihre wilden Lieder »Mangeons, buvons, jouons, brûlons toutes les maisons — Laßt uns essen, trinken, spielen, alle Häuser verbrennen«, hörte man an allen

Ecken. Erst am nächsten Tag ließ sich Napoleon auf dem Schloßplatz von Weimar durch die Bitte des vor ihm knienden Schuhmachermeisters Petri bewegen, seinen Soldaten bei Todesstrafe das weitere Plündern zu untersagen.

Die gleiche Johanna Schopenhauer, die zeit ihres Lebens nur das Angenehme der Gesellschaft gesucht hatte, reagierte nun, als immer mehr Verwundete in Weimar eingeliefert wurden, mit Umsicht und Entschlossenheit. »Mein Landsmann Falk gab mir die Wege an, und so habe ich mich einer Stube im Alexanderhofe, in der an die 50 Verwundete lagen, meistens Preußen, angenommen«, erzählte sie über ihr persönliches Eingreifen. »Ich schickte ihnen altes Leinen zum Verbinden, Wein, Thee, der erst bey mir in einem großen Kessel gekocht wurde, Suppe, einige Bouteillen Madeira, wovon jeder nur ein kleines Glas bekam und doch über dieses Labsal in lauten Jubel ausbrach und mich segnete, Brod, und was ich konnte. Es war im Ganzen wenig und half doch viel, besonders da ich die erste war. Ich rettete die Armen vor dem Unglück, an Gott und Menschen zu verzweifeln. Göthe und andre haben davon gehört und sind meinem Beispiel gefolgt. Was mich am meisten freut, ist eine Quantität Äpfel, die ich wohlfeil kaufte, und dann unter ein Menge Verwundeter austheilte, die ohne alle Erquikkung vor dem Komödienhause lagen und nach etwas Kühlendem seufzten, auch zu dieser guten Idee verhalf mir Falk. Die mehrsten meiner Pfleglinge sind jetzt todt, ihre Stelle wird schnell ersetzt, alle Abende kommen wenigstens 300 Verwundete aus Naumburg und anderen Orten hier an, alle Morgen schafft man eine noch größere Anzahl weiter nach Erfurt. Lieber Arthur, wie hartherzig macht das Unglück, ich freue mich jetzt, wenn ich höre, daß 4, 500 mit ihren zerschmetterten Gebeinen weiter gefahren werden, ich die noch vor wenigen Wochen den Jungen, der vor unserm Haus den Arm brach, um keinen Preis ohne Hülfe fortgelassen hätte! Wir hoffen, daß in wenig Wochen das ganze Lazareth fortgeschafft werden soll, der Tod hilft uns fürchterlich.«

Die anschaulichen Schilderungen der Mutter ließen ihren Sohn fast zum Augenzeugen werden. Doch was für Johanna Schopenhauer ein kurzes Zwischenspiel von zehn Tagen war, war für Arthur ein weiterer Beweis dafür, wie schlecht den Menschen auf dieser Welt seit jeher mitgespielt wurde. Allein die Vergänglichkeit schien ihm Trost zu spenden, als er seiner Mutter schrieb: »Das Vergessen überstandener Verzweiflung ist ein so seltsamer Zug der menschlichen Natur, daß man dergleichen nicht glauben würde, wenn man es nicht sähe. Herrlich hat Tieck es ausgedrückt in ungefähr den Worten: ›Wir stehen und jammern und fragen die Sterne, wer je unglücklicher gewesen als wir, indeß hinter unserm Rücken schon die spottende Zukunft steht und über den vergänglichen Schmerz des Menschen lacht!‹ Aber gewiß, es soll so sein, nichts soll standhalten im vergänglichen Leben: kein unendlicher Schmerz, keine ewige Freude, kein bleibender Eindruck, kein dauernder Enthusiasmus, kein hoher Entschluß, der gelten könnte fürs Leben! Alles löst sich auf im Strom der Zeit. Die Minuten, die zahllosen Atome von Kleinigkeiten, in die jede Handlung zerfällt, sind die Würmer, die an allem Großen und Kühnen zehren und es zerstören. Das Ungeheuer Alltäglichkeit drückt Alles nieder was emporstrebt. Es wird mit nichts ernst im menschlichen Leben, weil der Staub es nicht werth ist. Was sollten auch ewige Leidenschaften dieser Armseligkeiten wegen?

> Life is a jest and all things show it:
> I thought so once and now I know it.«

(Das Leben ist ein Possenspiel, und alle Dinge zeigen es:
So kam es mir ehedem vor und nun weiß ich es sicher.)

Damit zitiert Schopenhauer einen Vers, den er beim Besuch der Westminsterabtei unter der Büste des Dichters John Gay gelesen hatte.

Das Außergewöhnliche der Verhältnisse, die in Weimar herrschten, brachte die Menschen rasch einander näher. »Man hat mich hier in zehn Tagen besser als sonst in zehn Jahren kennengelernt«, schrieb Johanna Schopenhauer ihrem Sohn. Goethe habe das Kompliment gemacht, daß sie durch die »Feuertaufe zur Weimarerin geworden wäre ... Er sagte mir, jetzt da der Winter trüber als sonst heranrücke, müssen wir auch zusammenrücken, um einander die trüben Tage wechselseitig zu erheitern«. Johanna Schopenhauer griff diesen Gedanken auf und versammelte allabendlich bei sparsamer Beleuchtung ihre Bekannten um sich und bewirtete sie mit Tee und Butterbrot. Zu diesen Bekannten zählte der Schriftsteller Carl Ludwig Fernow, der Maler Johann Heinrich Meyer, Goethes Berater in Fragen der bildenden Kunst, und bald auch Goethe selbst. Viele, die Johanna Schopenhauer noch nicht kannten, wünschten bei ihr eingeführt zu werden, so etwa Wieland. Am 24. Oktober 1806 konnte Johanna Schopenhauer ihrem Sohn über ein für ihr Verhältnis zu

Goethe bedeutsames Ereignis vom 19. Oktober berichten: »Göthe hat sich Sonntag mit seiner alten geliebten Vulpius, der Mutter seines Sohnes, trauen lassen, er hat gesagt, in Friedenszeiten könne man die Gesetze vorbeygehen, in Zeiten wie die unsern müsse man sie ehren. Den Tag drauf schickte er Dr. Riemer den Hoffmeister seines Sohnes zu mir um zu hören wie es mir ginge, denselben Abend ließ er sich bey mir melden und stellte mir seine Frau vor; ich empfing sie als ob ich nicht wüßte, wer sie vorher gewesen wäre, ich denke wenn Göthe ihr seinen Namen giebt, können wir ihr wohl eine Tasse Thee geben. Ich sah deutlich, wie sehr mein Benehmen ihn freute; es waren noch einige Damen bey mir, die erst formell und steif waren und hernach meinem Beyspiel folgten!«

Aus den Schilderungen seiner Mutter entstand für Arthur ein so lebensnahes Bild Goethes, wie es ihm zu dieser Zeit keine andere Quelle bieten konnte. Der durch seine unstandesgemäße Heirat mit der 41jährigen und seit 18 Jahren mit ihm zusammenlebenden Vulpius von der Weimarer Gesellschaft fast ausgeschlossene Dichterfürst fand immer öfter den Weg zu Johanna Schopenhauer. Im Winter 1806/07 beleuchtete er seinen Weg zu ihrem Haus, den er um halb sechs Uhr antrat, mit seinem Handlaternchen. Artig sprach der immer schwarz oder dunkelblau gekleidete 60jährige zuerst bei der Dienerin Sophie vor und betrat dann das mit warmen Teppichen ausgelegte Empfangszimmer, wo Johanna auf Anraten seines Freundes Meyer in einer Ecke einen Tisch mit Zeichenmaterialien für ihn hingestellt hatte. Dorthin setzte sich Goethe, der zuerst ein wenig stumm war, und tuschte kleine Landschaften. Dann nahm er dicht neben Johanna Platz, die das Gespräch mit ihm begann, und taute rasch auf. Er las Gedichte vor, erzählte Anekdoten und ersann auf der Stelle Gespenstergeschichten, wie die von einem großen Kopf, der alle Nacht oben durchs Dach sieht. Dazwischen wurde Tee getrunken, geplaudert und gesungen, man besah Journale und Zeichnungen und lachte über die Karikaturen, welche die Malerin Bardua von Anwesenden anfertigte. Goethe fühlte sich hier wie zu Hause. Er sah sich Adelens Schätze an und ließ ihre Puppen der Reihe nach tanzen. Als er einmal die Geschichte einer Mamsell, die in die Wochen gekommen war, vorlas und die Bardua eben eintrat, rief er mit gespieltem Entsetzen, daß er nun nicht weiterlesen dürfe. Die Bardua wurde auf sein Geheiß ausgesperrt, der gewaltig lange Sohn des Verlegers Bertuch mußte die Tür bewachen, die Bardua revanchierte sich zuletzt, indem sie mit Leibeskräften auf dem Klavier spielte, während Goethe wie in einem Melodrama seine Stimme hob, um sich dennoch verständlich zu machen.

Als Johanna Schopenhauer Goethe in seinem Haus einen Gegenbesuch machte, übernahm er ihr zu Ehren in seinem Stück »Die Mitschuldigen« die Rolle eines alten Gastwirtes und meisterte die um ihn versammelten jungen Schauspieler, die ihm viel zu kalt waren: »Seyd Ihr denn garnicht verliebt? Verdammtes junges Volk! Ich bin 60 Jahr alt und kanns besser.« Goethe lag in solchen Augenblicken mehr an der Bewunderung, die ihm Johanna Schopenhauer zollte, als an seinem Ruhm als Dichter und Forscher. Diese weltgewandte 40jährige »Hofrätin«, wie sie sich nach dem von ihrem Manne nie gebrauchten polnischen Titel nennen ließ, dachte viel freier als die Damen der höheren Kreise, die sich durch Goethes Heirat mit Christiane Vulpius verletzt fühlten. Deshalb führte Goethe in dieser Zeit interessante Persönlichkeiten, die nur um seinetwillen nach Weimar gekommen waren, auch bei Johanna Schopenhauer ein, die so mit Recht ihrem Sohn gegenüber behaupten konnte: »Der Zirkel, der sich Sonntag und Donnerstag um mich versammelt, hat wohl in Deutschland und nirgends seines Gleichen; könnte ich dich doch nur einmahl herzaubern!« Die Nachrichten vom neuen Leben seiner Mutter erfüllten Arthur mit gemischten Gefühlen. Er hörte, daß seine Mutter neben ihren zwei Tagen für ihren Teezirkel drei Tage in der Woche ins Theater ging, daß sie malte und Musikunterricht nahm und daß ihr Freund Fernow sie Italienisch lehrte. Seine Mutter ließ ihn wissen, daß es ihr nicht an Anbetern fehle, daß ein reicher Frankfurter Kaufmann ernstlich, aber vergeblich, um ihre Hand angehalten habe, und daß der Kammerherr der Großfürstin, von Schardt, über dessen hohen Federbusch und goldenen Schlüssel sie sich lustig machte, sie in den Adelsstand erheben möchte. Arthur konnte nicht daran zweifeln, daß seine Mutter nun, da sie auf sich allein gestellt war, ihr Leben mit Leichtigkeit meisterte. »Ich bin durch die Unglücksfälle hier mit einem mahle einheimischer als ich je in Hamburg war«, ließ sie ihn wissen. »Je mehr Unglück ich in der Welt erlebe, je besser bin ich mit den Menschen zufrieden, sie sind wahrlich so böse nicht.«

Arthur begann, ungeachtet der Freiheit, die er in Hamburg genoß, immer schwerer an seinem Schicksal zu tragen. Es war ein Bündel, geschnürt aus dem düsteren Erbteil seines Vaters, der zunehmenden Verdrossenheit, mit der er dem Vater über das Grab hinaus gehorchte, und dem schalen Nachgeschmack, den die Erlebnisse an der Seite Anthimes hinterließen. Die Spannung zwischen dem, was er war, und dem, was aus ihm hätte werden können, wurde in seinen Augen zum Spiegelbild der Spannung zwischen dem Jammertal dieser Erde und der Kunst, die wie ein Lichtstrahl aus einer besseren Welt wirkte. Arthur kleidete dies in den wenigen erhalten gebliebenen, undatierten Brieffragmenten dieser Zeit in die Worte:

»Wie fand das himmlische Samenkorn Raum auf unserm harten Boden, auf welchem Nothwendigkeit und Mangel um jedes Plätzchen streiten? wir sind ja verbannt vom Urgeist und sollen nicht zu ihm empordringen. Das eiserne Urtheil des Bedürfnisses ist über der Armen Geschlecht ausgesprochen, Mangel und Nothdurft liegen unabwälzbar auf ihm, fordern jede Kraft und hemmen jedes Streben. Nur wenn sie völlig befriedigt sind, darf der Geist, ermüdet und abgestumpft, durch die Nebel der Erde geblendet, aufwärtsblicken. Tadle die Armen nicht, wenn sie im Staube nach der Freude wühlen. O Gott, wir müssen es ihnen vergeben, wenn sie nach dem Bösen greifen; denn ihr Himmel ist verschlossen und wenige Strahlen scheinen durch bis zu ihnen. Und doch hat ein mitleidender Engel die himmlische Blume für uns erfleht und sie prangt hoch in voller Herrlichkeit, auf diesem Boden des Jammers gewurzelt. — Die Pulsschläge der göttlichen Tonkunst haben nicht aufgehört zu schlagen durch die Jahrhunderte der Barbarei und ein unmittelbarer Widerhall des Ewigen ist uns in ihr geblieben, jedem Sinn verständlich und selbst über Laster und Tugend erhaben ... Es ist unbegreiflich wie bei der Bannung der ewigen Seele in den Körper solche aus ihrer vorherigen *erhabenen Apathie* konnte gerissen werden, hinabgezogen in die Kleinheit des Irdischen und so zerstreut durch Körper und Körperwelt, daß sie ihren bisherigen Zustand verlernte und an dem von ihrem vorigen Standpunkt so unendlich kleinen Irdischen theilnahm und sich darin einbaute, daß sie ihr ganzes Dasein darauf beschränkte und damit ausfüllte; daß die Außenwelt sie so zerstreute, daß sie selbst das Wunderbare und ihr Fremde dieser Außenwelt in dem Grade übersieht, daß Tausende aus der Welt gehen, ohne sie beachtet und darüber gedacht zu haben: da doch jede der dem Menschengeist unerklärbaren einfachsten Naturerscheinungen z. B. eines der Elemente hinreichen würde, ihn sein ganzes kurzes Leben hindurch in beständigem Streben zu erhalten und zu beschäftigen. Aber er geht rasch fort auf der Brücke, deren Grund er nicht kennt, ohne rechts oder links zu schauen seinen kleinen Fußpfad, ohne zu denken woher noch wohin, nur emsig zum nächsten Schritte strebend.«

Johanna Schopenhauer konnte nicht übersehen, daß ihr Sohn in seiner seelischen Not seiner Mutter die bisher tiefsten Einblicke in sein Wesen gewährte. Doch vorerst begann sie mit dem Gedanken, ihn von seinem Schicksal zu erlösen, nur zu spielen. »Ich denke viel und mit rechter Liebe an dich«, schrieb sie ihm am 8. Dezember 1806, »ich wünsche dich oft zu mir, und wenn Fernow und St. Schütze mir erzählen, wie sehr spät sie zum Studieren gekommen sind, und ich doch sehe was beyde wurden, so fliegt mir so manches Project durch den Kopf, aber freylich, beyde brachten Schul- und mühsam selbst erworbene Kenntnisse auf die Akademie die dir bey der eleganten Erziehung die du erhieltest und in unsrer Lage erhalten mußtest, mangeln. Beyde, in sehr beschränkter Mittelmäßigkeit an einem kleinen Orte geboren, konnten so manchen Genuß ohne ihn nur zu wünschen entbehren, der dir wenigstens für die Zukunft unentbehrlich seyn muß, also mußt du wohl in der Laufbahn bleiben zu der du dich einmal bestimmt hast.«

Arthur schrieb ihr, daß er gerne auf manches verzichten würde, wenn ihm nur sein Herzenswunsch, zu studieren, erfüllt würde. Die Worte, die ihm seine Mutter von dem greisen Wieland berichtete — »Immer war ich allein, niemand verstand mich, niemand kam meinem Herzen nah« —, schienen ihm aus der eigenen Seele zu kommen. Als Arthur in seinem Brief vom 28. März 1807 mit einem »tief aus dem Gemüth und ins Gemüth dringenden Ton« seine Mutter darauf hinwies, daß er auf seinem jetzigen Weg ganz seine Bestimmung verfehle und überdies vermeldete, daß er so wie sein Vater an Taubheitserscheinungen zu leiden beginne, mochte seiner Mutter der Gedanke gekommen sein, daß ihr Sohn in einer ihm ausweglos erscheinenden Situation auch den letzten Weg seines Vaters gehen könnte. Sie gab seine Briefe Carl Ludwig Fernow, ihrem engsten Vertrauten, zu lesen. Diesem 42jährigen Schriftsteller mit dem schneeweißen Haar war ungeachtet seiner zerrütteten Gesundheit ein leichter Sinn zu eigen. Er war mit einer lungenleidenden Römerin verheiratet, was ihn aber nicht davon abhielt, sich jeden Abend zur Teestunde bei Johanna Schopenhauer einzufinden oder sie nach Jena zu begleiten. Schriftlich lieferte er seiner Freundin eine fundierte Entscheidungsgrundlage:

»In Betreff der Angelegenheit, über welche Sie, werteste Freundin, meine Meinung zu hören wünschen, würde ich Ihnen nach reiflicher Erwägung etwa folgendes sagen können. Ein Alter von achtzehn Jahren finde ich keineswegs zu hoch, um eine andere Beschäftigung zu verlassen und sich einer litterarischen und wissenschaftlichen Bestimmung zu widmen ... Eine Menge gelehrter und geistreicher Männer haben sich unter dem Zwange der Umstände erst im späteren Jünglingsalter den Studien widmen können, und haben nicht allein in kürzerer Zeit die unverschuldete Versäumnis der Jugend nachgeholt, sondern es sogar noch dahin gebracht, über den großen Haufen Derer, welche sich dem Gelehrtenstande widmen, rühmlich hervorzuragen. Sie selbst werden solche glücklich nachgereiften Spätlinge kennen ... mein achtzehntes Jahr war längst vorüber, als es mir endlich vergönnt war, meiner Neigung nach Gefallen zu folgen. Aber einem solchen für das ganze Leben entscheidenden Entschlusse muß darum auch eine desto ernstlichere, strengere Prüfung seiner selbst vorhergehen ... Ohne dies ist es allerdings sehr mißlich, aus bloßer Unzufriedenheit mit einer Bestimmung sich in eine andere zu werfen, die uns durch ihre äußeren Reize anzieht, von der wir aber nicht wissen, ob sie uns nicht über kurz oder lang gleichfalls Überdruß und Unzufriedenheit erregt ... Da ich nicht das Vergnügen habe, Ihren Herrn Sohn persönlich zu kennen, also auch weder von seinen geistigen Fähigkeiten noch von seiner Gemütsart unterrichtet bin, um wissen zu können, ob dergleichen bei ihm zu fürchten sein möchte, so habe ich doch auf jeden Fall diesen sehr wichtigen Punkt hier besonders berühren wollen ... Der wahre Trieb zweifelt nicht an seiner Bestimmung, er ergreift sie entschlossen und beharrt bei ihr. Die frühere Bildung für Welt und Leben, die Ihr Herr Sohn empfangen hat, und die Kenntnis verschiedener neuerer Sprachen, die derselbe besitzt, sind unstreitig ein großer und bedeutender Vorteil ... Faßte nun Ihr Herr Sohn den wohlgeprüften Entschluß, sich einer wissenschaftlichen Bestimmung zu widmen, so würde die Nachholung des versäumten Studiums der alten Sprachen das Nächste und Notwendigste sein. Bei gehörigem Fleiße und unter der Privatleitung eines geschickten Schulmannes, der sich dazu der kürzesten und zweckmäßigsten Methode des Unterrichts bediente, wäre dies eine Sache von etwa zwei Jahren. Dann würde ich raten, als nötige Vorbereitung zu den Universitätsstudien noch ein oder zwei Jahre lang ein Gymnasium zu beziehen. Ihr Herr Sohn würde dann zweiundzwanzig Jahre alt sein, wenn er die Universität bezöge, und nach meiner Überzeugung ist diese größere Reife der Jugend für den Zweck des akademischen Lebens höchst wohlthätig ... Den wahren inneren Trieb und die Fähigkeit vorausgesetzt, welche man der Lust zu dieser edleren Bestimmung zutrauen darf, bleibt, wie gesagt, ein reiflich geprüfter Entschluß und dann ein unverdrossenes Ausharren mit steter Hinsicht auf das vorgesetzte Ziel, die Hauptsache.«

Den 28. April 1807 sparte sich Johanna Schopenhauer eigens dafür auf, um in einem langen Brief auf Arthurs Klagen und Wünsche zu antworten. Sie wies ihn auf die Verschiedenheit ihrer beiden Charaktere hin. »Ich weiß nur zu gut«, schrieb sie, »wie wenig dir vom frohen Sinn der Jugend ward, wie viel Anlage zu schwermüthigen Grübeleien du von deinem Vater zum traurigen Erbtheil bekamst.« Sie wollte nun alles, alles daranwenden, ihn womöglich noch zu retten, denn sie wisse, was es sagen wolle, »ein Leben zu leben welches unserm innern widerstrebt«. Dann charakterisierte sie Fernow als ihren »Freund im vollen Sinn des Wortes«, als den einzigen Menschen, zu dem sie über alles mit vollem Vertrauen sprechen könnte, und den Arthur, würde er ihn kennen, ebenso lieben und achten würde wie sie. Nach einem Hinweis auf den beigelegten Aufsatz von Fernow schilderte sie Arthur höchst anschaulich die verschiedenen Lebenswege, die ihm noch offenstünden: Er könnte, wie es sein Vater gewünscht hatte, Kaufmann werden, freier sein als jeder andere und genug Stunden zur höheren Bildung des Geistes finden, unendlich viel Gutes tun und später das Alter seiner Mutter verschönern und seine Schwester versorgen; er könnte aber auch seinem Hang zur Wissenschaft folgen, mit der Aussicht auf fünf, sechs Jahre sehr angestrengter Arbeit, entfernt von glänzenden Vergnügungen, mit dem Ziele eines mäßigen und arbeitsvollen Lebens ohne Glanz, im stillen, wobei er sich aber ein Brotstudium wählen und Arzt oder Jurist werden müßte. Sollte er sich für das Studium entscheiden, so werde sie ihn nicht nach Weimar nehmen, denn er hätte hier, besonders mit ihr, zuviel Zerstreuung. Die Kernsätze dieses Briefes, in dem sich die Mutter auf die Rolle einer Ratenden und Helfenden zurückzog, lauteten: »Ich, mein Arthur, will wahrlich deinem Glück nichts in den Weg legen, du selbst mußt dir den Weg suchen und wählen ... Bist du entschlossen, so melde es mir, aber du mußt dich alleine entschließen ... es ist ein großer ernster Schritt, irre dich nicht, lies Fernows Aufsatz achtsam durch, und täusche dich ja nicht, damit du nicht Mismuth und Unzufriedenheit mit deiner freylich nicht angenehmen Situation mit dem großen Triebe zum höhern Wissen ... verwechselst.«

Als Arthur in Hamburg diesen Brief und Fernows Aufsatz gelesen hatte, brach er in Tränen aus.

VII

GOTHA

Was mich zu Fall brachte

Der Weg zu seinem Studium wurde Arthur sorgfältig geebnet. Der Deutschprofessor Friedrich Jacobs, der als Verkörperung des Gothaer Humanismus galt, korrespondierte schon seit längerer Zeit mit dem Weimarer Hofbibliothekar Carl Ludwig Fernow. So konnte Fernow seiner Freundin Johanna Schopenhauer mit gutem Gewissen dazu raten, ihren Sohn in Gotha studieren zu lassen. Das Gothaer Gymnasium illustre nahm eine Mittelstellung zwischen Gymnasium und Universität ein. Durch die Reform des 1800 verstorbenen Johann Gottfried Geissler hatte es auch erziehungsgeschichtliche Bedeutung gewonnen: Geissler hatte die Auflösung des starren Klassensystems in einzelne Fachgemeinschaften versucht und eine Erziehung zur Selbständigkeit durch planmäßiges Fortschreiten von der bloßen Rezeptivität zu eigener wissenschaftlicher Arbeit gefordert. Am 22. Mai 1807 begleitete Fernow Johanna Schopenhauer nach Gotha, um dort alles für den Empfang ihres Sohnes vorzubereiten. Im Hause des Gymnasialprofessors Karl Gotthold Lenz fanden sie für Arthur Kost und Quartier. Dort sollte er ein Jahr lang bleiben, bis er sich orientiert haben würde, und dann in ein billigeres Privatlogis ziehen. Ihrem Sohn hatte Johanna Schopenhauer inzwischen nach Hamburg geschrieben: »Strebe dich von so manchem unnützen Tand loszumachen ... Du verachtest den Reichtum, lerne auch seinen Schein verachten und deinen Blick einzig nach dem schönen großen Ziel richten, das du dir selbst gesetzt hast, so wirst du glücklich sein.« Er sollte ihr von Hamburg nur Bücher, Bett, Notenpult und Schreibepult schicken und die übrigen Möbel bei seinem Hauswirt lassen, dafür aber nicht vergessen, von Hamburg 24 Ellen Fransen, Makkaroni, Sardellen, französischen Senf, Öl und Havanna-Tabakblätter mitzubringen. Arthur freilich hatte andere Sorgen, als er Hamburg Ende Mai 1807 für immer verließ. Er unterbrach seine Reise in Kassel, um sich bei Professor Hunold einer Ohrenoperation zu unterziehen, und als er in Weimar eintraf, wußte er noch nicht, ob sich sein Zustand verbessern oder verschlechtern würde. Das Wiedersehen mit Mutter und Schwester war kurz, denn Arthur brach sogleich in Begleitung Fernows nach Gotha auf. Der Mann, dessen Rat ausschlaggebend für den Beginn seines Studiums gewesen war, war Arthur auf den ersten Blick sympathisch, wenn ihm auch das Verhalten seiner Mutter, die seinen vor zwei Jahren verstorbenen Vater längst vergessen hatte, unverständlich blieb. Fernow versicherte Arthur während der Fahrt, daß er für sein Studium keinen besseren Ort hätte finden können als Gotha. Die Stadt hatte sich nicht nur 1775 durch das erste deutsche Hoftheater und 1798 durch den ersten internationalen Astronomenkongreß einen Namen gemacht, sie war auch ein Kreuzungspunkt jener geistigen Strömungen gewesen, die Arthur von Jugend auf geprägt hatten: Pietismus und Aufklärung. Gotha war eine der Geburtsstätten der pietistischen Bewegung und ihrer unduldsamen Halle'schen Richtung gewesen, in der einst Schüler durch asketische Strenge, übertriebene pietistische Übungen und künstlich geförderte Erweckungen in Schwermut verfallen waren. Später aber waren neben Friedrich dem Großen auch der Enzyklopädist d'Alembert und der Sensualist Helvetius Mitglieder der Tafelrunde des Residenzschlosses Friedenstein gewesen. Als Arthur nach Gotha kam, beherbergte die Stadt in ihren Mauern Geistliche und Freimaurer, neuhumanistische Professoren und Gebildete, die an Geister glaubten.

Es fiel Arthur nicht schwer, sich in Gotha zu orientieren. Einem Spielzeug gleich lag die Altstadt dem mächtigen Residenzschloß Friedenstein und den Rampen des Ordonnanzgartens hinter dem Lusthaus Friedrichstal zu Füßen. Das Gothaer Trianon grüßte die Besucher mit der Rokoko-Parole »Vive la joie! — Es lebe die Freude!« Die Stadt zählte nur 1300 Häuser. Das Gymnasium und das Augustinerkloster lagen nicht weit vom Hauptmarkt mit der Innungshalle zwischen den zwei Springbrunnen und dem Wachlokal mit den Gardereitern, deren Schlachtschwerter nicht weniger groß waren als das Richtschwert, mit dem der Ritter Roland über dem Nordgiebel des neuen Rathauses die Stunden schlug. Wie in noch älteren Zeiten hob der blauberockte weimarische Geleitsreiter auf seinem Pferdchen mit muschelverziertem Zaumwerk von den Fuhrleuten das Geleitgeld ein, und am Abend zog der Kuhhirt mit seiner Herde zur Stadt herein. Mittwoch und Sonnabend konnte man die Chorschüler des Gymnasiums mit ihren schwarzen Mänteln und dreieckigen Hüten vor den Häusern der Honoratioren vierstimmig singen hören. Diese Kleinstadtidylle war ebenso anheimelnd wie beengend, waren doch innerhalb eines Raumes, den man mit 1200 Schritten durchmessen konnte, alle Gebäude versammelt, die dem Gottesdienst, dem Unterricht, der Verwaltung, dem Erwerbsleben, der Geselligkeit, der Ausbildung der Soldaten, der Pflege der Kranken, der Fürsorge für die Waisen und der Bestrafung der Verbrecher dienten. Mit Ausnahme der Thüringer Bauern, die an den Markttagen in die Stadt kamen, hatte jeder in der Stadt seinen gesellschaftlichen Platz. Über tausend Handwerker, Kaufleute und Fabrikanten waren hier tätig, und von den Honoratioren, zu denen 190 Angehörige des Hofstaats, 15 Geistliche und 23 Lehrer zählten, war jeder jedem bekannt. Nichts konnte unbemerkt geschehen, wie Arthur in seinem Gedicht auf die Gothaer Philister spöttisch bemerkte, denn alles war zu erspähen und zu belauschen. Man wußte nicht nur, wie groß das Haus des Nachbarn war, sondern auch wie fein sein Rock und wie groß sein Verzehr und achtete darauf, ob ein Mann mit Recht zu den Honoratioren gehörte:

»Ob er zuerst zu grüßen ist,
Ob er ›Herr von‹ und gnädig,
Ob Rath nur oder Canzelist,
Luther'scher oder röm'scher Christ,
Verehelicht oder ledig . . .«

Doch zuerst sollte Arthur die Lehrer kennenlernen, die dem Neunzehnjährigen durch privaten Unterricht das bisher Versäumte und für den Besuch des Gymnasiums Erforderliche beibrachten. Latein lernte er beim Direktor des Gymnasiums, dem Philologen Friedrich Wilhelm

Doering, einem etwas verwachsenen und gichtlahmen, doch ehrfurchtgebietenden Einundfünfzigjährigen, der ihm in der Woche acht Stunden gab. Arthur machte dabei so große Fortschritte, daß ihm Doering bald eine glänzende Zukunft als Gelehrter prophezeite. Die Ausbildung in seiner Muttersprache oblag dem Herausgeber und Übersetzer der griechischen Anthologie, dem dreiundvierzigjährigen Friedrich Jacobs. Arthur konnte seiner Mutter bald berichten, daß er bei ihm mit seinem deutschen Aufsatz gut bestanden habe. Dieser nicht nur durch sein Wissen, sondern auch durch sein Wesen bildende Lehrer war von der Reife des Jünglings überrascht. Arthur nahm in dieser Zeit bereits die literarische Erziehung des in Hamburg zurückgebliebenen Anthime in die Hand, der mit der Lektüre von Shakespeares Hamlet und Goethes Wilhelm Meister seine Empfehlungen vorwegnahm und entsprechend seinem Leseplan auch mit Jean Paul und den von Wackenroder stammenden »Tiekischen Sachen« bekannt wurde. Schon im September begann Arthur um den Verbleib seines Deutschlehrers zu bangen, an den der ehrenvolle Ruf ergangen war, in München die Ausbildung des Kronprinzen zu übernehmen. Jacobs, der im Christentum die »Religion der Freiheit und Gleichheit« und die »Quelle rastlosen Strebens nach Reinheit und Heiligung« sah, machte auf Arthur tiefen Eindruck. Als er Gotha verließ, widmete er ihm im Namen seiner Schüler einen Abschiedsgruß, der mit der Strophe schloß:

»Doch ohne Trost sieh hier die Jünger stehen,
Sie blicken trauernd nach Dir in die Ferne:
Es schwindet jetzt der hellste ihrer Sterne,
Von wannen soll ein ähnlich Licht ergehen?«

Gotha gefiel Arthur besser, als sein Freund Anthime auf Grund seiner ersten Äußerungen geglaubt hatte. Das lag nicht nur an dem seinen Neigungen entsprechenden Studium, das an die Stelle der verhaßten Kaufmannslehre getreten war. Dem aus dem großen Hamburg kommenden und welterfahrenen jungen Mann, der älter als die meisten Gymnasiasten war, fiel es nicht schwer, in der Gothaer Gesellschaft zu brillieren. Beflügelt von der glücklichen Wendung seines Schicksals, verstand er es — um Anthimes Worte zu gebrauchen — von seiner natürlichen Liebenswürdigkeit Gebrauch zu machen und lernte, die Leute nicht zu sehr zu quälen. Bei Landpartien in den thüringischen Wald, bei Ausritten mit Studenten und beim Tanz mit Prinzessinnen trat an die Stelle seiner grüblerischen Schwermut noch einmal der Übermut, zu dem ihn seine Jugend berechtigte. Es fehlte nicht an gesellschaftlichen Ereignissen. Herzog August, der ein glühender Verehrer Napoleons war, bot dem Kaiser der Franzosen nach Abschluß des Tilsiter Friedens zwar vergeblich die Benutzung des phantastischen, totenkopfähnlichen herzoglichen Wagens an, doch der Empfang auf Schloß Friedenstein war dessenungeachtet ein festlicher. Jeden Donnerstag versammelten sich der Hofstaat und die Honoratioren in der großen Allee zur Brunnenparade. Der Schloßpark war jeden Sonntag und Donnerstag für die Noblesse und die Honoratioren zum freien Spaziergang geöffnet. Die Studenten des Gymnasiums, die mit dem Degen spazierengingen, waren weder dem Trunk noch dem Spiel abgeneigt und brachten des Nachts den Mädchen Ständchen dar oder riefen an Stelle des Nachtwächters die Stunden ab. In den Briefen Johanna Schopenhauers an ihren in Gotha weilenden Sohn fehlte es deshalb nicht an Ermahnungen. Sie riet ihm zwar, an Stelle von Wasser Bier und dann und wann auf seinem Zimmer ein Glas Wein zu trinken, doch nicht den zu hitzigen und teuren Burgunder und auch den Würzburger nicht im Übermaß, denn sie habe von Jugend auf mit Männern gelebt, die mehr tranken als sie sollten. Sie warnte ihn vor falschen Freunden, die ihn in Sümpfe führen könnten, aus denen er nur mit zerstörten Sinnen und zerrüttetem Gemüt herauskommen würde. Es gefiel ihr nicht, daß er sich an lauter Comtessen und Barons hängte, weil der Umgang mit Menschen, die nicht wie er zum Erwerben geboren sind und sich also für besser dünken, auch zu größeren Ausgaben verleite. Sie erinnerte ihn daran, daß er allem Glanz entsagen wollte, wenn er nur den Wissenschaften leben konnte. Sie hatte wenig Verständnis für sein Bedürfnis, Tabak zu schnupfen, und meinte, er würde mit dem gewünschten Klapphut possierlich aussehen. Vor allem aber zeigte sie sich immer wieder überrascht, wenn sein Taschengeld zu Ende ging, sie bat ihn ernstlich, in Zukunft »besser zu hausen« und ihr Rechnungen über seine Ausgaben zu schicken und ihr zu melden, was seine Lehrstunden, sein Frühstück, Wein und dergleichen kosten. »Du weist ich bin noch nicht so alt und lebenssatt, daß ich vergessen haben sollte daß ich einst jünger war«, beteuerte sie, doch gleichzeitig beschwor sie ihn »Verschwendung ist nicht reine Freude« und unterstellte ihm, daß er sich »als reicher Hamburger spendabel zeigen« wolle. Ihr Wunsch, er möge bei seinem nächsten Besuch in Weimar guten Humor mitbringen und seinen Disputiergeist zu Hause lassen, mußte ihrem Sohn merkwürdig vorkommen. Hatte ihn nicht seine Mutter allein und verzweifelt in Hamburg zurückgelassen, und lebte sie nicht vom väterlichen Erbe auf viel größerem Fuße als er? Die Erfahrungen, von denen sie befürchtete, daß er sie in Gotha machen würde, hatte er in Hamburg bereits gemacht. Jetzt, da auch er begann, ein neues Leben zu führen, nahm die übertriebene Sorge seiner in Weimar so freizügig lebenden Mutter für den Neunzehnjährigen den Charakter der Bevormundung an.

Seit 16. Juli gehörte Arthur für die deutsch vorgetragenen Unterrichtsgegenstände der Selecta des Gymnasiums an. Er lernte nun auch andere Professoren kennen, so den selbstgefälligen und weitschweifigen Johann Georg August Galletti, der in allen Klassen in Geschichte unterrichtete. Auch seine Mutter, der er Galletti schilderte, hatte schon von dessen Kathederblüten gehört. Doch zur Zielscheibe von Arthurs Spott sollte der sonst als mild und human geltende Gymnasialprofessor Christian Ferdinand Schulze werden, der nebenamtlich die in Gotha erscheinende »Nationalzeitung der Deutschen« redigierte. Schulze hatte in einem Aufsatz den Pennalismus, die Tyrannisierung jüngerer Schüler durch ältere, angeprangert. Das ließ der spätberufene Gymnasiast Schopenhauer auf sich und den anderen Selektanern nicht sitzen. Er setzte sich hin und dichtete den folgenden Stachelvers auf diesen Geschichtslehrer, der im Gegensatz zu Galletti für seinen Unterricht berühmt war:

»Der Kanzel Zierde, des Katheders Freude,
Der Stadt Erzähler und der Loge Sprecher,
Vollkommner Christ, vollkommner Jude, Heide,
Der Morgens Bücher trägt und Abends Fächer,
Der sieben freien Künste aller Meister,

Der Mann, der alles kann und alles kennet,
Die Blüt' und Krone aller schönen Geister,
Der tausende von Freunden hat und — nennet.«

Dieses Gedicht trug Arthur beim Mittagessen seinen Freunden, zu denen damals der spätere Dozent der klassischen Philologie, Ernst Arnold Lewald, und der spätere Sekretär Goethes, Karl John, gehörten, mit »etlichen Witzen« vor. »Noch hatte ich nicht gelernt, mich gefährlicher Scherze zu enthalten, was mich zu F a l l brachte«, berichtete Arthur Schopenhauer als Einunddreißigjähriger in seinem Lebenslauf über diesen Vorfall. »Meine Verwegenheit« wurde Gymnasialprofessor Schulze, den »ich meines Erinnerns nie gesehen . . . hinterbracht und hatte zur Folge, daß mir Döring den Privatunterricht aufsagte. Zugleich jedoch gab er mir die Versicherung, daß es ihm zu besonderem Genusse gereicht habe, mich zu unterrichten, daß er aber sein gegebenes Wort halten müsse; auch sprach er den Wunsch aus, ich solle im Gymnasium bleiben und bei jemand Anderen Privatstunden nehmen, was ich jedoch nicht wollte.« Der angegriffene Professor hatte sich mit einer offiziellen Beschwerde an seinen Kollegen Doering gewendet, der ihn als Direktor des Gymnasiums nicht ganz im Stich lassen konnte. So entschloß sich Doering zu der Geste, dem spottlustigen Schüler Schopenhauer den Privatunterricht aufzukündigen. Wenn es Arthur daraufhin nur noch fünf Wochen in Gotha aushielt, so wohl deshalb, weil er bei einem Gymnasialprofessor wohnte, der überdies der Bruder des Direktors des Weimarer Gymnasiums war. So mußte er damit rechnen, daß diese Affäre auch bald seiner Mutter zu Ohren kommen würde. In einem Brief vom 5. November teilte ihr

Arthur seine Absicht mit, das Gymnasium zu verlassen. Die Antwort seiner Mutter fiel härter aus, als er erwartet hatte. Es war, als ob sich ein lange aufgestauter Unmut, hinter dem bisher unausgesprochene Vorwürfe gegen das vom Vater ererbte Wesen standen, über Arthurs Haupt entladen würde. Vor dem Gedanken, Arthur abermals auf ein Gymnasium zu schicken, schreckte seine Mutter zurück, weil sich seine »widerhärige Natur« ihrer Meinung nach »weder in die Schranken des bürgerlichen Lebens noch der allgemein anerkannten Schicklichkeit fügen« wolle. Johanna Schopenhauers Brief vom 6. November 1807 begnügte sich nicht damit, Arthurs Handlungsweise zu verurteilen, es war ein Verdammnisurteil über sein Wesen. »Du siehst wie es mit Deiner eingebildeten Menschen- und Weltkenntniß steht«, belehrte sie ihren Sohn und prophezeite ihm nach dieser ersten harten Lektion der ihn umgebenden Welt noch härtere. Wohl gestand sie ihm zu, »kein böser Mensch« und »nicht ohne Geist und Bildung« zu sein, aber dennoch sei er »überlästig und unerträglich« und es sei höchst beschwerlich, mit ihm zu leben. »Alle Deine guten Eigenschaften werden durch Deine Superklugheit verdunckelt und für die Welt unbrauchbar gemacht«, hielt sie ihm vor und kam erst dann auf den eigentlichen Anlaß zu sprechen:

»Die Menschen im ganzen sind nicht böse wenn man sie nicht hezt, Du hättest wie tausend andre in Gotha ruhig leben und studiren können und alle persönliche Freyheit haben die das allgemeine Gesez erlaubt, wenn Du ruhig Deinen Gang gegangen wärst, und andre ruhig den ihrigen hättest gehen lassen, aber das wolltest Du nicht, und so wirst Du ausgestoßen. Ich kann die Professoren und ihr Betragen gegen Dich nicht loben, ich will es auch nicht entschuldigen, aber was hattest Du mit ihnen zu schaffen? warum hörtest Du nicht ihre Kolegien, nahmst für Dich heraus was Du brauchen konntest und ließest es übrigens dahingestellt seyn ob ihre Aufsätze mehr Sinn oder mehr Worte haben? solch eine ambulirende Literaturzeitung wie Du gern Seyn möchtest, ist ein langweiliges gehässiges Ding, weil man nicht Seiten überschlagen oder den ganzen Kram hinter den Ofen werfen kann, wie mit den gedruckten.« Sie gab ihrem Sohn dann noch Verhaltensmaßregeln für die Zeit, die er in seinem »Fegefeuer« werde bleiben müssen, und schloß halb drohend und halb versöhnlich: »Ich hoffe Du wirst alles anwenden mir für den Kummer, den Du, und Du allein, mir machst Entschädigungen zu geben, dies kannst Du nur wenn Du in Zukunft besser meinem Rath und meinen Warnungen folgst. Lebe wohl, beruhige Dich über das Vergangne, ertrage die Gegenwart, und sey klüger für die Zukunft.« Johanna Schopenhauer, die ihrem Sohn München als zu teures Pflaster, Göttingen wegen seines sprichwörtlich schlechten Lateins, das Karolinum in Augsburg als »Ritterakademie« und Schulpforta als »noch ganz klösterlich« ausgeredet hatte, wollte ihn dazu bewegen, in Altenburg zu studieren. Sie schilderte es ihm als ein hübsches Städtchen nahe den böhmischen Gebirgen, acht Meilen von Weimar entfernt, schlug ihm vor, dort zu studieren, ohne eigentlich Gymnasiast zu sein, und rühmte den Direktor des dortigen Gymnasiums, August Matthiä, als großen Philologen, der Jacobs fast gleichzusetzen sei. Arthurs Einwände gegen dieses Gymnasium wies sie als »seicht, grundlos, voreilig absprechend und ohne gehörige Sachkenntniß ausgesprochen« zurück. Das Weimarer Gymnasium sei nichts für ihn, denn sein Direktor, Christian Ludwig Lenz, sei seinem

Bruder Karl Gotthold Lenz, bei dem Arthur in Gotha wohnte, mit Leib und Seele ergeben und überdies ein unerträglicher bornierter Pedant, der mit Händen und Füßen gegen Arthurs Aufnahme in seine Schule arbeite. In Weimar könne er nur sechs Stunden bei dem seit 1. Juli dort tätigen Philologen Franz Ludwig Passow haben, den man als »Professor, Bräutigam, Schriftsteller und Rezensent in einer so kleinen Person« nur mit Mühe dazu bewegen könne.

Als Arthur am 23. Dezember 1807 in Weimar eintraf, war die Freude seiner Schwester Adele größer als die seiner Mutter. Er hatte ihr ein Dominospiel und einen Guckkasten mitgebracht. Die Zehnjährige hatte ihren Bruder fast ihr halbes Leben lang nicht gesehen, denn die Jahre in Le Havre, der Reise durch Europa und die letzte Zeit in Hamburg und Gotha waren Jahre der Trennung. Das schmalschultrige Mädchen mit seinen braunen Haaren, den vom Vater ererbten stark vortretenden blauen Augen und der kurzen Oberlippe hing mit herzlicher Liebe an ihrem Bruder und konnte nicht verstehen, weshalb er in Weimar nicht bei ihr und seiner Mutter blieb. Doch Johanna Schopenhauer hatte für den Fall, daß ihr Sohn darauf bestand, nach Weimar zu kommen, für eine säuberliche Scheidung vorgesorgt. Sie hatte ihm zwei möblierte Stuben und eine Garderobe gemietet und betrachtete ihn nur über die Feiertage als ständigen Gast ihres Hauses, den sie später lediglich zum Mittagessen von ein bis drei Uhr und bei ihren Abendgesellschaften sehen wollte. In ihrem Brief vom 13. Dezember hatte sie über die Grenzen ihres familiären Verhältnisses keine Zweifel gelassen: »Ich habe Dir immer gesagt es wäre sehr schwer mit Dir zu leben, und je näher ich Dich betrachte je mehr scheint mir diese Schwierigkeit für mich wenigstens zuzunehmen ... Dein Mismuth ist mir drückend und verstimmt meinen heitern Humor, ohne daß es Dir etwas hilft. Sieh, lieber Arthur, Du bist nur auf Tage bey mir zu Besuch gewesen und jedesmahl gab es heftige Szenen, um nichts und wieder nichts, und jedesmahl atmete ich erst frey, wenn Du weg warst, weil Deine Gegenwart, Deine Klagen über unvermeidliche Dinge, Deine finstern Gesichter, Deine bizarren Urteile, die wie Orakel Sprüche von Dir ausgesprochen werden, ohne daß man etwas dagegen einwenden dürfte mich drückten ... Höre also auf welchem Fuß ich mit Dir seyn will, Du bist in Deinem Logis zu Hause, in meinem bist Du ein Gast, wie ich es etwa nach meiner Verheurathung im Hause meiner Eltern war, ein willkommener lieber Gast der immer freundlich empfangen wird, sich aber in keine häusliche Einrichtung mischt; um diese, um Adeles Erziehung und Gesundheit, um meine Domestiken bekümmerst Du Dich gar nicht ich habe das bis jetzt ohne Dich besorgt, ich werde es ferner, und dulde keine Einrede, weil es mich verdrüsslich macht und nichts hilft.« Willkommen war Arthur seiner Mutter nur, wenn er bereit war, »sich des leidigen Disputirens ... wie auch allen Lamentirens über die dumme Welt und das menschliche Elend« zu enthalten. Die Mutter, die nach der Schlacht bei Jena und Auerstedt ihren Sohn einen Blick in den »Abgrund des Jammers« tun ließ, war nun mit ihrem Los zufrieden und hatte kein Verständnis dafür, daß ihr studierender Sohn über die Ursachen dieses Jammers weitergrübelte. Achtzehn Jahre an der Seite ihres jähzornigen Vaters und zwanzig Jahre an der Seite ihres heftigen und grüblerischen Mannes genügten Johanna Schopenhauer, um sich ihren Sohn etwas weiter vom Leibe zu halten. Die Riesenschritte, mit denen die Welt von Katastrophe zu Katastrophe eilte, hatten Weimar in letzter Zeit übergangen. Hier ließ es sich nun behaglich und in Frieden leben. Dreimal in der Woche Theater und zweimal Gesellschaft müßten, so meinte Johanna Schopenhauer, ihrem Sohn doch genügen, der Welt nicht weiter mit seinen Fragen lästigzufallen. Weimar, dieses »Mitteldinq zwischen Hofstadt und Dorf«, wie Herder es genannt hatte, war ungeachtet seiner nur 8000 Köpfe zählenden Einwohner durchaus imstande, den Wissensdurst Arthurs zu stillen, seine ästhetischen Bedürfnisse zu befriedigen und ihm darüber hinaus allerlei Vergnügungen zu bieten. Gewitzigt durch seine Erfahrungen in Gotha, stürzte er sich mit Feuereifer in die Fortsetzung seiner Studien. Unter der Aufsicht des nur zwei Jahre älteren Gräcisten Franz Ludwig Passow, bei dem er auch wohnte, lernte Arthur Griechisch, und schließlich ließ sich auch der Gymnasialdirektor und Latinist Christian Ludwig Lenz herbei, den Jüngling, dem ein so schlechter Ruf vorausgeeilt war, durch Redeübungen im Lateinischen weiterzubilden. Bald brachte es Arthur dank seines Sprachtalents und seiner Vorliebe für das klassische Altertum in den alten Sprachen zur Perfektion. Dem Hofbibliothekar Carl Ludwig Fernow verdankte er die ersten Anregungen zum Studium der italienischen Literatur und den Zugang zu den Büchern, mit denen er im Selbststudium seine mathematischen und geschichtlichen Kenntnisse ergänzte. Oft widmete Arthur seinem Studium nicht nur die Stunden des Tages, sondern auch die halben Nächte, um die auf Reisen und im Comptoir verbrachten Jahre einzuholen. Doch daneben blieb immer noch Zeit genug für Zerstreuungen, für den Besuch des Hoftheaters und der

Gesellschaften seiner Mutter, für Maskenbälle und Ausflüge. Bei all seiner Eigenart war Arthur kein weltfremder Bücherwurm, sondern ein junger Mann, der musizierte und tanzte, ritt und focht. Ein Miniaturgemälde in Aquarellmalerei des Landschaftsmalers Karl Ludwig Kaaz, das vor dem 29. Juni 1809 entstand, zeigte den Einundzwanzigjährigen mit in die Stirn gekämmten aschblonden Haarlocken und Schnurrbart, die großen Augen nachdenklich auf den Besucher gerichtet. Aus diesem Bild vermochte niemand Anzeichen für Heftigkeit, Brüskheit oder Bissigkeit herauszulesen, viel eher die Verkörperung des von Jean Paul geprägten Wortes »Weltschmerz« und die ungewöhnliche Frühreife einer ebenso leicht ansprechbaren wie störbaren Sensibilität. Hinter der von Locken halb verdeckten hohen Stirne nistete der hartnäckige Vorsatz, sich mit dieser so unvollkommenen Welt, notfalls auch ganz auf sich allein gestellt, gedanklich auseinanderzusetzen. Er hielt es mit Chamforts Klugheit der höheren Art: »Sie besteht darin, kühn seinem Charakter zu folgen und allen Nachteil und Schaden hinzunehmen, der aus ihm entspringt.« Wegen der moralischen Dignität seiner Handlungen war ihm nicht bange, denn er dachte mit Polonius aus Shakespeares Hamlet:

> »Das über alles: sei dir selber treu;
> und daraus folgt, so wie die Nacht dem Tag,
> Du kannst nicht falsch sein gegen irgendwen.«

Unter Gleichaltrigen fand er die Freundschaft von Friedrich Osann, der damals das Weimarer Gymnasium besuchte. In den Gesellschaften seiner Mutter war er der einzige ganz junge Mensch und begnügte sich mit einer bescheidenen Statistenrolle. Goethe, den die Briefe seiner Mutter aus so großer menschlicher Nähe geschildert hatten, sprach ihn damals noch nicht an. Näher lernte er in dieser Zeit nur Zacharias Werner kennen. Mit seiner Mutter teilte er die freundschaftliche Neigung zu Carl Ludwig Fernow, der auf seinen Lebensweg so entscheidenden Einfluß genommen hatte. Doch die Tage dieses Fünfundvierzigjährigen mit dem schneeweißen Haar und dem Aussehen eines Greises waren schon gezählt. Die Jahre 1807 und 1808 verlebte Johanna Schopenhauer, wie sie später in ihrer Biographie Fernows berichtete, mit ihm »im schönsten Verhältniß heiliger Freundschaft und gegenseitigen Vertrauens«. Sie war »Zeuge seiner unbeschreiblichen körperlichen Leiden, und sah zugleich, mit an Ehrfurcht gränzender Bewunderung, wie er mit unerschütterlichem Muth, gelassen, ohne Klagen, ja sogar heiter und freudig, sie zu ertragen verstand«. Seit Beginn des Jahres 1808 wurde Fernows Leben zu einer »Kette von Schmerz und Leiden«. Seine an Lungensucht erkrankte Frau, die er in seinen Briefen zärtlich mit »Mariuccia« anredete, war nicht mehr fähig, für ihren Haushalt und ihre Kinder zu sorgen. Er selbst litt an einer Pulsadergeschwulst und suchte in Johanna Schopenhauers Begleitung im Sommer 1808 Heilung in Bad Liebenstein am Fuße des Thüringer Waldes. Dort traf auch Arthur mit ihm zusammen. Auf der Rückkehr von Liebenstein nach Weimar erzählte Fernow Johanna Schopenhauer aus seiner frühesten Jugend und erwähnte seine Absicht, mit 50 Jahren seine Biographie zu schreiben. In Weimar sah er noch einmal seine Frau, die im September starb. Nun nahm ihn Johanna Schopenhauer in ihr Haus auf, das er schon früher täglich aufgesucht hatte. Im vollen Bewußtsein von der

Unheilbarkeit seiner Krankheit, die er nur noch halb liegend ertragen konnte, verbrachte er hier, immer noch an seiner Lebensbeschreibung Dantes arbeitend, seine letzten Tage. »Einen Punkt muß der Mensch haben, wo er unerschütterlich auf sich selbst beruht«, schrieb damals Fernow, der nach Johanna Schopenhauers Worten »ohne zu reden, lehrte, wie der unsterbliche Geist über Tod und Schmerz herschen kann«. Die Nacht vom 3. auf den 4. Dezember 1808 war die letzte, die er in Johanna Schopenhauers Haus verbrachte. Mit ihm starb ein Mann, der das Leid ertrug, ohne es anzuklagen.

In der Zeit, in der Fernow noch »furchtlos den dunklen Gang zu den Schatten ging«, wollte Napoleon Europa ein glanzvolles Schauspiel seiner Macht bieten. Nach den ersten Niederlagen Frankreichs in Spanien suchte er nach einer Gelegenheit, die Festigkeit des französischen Bündnisses zu demonstrieren und den »Geist von Tilsit« zu beschwören. Zar Alexander schlug als Treffpunkt Erfurt vor. Im September 1808 pilgerten mit Ausnahme des österreichischen Kaisers und des Königs von Preußen alle gekrönten Häupter zum Fürstenkongreß nach Erfurt, wo Napoleon mit Glockengeläut, Kanonendonner und den Vivat-Rufen einer tausendköpfigen Menschenmenge empfangen wurde. Auch Arthur Schopenhauer war in Gesellschaft Daniel Falks nach Erfurt gereist. Was Talleyrand in Erfurt beobachtete, war wohl auch Wasser auf die Mühlen von Arthurs Menschenverachtung: »In Erfurt habe ich gesehen, daß nicht allein die blöde Menge dem Gewaltigen schmeichelte und vor ihm im Staube kroch, sondern daß auch die Fürsten, die noch auf ihrem Thron saßen, aber in steter Gefahr schwebten, durch ihren sogenannten Protektor gestürzt zu werden, aus Angst sich zu der elendsten Schmeichlerei und Augendienerei erniedrigten: sie küßten die Hand, die sie heut oder morgen vernichten konnte.« In den Abendstunden konnte Arthur, der im Gothaischen Hof abgestiegen war, in den prächtig erleuchteten Straßen mehr Stilblüten lesen, als er je von seinen Lehrern vernommen hatte: »In Hoffnung besserer Zeiten, großmütiger Napoleon, illuminieren wir mit Freuden, ein Vivat sei dein Lohn — Gäb's jetzt noch einen Götter-Sohn, so wär's gewiß Napoleon — Handel und Wandel macht blühend das Land, mehr noch Napoleons Herz und Verstand«, hieß es da auf Transparenten und Tafeln, und ein blinder Postsekretär dichtete gar: »O hätt' ich nur das große Glück, zu sehn den Held Napoleon! So trüg ich gerne mein Geschick der Blindheit und der Pension!« Arthur, der Napoleon schon als Konsul in Paris gesehen hatte, ließ sich von dessen kaiserlichem Glanz nicht beeindrucken. Er blieb ein nüchterner und kritischer Beobachter und skandalisierte sich über die Hofdamen, die den Völkerunterdrücker vor dieser Komödie für ein Scheusal, nach derselben jedoch für den liebenswürdigsten Mann der Welt erklärten. Arthur erwartete das Heil der Welt weder von Napoleon noch von einem anderen Großen dieser Erde, und ebenso bange wurde ihm, wenn er mutmaßte, daß das Recht bei der Majorität sein werde. Für ihn war schon damals das Leiden der Menschen das zentrale Problem, dessen Lösung nicht darin liegen konnte, daß die einen es den anderen zufügten. In einem seiner ersten philosophischen Aphorismen der Weimarer Zeit kam er vielmehr zu dem Schluß: »Das Leiden, welches ich von mir weg und auf einen andern schiebe, wird dadurch vergrößert: darum die große Masse des Übels auf der Welt, die entstanden ist, indem das ursprüngliche positive Übel (die Schuld der Welt) durch dies egoistische Weiterschieben vermehrt wurde. Nur durch freiwilliges Aufladen und Ansichziehen des Übels wird es zur möglichen, vielleicht unendlichen Verringerung gelangen und so das Reich Gottes kommen.«

Auf einem der 500 Plätze des Weimarer Hoftheaters war in den Jahren 1808 und 1809 auch immer wieder Arthur Schopenhauer zu finden. Er besuchte, ebenso wie der Hof, fast regelmäßig die Vorstellungen, in denen Kotzebue, Iffland und Schiller, Mozart, Beethoven und Cherubini gespielt wurden. Goethe hatte im Jahre 1791 die Leitung des Theaters übernommen. Das Ensemble bestand 1793 nur aus 27 Mitgliedern, die bis zum Jahre 1812 verpflichtet waren, auch Statistenrollen zu übernehmen. Den Chor stellten die Schüler des Gymnasiums und des Seminars. Goethe führte als Regisseur ein strenges Regiment: Er hatte 91 Regeln für Schauspieler aufgestellt und kargte bei Nichtbeachtung nicht mit Strafgeldern. Doch wurden die Künstler bei Bewährung auf Lebenszeit angestellt und erhielten später auch ein Ruhegehalt. In einem Weimarer Bühnenvertrag aus dem Jahre 1797 hieß es: »§ 1. Demoiselle Caroline Jagemann verbündet sich, auf dem Weimarer Theater die erste und zweite Singrolle zu übernehmen, und überzeugt sich, daß die Oberdirektion keine Gelegenheit versäumen wird, ihr Talent in das beste Licht zu setzen.« Caroline Jagemann war die Tochter des früheren Weimarer Hofbibliothekars Christoph Joseph Jagemann. Schon in früher Jugend hatte sich ihr Talent für Musik, Gesang und Darstellung gezeigt. Herzogin Anna Amalia schickte sie nach Mannheim, wo sie von dem berühmten Iffland ausgebildet wurde. Mit Iffland kehrte sie nach Weimar zurück, wo sie am 8. Februar 1797 als Oberon in der gleichnamigen Oper von Wranitzky debütierte. Sie war nicht nur eine der faszinierendsten Erscheinungen des Weimarer Ensembles, sondern galt als eine der schönsten und begabtesten Künstlerinnen Deutschlands, ebenso ausgezeichnet in der Oper wie im Trauerspiel, im Schauspiel und im Lustspiel. Sie gewann auf den Sohn der Herzogin großen Einfluß und lebte später mit Herzog Karl August in morganatischer Ehe. Goethe nahm 1817 ihretwegen als Leiter des Hoftheaters den Abschied, während sie als Frau von Heygendorff in den Adelsstand erhoben wurde. Am 3. Februar 1809 war es Arthur vergönnt, als Mitwirkender an einer Redoute unter Goethes Leitung, zugleich mit Caroline Jagemann aufzutreten. Sie war damals eine voll erblühte Frau von 32 Jahren, während Arthur erst unmittelbar vor der Vollendung seines 21. Lebensjahres stand. Er mußte sich mit der bescheidenen Rolle eines Fischers begnügen, der bei den symbolisch dargestellten Elementen dieses Maskenzuges dem Wasser nachfolgte. Bei dieser Redoute, an der auch seine Mutter und seine Schwester mitwirkten, ließ sich Arthur seine Gefühle nicht anmerken. Die strahlend schöne Jagemann als Thekla war für ihn an der Spitze des Zuges ebenso unerreichbar wie in ihren wechselnden Rollen auf der Bühne. Gerade darin aber lag die Faszination für den schwärmerischen Jüngling. Was Arthur in Hamburg allzuleicht in Besitz nehmen konnte, waren inzwischen längst verblaßte Erinnerungen gegen diese Frau, die in der glänzenden Verkörperung erdichteter Gestalten im Bühnenlicht stand. Zum erstenmal in seinem Leben begann Arthur vom dauernden Besitz einer Frau zu träumen. »Diese Frau würde ich heimführen, und wenn ich sie Steine klopfend an der Landstraße fände«, gestand er seiner Mutter und verfaßte in seiner Stube sein erstes und einziges Liebesgedicht:

»Der Chor zieht durch die Gassen,
Wir stehn vor deinem Haus;
Mein Leid würd' mir zu Freuden,
Sähst du zum Fenster raus.

Der Chor singt auf der Gasse
Im Wasser und im Schnee:
Gehüllt im blonden Mantel
Zum Fenster auf ich seh.

Die Sonne hüllen Wolken,
Doch deiner Augen Schein,
Er flößt am kalten Morgen
Mir Himmelswärme ein.

Dein Fenster hüllt der Vorhang:
Du träumst auf seid'nem Pfühl
Vom Glücke künft'ger Liebe,
Kennst du des Schicksals Spiel?

Der Chor zieht durch die Gassen:
Vergebens weilt mein Blick;
Die Sonne hüllt der Vorhang:
Bewölkt ist mein Geschick.«

Als Arthur Schopenhauer am 22. Februar 1809 großjährig wurde, besaß er weder eine abgeschlossene kaufmännische noch eine abgeschlossene akademische Ausbildung, auf die er seine Existenz hätte gründen können. Die vier Jahre eines Universitätsstudiums lagen noch vor ihm. Mit Ungeduld erwartete er deshalb den Tag, an dem es zur Teilung des rasch zusammenschmelzenden väterlichen Vermögens kommen würde. Erst dann würde er, ohne seiner Mutter für jede Ausgabe Rechenschaft schuldig zu sein, die Sicherheit besitzen, bescheiden lebend sein Studium vollenden zu können. Obwohl Johanna Schopenhauer ihren Sohn fast täglich sah, war sie nicht gewillt, sich mit ihm mündlich über das Erbe ihres Mannes auseinanderzusetzen. »Es ist Zeit, lieber Arthur, daß ich Dir von Deinem väterlichen Vermögen Rechenschaft ablege«, schrieb sie ihm um Michaelis 1809, »mir ist leichter dies schriftlich als mündlich zu thun, und Du kannst es auch so besser übersehn und begreifen was ich Dir zu sagen habe.« An Hand einer beigelegten Kopie wies sie ihm nach, daß sie mit ihrem Manne seit 1799 in Gütergemeinschaft lebte und daß ihr nach Hamburger Rechten ein Drittel des Ganzen gehöre. Bis zur Mündigkeit ihrer beiden Kinder stand ihr die Verwaltung und der Mitgenuß der auf sie entfallenden Anteile zu. »Aus Ganslandts beygelegter Rechnung wirst Du sehen wie wir stehen, die Verwicklung in der Dein Vater uns lies, die traurigen Umstände bey seinem Tode die uns zwangen geheimnisvoll und leise zu handeln und die nachherigen bösen Zeiten sind Schuld daß wir nicht reicher sind, doch haben wir genug um anständig zu leben und können wohl zufrieden seyn.« Nach dieser Begründung rechnete sie ihm vor, daß auf ihn von 54 950 sächsischen Talern oder sogenanntem guten Geld ein Drittel, nämlich 18 316 Taler entfielen. Da sie nicht gerne fremden Leuten all ihr Hab und Gut zeigen wollte, entschädigte sie ihren Sohn für das Drittel des ihm zustehenden Mobiliarvermögens mit 666 Talern. Der abgerundete Gesamtbetrag von 19 000 Talern war zum Großteil in Leipziger Stadtobligationen und bei der herzoglichen Oberkammer in Weimar angelegt. Dazu kam noch ein Drittel an den Danziger Gütern von Arthurs Großvater Andreas, die jedoch angesichts der Kontributionen, die Napoleon 1807 der Stadt auferlegt hatte, damals keinen Ertrag abwarfen. Ebensowenig ließen sich Beträge, die Geschäftspartner in London, Trient, Cadix und Barcelona dem Handelshaus des verstorbenen Vaters schuldeten, in diesen Kriegszeiten eintreiben. Dennoch konnte Arthur mit einer jährlichen Rente von 950 Talern rechnen. »Die wirst Du«, schrieb seine Mutter, »bey Deiner jezigen Denck- und Lebensweise wohl nicht ausgeben.« Sie kündigte ihm an, daß sie ihm bei seiner Abreise die Interessen seines Vermögens vom letzten Vierteljahr übergeben werde, ohne ihm die Miete und die Wäsche zu berechnen. »Es kommt mir überall wunderlich vor so mit Dir zu rechnen, ist unser Interesse nicht eins?« meinte die Mutter selbstkritisch angesichts dieser Abrechnung mit ihrem Sohn. »Aber Ordnung muß seyn; unser gegenseitiges Verhältnis kan nichts zerreißen, die Natur band es zu fest, fehlt mir etwas, zu wem kan ich aufsehen als zu Dir? und brauchst Du die Mutter, so findest Du sie immer wie bisher, deshalb müssen wir dennoch alles verabreden.« Der einundzwanzigjährige junge Mann konnte nun auf eigenen Füßen stehen. Dankbarkeit empfand er aber nur seinem toten Vater gegenüber. Er war nicht der Meinung seiner Mutter, sie würden, wenn er älter würde und manches heller sehe, besser zueinander stehen. Der Vorstellung, seine Mutter würde später einmal ihre besten Tage in seinem Haus mit seinen Kindern verleben, vermochte er schon damals keinen Geschmack abzugewinnen. Er selbst hatte als Kind nirgends Wurzeln schlagen können. Schon als Jüngling hatte er gelernt, als Einsiedler zu leben. Auch seinen 21. Geburtstag feierte er nicht unter einem Dach, unter dem er gemeinsam mit seiner Mutter und seiner Schwester lebte, sondern nur als Gast. Und die Welt war für ihn eher ein Vis-à-vis als ein Zuhause. Von den drei Wegen, glücklich zu werden, die Jean Paul beschrieb, sah er bestenfalls den ersten, der in die Höhe geht: »So weit über das Gewölk des Lebens hinauszudrängen, daß man die ganze äußere Welt mit ihren Wolfsgruben, Beinhäusern und Gewitterableitern von weitem unter seinen Füßen wie ein eingeschränktes Kindergärtchen liegen sieht.« Erfüllt vom romantischen Lebensgefühl seiner Generation, begann er Spürsinn für das Hintergründige des Lebens zu entwickeln. Die Antwort auf die Frage nach dem Urgrund des Lebens, die er zuerst mit Wackenroder aus der »Hieroglyphenschrift der Kunst« herauszulesen versuchte, begann er sich in Weimar zum ersten Male selbst zu geben — noch nicht als einer, der sich als Philosoph ansah, aber doch als einer, der in der romantischen Form des Aphorismus Erlebnisse und Stimmungen zum Gegenstand philosophischer Weltbetrachtung machte: »Alle Philosophie und aller Trost, den sie gewährt, läuft darauf hinaus, daß eine Geisterwelt ist und daß wir in derselben, von allen Erscheinungen der Außenwelt getrennt, ihnen von einem erhabenen Sitz mit größter Ruhe ohne Theilnahme zusehen können, wenn unser der Körperwelt gehörender Theil auch noch so sehr darin herumgerissen wird.«

Bewußter als bisher, begann er damit die beiden Brennpunkte seiner elliptischen Lebensfigur ins Auge zu fassen, deren einer ihn so eng mit dem Leben verflocht, daß er begehren und besitzen wollte, während ihn der andere so weit dem Alltag entrückte, daß er zu verzichten und zu erkennen vermochte. Bereit, hart über das Leben zu urteilen, besaß er in Weimar bereits Klarheit über das, was zählt: »Nehmen wir aus dem Leben die wenigen Augenblicke der Religion, der Kunst und der reinen Liebe, was bleibt, als eine Reihe trivialer Gedanken?«

VIII

GÖTTINGEN

Das Leben ist eine mißliche Sache

Als Arthur Schopenhauer am 7. Oktober 1809 von Weimar aufbrach, stand nicht nur Göttingen als sein Reiseziel fest, sondern auch der Weg, den sein Denken nehmen sollte. Unter seinen Weimarer Aufzeichnungen befand sich das Stichwort vom »Elend des Lebens«, das nach seinen Worten »wohl nie in helleres Licht tritt, als wenn ein denkender Mensch das Ungewisse, Mißliche desselben, die gänzliche Nacht, in der er lebt, eben recht deutlich, mit Grausen gesehen hat, und wie er nichts Festes, Unbestrittenes finden kann, woran er sich halte«. Von dem Gedankengang, daß alles vollkommen sei, war er bereits zurückgekehrt. Ausgehend von der Annahme, daß nicht alles dem Bösen diene, sah er nur noch eine Gabelung: »Wir müssen neben dem guten Willen einem bösen Willen Gewalt zugestehn, der jenen zu Umwegen zwingt, o d e r wir müssen diese Gewalt nur dem Zufall und also dem lenkenden Willen Unvollkommenheit in der Anordnung oder in der Macht zuschreiben.« Nicht aus dem Unbekannten wollte er das ihm Unverständliche dieser Welt erklären, sondern durch ein vertieftes Verständnis des Bekannten wollte er dem Unbekannten näherkommen. Am 9. Oktober 1809 ließ er sich als Student der

Medizin in der Georgia-Augusta zu Göttingen immatrikulieren. Er wollte damit nicht einen der zwei Brotberufe, die ihm seine Mutter als Alternativen zum Kaufmannsberuf genannt hatte, wählen, sondern entschied sich für eine Wissenschaft der Natur, die ihm zum Verständnis des Wesens dieser Welt notwendig erschien. Was Schopenhauer bewog, nach Göttingen zu gehen, war weder die Nähe dieses Ortes noch die Tradition seiner Universität, denn näher lag die Universität von Jena und altehrwürdiger war die Heidelberger. Auch sah er Göttingen noch nicht aus jenem ironischen Blickwinkel, aus dem Heinrich Heine, der dreizehn Jahre später dort immatrikuliert wurde, diesen Ort in seiner »Harzreise« beschrieb: »Die Stadt Göttingen, berühmt durch ihre Würste und ihre Universität, gehört dem König von Hannover und enthält 999 Feuerstellen, diverse Kirchen, eine Entbindungsanstalt, eine Sternwarte, einen Karzer, eine Bibliothek und einen Ratskeller, wo das Bier sehr gut ist.« Auf Arthur übte die Bibliothek — mit ihren 20 000 Bänden —, die er schon zwölf Jahre zuvor in Begleitung seiner Eltern zum erstenmal gesehen hatte, die stärkste Anziehungskraft aus. Wenn er auch seinem verstorbenen Vater nicht den Wunsch erfüllte, Kaufmann zu werden, so entsprach er mit der Wahl Göttingens doch dessen Vorliebe für das englische Wesen, denn Georg II., das »Haupt der Britten«, hatte 1734 diese Universität gestiftet. »Zum Sitz der neuen Universität habe Seine Königliche Majestät Dero uralte getreue Stadt Göttingen wegen ihrer Weitläufigkeit, bequemen Lage, gesunden Lufft, guten Wassers und anderer Vortheile ausersehen«, hieß es in einer Werbeschrift dieses Jahres. Man spekulierte auf die Neugier der »engelländischen Jugend«, verteuerte die Haltung des störenden Kuh-Viehes durch die Bürgerschaft und erbaute neue Häuser, darunter die »London-Schencke« und das »Schmahlische Hauß«. Anläßlich der »Inaugurations-Solennitäten« am 17. September 1737 besang die Dichterin Sidonia Hedwig Zäunemännin Göttingen als das »neuerbaute Lein-Athen« mit den Worten: »Wie mächtig wird hier der Verstand verklärt, erleucht und ausgeheitert.« Prosaischer schilderte beim jünfzigjährigen Jubiläum der Universitäts-Prediger Gottfried Leß die Studentenschaft in den ersten Semestern nach der Gründung: »Mehr ein Schwarm von Bachanten und Unsinnigen als eine Gesellschaft von Söhnen der Musen und Lieblingen der Wissenschaften. In den Hörsälen: Tumult; Grobheit; Barbarey; auf den Straßen Geschrey und fürchterliches Getümmel am Tage und des Nachts Schrecken und Verwüstung! Viele grobe Unthaten, auch Morde der Studierenden.« Drei Jahre nach dem fünfzigjährigen Universitätsjubiläum kam es zu Tätlichkeiten zwischen Studenten und Handwerkern, die als »Göttinger Studentenkrawall« in die Geschichte der Stadt eingingen. 700 Studenten verließen zwischen dem 26. und 29. Juli 1790 die Stadt und kehrten erst wieder zurück, als ihnen Bäcker, Metzger, Schneider und Schuster durch Inschriften und Verse ihre Zuneigung zum Ausdruck brachten. Der Ruf der »Georgia Augusta« aber litt darunter nicht, sondern nahm durch berühmte Lehrer und später berühmt gewordene Schüler zu. Der Philosoph Georg Christoph Lichtenberg, der Dichter Gottfried August Bürger und der Mathematiker Carl Friedrich Gauß zählten zu ihren Professoren und die Gebrüder Schlegel zu ihren Studenten. Der Freiherr von und zum Stein begann dort 1773 im Alter von 16 Jahren zu studieren, und 1787 wurde die siebzehnjährige Dorothea

Schlözer als erste Angehörige des weiblichen Geschlechts in Deutschland im Alter von 17 Jahren zum Doktor der Philosophie promoviert. So konnte 1802 der hannoversche Kabinettssekretär Ernst Brandes »Über den gegenwärtigen Zustand der Universität Göttingen« schreiben: »Eine Universität muß vorzüglich in dem gegenwärtigen Zustande unserer Cultur eine doppelte Bestimmung erfüllen, wenn sie ihres Namens würdig seyn soll. Sie muß erstlich eine Versammlung vorzüglicher Gelehrter in den meisten Fächern des menschlichen Wissens enthalten, die die Summe der Kenntnisse aufbewahren, verbreiten und, wo möglich, vermehrt der Nachkommenschaft überliefern. Sie muß zweitens eine Anstalt seyn, wo die Anfangsgründe der Wissenschaften und die zur Bildung des Geschmacks nützlichen schönen Künste und die zur Ausbildung des Körpers geschickten Übungen auf eine vorzügliche Weise der Jugend gelehrt werden.« Der Dichter August Wilhelm Schlegel bezeichnete Göttingen als einen »Mittelpunkt deutscher Gelehrsamkeit, welcher seit langer Zeit den Ruhm genießt, daß nicht nur die öffentliche Bibliothek, sondern auch die Kenntnisse der dortigen Gelehrten mit jedem wissenschaftlichen Zuwachs des Zeitalters gleichen Schritt halten«. Der französische Außenminister Talleyrand versicherte 1803 dem Rektor der Göttinger Universität, daß es niemals in der Absicht der französischen Regierung gelegen habe, »eine so hochgeschätzte Einrichtung wie die Universität Göttingen unter der Unruhe der Waffen leiden zu lassen«. Als dann Göttingen dem Königreich Westfalen unter Napoleons jüngstem Bruder Jérôme eingegliedert wurde, reiste im September 1807 eine Deputation nach Paris, um eine Schließung der Universität zu verhindern. Sie brachte von der Audienz beim Kaiser das Wort Napoleons mit, Göttingen gehöre nicht Hannover, nicht Deutschland, sondern der ganzen Welt. Dennoch hatten bei Arthurs Eintreffen in Göttingen schon über 150 Studenten die Universität verlassen und ihre Gesamtzahl war auf 543 gesunken.

Mit großer Empfänglichkeit und mit Enthusiasmus für die Wissenschaft begann Arthur Schopenhauer seine Studien. Was er damals lernte, bildete nach seinem späteren Urteil den eigentlichen Kern seines Wissens. Er hörte in den beiden ersten Semestern Naturgeschichte und Mineralogie bei Johann Friedrich Blumenbach, Anatomie bei Adolf Friedrich Hempel und Conrad Johann Langenbeck, Mathematik bei Bernhard Friedrich Thibaut, Staatengeschichte bei Arnold Heeren, Physik bei Johann Tobias Mayer, Chemie bei Friedrich Strohmeyer und Botanik bei Heinrich Adolf Schrader. Langenbeck und Strohmeyer waren mit 33 Jahren die jüngsten und Heeren und Mayer mit 57 Jahren die ältesten seiner Professoren. In Arthurs erstem Studienjahr publizierte Heeren in Göttingen das »Handbuch der Geschichte des europäischen Staatensystems und seiner Kolonien« und Thibaut den »Grundriß« der reinen Mathematik. Ganz besondere Verehrung brachte Schopenhauer Blumenbach entgegen, dem Vorkämpfer der vergleichenden Anatomie und Begründer der modernen Anthropologie, der durch seinen lebendigen Vortrag eine mächtige Wirkung auf ihn ausübte. Mit diesem Naturforscher, der neben der Bildungskraft in der unorganischen Natur einen Bildungstrieb in der organischen Natur als unbewußt tätige Macht annahm, stand auch Goethe in brieflicher Verbindung. Strohmeyer, der Entdecker des Kadmiums, machte das Göttinger Chemische Institut, aus dem später Robert Bunsen hervorging, zu einem der Ersten in Deutschland. Thibaud und Schrader waren Arthurs »Cavents« bei der von ihm eifrig benutzten Universitätsbibliothek, und seit dem zweiten Semester wohnte Schopenhauer in den Räumen von Schraders Dienstwohnung im Botanischen Garten auf der Karspüle. Die von Gerlach Adolph Freiherr von Münchhausen begründete Universitätsbibliothek galt als die gemeinnützigste und am meisten besuchte Bibliothek der Welt. Lehrer und Studierende konnten sie nach Entrichtung einer Kaution mit der größten Leichtigkeit benutzen, und nach einem Anschlage aus dem Jahre 1802 wurden täglich über 200 Bücher ausgeliehen und zurückgeliefert.

Wie Arthur Schopenhauer später in seinem Lebenslauf feststellte, widmete er neben dem Besuch der Vorlesungen und lateinischen Privatstunden bei Kirsten täglich zwei Stunden dem »unablässigen Lesen der griechischen und römischen Klassiker ... Hieraus sind mir besonders die folgenden Vortheile erwachsen: zunächst wurde ich mehr und mehr in das Alterthum eingeweiht und gewann allmählich die Einsicht in dessen Vorzüglichkeit und Eigenart ... Sodann wurde durch dieses andauernd fortgesetzte Lesen der alten Autoren, besonders der griechischen Philosophen, meine deutsche Schreibart, mein Stil wesentlich gefördert, verbessert und gereinigt«. Daneben kamen im Sinne der »doppelten Bestimmung« der Universität die schönen Künste und die körperlichen Übungen nicht zu kurz. Arthur nahm Unterricht im Gitarrespielen und benutzte die Ferien zu größeren Ausflügen.

Ohne sich dessen bewußt zu sein, begann er sich sein häusliches Leben schon am Beginn seines dritten Jahrzehnts so einzurichten, wie es bis zu seinem Tode bleiben sollte: das tägliche Flötenspiel gehörte dazu ebenso wie der

Pudel auf dem Bärenfell seiner Studierstube. Doch er schätzte in Göttingen nicht nur die Einsamkeit, in der die großen Toten aus ihren Büchern zu ihm sprachen, sondern auch die Geselligkeit alter und neuer Freunde. Lewald und Osann kannte er noch aus seiner Gymnasialzeit, und ein Baron Edgar von Schwerdtner, ein Garlieb und ein Siemerling zählten zu seinen Tischgenossen. Von den Studenten, die damals die Collegia des Historikers Heeren besuchten, wurden nach Schopenhauers späteren Worten drei zu »Capital-Kerlen«. Der eine Freund Arthurs war der um drei Jahre jüngere Christian Carl Josias von Bunsen, aus dem später der preußische Vertreter beim Heiligen Stuhl und Gesandte in London wurde, aber auch ein bekannter Bibelübersetzer und Schriftsteller, der zuletzt über »Gott in der Geschichte« schrieb. Der andere Freund Arthurs war William Backhouse Astor, der Sohn des nach Amerika ausgewanderten und dort durch Pelzhandel und Grundstücksspekulationen hochgekommenen Johann Jakob Astor, der in New York als hundertfacher Millionär starb. Doch in Göttingen konnte Arthur noch nicht ahnen, daß ihn weder die »Vornehmigkeit« Bunsens noch der »Krösus Reichtum« Astors in seiner »Sapientia« übertreffen werde. Er erprobte an ihnen und anderen Studienkollegen nur seine Disputierkunst, und seine »Manie Recht zu haben« kostete ihn für verlorene Wetten etliche Flaschen eines edlen Tropfens. Dafür setzte Arthur, um dem weniger begüterten Bunsen zu helfen, für ihn in die Lotterie und behielt später die Gewohnheit bei, mit kleinen Einsätzen zu spielen, um »dem Glück nicht die Thüre zu verschließen«.

Bis zum Sommer des Jahres 1810 war Arthur Schopenhauer die Fragwürdigkeit der Welt schon oft bewußt geworden, ohne daß er sich dazu berufen gefühlt hätte, der Welt selbst eine neue Antwort auf ihre Rätsel zu geben: er sah vieles mit den Augen eines Philosophen, ohne sich bereits als solcher zu fühlen. Die Geschichte der Natur und des Menschen, die er im Wintersemester 1809/10 bei Blumenbach und Heeren gehört hatte, gab ihm in vielen Einzelheiten neue Rätsel auf: Warum flog ein im Zimmer gefangener Vogel gegen die Fensterscheibe, während geblendete Fledermäuse die Wand fühlten, ehe sie sie berührten? Warum war auf einer schönen etrurischen Vase ein reizender weiblicher Körper mit männlichen Geschlechtsteilen gemalt? Warum mußte König Eduard II. von England auf so grauenhafte Art sterben? Wurde doch behauptet, daß ihm eine glühende Röhre in den After gestoßen wurde, die seine Eingeweide verbrannte, so daß der Körper keine Spuren des Mordes trug. Was war das doch für eine grausame, lüsterne, unerklärliche Welt, deren Wesen die Wissenschaften, die sie beschrieben, enthüllend verhüllten? Die Neigung, sich jener Königin der Wissenschaften zu verschreiben, die zwischen den verwirrenden Zeilen des Erkennbaren die Erkenntnis vom wahren Wesen dieser Welt herauszulesen verstand, wuchs in dem Zweiundzwanzigjährigen schon seit langer Zeit, der Entschluß aber reifte erst durch die Begegnung mit dem damals 49jährigen Philosophen Gottlob Ernst Schulze. Der berühmte Verfasser des »Aenesidemus« und der »Kritik der theoretischen Philosophie« war nach der Aufhebung der Universität Helmstedt im Sommer 1810 nach Göttingen gekommen, wo er neben Friedrich Bouterwek als zweiter Philosoph seine Lehrtätigkeit begann. Als Einunddreißigjähriger erwähnte Schopenhauer in seinem Lebenslauf über ihn nicht mehr, als daß er bei ihm Vorlesungen über Logik, Metaphysik und Psychologie hörte. Seine Dankbarkeit für den aus dem Unterricht in Göttingen »erwachsenen großen Gewinn« galt allgemein den neun namentlich erwähnten »ausgezeichneten Männern« und nicht nur Schulze allein. Erst in einem Brief, den er als Dreiundsechzigjähriger schrieb, bestätigte er, daß er »im 2ten Semester durch die Vorträge des G. E. Schulze, ›Aenesidemus‹ zur Philosophie auferweckt wurde«. Der Professor mit seiner hohen Denkerstirn, seinem durchdringenden Blick und seiner »viva vox« fand jedoch in Arthur Schopenhauer keinen verehrungsvoll zu ihm aufblickenden Schüler, sondern einen seiner selbst sicheren jungen Mann, der zwar begierig war, etwas über Philosophie zu erfahren, aber keineswegs bereit, Schulzes Auffassungen widerspruchslos hinzunehmen.

Den Rat, »seinen Privatfleiß fürs Erste ausschließlich dem Plato und Kanten zuzuwenden«, ließ er wohl bis zu seinem Lebensende als weise gelten, nicht aber alles, was Schulze in seinen Vorlesungen sagte. In Schopenhauers Heften fanden sich nach Mitschriften von Schulzes Vorlesungen immer wieder durch ein »Ego« gekennzeichnete Kommentare, in denen er seinen Lehrer der Lüge bezichtigte, seine Behauptungen als »Gewäsch« bezeichnete und ihn als »Sophisten«, ja als »Rindvieh« und »infernale Bestie« titulierte. Diese Grobheit des jungen Mannes, der schon auf eine so reiche Welterfahrung pochen konnte, minderte aber nicht den Ernst, mit dem er sich in der Sache selbst mit seinem Lehrer auseinandersetzte. Als Schulze in seiner Metaphysik-Vorlesung im Wintersemester 1810/11 nach Aufzählung verschiedener Definitionen der Philosophie feststellte, sie stimmten darin überein, daß der Philosoph die höchsten und absoluten Ursachen der

Dinge angeben soll, kommentierte dies Schopenhauer nicht nur mit den ironischen Verszeilen

»Auf ewig ist der Streit entschieden,
Befolgt man was der Weise spricht,
Dann halten alle Menschen Frieden,
Doch nur die Philosophen nicht«

sondern auch mit dem relativierenden Satz: »Die Wahrheit ist eine krumme Linie und die Philosophie ist die Anzahl der Tangenten, die sich ihr ins Unendliche nähern ohne sie je zu erreichen: die Asymptoten«.

Es war nicht Mangel an Skepsis, was Schopenhauer von dem Skeptizisten Schulze trennte. Als der Lehrer meinte, man müsse von einer weisen Weltregierung erwarten, daß »das Menschliche Geschlecht im Ganzen zwar langsame aber doch sichre Fortschritte in der Entwicklung der Anlagen, die es über die Thierheit erheben, mache«, war die erste Auseinandersetzung fällig. »Grade das Gegenteil«, merkte der Schüler dazu an. »Die Allweißheit hat die Welt so einrichten können daß das Individuum seine Bestimmung erreichte, in welcher Lage und Zeit es auch sey. Wenn dazu eure Kultur nöthig wäre, oder überhaupt einen wahren Werth hätte, wie ungerecht wären dann die vorbereitenden Jahrhunderte behandelt, die dem beglückten Geschlechte nur zu Stufen dienten, das oben steht und sagt: ›drum haben wirs so weit gebracht!‹« Und als der Lehrer darauf hinwies, daß keine noch so abscheuliche Weltbegebenheit nicht Veranlassung zu irgendeinem Nutzen hätte, doch wer getraue sich zu beweisen, daß dieser Nutzen von der Vorsehung beabsichtigt sei, entrang sich dem Schüler der Seufzer: »O Herre Gott o Herre Gott, erbarme dich des Herrn!« Als der Lehrer die Unvereinbarkeit zwischen Heiligkeit und Glückseligkeit zu beweisen versuchte, parodierte der Schüler diese seine Widerlegung der Moraltheologie mit den Worten: »Da Glückseeligkeit Empfänglichkeit für Sinneslust voraussetzt, so ist die erste Bedingung zu Glückseeligkeit, daß wir vom moralischen Gefühl befreit werden, denn es könnte trotz unserm besten Willen doch ein Mal die Befriedigung der Lust verhindern und die Glückseeligkeit unterbrechen. Darum, o Herre Gott, erlöse uns von diesem Übel, laß uns zu Schweinen werden und gieb auch Koth in den wir uns wälzen können.«

Das vom Lehrer vorgetragene Gesetz des Kontrastes war für den Schüler Anlaß zur Entwicklung einer Theorie des Gleichgewichts, wonach der Kontrast von der Vernunft gleichsam zur Hilfe gerufen werde: »Hat uns der Anblick der Bosheit in die Hölle versetzt, so rufen wir Heilge und Märtyrer herbey, und sehn uns wieder zwischen Himmel und Hölle. Hat zu große Freude uns zum Taumel gebracht so erweckt das Andenken irgend eines eignen oder fremden Leidens wieder die Anschauung unsers mißlichen Zustandes, und das Weinen ist gleich nah.« Das »Leiden« und das »Mißliche des Lebens« tauchten im Wortschatz Arthur Schopenhauers immer wieder auf, um mit dem erstarrten Blick eines nie versinkenden Ertrunkenen beharrlich die prinzipielle Frage nach ihrer Ursache zu stellen. Während der Lehrer dem Vertieftsein die Unfähigkeit ankreidete, die »mit einem Gegenstande beschäftigte Aufmerksamkeit auch noch auf andere Dinge zu verwenden«, wußte sich der Schüler mit Sokrates zu trösten, der »ein Mal 24 Stunden unbeweglich auf dem Felde stand«, also »an dieser Geistesschwäche ... stark laboriert hat«.

Während sich Arthur in Göttingen dem Studium der Philosophie zuwandte, reifte in seiner Mutter der Entschluß, sich als Schriftstellerin zu versuchen. Johanna Schopenhauer besaß die Fähigkeit zu anschaulicher Schilderung. Ihr langer Brief, in dem sie ihre Erlebnisse in Weimar nach der Schlacht von Jena und Auerstedt schilderte, wäre schon 1806 gedruckt worden, hätte sie nicht gegen eine solche Indiskretion Einspruch erhoben. Nun sollte das Leben ihres zwei Jahre vorher verstorbenen Freundes Carl Ludwig Fernow Stoff für eine Biographie liefern. Fernow war seit dem Jahre 1807 fast täglich Gast im Hause Johanna Schopenhauers gewesen und hatte die letzten Wochen seines Lebens dort verbracht. Er war, wie ihre Tochter Adele schrieb, »ihr Freund und Lehrer« gewesen, hatte »ihre ungeregelten und mangelhaften Kenntnisse« geordnet, sie das »Verständnis der Antike« gelehrt und ihrem technisch bereits entwickelten Talent zur Malerei die »Basis der Kunstkenntnisse« gegeben, so daß »von ihm jeder Halt und jeder Schmuck ihres späteren Lebens« ausging und »sein Geist ... in jeder bedeutenden Stunde desselben auf sie« zurückwirkte. Fernow hatte ihr von seinem Leben, beginnend mit seiner frühesten Jugend, erzählt und ihr sein Wesen als Todgeweihter offenbart. Er, der selbst seine Lebensaufgabe darin gesehen hatte, das Leben der vier größten italienischen Dichter und der vier größten italienischen Maler zu schildern, war nicht mehr dazugekommen, seine Autobiographie zu schreiben. Dieses Vermächtnis erfüllte nun Johanna Schopenhauer. Eine solche Lebensgeschichte aus fremder Hand war ihrer Meinung nach einer Autobiographie vorzuziehen, »denn auch dem edelsten, reinsten Gemüthe wird es schwer in allen Eigenthümlichkeiten des Charakters, in allen Ereignissen des Lebens der Welt sich zu zeigen und ihr ganz aufrichtig von allen seinen Verhältnissen und Handlungen Rechenschaft abzulegen«. Gestützt auf persönliche Mitteilungen und Briefe Fernows entwarf Johanna Schopenhauer ein einprägsames Bild dieses Mannes, der auf ihren Lebensweg und auf den ihres Sohnes so entscheidenden Einfluß genommen hatte. Sie schilderte sein Wesen in herzergreifender Weise, verstand aber auch, sich selbst als aufopfernde Freundin ins rechte Licht zu rücken, und vergaß nicht zu erwähnen, daß sie um ihren »Theetisch einen Kreis versammelt« sah, »wie ihn, in geistiger Hinsicht, vielleicht Jahrhunderte nicht wieder zusammenbringen werden«. Als ihre Biographie Fernows im Jahre 1810 erschien und mit großem Beifall aufgenommen wurde, galt Johanna Schopenhauers Freundschaft freilich längst anderen Männern: dem verheirateten Maler Gerhard von Kügelgen und bald darauf dem Advokaten und belletristischen Schriftsteller Konrad Ludwig Müller von Gerstenbergk. Die reife, aber immer noch lebenslustige Witwe trauerte nicht der Vergangenheit nach, sondern forderte von der Gegenwart Abwechslung und von der Zukunft Anerkennung. Obwohl schon etwas füllig und schiefhüftig, porträtierte Kügelgen sie schmeichelhaft, mit üppigem Lockenschmuck, schmachtenden Augen und sinnlichem Mund.

Im Juni 1810 hielt sich Johanna Schopenhauer im Hause Gerstenbergks zu Ronneburg auf. Der um vierzehn Jahre Jüngere war dort Stadtsyndikus, schrieb Novellen und Gedichte für Taschenbücher und Almanache und trat im gleichen Jahr als Regierungsassessor in weimarische Dienste. Als Mann in den besten Jahren war er rein äußerlich das Gegenteil des immer siechen Fernow.

Fürst Pückler charakterisierte ihn zwei Jahre später als den »braven, gemüthlichen und gehaltvollen« Freund Johannas, doch konnte kein Zweifel bestehen, daß Gerstenbergk weder als Schriftsteller noch als Mensch an Fernow heranreichte. Im Sommer 1810 war Johanna mit Gerstenbergk wochenlang in Dresden, wo auch Goethe sich aufhielt. Nicht ungeübt in der Kunst der Intrige, die ihr schon Arthurs Lehrer Passow zum Vorwurf gemacht hatte, nahm dort Johanna Schopenhauer die Malerin Luise Seidler aufs Korn, die sich darüber beklagte, daß ihr »besonders die Schopenhauer ... oft sehr wehe gethan. Kein Tag verging, wo sie mich nicht durch Worte oder Mienen zu kränken versuchte«. Während Arthur seiner Mutter nicht verheimlichte, daß sich seine Neigung vom Studium der Medizin dem der Philosophie zuwandte, erfuhr er aus den Briefen seiner Mutter wohl den Namen Gerstenbergk, nicht aber den wahren Charakter der Beziehung zu ihm. Fernows Vermächtnis lebte zwar in Arthurs Studium und in Johannas Schriftstellerei weiter, doch was dem zweiundzwanzigjährigen Studenten noch lange versagt blieb, erreichte die vierundvierzigjährige Schriftstellerin sehr bald: ihr Name wurde weit über Weimar hinaus bekannt, und Arthur bekam bald die Frage zu hören, ob er der Sohn der berühmten Johanna Schopenhauer sei.

Mit Platons Ideen und Kants Ding an sich wurde Arthur Schopenhauer erst im Alter von 22 und 23 Jahren bekannt. »Plato der Göttliche« sprach über mehr als zwei Jahrtausende hinweg zu ihm, aber auch den »erstaunlichen Kant« konnte er nur noch aus dessen Werken kennenlernen. Selbst wenn Arthur Schopenhauer so wie sein Göttinger Kommilitone Karl Witte schon mit dem vollendeten zehnten Lebensjahr an der Universität zugelassen worden wäre, hätte er Kants Vorlesungen nicht mehr hören können. Doch wäre Arthur ein solches Wunderkind gewesen, dann hätte es der Zufall fügen können, daß er im nahen Jena allen, die das Erbe Kants für sich in Anspruch nahmen, während seiner Studienzeit begegnet wäre. Denn dort lasen 1798/99 zugleich die Professoren Johann Gottlieb Fichte und Friedrich Wilhelm Joseph Schelling ein Semester lang, während Georg Wilhelm Friedrich Hegel 1801 neben Schelling seine Vorlesungen aufnahm. In seiner Göttinger Zeit lernte Schopenhauer von diesen lebenden Philosophen nur Schelling durch die Lektüre seiner »Weltseele« und seiner »Ideen zu einer Philosophie der Natur« kennen. Im Wintersemester 1810/11 begann er sich gründlich mit den »beiden großen und dunklen Lehren« Platons und Kants auseinanderzusetzen, deren »Identität« ihm drei Jahre später als »ein unendlich fruchtbarer Gedanke« zu einer »Hauptstütze« seiner eigenen Philosophie werden sollte. So respektlos Arthur seinen Göttinger Lehrer Schulze zuweilen schulmeisterte, so vorbehaltslos anerkannte er Platons Streben nach »Einheit und ergründender Tiefe«. Seine erste Lektüre im Jahre 1810 war Platons »Staat«. Nicht die Antwort auf die Frage nach dem besten Staat wollte der junge Kosmopolit in diesem Werk finden, aber die Antwort auf die Frage nach dem Sinn der Tugend führte ihn zu den Quellen der Begierde, des Gefühls und der Erkenntnis, aus denen nach Platon das menschliche Handeln gespeist wurde. Konnte der Wille von der Vernunft »wie der Hund vom Hirten zurückgerufen und beruhigt werden«, wie Platon durch den Mund des Sokrates behauptete? Hatte die »Vernunft nur eine Gestalt, die Schlechtigkeit aber unzählige Gestalten«? War es die Bestimmung der Philosophen, »Schaulustige der Wahrheit« zu sein, die »die Kraft haben, das ewig Gleiche sich zu eigen zu machen« und eine Seele, die »redlich und umgänglich, nicht ungesellig und roh« ist? Bestand der Einwand des Adeimantos zu Recht, daß »Leute, die sich mit Philosophie abgeben ... zum größten Teil recht wunderliche, um nicht zu sagen völlig unbrauchbare Menschen werden«? Überzeugte das Gleichnis des Sokrates, wonach der Philosoph, der von den Schiffsleuten »für einen Sterngucker, einen Schwätzer« erklärt wurde, der »wahre Steuermann« sei? Zählten zu den Tugenden des Philosophen, dessen »Verlangen nicht stumpf noch müde« wird, »bis er das eigentliche Wesen eines jeden Gegenstandes ... erfaßt hat«, neben Hochsinn und Besonnenheit und Gedächtniskraft auch Tapferkeit und Belehrbarkeit? Hauste nicht sogar in denen, »die so maßvoll scheinen, ein arges, ungebändigtes, verbrecherisches Geschlecht von Trieben«? War »Eros« der »Tyrann«, dem »das Steuer der ganzen Seele« nicht in die Hände fallen durfte? Gab es nur die Wahl zwischen »einer wissensfrohen, einer siegfrohen und einer gewinnsüchtigen Menschenform«? Konnte allein der Philosoph die »Lust« kosten, »die die Betrachtung der wirklichen Welt gewährt«? Stimmte die platonische Rechnung, daß »der königliche Mensch siebenhundertneunundzwanzigmal lustvoller lebt ... und der Tyrann ebensovielmal unglücklicher«? Das alles waren Fragen, die sich einem jungen Mann aufdrängen konnten, der sich zum Studium der Philosophie entschlossen hatte. Geprägt aber wurde Schopenhauers Denkweise durch Platons Ideenlehre. »Die Körperwelt ist ein Konkavglas, das die von den Ideen ausgehenden Strahlen zerstreut; die menschliche Vernunft ein Konvexglas, das sie wieder sammelt und die ursprünglichen Bilder der Ideen wieder zeigt, wenn auch verundeutlicht durch den Umweg«, schrieb er in einer Glosse zu Platons »De Republica, lib. VI«. Und nach der Lektüre eines ungenannten Moralisten bediente er sich der Bildersprache des platonischen Höhlen-Gleichnisses: »... das Glück und die Wahrheit sollen und können hier nie erhascht werden. Bloß ihre Schattenbilder sind uns gesandt, damit wir uns rühren. Der gewöhnliche Mensch verfolgt die des Glücks unermüdet und unverdrossen; der denkende ebenso die der Wahrheit. Beide haben, wenn auch nur Schattenbilder, doch in diesen soviel sie zu fassen vermochten.« Während er in Weimar noch die Religion, die Kunst und die reine Liebe von dem Rest trivialer Gedanken ausnahm, kam er in Göttingen nach der Lektüre Platons zu dem Schluß: »... da die Schöpfungskraft uns abgeht, können wir nicht neue Gegenstände schaffen, die den innern Ideen ganz entsprächen, wir versuchen also es durch die Zusammenstellung der schon vorhandenen Gegenstände der Natur. Diese nothwendig unvollkommenen Versuche sind die Philosophie, die Poesie und die Künste.«

Die erste Begegnung Arthur Schopenhauers mit Kant erfolgte durch die Lektüre der »Kritik der praktischen Vernunft«. »Wenn es kein von der Welt unterschiedenes Urwesen gibt, wenn die Welt ohne Anfang und also auch ohne Urheber, unser Wille nicht frei und die Seele von gleicher Teilbarkeit und Verweslichkeit mit der Materie ist, so verlieren auch die *moralischen* Ideen und Grundsätze alle Gültigkeit ...«, hatte Kant noch in seiner »Kritik der reinen Vernunft« geschrieben. Doch bei diesem Satz wollte der pietistisch erzogene »Weltzermalmer« nicht stehenbleiben. Er suchte nach einem Glauben »innerhalb der Grenzen der Vernunft« und nach einer absoluten

Grundlage der Sittlichkeit. Eine Vernunft zur bloßen Unterscheidung von Wohl und Weh war für ihn nur eine besondere »Manier« der Menschennatur zu durchaus tierischen Zwecken. Eine wollüstige Neigung wäre nicht länger unwiderstehlich, wenn man für ihren Genuß an einen Galgen geknüpft würde. Wohl aber könne man auch unter Androhung der Todesstrafe das Ansinnen seines Fürsten ablehnen, ein falsches Zeugnis wider einen ehrlichen Mann abzulegen. Der Mensch »urteilt also, daß er etwas kann, darum weil er sich bewußt ist, daß er es soll, und erkennt in sich die Freiheit, die ihm sonst ohne das moralische Gesetz unbekannt geblieben wäre«, argumentierte Kant und verkündete als »Grundgesetz der reinen praktischen Vernunft«: »Handle so, daß die Maxime deines Willens jederzeit zugleich als Prinzip einer allgemeinen Gesetzgebung gelten könne.« Diese sittliche Gesinnung wäre zwar in ihrer ganzen Vollkommenheit von keinem Geschöpf erreichbar, aber dennoch das »Urbild«, »welchem wir uns zu näheren, und in einem ununterbrochenen, aber unendlichen Progressus, gleich zu werden streben sollen.« An die Stelle des ganz unnötigen Gebotes, daß man etwas gern tun solle, setzte der zarte Professor aus Königsberg die Pflicht. Bei diesem Wort schwang sich seine sonst so schwerfällige Terminologie zu dichterischem Pathos empor: »Du erhabener großer Name, der du nichts Beliebtes, was Einschmeichelung bei sich führt, in dir fassest, sondern Unterwerfung verlangst, doch auch nichts drohest, was natürliche Abneigung im Gemüte erregte, und schreckte, um den Willen zu bewegen, sondern bloß ein Gesetz aufstellst, welches von selbst im Gemüte Eingang findet ...« Kant stellte sich die Frage: »Hält nicht einen rechtschaffenen Mann im größten Unglücke des Lebens, das er vermeiden konnte, wenn er sich nur hätte über die Pflicht hinwegsetzen können, noch das Bewußtsein aufrecht, daß er die Menschheit in seiner Person doch in ihrer Würde erhalten und geehrt habe . . .?« Und gab sich darauf selbst die Antwort: »Dieser Trost ist nicht Glückseligkeit . . . Er lebt nur noch aus Pflicht, nicht weil er am Leben den mindesten Geschmack findet.« Im Weltbild Kants vernichtete der »bestirnte Himmel« mit seinem »Anblick einer zahllosen Weltenmenge« gleichsam die Wichtigkeit des Menschen als eines »tierischen Geschöpfes, das die Materie, aus der es ward, dem Planeten (einem bloßen Punkt im Weltall) wieder zurückgeben muß«. Hingegen erhob das im Menschen wohnende »moralische Gesetz« seinen Wert »als einer Intelligenz unendlich« und offenbarte ihm ein »von der Tierheit und selbst von der ganzen Sinnenwelt unabhängiges Leben«.

Kant hatte mit 22 Jahren geschrieben: »Ich habe mir die Bahn schon vorgezeichnet, die ich halten will. Ich werde meinen Lauf antreten, und nichts soll mich hindern, ihn fortzusetzen.« Als Arthur Schopenhauer Kants Alterswerk las, war er ebenso jung und entschlossen, vor allem aber nicht weniger kritisch. »Es ist vielleicht der beste Ausdruck für Kants Mängel, wenn man sagt: er hat die Kontemplation nicht gekannt«, lautete eine seiner Randglossen zu Kant. Er hielt sich an das, was Kant im »Beschluß« seiner »Kritik der praktischen Vernunft« schrieb: »Bewunderung und Achtung können zwar zur Nachforschung reizen, aber den Mangel derselben nicht ersetzen.« Er ließ zwar Kants Unterscheidung der Erscheinung vom Ding an sich als dessen größtes Verdienst gelten, billigte ihm aber in der Wahrheitsfindung nicht die gleiche Bedeutung wie Platon zu. Als Göttinger Student kleidete dies Arthur in den folgenden Vergleich: »Einer erzählt eine Lüge: ein anderer, der die Wahrheit weiß, sagt, dies ist Lug und Trug, und hier habt ihr die Wahrheit. Ein Dritter, der die Wahrheit *nicht* weiß, aber sehr scharfsinnig ist, zeigt Widersprüche und unmögliche Behauptungen in jener Lüge auf und sagt: darum ist es Lug und Trug. Die Lüge ist das Leben, der Scharfsinnige ist allein Kant, die Wahrheit hat mancher mitgebracht, zum Beispiel Plato.« So blieb Arthur Schopenhauer als Göttinger Student nach der ersten Auseinandersetzung mit zwei der größten Philosophen begierig, die Chiffreschrift der Welt zu entschlüsseln, ohne sich in der Methode einseitig festzulegen. Er sah schon im Leben als solchem »eine Sprache, in der uns eine Lehre gegeben wird«. Die Erfahrung könne daher nicht durch »Weisheitssprüche oder Klugheitsregeln« ersetzt werden, doch seien diese nicht zu verwerfen, »denn sie gehören eben mit zum Leben« als »die Hefte, die Andere jener großen Lehre des Weltgeistes nachgeschrieben haben«.

Das Studium der Philosophie hielt Arthur Schopenhauer nicht von der Beschäftigung mit den Naturwissenschaften ab. So hörte er im Wintersemester 1810/11 und im Sommersemester 1811 neben Psychologie, Metaphysik und Logik bei Gottlob Ernst Schulze, bei Johann Friedrich Blumenbach vergleichende Anatomie und Physiologie und bei Johann Tobias Mayer physische Astronomie und Meteorologie. Ferner hörte er bei Arnold Heeren Alte Geschichte und Ethnographie und bei August Ferdinand Lueder Reichsgeschichte. Die Mitschriften dieser Vorlesungen versah er mit wenigen Randglossen, zeichnete aber Köpfe im Profil sowie eine Karikatur Friedrichs des Großen. Dennoch war er ein aufmerksamer Hörer, und manche Einzelheiten, wie Blumenbachs Hinweise auf das Schreckliche der Vivisektionen, prägten sich ihm für sein ganzes Leben ein.

Zwischen den beiden Semestern reiste Arthur Schopenhauer mit seinem Freund Christian Karl Josias Bunsen in den Osterferien nach Weimar. Er bezahlte für seinen Gefährten nicht nur die Kosten der Reise und des Aufenthaltes, sondern auch einen Parkettplatz für die Vorstellungen des Hoftheaters. Schon am 30. Jänner 1811 hatte Goethe zum Geburtstag der Herzogin Calderons »Der standhafte Prinz« in der Schlegelschen Übersetzung auf die Bühne dieses Theaters gebracht. Bei einer der späteren Aufführungen dieses Stückes konnte Arthur miterleben, wie ein Märtyrer des Glaubens, ungerührt von der Schönheit der maurischen Königstochter und der Hilfsbereitschaft des maurischen Feldherrn, das Los des Gefangenen bis zu seinem Tode ertrug. Die Worte Fernandos ließen ihm die Bühne zur Welt werden und das Thema der Vergänglichkeit für ihn anklingen:

»Denn was Wiege war nach oben,
Wird zum Sarg, gewandt nach unten.
Unserm Tod so nah demnach
Leben wir, so eng verbunden,
Haben wir, wenn wir geboren,
Wie die Wiege, so die Grube.
Was erwartet, wer dies höret?
Wer dies weiß, was kann er suchen?
...

Immer gehn des Menschen Tritte
Auf der harten Erd umher,

Und nicht einen wandelt er,
Daß er nicht sein Grab beschritte.«

Die Aufführung erschütterte Arthur so sehr, daß er seinem Freund, der bei seiner Mutter wohnte, nicht in deren Salon folgen konnte, sondern die Einsamkeit suchen mußte. Bunsen wußte an diesem Abend nicht, welchen Schopenhauer er von Göttingen nach Weimar begleitet hatte: den disputierfreudigen Studenten, der so verletzend sein konnte, oder den sentimentalen jungen Mann, der so leicht seine Fassung verlor? Doch Arthurs Geist konnte sich ebenso der schärfsten Waffen des Spottes bedienen, wie sein Gemüt fähig war, sich dem Weltschmerz hinzugeben. Noch war er jung und romantisch genug, um das auf einer Bühne dargestellte Leid wie sein eigenes zu empfinden. Später sollte er alt und klug genug sein, um das Elend der Welt wie ein Rezensent von einem Parkettplatz aus zu beschreiben. Johanna Schopenhauer war mit dem brieflich mitgeteilten und zu Beginn der Osterferien mündlich bekräftigtem Entschluß Arthurs, Philosophie zu studieren, keineswegs einverstanden, sah aber selbst keine Möglichkeit, ihren großjährig gewordenen Sohn von diesem Entschluß abzubringen. So wandte sie sich an den mit ihr befreundeten Christoph Martin Wieland mit der Bitte, ihrem Sohn dieses Vorhaben auszureden. Der damals achtundsiebzigjährige Dichter bestellte Schopenhauer zu sich. Diplomatisch benützte Wieland den Umstand, daß ihm der Schuhmacher eben ein paar Stiefel ins Haus brachte, zu der Bemerkung: »Nun, sagen Sie, lieber Arthur, nützt dieser Mensch der Welt nicht weit mehr, als ich ihr je mit allen meinen Schriften genützt habe? Überlegen Sie sich das, und stehen Sie ab von Ihrem Vorhaben, ein so unpraktisches Studium, wie die Philosophie, zu ergreifen.« Doch nicht weniger diplomatisch wies Schopenhauer den greisen Wieland darauf hin, daß er seine Verdienste gänzlich unterschätze, daß ja seine Schriften Tausenden von Menschen Trost und Erquickung von den Leiden und Mühsalen des Lebens gebracht hätten und daß er ihnen dadurch frischen Mut eingeflößt hätte, dieselben zu ertragen. Wieland, der im hohen Alter seine eigenen Leistungen gering achtete, war für diese Schmeichelei nicht unempfänglich. Dennoch riet er Arthur Schopenhauer weiter davon ab, lediglich Philosophie zu studieren, was doch kein solides Fach sei. Dieses Argument verfing bei Arthur Schopenhauer aber nicht, denn er war bereits entschlossen, nicht nur sein Studium, sondern sein Leben der Philosophie zu widmen. So klang aus der Antwort, die er Wieland gab, nicht nur jugendlicher Trotz, sondern feierlicher Ernst:

»Das Leben ist eine mißliche Sache, ich habe mir vorgesetzt, es damit hinzubringen, über dasselbe nachzudenken.« Am Ende des langen Gespräches ließ sich der Dichter von dem um 55 Jahre jüngeren Studenten überzeugen und sagte ihm mit Wärme: »Ja, es scheint mir jetzt, Sie haben recht getan, junger Mann, ich verstehe jetzt Ihre Natur; bleiben Sie bei der Philosophie.« Zum Abschied meinte Wieland: »Sie werden jetzt wieder nach Göttingen gehen, und dann nach Berlin, um dort zwei Jahre zu studieren ... Ob ich wohl noch leben werde, wenn Sie nach zwei Jahren wieder hier sind?«

»Warum sollten Sie nicht die zwei Jahre noch leben, Herr Hofrath, Sie sehen ja ganz wohl aus«, versuchte ihn Arthur zu trösten. Wieland ließ es zu: »Es ist wahr, man trocknet im Alter so zusammen, und in diesem steifen Zustand lebt man oft noch mehrere Jahre hin.« Höchst lebendig ging Wieland bald darauf während der großen Cour beim Großherzog auf die als Bürgerliche nur ausnahmsweise zugelassene Johanna Schopenhauer zu, mit der der mißgelaunte Goethe an diesem Abend nur wenige konventionelle Worte sprach, weil ja seine eigene Frau nie zu Hofe kommen durfte. Um so neckischer wurde Johanna von Wieland ins Gespräch gezogen: »Madame Schopenhauer, ich habe kürzlich eine sehr interessante Bekanntschaft gemacht.« — »Mit wem?« — »Mit Ihrem Sohn. Ah, es war mir sehr lieb, diesen kennenzulernen, aus dem wird noch etwas Großes werden.« Wieland sollte Arthur Schopenhauer nicht mehr wiedersehen, denn es war dem Dichter nicht vergönnt, weitere zwei Jahre zu leben. Dafür wußte seine Enkelin Wilhelmine Schorcht von ihrer Begegnung mit diesem hoffnungsvollen jungen Mann in einem Brief an ihren Herzensfreund, den Sohn des Philosophen Karl Leonhard Reinhold, vom 10. Mai 1811 zu berichten: »Neulich war der junge Schopenhauer auf einige Zeit in Weimar. Er kam ganz von filosophischen Ideen voll, er hat sich einer Filosofie mit Leib und Seele ergeben (ich weiß sie nicht namentlich zu sagen), die sehr streng ist; jede Neigung, Begierde, Leidenschaft müssen unterdrückt und bekämpft werden, dazu wünsche ich ihm nur die erforderliche Kraft, den Krieg zu bestehen, denn es gehört wohl eine Riesenseele dazu, die Forderungen alle ganz zu erfüllen, wie er den guten Willen hat.« In Wilhelmine Schorcht hatte Arthur eine weibliche Bewunderin seines Entschlusses gefunden, sein junges Leben einer entsagungsvollen Philosophie zu weihen. Er hatte nicht mit Worten gespart und ihr sein Innerstes geoffenbart. Mitten in dem vom Almanach-Esprit erfüllten Salon seiner Mutter hatte er einen Auftritt als »Standhafter Prinz«, der weder der kaufmännischen Verlockung des Geldes noch der kriegerischen Verlockung des Ruhmes erlag, sondern im Gegensatz zu anderen jungen Männern nur einen Sieg über sich selbst im Dienste der Wahrheit erringen wollte. Die Philosophie sollte sein großes Abenteuer werden, und er wollte dabei eine so dramatische Rolle spielen, wie er sie in seinen Gedanken während der Reise von Göttingen nach Berlin am 11. September 1811 in Ellreich im Harz skizzierte: »Die Philosophie ist eine hohe Alpenstraße, zu ihr führt nur ein steiler Pfad über spitze Steine und stechende Dornen: er ist einsam und wird immer öder, je höher man kommt, und wer ihn geht, darf kein Grausen kennen, sondern muß alles hinter sich lassen und sich getrost im kalten Schnee seinen Weg selbst bahnen. Oft steht er plötzlich am Abgrund und sieht unten das grüne Thal: dahin zieht ihn der Schwindel gewaltsam hinab; aber er muß sich halten und sollte er mit dem eigenen Blut die Sohlen an den Felsen kleben. Dafür sieht er bald die Welt unter sich, ihre Sandwüsten und Moräste verschwinden, ihre Unebenheiten gleichen sich aus, ihre Mißtöne dringen nicht hinauf, ihre Rundung offenbart sich. Er selbst steht immer in reiner, kühler Alpenluft und sieht schon die Sonne, wenn unten noch schwarze Nacht liegt.«

IX

BERLIN

Ich bin mit Frucht gesegnet

Wer so wie Arthur Schopenhauer im September 1811 nach Berlin reiste, der folgte dem Ruf der Wissenschaft, ohne das Donnergrollen des nahenden Krieges zu hören. Berlin war an der Wende vom 18. zum 19. Jahrhundert zu einem Mittelpunkt des geistigen Lebens geworden. Mit der Übernahme des preußischen Unterrichtswesens durch Wilhelm von Humboldt war ein Zeitalter der Bildung angebrochen. Gelehrte von Weltruf bildeten die Zierde der im Jahre 1809 eröffneten Universität: Schleiermacher las über die Enzyklopädie der theologischen Wissenschaften, Savigny über römisches Recht, Niebuhr über römische Geschichte, Friedrich August Wolf über Thukydides und Tacitus, Boeckh über Enzyklopädie und Methodologie der gesamten philosophischen Studien, und Fichte, der erste gewählte Rektor, über das Studium der Philosophie und Wissenschaftslehre. Vor allem die »Erwartung, in Fichten einen echten Philosophen und großen Geist kennenzulernen«, war es, die Schopenhauer dazu bewog, Berlin als Studienort zu wählen.

Zu jener Zeit warf Napoleon seinen riesigen Schatten über Europa. Von Spanien bis Polen und vom Norden Deutschlands bis zum Süden Italiens reichte dieser Schatten. 50 von 175 Millionen Europäern lebten im französischen Empire. Hamburg, Bremen und Lübeck waren französische Städte. Mitten im Frieden waren 160 000 französische Soldaten in den Festungen und großen Lagern Preußens garnisoniert. Nach dem Sieg über Österreich standen Napoleons Herrschaft über den Kontinent nur noch die aufständischen Spanier und der schwierige Alliierte Rußland im Wege. Nach der Geburt des langersehnten Thronerben richtete Napoleon seinen Blick nach Osten. Er häufte im Warschauischen Waffenvorräte an und las alle Bücher über Rußland. Den Kampf gegen die von Wellington unterstützten Spanier überließ er Massena. Den Feldzug gegen Rußland wollte er selbst führen. An einen Aufstand der Deutschen glaubte er nicht, obwohl ihn sein Bruder Jérôme in einem Brief vom 5. Dezember 1811 warnte: »Falls der Krieg ausbrechen sollte, werden alle zwischen Rhein und Oder gelegenen Gegenden der Schauplatz einer ausgedehnten und lebhaften Erhebung sein.«

Als Arthur Schopenhauer in Berlin eintraf, lag der Krieg zwischen Frankreich und Rußland bereits in der Luft. »Die beiden Kolosse des Ostens und des Westens« drohten »aufeinanderzustoßen und das unglückliche Preußen beim ersten Anprall zu zermalmen«, wie Heinrich von Treitschke später schrieb. Seiner »ganzen Natur nach dem Militairwesen abhold«, sah Arthur in Berlin jedoch nur den Ort, an dem er seine Studien vollenden wollte, und nicht etwa einen Schauplatz künftiger Konflikte. Er dachte nicht daran, daß Europas Geschichte, die schon so lange mit dem Blut seiner Söhne geschrieben wurde, in den beiden nächsten Jahren vom Ende der bisher größten Armeen in den bisher größten Schlachten berichten würde. Er dachte aber auch nicht daran, selbst zu den Waffen zu greifen. »Bonaparte« war für ihn, wie er rückblickend schrieb, »nur ein gewaltiger Spiegel des menschlichen Willens zum Leben« und die »Leiden seines Zeitalters ... offenbarten« nach seiner Meinung nur »den Jammer, der mit dem bösen Willen ... unzertrennlich verknüpft ist«. Während Napoleon und seine Gegner in den beiden nächsten Jahren Millionenheere aus dem Boden stampfen und die Studenten von Göttingen bis Berlin begeistert zu den Waffen greifen sollten, sollte Arthur Schopenhauer den Federkiel nicht aus der Hand legen. Als am 28. März 1812 die für den Rußlandfeldzug bestimmten französischen Regimenter in Berlin einzogen, schrieb er ungerührt an seinen Vorlesungsheften weiter; als am 17. September 1812 Moskau in hellen Flammen stand, gab er sich in der Dresdner Kunstkammer andächtiger Betrachtung hin; als am 2. Februar 1813 letzte Hand an den Aufruf zum freiwilligen Eintritt in die Jägerbataillone gelegt wurde, trug er in eine Bibel, die er einem Geisteskranken der Berliner Charité schenkte, seine Widmung ein. Angesichts des ungewissen Ausganges des Treffens von Lützen am 2. Mai 1813 flüchtete er aus Berlin und stellte, unversehens ins Kriegsgetümmel geraten, nur einem Bürgermeister seine Französisch-Kenntnisse zur Verfügung. Glücklich, in jenem »kriegerischen Sommer« des Jahres 1813 an den verlustreichen Tagen von Großbeeren, Katzbach, Dresden, Kulm, Nollendorf und Dannewitz »keinen Soldaten zu sehen und keine Trommel zu hören«, verfaßte er im Gasthaus Zum Ritter in Rudolstadt seine Dissertation, mit der er am 2. Oktober 1813 — zwei Wochen vor der Völkerschlacht zu Leipzig — in Jena in absentia zum Doktor der Philosophie promoviert wurde.

Die wichtigste Station auf dem Weg zu diesem Ziel blieb aber Berlin, das er mit seinen Eltern schon in den Jahren 1800 und 1804 besucht hatte. Die aus der mittelalterlichen Doppelstadt Berlin-Cölln an der Spree hervorgegangene Großstadt hatte sich äußerlich seit der Jahrhundertwende kaum verändert. Friedrich Wilhelm III. hatte das kronprinzliche Palais, in dem er wohnte, durch ein Prinzessinnenpalais erweitern lassen. Das französische Schauspielhaus auf dem Gendarmenmarkt war abgetragen und neu erbaut worden, und an der Ecke der Friedrich- und Kochstraße war das Friedrich-Wilhelms-Gymnasium errichtet worden. Von der Petrikirche, der Pfarrkirche von Cölln, war nach der Feuersbrunst des Jahres 1809 nur noch eine Ruine übrig. Die Umgebung der Universität wurde immer noch durch die Bauten aus der Zeit des freigeistigen Friedrich des Großen geprägt, der einst Voltaire und La Mettrie zu seiner Tafelrunde zählte. Hier, zwischen der Schloßbrücke und der Straße Unter den Linden, hätte nach den Plänen Friedrichs des Großen und seines Freundes Baron Knobelsdorff das Forum Fridericianum entstehen sollen. Als Generalintendant der königlichen Bauten konnte Knobelsdorff nur einen Teil dieser Pläne verwirklichen, denn Friedrich den Großen zog es bald nach Potsdam. Das Opernhaus in seiner antiken Klarheit, das über dem freistehenden Säulenvorbau die Widmung an Apoll und die Musen trug, war ein Werk Knobelsdorffs. Gegenüber hatte Friedrich, statt eines repräsentativen Palastes für sich selbst, für den Prinzen Heinrich nach den Plänen Boumanns in einer dem Opernhaus ähnlichen Gliederung jenes Palais erbauen lassen, in dem die Universität untergebracht war. Aus der Zeit Friedrichs stammten in der unmittelbaren Umgebung der Universität auch die Akademie der Wissenschaften und die Königliche Bibliothek und — etwas abgerückt — die kreisrunde katholische St. Hedwigs-Kirche.

Flankiert aber wurde die Universität von den Baudenkmälern einer militärischen Tradition, die schon vor Friedrich dem Großen begonnen hatte und ihn überlebte. Jenseits der Schloßbrücke exerzierte das Zeughaus mit dem seltsamen Vor und Zurück seiner Fassade die strenge Marschordnung des Heeres vor, und am Ende der Prachtstraße Unter den Linden kündete die Silhouette des Brandenburger Tores mit seiner Quadriga den Aufmarsch neuer Heere an, in denen schon im Sommer des Jahres 1813 jeder siebzehnte Einwohner Preußens mitmarschieren sollte.

Doch für den Studenten Arthur Schopenhauer ging es nicht um das Handeln des Menschen, sondern um das Erkennen der Ursachen seines Leidens. Mochte auch das Zeughaus ganze Bündel von Harnischen, Helmen, Waffen und Fahnen als Siegeszeichen in den Himmel recken, die zweiundzwanzig Masken sterbender Krieger in seinem Innenhof lenkten den Blick wieder zur Erde zurück. Der Hofbildhauer Andreas Schlüter, der unter anderem diese Masken geschaffen hatte, war ein Meister in der Darstellung der Vergänglichkeit des Menschen. Von ihm stammten die zwei Prunksärge der Königin Sophie Charlotte und ihres Gemahls in der Grabkapelle der Hohenzollern am Dom, wo die grausige Erscheinung des Todes, der im Lebensbuch den Namen löscht, jeden Betrachter in ihren Bann schlug.

Arthurs Erwartung, in Johann Gottlieb Fichte einem der größten lebenden Philosophen zu begegnen, wurde durch den Ruf genährt, der diesem vorauseilte. Schon als Neunundzwanzigjähriger hatte Fichte an Stelle einer Empfehlung Kant seine in acht Tagen verfaßte Schrift »Kritik aller Offenbarung« überreicht, die nach ihrem anonymen Erscheinen allgemein für ein Werk des Königsbergers gehalten worden war. Nachdem er mit 31 Jahren einen Ruf als Professor der Philosophie nach Jena erhalten hatte, waren in Abständen von zwei Jahren seine »Wissenschaftslehre«, sein »Naturrecht« und seine »Sittenlehre« erschienen. Als Mitherausgeber des »Philosophischen Journals« hatte er sich gegen den Vorwurf des Atheismus und ein Konfiskationsedikt zur Wehr setzen und den Abschied nehmen müssen. 1806 hatte er mit seinen »Anweisungen zum seligen Leben« die Religion mit seiner Wissenschaftslehre auszusöhnen versucht. Im Winter 1807/08 hatte er in Berlin, oft von Trommeln der Franzosen übertönt, seine berühmten »Reden an die deutsche Nation« gehalten. Eifrig hatte er die Gründung der Berliner Universität betrieben, von der ihm zuerst das Dekanat der philosophischen Fakultät und schließlich die Rektorswürde übertragen wurde.

Als der kleine neunundvierzigjährige Professor mit seinem roten Gesicht, seinem borstigen Haar und seinem stechenden Blick vom Katheder herab seine Vorlesung begann, fühlte sich der dreiundzwanzigjährige Student Arthur Schopenhauer zwar nicht von seinem Wesen angesprochen, doch horchte er aufmerksam auf seine Worte. »Wenn mich einer frägt, was Philosophie sey; so sage ich: Du willst wissen was Philosophie sey; also weißt du doch überhaupt etwas«, notierte er Fichtes Worte. Doch schon während der ersten Vorlesung begann Arthurs »Égo« zu zweifeln: »Dies ist dunkel und nicht hinlänglich erklärt, doch kann es seyn, daß ich Einiges überhört habe;

denn Fichte's Vortrag ist wohl deutlich und er spricht langsam, doch verweilt er mir zu lange auf Leicht zu verstehenden Dingen und wiederholt sie mit andern Worten, so daß die Aufmerksamkeit ermüdet ...« Noch hörte er Fichte keine zwei Stunden und schon störte ihn dessen Behauptung, der gesunde Verstand sei gleichsam das Mittel zwischen dem Wahnsinn und dem Genie. Als Fichte in seiner zweiten Vorlesung behauptete, man könne auf der Suche nach dem Darum für ein Warum die richtige Hypothese als »Bliz der Evidenz« spüren, stellte sich Arthurs »Ego« die Frage, wie bei einem »so sicheren Criterium der Wahrheit ... Tausend Irrtümer so lange leben« könnten, und später karikierte er Fichtes Evidenztheorie mit den Worten: »Der Fakir setzt sich hin und bestrebt sich Tagelang nichts zu denken (von Allem zu abstrahieren) dann zeigt sich ihm ein Funke auf der Nase (Bliz aus einer andern Welt).«

Dennoch blieb er ein geduldiger Hörer und noch in der Mitschrift der fünften Vorlesung ließ er offen, ob sein Unverständnis dem Professor anzulasten sei oder seinem »Mangel an Aufmerksamkeit, an gehöriger Stimmung dazu, oder an Verstande« oder seinem »Befangen-seyn in der Kantischen Elementarlehre«. Nach der zehnten Vorlesung aber verlor er zum erstenmal die Geduld und notierte: »In dieser Stunde hat er außer dem hier Aufgeschriebenen Sachen gesagt die mir den Wunsch auspreßten, ihm eine Pistole auf die Brust sezzen zu dürfen und dann zu sagen: Sterben mußt du jezt ohne Gnade; aber um deiner armen Seele Willen, sage ob du dir bey dem Gallimathias etwas deutliches gedacht hast oder uns blos zu Narren gehabt hast?«

Nach einem Protokoll über die vierzehn ersten Vorlesungen verfaßte Arthur Schopenhauer noch fünfzig Protokolle, in denen er versuchte, Fichtes Gedankengang zu folgen. Doch als Fichte meinte, es sei wohl klar, daß vom Wissen am sichersten das Wissen selbst zeugen wird, entrang sich seinem Ego der empörte schriftliche Zwischenruf: »Ist es nicht sehr frech, daß die Erzählung von einem Dinge von dem kein Mensch weiß, bezeugt werden soll, dadurch daß sie von ihm selbst kommt? So haben Schelme Grundstücke die in Amerika liegen sollten in Europa verkauft, nach Vorzeigung ihrer Grundrisse die an Ort und Stelle verfertigt seyn sollten.« Obwohl ihn Fichtes idealer Gedankenflug und bestechende Rhetorik nicht unbeeindruckt ließen, glaubte er im fünfzehnten Protokoll, als Fichte bei Kants Entdeckungen angelangt war, dem Geheimnis Fichtes auf der Spur zu sein: »Warum geht er zu diesem Ziel nicht Kants Weg? Weil er nicht Kants Lehre nachsprechen sondern eine neue geben wollte. Nun, es läßt sich entschuldigen, könnte Einer sagen, wenn wir nur auch so zum Ziel gelangen. — Ach nein, wir gelangen nicht hin! Statt Kants großer Wahrheit giebt Fichte uns ein Hirngespinst, dessen Aehnlichkeit mit jener wohl der erkennt dem jene schon bekannt ist: aber jene tiefe Wahrheit kann unmöglich einer aus diesem rasenden Unsinn lernen. — Kant hat einen Tempel in der Wildniß entdeckt und einen schönen breiten ebenen Weg mit großer langer Mühe hingebahnt. Fichte läuft durch Disteln und Dornen Zickzack: die Schüler folgen in Schweiß und Blut, und wissen nicht warum er so leitet: endlich gelangen sie zum Tempel, aber so daß sie nur einen Theil der hintern Seite sehn, an der die, so den Tempel kennen, ihn auch jezt erkennen, die Neulinge aber kein Bild des Tempels auffassen. Fichte glaubt die Kundigen zu überraschen durch den plözlichen Anblick des Tempels, daß sie meynen sollen dies wäre der rechte Weg und dies die eigentliche Façade; den Neulingen ist er Entdecker des Wegs und des Tempels. — Der Teufel hol' die Mummerey!«

Fichtes Wissenschaftslehre, von ihm als das »selbst sich darstellende Gesetz des Sicherscheinens der Erscheinung« definiert, erschien Arthur Schopenhauer als ein »Sprechen ... ohne irgend zu wissen wovon man spricht«. Sollte eine Erklärung der Welt unglücklicherweise nicht passen wollen, so habe man nach Fichte »der intellektuellen Anschauung mehr zu trauen als der sinnlichen: man stuzze also nicht seine Erklärung bis sie zur Welt, sondern die Welt bis sie zur Erklärung paßt, wie der Prokrustes seine Gäste nach den Betten«, interpretierte er ironisch seinen Professor. Später faßte Arthur Schopenhauer in seinem Lebenslauf sein Verhältnis zu Fichte zusammen: »Auch Fichten, der seine Philosophie vortrug, folgte ich, um sie nachher um so gerechter beurtheilen zu können, aufmerksam; einmal stritt ich in der von ihm seinen Zuhörern gegebenen Sprechstunde lange mit ihm — eine Disputation, deren sich die dabei zugegen Gewesenen vielleicht noch erinnern werden.« Noch knapper charakterisierte er schon 1811 sein Verhältnis zu Fichte durch das Zitat aus Shakespeares Hamlet, das er an den Rand des ersten Protokolls der »Wissenschaftslehre« schrieb: »Ist dies schon Tollheit, hat es doch Methode.«

Hatte im Wintersemester 1811/12 Fichte Arthur Schopenhauers Widerspruch herausgefordert, so tat dies im Sommersemester 1812 der vierundvierzigjährige Theologieprofessor Friedrich Ernst Daniel Schleiermacher, der als Prediger an der Dreifaltigkeitskirche und Verfasser der Schrift »Über die Religion — Reden an die Gebildeten unter ihren Verächtern« populär geworden war. Schopenhauers Verhältnis zur Religion war schon seit seinem Aufenthalt in Wimbledon, neun Jahre zuvor, gestört. Auf der Reise von Göttingen nach Berlin meinte er zwar noch, daß »die Stimme, die wir im Dunkeln hören, aus einem hellen Orte kommt. Aber«, so fügte er hinzu, »kein Versprechen gibt dem Gebote Gottes Kraft, sondern sein Gebot ist statt eines Versprechens.« Schon an Fichtes Wissenschaftslehre mißfiel ihm, daß die Reflexion gesetzt werden soll, »damit die Erscheinung erscheinen könne als solche, und hinter ihr Gott.« Auf Schleiermachers Behauptung, die Philosophie habe mit der Religion »das Wissen von Gott gemein«, erwiderte Schopenhauers Ego: »Dann müßte ja die Philosophie den Begriff eines Gottes voraussezzen, den sie vielmehr nachdem ihr Fortgang es bringen wird, gewinnen oder verwerfen soll, zu beyden gleich bereit.« Seine Mitschrift der Vorlesung über die »Geschichte der Philosophie zur Zeit des Christenthums« glich einem Disput, bei dem fast jeder Satz Schleiermachers eine Erwiderung auslöste. Den Worten des Professors »Keiner kann Philosoph seyn ohne religiös zu seyn«, setzte der Student die Worte entgegen: »Keiner der religiös ist gelangt zur Philosophie; er braucht sie nicht. Keiner der wirklich philosophirt ist religiös: er geht ohne Gängelband, gefährlich aber frey.« Noch härter urteilt Arthur Schopenhauer in einem seiner 1812 verfaßten Manuskripte: »Religion ist ein willkührlich angenommener und bildlich dargestellter Zusammenhang der Scheinwelt mit der wahren.« Schleiermachers Versuch eines Brückenschlages vergrößerte zunächst die Kluft zwischen Arthur Schopenhauers gefährlichem Weg der Wahrheitssuche und jeder Form von Dogmatismus, doch bald sollte der Verneiner einer gottverlassenen Welt Anregungen von christlichen Mystikern und Trost durch den »heiligen Geist« der indischen »Veden« empfangen.

Philosophie zu studieren blieb jedoch nicht der einzige Ehrgeiz Arthur Schopenhauers in den drei Berliner Semestern. In seinem Lebenslauf berichtete er, »Wolfs Vorlesungen über griechische und römische Dichter ... und, mit hohem Genuß, Ermans öffentliche Vorträge über Magnetismus und Elektrizität; ferner durch drei Semester hindurch Lichtensteins sämmtliche zoologische Collegien, zum zweitenmal Chemie, bei Klaproth, ebenso Physik bei Fischer, Astronomie bei Bode, Geognosie bei Weiß, allgemeine Physiologie bei Horkel und Anatomie des menschlichen Gehirns bei Rosenthal« gehört zu haben. Später erwähnte er auch noch die Vorlesungen des berühmten klassischen Philologen August Boeckh über den Inhalt der Platonischen Dialoge. Bei Friedrich August Wolf, an den er durch Goethe empfohlen worden war, hörte er Vorlesungen über die Wolken des Aristophanes und die Satiren des Horaz. Der fesselnd und mit anregender Wärme vortragende Wolf begründete in Arthur eine lebenslange Verehrung für Horaz und bestärkte ihn in seiner Abneigung gegen Schleiermacher. Unter den Naturwissenschaftern, die Arthur hörte, waren hervorragende Gelehrte, wie der Physiker Paul Erman, dessen Ansehen auf grundlegenden Arbeiten über Galvanismus beruhte, der Chemiker Martin Heinrich Klaproth, der 1789 die Elemente Zirkon und Uran entdeckt hatte, und der Astronom Johann Ehlert Bode, der mit seinem 1801 erschienenen Himmelsatlas 17 240 Sterne erfaßte, rund 12 000 mehr als auf früheren Karten. Arthur ließ die

Natur-Philosophen neben Kleidernarren, Pferdenarren und Büchernarren nur als eine »besondre Klasse Narren« gelten, weil sie ebenso wie diese »irgend ein Relatives zum Absoluten erheben und eben dies drüber vergessen«. Der Natur gestand er jedoch zu, ein »schön Ding« zu sein, in das sich zu vergaffen noch am verzeihlichsten sei. Er war bereit, die Natur, dieses größte aller Dinge, dieses »allein schlechthin Notwendige« und diesen »Kern des Lebens« zu erforschen, ohne sich ihr zu unterwerfen. »Aber versuch es einmal ganz Natur zu seyn«, notierte er 1812: »es ist entsezlich zu denken: du kannst nicht Geistesruhe haben wenn du nicht entschlossen bist nöthigenfalls dich und d. h. alle Natur für dich zu zerstöhren.«

Dem sprachenkundigen, weitgereisten und an Umgang mit Geistesgrößen gewohnten Vierundzwanzigjährigen bot das Berlin dieser Jahre alle Möglichkeiten des gesellschaftlichen Kontakts. Arthur machte jedoch davon nur sehr sparsamen Gebrauch. Er glich nicht seinem Kommilitonen Johann Baptist Reinert, aus dessen Kollegheften er Fichtes Rechts- und Sittenlehre nachschrieb. Dieser aus Solothurn stammende »fahrende Gesell« war so wie Arthur im Herbst 1811 an die Universität Berlin gekommen, wo er bald Fichte persönlich nahetrat und liebevolle Aufnahme in dessen Familie fand. Ein vertrauliches Verhältnis zu einem Professor entwickelte sich bei Arthur nur gegenüber dem um 18 Jahre älteren Zoologen Martin Hinrich Lichtenstein. Dieser Naturforscher war holländischer Militärarzt in Kapstadt gewesen und hatte Arthur schon 1808 im Salon seiner Mutter durch seine ebenso unterhaltenden wie belehrenden Berichte über »das Leben auf den Vorgebirgen der guten Hoffnung und besonders über die benachbarten Buschmänner« beeindruckt. Seit 1811 war Lichtenstein Professor der Zoologie und seit 1813 wirkte er auch als Direktor des Zoologischen Museums in Berlin. Er war mit Carl Maria von Weber befreundet, der ihm und Arthur in einem Brief vom 1. September 1812 die Grüße der »Madame Schopenhauer« übermittelte. Lichtenstein machte Arthur auch mit Adalbert von Chamisso bekannt, der am 17. Oktober 1812 als Student der Medizin an der Berliner Universität immatrikuliert wurde. Das vertrauliche Verhältnis zwischen Lichtenstein und Arthur sollte in den nächsten Jahren noch manche Bewährungsprobe bestehen.

In dem Kollegium Lichtensteins über die »Classen der Thiere« lernte Arthur den um ein Jahr jüngeren Carl Jakob Ludwig Iken kennen. Dieser war nach Arthurs Beschreibung, »was Jean Paul ein passives Genie nennt; er hatte große Empfänglichkeit für alles Ästhetische, konnte aber selbst nichts machen«. Mit Iken und drei anderen Kommilitonen unternahm Arthur in den Sommerferien des Jahres 1812 eine Reise, die ihn über Weimar und Dresden nach Teplitz führte. Auf dieser Reise begegnete der disputierfreudige junge Philosoph auch Maria Helene von Kügelgen, die in einem Brief vom 12. Oktober 1812 erwähnenswert fand, daß »er gelehrt beweisen wollte, es gäbe keinen Gott«.

Vom biedermeierlichen Brauch abendlicher Zirkel, der im Berlin dieser Jahre die bunten Schichten einer geistig teilnehmenden Gesellschaft ineinander verwob und verband, war in Arthurs Leben wenig zu merken. Zu seinen Universitätsfreunden zählte neben Iken und Helmholtz nur noch der unbemittelte Jude Josef Gans. Frauen traten dem Namen nach nicht in sein Leben, obwohl Arthurs Manuskripte Zeugnis davon ablegen, daß er sich mit dem

Prinzipiellen dieses Themas auseinandersetzte. »Den Anfechtungen deiner Sinnlichkeit siehe lachend so zu wie der Ausführung eines gegen dich verabredeten dir aber gesteckten Schelmenstreichs«, ermahnte er sich 1812 gleichsam selbst, und 1814 illustrierte er Sternes Feststellung, keine Leidenschaft sei so ernst wie die Wollust, durch die Beobachtung: »Denke dir das schönste, liebreizendste Paar, wie sie voll Grazie im schönen Liebesspiel sich anziehen und zurückstoßen, begehren und fliehn, ein süßes Spiel, ein lieblicher Scherz — Nun sieh sie im Augenblick des Genusses der Wollust — aller Scherz, all jene sanfte Grazie ist plötzlich fort, urplötzlich beym Anfang des actus verschwunden, und hat einem tiefen Ernst Platz gemacht. Was für ein Ernst ist das? — Der Ernst der Thierheit. Die Thiere lachen nicht.«

Der junge Mann erlebte in der Vollkraft seiner Jahre keine Begegnung mit einer Frau, die das Widersprüchliche seines Wesens versöhnen hätte können. Es war ihm nicht vergönnt, eine langsam aufkeimende Zuneigung zu empfinden, er konnte lediglich beobachten, wie er zuweilen von einem Teil seines Selbst herrisch zum anderen Geschlecht hingerissen wurde, während der andere Teil dies als bedauerliche Störung ansah. Das trug dazu bei, daß seine Art, die Welt anzuschauen, die Form einer elliptischen Denkfigur annahm. Immer stärker begannen sich seine Gedanken am »Neben-, ja Gegeneinander zweier Bewußtseine, des empirischen und des besseren« zu orientieren. So hielt er als Argument »gegen den Selbstmord« fest: »Der Mensch soll sich über das Leben erheben, soll erkennen daß alle Vorgänge und Begebenheiten, Freuden und Schmerzen sein bessres und Innres Selbst nicht berühren, daß also das Ganze ein Spiel ist, ein Schimpf-Turnier und kein Kampf im Ernst«; deshalb solle sich der Mensch an diesem Spiel gar nicht im Ernst beteiligen, weder durch das Laster, mit dem er sich selbst »zum Spott und Spiel macht, das Spiel aber zum Ernst« noch durch den Selbstmord, mit dem er als »schlechter Spieler« nur zeige, daß »er keinen Scherz versteht«. Die Wahrheit (und zugleich die Freiheit) sei, daß »der Mensch sich jeden Augenblick als sinnliches, zeitliches, oder auch als ewiges Wesen betrachten« könne. Schopenhauer gab Kielmeyer recht, daß »Gehirn und Genitalien entgegengesetzte Pole sind« und setzte hinzu, daß sie »die Repräsentanten des zeitlichen und des überzeitlichen, bessern Bewußtseyns sind«. Er meinte, daß in den Augenblicken, wo der Trieb zur heftigen Brunst wird, auch die Geisteskräfte zur höchsten Tätigkeit bereit seien, »indem beide Pole mit der größten Energie polarisieren«. Doch die Vernunft als »Band zwischen zeitlichem und bessern Bewußtseyn« könne auch in solchen Augenblicken »die andere Richtung« vergegenwärtigen und Freiheit möglich machen. »Das Ändern der Richtung, der Uebergang vom Reich der Finsterniß, des Bedürfnisses, Wunsches, der Täuschung, des Werdenden und nie Seyenden, — zum Reich des Lichts, der Ruhe, Freude, Lieblichkeit, Harmonie und Friedens ist unendlich schwer und unendlich leicht«, behauptet Schopenhauer in den letzten Berliner Manuskripten des Jahres 1813, die noch nicht unmittelbar der Vorbereitung seiner Dissertation dienten. Den Beweis für diese Behauptung trat er mit Hilfe mythischer Vergleiche an. Demnach sollte ein Ritter die enge Pforte in der Mauer eines sich wirbelnd schnell drehenden Schlosses gesprengt haben, indem er seinem Pferd die Sporen gab, die Zügel losließ und die Augen schloß. Dichterisch fügte er die

Worte hinzu: »Wollen! großes Wort! Zunge in der Waage des Weltgerichts! Brücke zwischen Himmel und Hölle! Vernunft ist nicht das Licht das aus dem Himmel glänzt, sondern nur ein Wegweiser den wir selbst hinstellen, nach dem gewählten Ziel ihn richtend, daß er die Richtung zeige wenn das Ziel selbst sich verbirgt.«

In jenen Tagen, in denen er in Berlin sein fünfundzwanzigstes Lebensjahr vollendete, ging Arthur Schopenhauer im wahrsten Sinn des Wortes schon mit seiner künftigen Philosophie schwanger. »Das Werk wächst, concrescirt allmählig und langsam wie das Kind im Mutterleibe«, schrieb er, »ich werde ein Glied, ein Gefäß, einen Theil nach dem andern gewahr d. h. ich schreibe auf, unbekümmert wie es zum Ganzen passen wird; denn ich weiß es ist alles aus einem Grund entsprungen ... ich der ich hier sitze und den meine Freunde kennen, begreife das Entstehn des Werks nicht, wie die Mutter nicht das des Kindes in ihrem Leibe begreift. Ich seh' es an und spreche wie die Mutter ›Ich bin mit Frucht gesegnet‹«. Nach dieser symbolträchtigen und selbstgewissen Beschreibung seines Zustandes rief Arthur Schopenhauer den »Zufall, Beherrscher dieser Sinnenwelt« mit einer für sich selbst bestimmten Fürbitte an: »Laß mich leben und Ruhe haben noch wenige Jahre! denn ich liebe mein Werk wie die Mutter ihr Kind«. Für den Fall der glücklichen Geburt wollte er mit sich handeln lassen und dem Zufall »Zinse des Aufschubs« zugestehen. Aber auch für den Fall, daß er »in dieser eisernen Zeit« früher untergehen sollte, baute er darauf, daß mit Hilfe eines verwandten Geistes »diese unreifen Anfänge, diese meine Studien« der Welt nicht verlorengehen würden.

Durch die eiserne Zeit bewegte sich Arthur tatsächlich mit der Vorsicht einer Schwangeren, die ihr Kind unversehrt zur Welt bringen möchte. »Es ist der letzte entscheidende Kampf, den wir bestehen«, hatte Friedrich Wilhelm III. am 17. März 1813 in seinem Aufruf »An mein Volk« erklärt, der den Auftakt zu den Befreiungskriegen bildete. Während der preußische König für sein Volk keine andere Möglichkeit sah »als einen ehrenvollen Frieden, oder einen ruhmvollen Untergang«, fand Schopenhauer, der weder die preußische noch eine andere Staatsbürgerschaft besaß, einen dritten Weg. Er empfand, nicht — wie Niebuhr — die »Seligkeit, mit seinem ganzen Volke, den Gelehrten und den Einfältigen, dieselben Gefühle zu teilen«. Während in dieser Zeit nach der späteren Schilderung Heinrich von Treitschkes »in einer glühenden, schwärmerischen Sehnsucht nach dem freien und einigen deutschen Vaterland kein Student, der irgend Waffen schwingen konnte«, daheim blieb, begnügte sich der Studiosus Arthur damit, sich ein neues Gewehr und einen Schläger mit Gehenk anzuschaffen, einem armen Kommilitonen einen kostbaren Säbel zu schenken und reichlich für die Freiwilligen beizusteuern. »Der Landmann verließ seinen Pflug, die Jugend verließ ihre Universitäten, die Schulen; die Beamten ihre einträglichen Posten, die Gelehrten ihre Lehrstühle«, schilderte der russische Offizier Friedrich von Schubert die Stimmung im Preußen dieser Tage. »Vom Katheder hinweg führte Professor Steffens nach herzlicher Ansprache seine gesamte Hörerschaft zum Werbeplatz der freiwilligen Jäger«, berichtet Heinrich von Treitschke aus Berlin, wo auch 370 Gymnasiasten dem Beispiel der Universitätsstudenten folgten. Arthur hingegen verließ die

Berliner Universität nur, um in größerer Ruhe seine Dissertation fertigstellen zu können. Er war, wie er später in seinem Begleitschreiben zu dieser Dissertation bemerkte, »aufs tiefste von der Überzeugung durchdrungen«, daß er »nicht dazu geboren sei, der Menschheit mit der Faust zu dienen, sondern mit dem Kopfe«. Nicht ohne Zivilcourage angesichts des herrschenden Zeitgeistes fügte er hinzu, daß sein »Vaterland größer als Deutschland« sei.

Noch in Unkenntnis der preußischen Kriegserklärung hatte Napoleon am 11. März 1813 in einem Brief an den Vizekönig von Italien den Plan entwickelt, scheinbar nach Dresden und Schlesien zu marschieren, um in Wirklichkeit Stettin und Danzig zu erreichen. Nach seiner russischen Niederlage hatte er eine neue große Armee aus dem Boden gestampft und brannte darauf, durch einen entscheidenden Sieg sein Prestige wiederherzustellen. In der Schlacht von Lützen und Groß Görschen südwestlich von Leipzig lernte er dann am 2. Mai 1813 die Preußen als einen mit bisher unbekannter Erbitterung kämpfenden Gegner kennen. Napoleon, der sich selbst auf dem Schlachtfeld größten Gefahren ausgesetzt hatte, glaubte am Abend dieses Tages, an dem bei den Franzosen 18 000 und bei den Preußen und Russen 10 000 Tote und Verwundete gezählt wurden, einmal mehr der Meister Europas zu sein. Preußen und Russen zogen sich zurück, und Napoleon ließ in der Hoffnung, sie zu trennen, Marschall Ney bis Torgau vormarschieren, um die Preußen zum Schutz Berlins zu veranlassen.

Auch Arthur Schopenhauer schien, wie er in seinem Lebenslauf schrieb, »infolge des ungewissen Ausgangs des Treffens bei Lützen die Stadt Berlin« bedroht, doch zum Unterschied von den meisten, die nach Breslau oder Frankfurt an der Oder flüchteten, hielt er es »für das Beste ... dem Feind entgegenzugehen« und richtete seinen Weg nach Dresden. Am 11. Mai stand Napoleon mit 119 000 Mann bei Dresden zu beiden Seiten der Elbe und schrieb an Ney, es sei sicher, daß sich die Russen auf Breslau zurückziehen, nicht aber, ob die Preußen das gleiche tun oder ihre Hauptstadt Berlin verteidigen würden. An diesem Tag war Arthur bereits unterwegs nach Dresden, wo er nach zwölftägiger Reise am 22. Mai eintreffen sollte. In Hoyerswerda, das vom nächsten Schlachtfeld Bautzen nur halb so weit entfernt war wie von Dresden, verdeutlichte er in seinem Manuskript die Duplizität des menschlichen Bewußtseins mit der zu verschiedenen Zeiten verschiedenen Gesinnung gegenüber dem Tod: »Es giebt Augenblicke wo, wenn wir den Tod lebhaft denken, er in so fürchterlicher Gestalt erscheint, daß wir nicht begreifen wie man mit solcher Aussicht eine ruhige Minute haben könne und nicht Jeder sein Leben mit Klagen über die Nothwendigkeit des Todes zubringe. — In anderen Zeiten denken wir mit ruhiger Freude, ja mit Sehnsucht an den Tod.« In der ersten Stimmung seien wir ganz vom zeitlichen Bewußtsein erfüllt, in der anderen sei das bessere Bewußtsein lebendig, meinte er und gab der Bibel und dem Christentum recht, die den Tod durch den Sündenfall in die Welt kommen ließen. »Die Bosheit Andrer, durch die wir leiden, ist der Anlage nach auch in uns, und also durch unsre Menschwerdung verschuldet«, schrieb Schopenhauer, während Napoleon am 16. Mai zur Überzeugung kam, daß sich Russen und Preußen bei Bautzen gemeinsam verteidigen würden und Ney den Befehl gab, sich in größter Eile nach Hoyerswerda zu begeben. Als Arthur die letzte Etappe seiner Reise nach Dresden zurücklegte, prallten bei Bautzen 360 000 französische, preußische und russische Soldaten aufeinander, von denen am 21. Mai bei Einbruch der Dunkelheit fast jeder zehnte tot oder verwundet war. »Was! Nach solch einem Gemetzel keine Gefangenen und keine Trophäen?« rief Napoleon enttäuscht aus, als er über das Schlachtfeld ritt.

Seine Dissertation vollendete Arthur Schopenhauer in einem Gasthause, »als dem«, wie er in seinem Lebenslauf schrieb, »in jenen unruhevollen Zeiten für einen heimathlosen Menschen passendsten und eigens angemessenen Aufenthaltsort«. An diese sarkastische Bemerkung knüpfte er das Eingeständnis: »Uebrigens war ich damals gemüthlich wiederum tief leidend und niedergeschlagen, hauptsächlich weil ich mein Leben in eine Zeit gefallen sah, die ganz andere Gaben erforderte, als zu welchen ich das Zeug in mir fühlte.« Die Tatsache, daß führende Geister wie Friedrich Schlegel und Wilhelm Humboldt zur nationalen Pflicht aufriefen und daß die Lieder eines Ernst Moritz Arndt die Fragen stellen: »Was ist des Deutschen Vaterland? — Wer ist ein Mann?«, war doch nicht ganz spurlos an ihm vorübergegangen. Aber nicht nur das Bedürfnis, seine Doktorarbeit in Ruhe und ungestört vom Rausch des nationalen Befreiungskampfes zu vollenden, hatte ihn, der glücklich von Dresden nach Weimar gelangt war, weiter nach Rudolstadt am Fuße des Thüringer Waldes getrieben. Vielmehr mißfielen ihm, der in Weimar kurze Zeit im Hause seiner Mutter abgestiegen war, »gewisse häusliche Verhältnisse so sehr«, daß er sich einen anderen Zufluchtsort suchte. Im Hause seiner Mutter, in dem er zuletzt während der Osterferien des Jahres 1811 auf Besuch gewesen war, fand er nämlich Anfang Juni des Jahres 1813 neben seiner Mutter und seiner Schwester auch den dem Geheimen Archiv in Weimar zugeteilten Regierungsrat Georg Friedrich Conrad Ludwig Müller von Gerstenbergk vor. Nahm dieser Mann, mit dem seine Mutter bereits seit drei Jahren befreundet war, etwa die Stelle seines vor acht Jahren verstorbenen Vaters ein oder war er am Ende gar dazu ausersehen, der Gatte seiner Schwester zu werden? Solche Fragen drängten sich dem mißtrauischen Fünfundzwanzigjährigen auf, wobei ihn jede der möglichen Antworten mit Unbehagen erfüllte, am meisten aber wohl die Tatsache, daß er durch diesen Eindringling selbst in die Rolle eines Eindringlings gedrängt wurde. Doch im Augenblick war er ebenso abgeneigt, sich in familiäre Auseinandersetzungen einzulassen, wie er bemüht war, den Kriegshandlungen zu entgehen. Schopenhauer wollte nicht aus der Rolle eines Philosophen als eines unbeteiligten Zuschauers fallen. Zum erstenmal vertraute er in diesen Tagen seinen Manuskriptbüchern an sich selbst gerichtete Bemerkungen an: »Merke dir es, liebe Seele, ein für alle Mal, und sei klug. Die Menschen sind subjektiv; nicht objektiv, sondern durchaus subjektiv.« Er schalt einen Narren, wer die Anhänglichkeit eines Hundes auf mehr als Streicheln und Fressen zurückführt, und meinte, bei den Menschen sei es geradeso. »Darum machen die jämmerlichsten Wichte so viel Glück«, weil sie »immer nur Mittel nie Zweck, bloß Köder« sind, merkte er an, nicht ohne sich selbst zu ermahnen: »Nur nimm nicht gar dich selbst aus: untersuche deine Liebe, deine Freundschaft, sieh zu ob nicht deine objektiven Urtheile großentheils verkappte subjektive sind; sieh zu ob du die Vorzüge eines Menschen der dich nicht liebt gehörig anerkennst u.s.w. — und dann sei tolerant, es ist verfluchte Schuldigkeit.« In der Abgeschiedenheit des Thüringer Waldes, dessen »unaussprechlichen Reize« ihn »fesselten«, in dem vom Rokokoschloß der Heidecksburg überragten Rudolstadt, in dem zwei Treppen hohen Zimmer des Gasthauses »Zum Ritter«, »lag« der Philosoph dann, wie er in seinem Lebenslauf schreibt, »in tiefster Einsamkeit, durch nichts zerstreut oder abgezogen, ununterbrochen den abgelegensten Problemen und Untersuchungen ob.« Schon in Berlin hatte er den »Hypothetischen Versuch« unternommen, »alle 4 Grundgesetze des Verstandes ... auf den Einen Grundsatz der Unveränderlichkeit eines Begriffes« zurückzuführen. Unter dem Titel »Über Grund, Ursach, Motiv« hatte er notiert: »sobald aber das Gesetz der Causalität auf ein mit Spontaneität versehnes Geschöpf trifft, verliert es alle Sicherheit d. h. die ratio fiendi ist jezt nur ratio agendi, Motiv.« Schon in diesem Manuskript betrachtete er die Untersuchung der vierfachen Wurzel des Satzes vom zureichenden Grunde als »höchst wichtig«. Nun nahm er im Sommer des Jahres 1814 systematisch die Aufgabe in Angriff, diesem Satz, der besagt, »daß nichts ohne Grund ist, warum es ist«, einen breiteren Geltungsbereich zu geben. Er fügte den Gründen des Erkennens und des Werdens die Gründe des Seins und des Handelns hinzu. Die weiter wirkende Bedeutung seiner Inauguraldissertation lag dabei im Gesetz der Motivation, jenes Beweggrundes, der auf die Entstehung und Richtung des Wollens Einfluß nimmt. Der Wille des Individuums sei es, der das ganze Getriebe in Tätigkeit versetze, indem er dem Interesse, d. h. den individuellen Zwecken der Person gemäß, den Intellekt antreibt ..., »der starke Blinde, der den sehenden Gelähmten auf den Schultern trägt«, wie er später in seinem Hauptwerk schreiben sollte. Indem er die Motivation, die er später auch die von innen gesehene Kausalität nannte, in den Mittelpunkt seiner Betrachtungen rückte, nahm er die für seine Philosophie entscheidende Wendung vom Geist zum Willen vor und lieferte damit einen Denkansatz, der in Philosophie, Psychologie und Verhaltensforschung noch viele Früchte tragen sollte.

Während der Arbeit an seiner Dissertation hatte Schopenhauer auf Grund des am 2. Juni abgeschlossenen Waffenstillstandes von Poischwitz noch gehofft, nach Berlin zurückkehren zu können, wo er promovieren wollte. Doch dieser Waffenstillstand, den Napoleon als die größte Dummheit seines Lebens bezeichnete, war nur von kurzer Dauer. Nach Rußland und Preußen griff nun auch Österreich wieder zu den Waffen. Ende August hoffte Napoleon noch, nach seinem Sieg bei Dresden Berlin einnehmen und das Kriegsgeschehen nach Norden verlagern zu können, doch es gelang ihm nicht, der Einkreisung durch die drei Koalitionsarmeen zu entgehen. Sachsen blieb der Hauptkriegsschauplatz und blockierte den Weg von Rudolstadt nach Berlin. So entschloß sich Arthur, in absentia zu promovieren und sandte die fertige Dissertation an Professor Eichstädt, den Dekan der philosophischen Fakultät der am nächsten gelegenen Universität, in Jena. »In der Nachbarschaft Ihrer hocherleuchteten berühmten Universität weilend«, schrieb er ihm, »wende ich mich an Sie, hochverehrter Herr Dekan, und an eine hochansehnliche philosophische Fakultät mit der Bitte, Sie möchten nach Einsicht und Prüfung der diesem Schreiben beiliegenden Probe meiner gelehrten Studien in Berathung und Erwägung ziehen, ob ich des von Ihnen zu ertheilenden Doctorgrades würdig sei.« Er begründete die Abfassung seiner Dissertation in der deutschen Sprache mit den Statuten der Berliner Universität, aber auch damit, daß »die lateinische Sprache zu philosophisch-kritischen Untersuchungen wenig geeignet« sei, schilderte kurz seinen Lebens- und Studiengang und ersuchte in aller Bescheidenheit, ihn ohne die »geringste Schonung« wissen zu lassen, falls »Einzelnes ... nicht recht der Wahrheit entsprechend oder nicht hinlänglich klar oder zu weitläufig oder schon anderwärts auf ähnliche Weise gesagt zu sein erscheint«. Auch bat er, ihm nicht zu verschweigen, wenn »etwas darin irgendwie als gehässig erscheinen sollte«, vor allem ihn erfahren zu lassen, ob seine »Kritik des Kant'schen Beweises des Causalitätsgesetzes keinen Vorgänger« habe. Da ihm in Rudolstadt philosophisch gebildete Freunde fehlten und ihm außer den Büchern der Weimarer Bibliothek nicht alle über Kants Philosophie erschienenen Schriften zur Hand waren, wollte Arthur seinem eigenen Urteil nicht ohne weiteres trauen. Ihm war bewußt, daß die »menschliche Schwachheit« so groß ist, daß »wir nicht einmal dessen, was wir vor Augen haben, wenn es nicht durch fremde Zustimmung bekräftigt wird, vollkommen gewiß sein können; noch viel weniger darf man sich auf sein eigenes Urtheil in Sachen Philosophie verlassen«, schrieb er, wo doch »ohne Zweifel Viele behaupten, daß deren Wahrheiten von einer solchen Gewißheit am weitesten entfernt sind«. Die fremde Zustimmung kam, ohne auf seine Fragen in allen Einzelheiten einzugehen. Am 18. Oktober 1813, dem dritten Tag der Völkerschlacht bei Leipzig, stellte ihm die Philosophische Fakultät der

Universität Jena ihr Diplom über die am 2. Oktober in absentia erfolgte Promotion aus. So konnte sich Arthur Schopenhauer in jenen Tagen, da über hunderttausend Söhne Europas Leben oder Gesundheit einbüßten, zum erstenmal Doktor der Philosophie nennen, einer Philosophie, von der er schon in Weimar schrieb, sie werde »alle von einer Leidenschaft wirklich Beherrschten ... tadeln«. Er meinte damit auch jene, »welche ihr Leben an die Meinung Andrer oder irgend einen andern Quark setzen und es im Zweikampf oder andern gesuchten Gefahren einbüßen«. Doch verachten wollte er sie nicht, sondern sie sogar den »eigentlichen Philistern, die es auf ein langes und bequemes Leben gescheut anlegen, ... vorziehn«. Der heimatlose, auf akademischem Boden ansässig gewordene Mann in der Mitte seines dritten Lebensjahrzehnts dachte dem Geist seiner Zeit entgegen und erlebte die Welt in ihrer totalen Fragwürdigkeit, ebenso bemüht, sich selbst zu rechtfertigen, wie bereit zum Mitleid mit der von ihrem Willen zum Leben gequälten Kreatur. Während um Leipzig noch tagelang die Leichen unbeerdigt lagen und von Ratten und Hunden benagt wurden, während die siegreichen Preußen und Russen in Weimar einzogen und die Stadt nach den Worten Goethes »die ganze Stufenleiter vom Schreckbarsten bis zum Gemeinsten« erdulden mußte und während Bonaparte, dieser »gewaltige Spiegel des Willens zum Leben«, wie ihn Arthur ein Jahr später nannte, als Geschlagener durch Erfurt zog, sorgte der junge Doktor der Philosophie in Rudolstadt auf seine Kosten für die unverzügliche Drucklegung seiner Dissertation, die in Kommission der Hof-, Buch- und Kunsthandlung noch im Oktober erschien. Die ersten Exemplare sandte er an den Philosophieprofessor Karl Leonhard Reinhold in Jena, den er im Salon seiner Mutter kennengelernt hatte, an seinen Göttinger Lehrer Gottlob Ernst Schulze, der ihn den Weg zur Philosophie gewiesen hatte, und an den Berliner Theologieprofessor Friedrich Schleiermacher. Auf die Fensterscheibe seines Gasthauszimmers hatte er in Latein geschrieben »Arthur Schopenhauer verbrachte den größten Teil des Jahres 1813 in diesem Zimmer« und das Horaz-Zitat hinzugefügt: »Man lobt ein Haus, das auf weite Felder schaut«. Doch »mit hereinbrechendem Winter, der mir in meinem ländlich abgesonderten Zufluchtsort, welcher zudem damals Militair hatte, gar zu traurig erschien«, heißt es in seinem Lebenslauf, »wandte ich mich wieder nach Weimar ...«.

X

WEIMAR

Ich und du sind zwei

»Das ist wohl etwas für Apotheker«, sagte Johanna Schopenhauer mit spöttischem Unterton, als ihr nach Weimar zurückgekehrter Sohn ihr stolz seine gedruckte Dissertation überreichte. Sie hatte nur einen kurzen Blick auf das Titelblatt geworfen, von dem ihr die Worte »vierfache Wurzel« in großen Lettern in die Augen sprangen.

»Meine Schriften wird man noch lesen, wenn von Deinen kaum mehr ein Exemplar in einer Rumpelkammer stecken wird«, empörte sich Arthur über die Geringschätzung seiner ersten philosophischen Abhandlung. Er war zutiefst davon überzeugt, nicht nur für den Tag zu arbeiten wie seine Mutter, die nun auch Reisebeschreibungen verfaßte.

»Von den Deinigen wird die ganze Auflage noch zu haben sein«, erwiderte seine Mutter schlagfertig. Ihre Stichelei öffnete eine tiefe, lange nicht verheilende Wunde, denn während ihre Bücher in den nächsten Jahren von immer mehr Menschen gelesen wurden, wurden die Erstauflagen von Arthurs Werken zum Großteil Makulatur.

Das war die erste Entladung eines Gewitters, dessen Wolken sich über Mutter und Sohn schon lange zusammengezogen hatten. Da war auch noch immer Arthurs Erinnerung an den Selbstmord des Vaters, den Johanna während seiner Krankheit allein gelassen hatte. Da hafteten noch frisch in seinem Gedächtnis die Vorwürfe der Mutter während seiner Studienzeit in Gotha. Und da war dieser täglich mit Mutter und Schwester an einem Tisch sitzende Gerstenbergk, der nur einen Stock höher wohnte. Arthur hatte, als er am 5. November 1813 von Rudolstadt nach Weimar zurückkehrte, aus diesem Grund erneut Quartier in einem Gasthof genommen und die Absicht geäußert, sich eine eigene Wohnung zu suchen. Obwohl der Verdacht, daß Johanna Schopenhauer mit dem um vierzehn Jahre jüngeren Hausfreund womöglich nicht nur den Tisch teilen könnte, gar nicht ausgesprochen wurde, war Arthurs Mutter bemüht, ihn zu entkräften. »Mit Tränen bat ich Dich, bei mir zu wohnen«, erinnerte sie fünf Monate später an ihren Versuch, Arthur umzustimmen, »... dann wollte ich auch, daß Du meine Lebensweise näher und länger ansehen solltest, damit Du keine falsche Idee davon mit Dir nähmest.«

Die ernst blickenden Augen seiner Schwester Adele aber beeindruckten Arthur mehr als die Tränen seiner Mutter. Aus diesen Augen leuchtete ein weiches, verträumtes, sich nach Liebe sehnendes Wesen. Dieses innere Wesen überstrahlte die Häßlichkeit des hochgeschossenen, grobknochigen Körpers und des kugelrunden Kopfes. Noch nicht ahnend, daß diese frühreife Sechzehnjährige selbst schon eine Beschützerrolle gespielt hatte, fühlte sich Arthur verpflichtet, gleichsam als ihr Beschützer in das Haus seiner Mutter am Theaterplatz einzuziehen. Bereits mit vierzehn Jahren hatte sich Adele oft gesagt, sie müsse, um nicht am Gefühl der Liebe zu sterben, dieses Gefühl ewig meiden. Doch dann hatte sie mit der um ein Jahr älteren Ottilie von Pogwisch ihren phantastischen Bund gegen das undeutsche Wesen und gegen die Napoleonische Bedrückung gegründet und im Park zu Weimar einen von französischen Dragonern versprengten, umherirrenden Lützow'schen Jäger aufgestöbert und unter ihren Schutz gestellt. Dieser Ferdinand Heinke wurde zum Schwarm der beiden Mädchen; und was der häßlichen und kränkelnden Adele im Vergleich zur schönen und blühenden Ottilie fehlte, machte Adele durch eine noch größere romantische Leidenschaft wett.

»Zieh glücklich, Mann an adelichen Sitten!
Es schirm dich Gott in seiner Schlachten Mitten,
Und führ dich heim in dein errettet' Land,
Dir folgt der Freundschaft treues Angedenken,
Ob viele Thäler zwischen uns sich senken,
Auf immer haben wir uns doch erkannt.«

So reimte Adele anno 13 in einem Gedicht, das später Gerstenbergk in seinen »Phalänen« unter dem Titel »An einen scheidenden Landwehrmann« erscheinen ließ. Während Ottilie später Goethes Sohn August heiratete, schwärmte Adele noch in späteren Jahren von Heinke als dem »edlen Mann«, dem sie die Entwicklung ihres Charakters verdankte, und der »weder Schwärmer noch Eiferer, sondern ein reiner, menschlicher Mensch« war.
Im Kontrast zu diesem Leutnant des Schlesischen Landwehr-Kavallerie-Regiments, der sein Leben einsetzte, mußte der frisch gebackene Doktor der Philosophie, der über das Leben nur nachgrübelte, selbst in den Augen einer liebenden Schwester verblassen. Vergeblich wartete

der auf seine Weise ebenso ruhmesdurstige Arthur in diesen Tagen auf ein Zeichen der Anerkennung. Aus dem Hause seiner Mutter kam davon keine Spur. Ohne sich allzugroße Hoffnungen zu machen, hatte Schopenhauer auch Goethe sein Erstlingswerk übersandt. Der vierundsechzigjährige, auf dem Höhepunkt seines Ruhmes angelangte Dichterfürst, war Arthur zwar nicht fremd, doch zu einem persönlichen Gespräch war es bisher nicht gekommen. Schon als Achtzehnjähriger hatte er Goethe durch die Briefe seiner Mutter in höchst lebendiger Schilderung kennengelernt. Mit neunzehn Jahren hatte Arthur seinem Freund Anthime »Wilhelm Meister« und »Hermann und Dorothea« als Lektüre empfohlen. Bald darauf hatte er Goethe im Salon seiner Mutter von Angesicht zu Angesicht gesehen, doch während Arthur für keinen anderen Teilnehmer des Teezirkels Auge und Ohr hatte, hatte Goethe nie das Wort an ihn gerichtet. Der große Mann, von dem Johanna Schopenhauer geschrieben hatte, er sei »ein unbeschreibliches Wesen«, hatte zwar lebhafte Konversation mit seiner Gastgeberin und ihrer Tochter betrieben, mit ihrem verschlossen wirkenden Sohn aber hatte er nichts anzufangen gewußt. So war es ungeachtet der räumlichen Nähe eine Bewunderung auf Distanz geblieben, die Arthur so ausdrückte: »Wäre nicht mit Kant zu gleicher Zeit Goethe der Welt gesandt, gleichsam um ihm das Gleichgewicht im Zeitgeist zu halten, so hätte jener auf manchem strebenden Gemüt wie ein Alp gelegen und es unter großer Qual niedergedrückt, jetzt aber wirken beide aus entgegengesetzten Richtungen unendlich wohlthätig und werden den deutschen Geist vielleicht zu einer Höhe heben, die selbst das Alterthum übersteigt.«

Als Goethe gegen Ende November 1814 im Salon der Hofrätin Schopenhauer wieder einmal den Mittelpunkt der Bewunderung bildete und deren Sohn den Raum betrat, war es jedoch Goethe, der die allgemeine Aufmerksamkeit auf den jungen Doktor der Philosophie lenkte, mit dessen Erstlingswerk er sich am 4. und 10. November beschäftigt hatte: Goethe erhob sich, bahnte sich stillschweigend durch die Umstehenden einen Weg zu Arthur, drückte ihm die Hand und sparte nicht mit Lob über die Abhandlung. Er pflichtete der Ansicht ihres Verfassers über die Mathematik im Abschnitt über den Grund des Seins ausdrücklich zu und meinte: »Ja, ja, bei einem so Euklidischen Satz, da wird Einem eine Nase gedreht, man glaubt man hat etwas, und hinterdrein ist es nichts.« Ruckartig hatte das ungleiche Paar alle Blicke auf sich gezogen. Auf Arthur hatte Goethes Händedruck wie ein Ritterschlag gewirkt. War doch keiner mehr dazu berufen als Goethe, durch seine Anerkennung einem jungen Mann Würde im Reich des Geistes zu verleihen. Arthur, der sich sonst menschenscheu vor der Zeit aus dem Salon seiner Mutter in die Einsamkeit seines Studierzimmers zurückzustehlen pflegte, blieb mit leuchtenden Augen stehen und genoß den Abglanz der Bewunderung, den Goethes Lob auf ihn geworfen hatte. Als er dabei auch dem Blick seiner Mutter begegnete, sprach aus seiner Miene trotzige Genugtuung. Schon am nächsten Tag machte Arthur in einem Brief an seinen Berliner Lehrer Friedrich August Wolf seiner Begeisterung Luft: »Ihr Freund, unser großer Göthe, befindet sich wohl, ist heiter, gesellig, günstig, freundlich: gepriesen sey sein Name in alle Ewigkeit!« Nüchterner urteilte Goethe zur gleichen Zeit in einem Brief an Karl Ludwig von Knebel: »Der junge Schopenhauer hat sich mir als einen merkwürdigen und interessanten jungen Mann dargestellt.« Als Goethe dann noch Arthur zu sich einlud, um ihm seine Experimente der Farbenlehre zu zeigen, war Arthur entschlossen, länger in Weimar auszuharren.

»... jener in Wahrheit hohe Schmuck unseres Jahrhunderts und der deutschen Nation, der große Goethe, dessen Namen alle Zeiten im Munde führen werden, würdigte mich seiner Freundschaft und seines vertrauten Umganges«, berichtete Arthur, auch rückblickend noch voll Stolz, in seinem Lebenslauf. »... er ... fragte ob ich seine Farbenlehre studiren wolle, indem er versprach, mir mit allen dazu dienenden Hülfsmitteln und Erläuterungen Beistand zu leisten, so daß dieser Gegenstand den Winter über unseren öfteren Unterhaltungen, möge ich nun seinen Sätzen Zustimmung geben oder opponieren, Stoff bieten könne. Wenige Tage darauf schickte er mir seinen eigenen Apparat und die zur Herstellung der Farbenerscheinungen nöthigen Instrumente, und später zeigte er mir selbst die schwierigeren Experimente, hocherfreut, daß mein von keinerlei vorgefaßten Meinungen geblendeter Sinn die Wahrheit seiner Lehre erkannte ... Als der große Mann sodann den ganzen Winter hindurch mich häufiger kommen ließ, blieb die Unterhaltung keineswegs auf Fragen, welche die Farbenlehre betrafen, beschränkt, sondern unsere Gespräche wurden auf alle möglichen philosophischen Gegenstände gelenkt und spannen sich viele Stunden lang fort.«

Als Arthur zum erstenmal Goethe unter vier Augen gegenübersaß, war er für ihn nicht nur der Dichter, ein »Spiegel der Menschheit«, der ihr, »was sie fühlt und treibt, zum Bewußtsein« bringt, sondern die Verkörperung des Genies schlechthin, dessen Grundzug es ist, im »Einzelnen stets das Allgemeine zu sehen«. Der Eindruck, den Goethe auf ihn machte, war so tief, daß er später bei der Beschreibung der Physiognomik des Genies das Besondere der Erscheinung Goethes zu allgemeinen Merkmalen erhob. Demnach bewunderte er an seinem Gesprächspartner die breite, hohe, schön gewölbte Stirne, unter welcher strahlende Augen hervorleuchteten, mit einem klaren, schauenden Blick, der, lebhaft und fest zugleich, den Charakter der Beschaulichkeit, der Kontemplation trägt. Neben einer großen, gleichsam überirdischen Heiterkeit, welche zu Zeiten durchbrach, entging ihm nicht die Melancholie der übrigen Gesichtszüge, besonders des Mundes. Hier färbte freilich bereits sein Weltbild das Bild Goethes, denn Arthurs Weimarer Behauptung »Das Leben aller genialen Menschen ist durchweg tragisch, wenn es auch, von Außen gesehn, noch so ruhig erscheint«, sah hinter der Abgeklärtheit des alten Goethe nur den »Tasso«, die Selbstdarstellung des Genies in der Rolle des Märtyrers: »Und wenn der Mensch in seiner Qual verstummt, gab mir ein Gott zu sagen, wie ich leide«. Woran Goethe in dieser Zeit litt, war jedoch nur die ausbleibende Anerkennung der gelehrten Welt für seine Farbenlehre, mit der er sich gegen Newton gestellt hatte. An keinem Werk hatte er so fieberhaft gearbeitet wie an diesen zwei dicken Bänden mit über 1300 Seiten. Der Titel »Zur Farbenlehre« verriet noch nicht, daß Goethe damit eine Lebenslehre bieten wollte; wohl aber verrieten es Goethes Worte: »Auf alles, was ich als Poet geleistet habe, bilde ich mir garnichts ein. Es haben treffliche Dichter mit mir gelebt, es lebten noch trefflichere vor mir, und es werden ihrer nach mir sein.

Daß ich aber in meinem Jahrhundert in der schwierigen Wissenschaft der Farbenlehre der einzige bin, der das Rechte weiß, darauf tue ich mir etwas zu gute, und ich habe daher ein Bewußtsein der Superiorität über viele.«

Mit diesem polemischen Goethe, der in Newton nur einen Falschrechner sah, während er selbst mit Licht und Finsternis »Ur-Phänomenen« auf der Spur zu sein glaubte, fühlte sich Arthur wahlverwandt, auch ohne sich der Parallelen im Leben der beiden Männer in ihrer Jugend bewußt zu sein: beide hatten strenge und in sich gekehrte Väter, die erst in fortgeschrittenem Alter weit jüngere, weltoffene Frauen geheiratet und ihren Erstgeborenen pedantisch eine ungeliebte Laufbahn vorzuschreiben versucht hatten.

Die Gespräche zwischen Goethe und Schopenhauer am 29. November und 18. Dezember 1813 und am 26. Jänner, 3. April, 8. und 15. Mai 1814 führten bald über die Farbenlehre hinaus. Mit andern unterhalte er sich, mit dem jungen Dr. Arthur philosophiere er, bekräftigte dies Goethe. ». . . dieser Goethe«, erinnerte sich Schopenhauer, »war so ganz Realist . . . Was, sagte er mir einst, mit seinen Jupiteraugen mich anblickend, das Licht sollte nur da seyn, insofern Sie es sehen? Nein, *Sie* wären nicht da, wenn das Licht *Sie* nicht sähe.« Der Meinungsaustausch erstreckte sich auf Kant und Spinoza. In Spinozas Lehre von der Einheit allen Lebens begegneten sich die beiden Geister, doch in der Beurteilung der Rolle des Bösen in der Welt schieden sie sich. Für Goethe war das Böse nur ein Teil eines harmonisch ausgeglichenen Ganzen, für Schopenhauer hingegen eine weltbeherrschende Macht. Bei seinem vorletzten Besuch wurde er von Goethe gefragt: »Wie alt sind Sie?« — »Sechsundzwanzig Jahre«, antwortete Arthur, worauf Goethe ihm das Kompliment machte: »So jung und schon so reich an Erfahrung!« Doch bei dieser Gelegenheit schrieb Goethe seinem jungen Freund auch einen Sinnspruch ins Stammbuch, der erkennen ließ, welch verschiedene Lehren aus reicher Erfahrung gezogen werden können:

»Willst du dich deines Wertes freuen;
So mußt der Welt Du Werth verleihen.

im Gefolge und zum Andenken mancher vertraulichen Gespräche
Weimar, d. 8. May 1814. Goethe.«

Es sollte die einzige Widmung in Schopenhauers Stammbuch bleiben, als Ausdruck der bleibenden Verehrung, die Arthur für Goethe empfand, aber auch seiner fehlenden Bereitschaft, dieser Aufforderung Goethes nachzukommen. »Kinderchen, laßt mir Den dort in Ruhe, der wächst uns allen noch einmal über den Kopf«, soll Goethe einmal am Teetisch der Hofrätin Schopenhauer zu einer Gruppe von Mädchen gesagt haben, die tuschelnd und kichernd zu dem in mürrischer Absonderung am Fenster stehenden Arthur hinüberschielten. Für einen solchen Augenblick konnte Goethe Arthur Respekt verschaffen. Aber niemand, auch Goethe nicht, vermochte diesem seelisch früh verwaisten und entwurzelten Sechsundzwanzigjährigen zurückzugeben, was ihm fehlte: den Vater, die Liebe seiner Mutter, eine Heimat und den Glauben an eine nicht nur vom Leid gezeichnete und von der Unvernunft regierte Welt, in der das Leben lebenswert ist. Goethe konnte Arthur nur das Vorbild eines Genies bieten, das aus sich selbst die Kraft zur Behauptung gewinnt.

Das Bild der Welt, das Schopenhauer im Winter 1813/14 in seinen Weimarer Manuskripten entwarf, war ein denkbar düsteres. »Wie bekanntlich unser Gehn ein fortdauernd gehemmter Fall ist«, schrieb er, »so ist das Leben unseres Leibes ein fortdauernd gehemmtes Sterben ... Seeligkeit-wollen« sei das »Gegentheil von Leben-wollen«. Immer noch herrschte für ihn auf dieser Erde die Macht des Zufalls »nebst dem Irrthum, seinem Bruder, und der Thorheit, seiner Tante, und der Bosheit, seiner Großmutter« und vergällte »jedem Erdensohn« wie auch ihm »durch große und kleine Streiche, jährlich und täglich, das Leben«. »Doch bedenke«, sagte er sich, »daß diese arge Macht es ist, der du dein Wohlseyn, und deine Unabhängigkeit verdankest, indem sie dir gab was sie vielen Tausenden versagte, eben um es Einzelnen, wie dir, geben zu können«. Mit immer neuen Argumenten versuchte Arthur dem Leiden einen Sinn abzugewinnen: »Damit der Mensch eine erhabene Gesinnung in sich erhalte, seine Gedanken vom Zeitlichen auf das Ewige richte, mit einem Wort damit das bessre Bewußtseyn in ihm rege sey; ist ihm Schmerz, Leiden und Mißlingen so nothwendig wie dem Schiffe der es beschwerende Ballast, ohne welchen es keine Tiefe ermißt, ein Spiel der Wogen und Winde keinen bestimmten Weg gehet und leicht umschlägt ... Unserm moralischen Karakter ist das Leiden so nöthig als unserm Körper der Druck der Luft. Ohne diesen platzt der Leib auseinander: ohne Leiden versinkt unser Karakter in Wollüsten und Suchten aller Art ... Das Unglück ist für unser Gemüth die Wärme die es weich erhält: im Glück wird es leicht hart.«

Neben der Vorbildwirkung, welche Goethe auf ihn ausübte, war für Schopenhauer während dieses Weimarer

Aufenthaltes die Begegnung mit dem Orientalisten Friedrich Majer von größter Bedeutung. Durch ihn wurde er mit der »ältesten aller Weltansichten«, der Weisheit der indischen Upanishaden, bekannt, die nach den Worten Görres' »mit dem vollen, feierlichen, seltsam befremdenden Ton einer über die resonierende Naturtiefe ausgespannten Riesenharfe« ihre mystische Botschaft überbrachten. Schon bei seiner ersten Begegnung mit dem »heiligen Geist der Veden« verspürte Arthur »die Frucht der höchsten menschlichen Erkenntnis und Weisheit«. Seine Weimarer Manuskripte spiegelten aber auch in der Auseinandersetzung mit dem Christentum eine religiös anmutende Weltabgewandtheit wider. Er hielt zwar zu Beginn einem »Religiosen« entgegen, daß er sich nicht über die Vernunft erheben solle, wo er doch dem »Essen, Trinken, Athemholen, Schlafen ... so sehr sie auch in der Welt der Nichtigkeit liegen« ihr Recht widerfahren lasse und meinte, daß damit die »Philosophie den Prozeß gegen die Religion in letzter Instanz gewinnt«. Er kommentierte jedoch Römer V, 12—21 mit den Worten: »Es ist eine im strengsten Sinn wahre, unübertreffliche, höchst tiefsinnige Lehre des Christenthums, daß durch Adams Sündenfall der Fluch uns alle getroffen, die Sünde in die Welt gekommen, die Schuld auf uns alle vererbt ist, und daß dagegen durch Jesu Opfertod wir Alle entsühnt sind, die Welt erlöst ist, die Schuld getilgt, die Gerechtigkeit versöhnt ist, so daß wir Alle Theil haben an der Sünde Jenes, am Opfertod Dieses.« Doch dann ergänzte er, daß der »Mensch, dies hinfällige, endliche, nichtige Wesen ... nicht bloß der Sünde und dem Tode anheim gefallen« sei, sondern auch »dem Wahn«, der so real sei wie das Leben und die Sinnenwelt, ja »mit diesen Eines (die Maja der

Inder) ... Das Uebel das wir in der Welt leiden ... erschüttert den Wahn, leichter oder schwerer je nachdem wir tief darin gefangen sind«.

Dann folgte die schon in die beiden Brennpunkte seiner künftigen Philosophie weisende Feststellung: »Der Leib ... ist nichts als der sichtbar gewordene Wille ... Der Mensch erkennt in der Succession des Lebens, wie in einem Spiegel seinen Willen: der Schreck über diese Erkenntniß ist das Gewissen. Die Bitte: ›führe mich nicht in Versuchung‹ heißt: ›laß mich nicht sehn wie abscheulig ich bin‹. In Allem Übel das Andre uns zufügen leiden wir nur das, was wir in andern Umständen selbst zu thun fähig wären, die Früchte unsrer eignen mit dem Leib gesetzten Sündhaftigkeit ... Das Subjekt aber ist nicht der Wille; es ist das bloß Erkennende ... der ruhige, reine, außer der Zeit liegende Zuschauer jenes ganzen Trauerspiels des Lebens.« Als Quelle dieses Gedankens zitierte er aus den Upanishaden: »Er ist einem Zuschauer vergleichbar, weil er, von allem losgetrennt, einem Schauspiel zusieht.«

Noch unterlagen diese Eintragungen in seine Manuskriptbücher keinem Zwang zur systematischen Darstellung seines Weltbildes, sondern hielten in aphoristischer Form die Einfälle und Stimmungen des Augenblicks fest. Doch schöpften sie bereits aus den drei Quellen, von denen er zwei Jahre später sagte: »Ich gestehe, daß ich nicht glaube, daß meine Lehre je hätte entstehn können, ehe die Upanishaden, Platon und Kant ihre Strahlen zugleich in eines Menschen Geist werfen konnten.« Ausgehend von seinem tragischen Weltbild konzentrierten sich seine Gedanken immer mehr auf das Problem, worin ein über die Grenzen des Erkennbaren hinausgehendes »bessres Bewußtseyn« bestehen könnte, wodurch ein unersättlicher, sich selbst zerfleischender Weltwille von sich selbst erlöst werden könnte. Obwohl ihm klar war, daß er von idealen Personen sprach, die sich in concreto nur annäherungsweise finden, charakterisierte er den Philister als jenen, der im Leben »zu Hause« und dem »so wohl darin« ist. Dem Genialen aber ergehe es umgekehrt: »das Leben liegt immer als ein Fremdes vor ihm und statt sich darin zu finden, will er daraus etwas Andres als es ist machen, und ist in einem ewigen Kampf damit, indem er es als einen widerstrebenden Stoff bearbeitet: auch geht es ihm meistens schlecht darin«. Er suchte aber auch für den Genialen, mit dem er sich identifizierte, nach einem Ausweg aus dem Verhaftetsein mit der Welt, nach einem Licht, das aus dem Dunkel seiner Betrübnis über ihren Zustand führt. Was der junge Goethe in einem Brief an Fritz Jacobi Anfang und Ende alles Schreibens nannte, die »Reproduktion der Welt um mich durch die innere Welt, die alles packt, verbindet, neuschafft, knetet und in eigener Form, Manier wiederhinstellt«, war auch Arthurs Ehrgeiz. Doch stand er dabei dem Leben von vornherein als einer gegenüber, der es als »Last« empfand. »Der allein ist wahrhaft glücklich«, schrieb Arthur 1814 in Weimar, »der, *im Leben, nicht das Leben* will, d. h. nicht nach dessen Gütern strebt. Denn er macht sich die Last leicht. Man stelle sich eine Last vor, die auf Stützen lose ruht, und einen Menschen der gebückt unter ihr steht. Hebt er sich und drängt ihr entgegen, so trägt er sie ganz: zieht er sich zurück von ihr, in sich zusammen, so trägt er nichts und ihm ist leicht.« Bald sollte sich Arthur von den Menschen, die ihm durch Geburt am nächsten standen, zurück und ganz in sich zusammenziehen, aber nicht, weil er von vornherein diese Absicht hatte, sondern weil er sich immer härter an dieser »Last« stieß.

Der Mittagstisch im Hause der Mutter, an dem der Sohn seit dem 14. November 1813 Platz genommen hatte, konfrontierte Arthur mit einem Menschen, an dem er von Anfang an keinen Geschmack finden konnte. Johannas Rechnung, ihre Familie durch ihren Sohn zu komplettieren, ohne dabei ihren Hausfreund zu verlieren, konnte nicht aufgehen, denn weder Arthur noch Gerstenbergk noch sie selbst besaßen die gleiche Geduld wie ihre Tochter Adele, die Gerstenbergks Anblick seit drei Jahren fast täglich mit mehr oder weniger Freude ertrug.

Für Johanna Schopenhauer war es seit ihrem Aufenthalt in Weimar selbstverständlich, in ihrem Haus nach eigenem Gutdünken zu schalten und zu walten. Sie war von ihrem Teetisch her gewohnt, Gastgeberin der größten Geister zu sein und gesellschaftlich im Mittelpunkt zu stehen. Seit sie auch noch als Schriftstellerin Anerkennung fand, sah sie nicht den geringsten Grund, sich von Arthur schulmeistern oder gar beschämen zu lassen, wenn es ihr auch als Mutter schmeichelte, daß ihr Sohn mit seiner ihr unverständlichen philosophischen Abhandlung in Goethes Augen Gnade gefunden hatte. Auf keinen Fall aber war sie gewillt, auf ihren unverheirateten Freund Gerstenbergk zu verzichten, der als Schriftsteller ihren eigenen Ruhm nicht verdunkelte und ihrer weiblichen Eitelkeit allein schon durch seine Jugend Tribut zollte.

Die von der Mutter abhängige, in sich gekehrte Tochter, die von ihrem Helden Heinke schwärmte, störte dieses Verhältnis nicht. Für Arthur aber war der um nur acht Jahre ältere, stattliche Regierungsrat Gerstenbergk mit seinem durch Adoption erworbenen Adelstitel, der seine Gunst großzügig zwischen Mutter, Tochter und anderen Frauen verteilte und sich in seiner Rolle als Hausfreund sichtlich wohlfühlte, eine einzige Provokation. Dieser eitle, selbstgefällige Mann, der nur durch Jugend die charakterlichen und geistigen Vorzüge Fernows wettmachen konnte, saß an dem Platz, der durch den Tod von Arthurs Vater frei geworden war, und gebärdete sich als Sprachrohr des von Deutschtümelei und Waffengeklirr geprägten Zeitgeistes. Gerstenbergk wieder sah in Arthur nur den ein Gastspiel gebenden Sohn seiner Freundin, einen gar wunderlichen jungen Mann, dem seine Philosophie, mit der er so ganz an der in Bewegung geratenen Welt vorbeigrübelte, offenbar zu Kopfe gestiegen war. Arthur und Gerstenbergk waren, wie Johanna Schopenhauer vier Monate später zu spät erkannte, »ein Paar einander so entgegengesetzter Elemente, daß es knallen und bumsen« mußte, wenn sie zusammenkamen. Schon Anfang des Jahres 1814 steigerten sich die Auseinandersetzungen zwischen den beiden empfindlichen und hitzigen Männern zu so heftigen Szenen, daß Johanna Schopenhauer die Trennung der beiden Streitenden vom gemeinsamen Tisch unvermeidlich erschien. Herausgefordert durch Gerstenbergk, hatte Arthur seine Ansichten immer extremer vertreten, ohne in seiner Mutter oder seiner Schwester Verbündete zu finden. Deshalb ließ er am 14. Jänner seinen Universitätsfreund Josef Gans aus Berlin nach Weimar kommen. Er quartierte ihn im Einverständnis mit seiner Mutter auf seine Kosten bei sich ein und versorgte ihn auch mit Kleidern, Büchern und Taschengeld. Der ebenso mittellose wie geistig unbedeutende Gans sekundierte Arthur dankbar bei allen Disputen mit Gerstenbergk.

Boshaft schrieb Gerstenbergk am 1. März dem von Arthurs Schwester vergötterten Jägeroffizier Ferdinand Heinke: »Über mir treibt der Philosophus sein Universum-Wesen. Er hat sich ein Jüdlein aus Berlin verschrieben, der sein Freund ist, weil er täglich geduldig seine Dosis von der objektiven Laxanz, der vierfachen Wurzel nimmt. Von Ihnen hofft er, daß das Kleistsche Korps blos darum Paris eroberte, um mit solcher die Franzosen zu purgiren. Der Jude heißt Gans und mit diesem ominösen subjektiven Objekt ist uns zu unserm Thee ein wahres Nicht-Ich gesetzt.« Anspielend auf das Thema der damaligen Auseinandersetzungen zwischen Arthur und Gerstenbergk schrieb Johanna Schopenhauer Anfang April ihrem Sohn: »Du scheinst mir zu absprechend, zu verachtend gegen die, die nicht sind wie Du, zu aburtheilend ohne Noth und predigst mir zuweilen zu viel. Deswegen aber wünsche ich nicht daß Du ein tüchtiger Husar wärst, wenn auch Deine Weise zu sehen und Dein Eifer anderen diese Ansicht aufdrängen zu wollen mir nicht gefällt. Ich weis dis ist die jezige Art der jungen Welt, ich ertrage sie, und denke die junge Welt wird auch einst alt. Besonders aber verdrist es mich wenn Du auf die schimpfest die ergriffen von der großen Zeit in der wir leben, das Schwerd zur Hand nehmen selbst wenn die Natur sie nicht dazu bestimmte.«

Inzwischen hatte die Geschichte den Deutschen, die das Schwert zur Hand genommen hatten, Recht gegeben. Am 31. März waren sie mit den verbündeten Russen und Österreichern in Paris eingezogen und hatten Napoleon abgesetzt. Arthur stieß mit seinen verächtlichen Bemerkungen auch seine Schwester Adele vor den Kopf. Er stand mit seinen Ansichten allein, denn Gans, der ihm nur nach dem Mund redete, weil er aus seiner Tasche lebte, zählte nicht. Dabei hatte sich Arthur in seinen Aufzeichnungen immer wieder dazu ermahnt, sich »in Jedes Gespräch nur mit Resignation einzulassen« und sich bei Menschen mit geringeren Geistesgaben auf zwei Möglichkeiten gefaßt zu machen: entweder »ihren Albernheiten beipflichten« oder ihnen »sein geistiges Uebergewicht fühlen lassen, wodurch geschmerzt sie allemal nach dem Hülfsmittel greifen beleidigend zu werden«. Man hatte seiner Meinung nach »Ursach zufrieden zu seyn wenn man seinen Gegner dahin gebracht hat, daß er grob wird: dann ist er gewiß, selbst nach seinem eignen Urtheil, geschlagen, und die Grobheit läßt man ihm.« Doch im April 1814 ging es weder um das bessere Bewußtsein noch um die Größe der Zeit, sondern um kleinliche Geldangelegenheiten, die zwischen Arthur und seiner Mutter zu regeln waren.

Johanna Schopenhauer hatte ihrem Sohn schon fünf Jahre zuvor vom väterlichen Vermögen Rechenschaft abgelegt, das sie weiterhin für ihn verwaltete. Ihre Unordnung in Geldangelegenheiten aber machte vor dem Erbteil ihres Sohnes nicht halt. So hatte sie in diesen Tagen Schwierigkeiten, eine von Arthur entliehene und verpfändete Obligation wieder einzulösen. Dazu kam, daß Johannas Mutter und ihre beiden unverheirateten Schwestern in dem 1807 von den Franzosen besetzten und 1813 von den Russen verwüsteten Danzig einer größeren Unterstützung als bis dahin bedurften. Das Gespräch zwischen Mutter und Sohn über einen besonderen Zuschuß an diese Familienangehörigen war in so »verdrießlichen« Formen verlaufen, daß sie von Anfang April an nur noch Briefe ohne Anrede und ohne Gruß wechselten, die lediglich mit dem Namen gezeichnet waren und die die seit 1800 in Johannas Diensten stehende Haushälterin Sophie Duguet wie ein Postbote von Zimmer zu Zimmer trug. Wenn auch das Geld schon früher immer wieder Zündstoff für Auseinandersetzungen zwischen Mutter und Sohn geliefert hatte und auch in Zukunft liefern sollte, so stand hinter diesem bisher schwersten Zerwürfnis doch mehr: nämlich die Einsicht der Mutter, daß sie auf die Dauer nicht zugleich mit Freund und Sohn unter einem Dache leben konnte und daß sie deshalb einen dem anderen zum Opfer bringen müsse; die Unleidlichkeit ihres Sohnes machte ihr die Entscheidung nicht schwer; bei der Wahl ihrer Mittel aber blieb sie darauf bedacht, sich nicht gleich in die Karten sehen zu lassen.

Drei Monate hatte der »Waffenstillstand« zwischen Mutter und Sohn gedauert. Gerstenbergk hatte sein Zimmer im oberen Stock des Hauses geräumt und sein Mittagessen anderswo eingenommen, eine Einrichtung, die es nach Johanna Schopenhauers Meinung ermöglichte, daß sie und Arthur in dieser Zeit »ganz friedlich neben einander leben« konnten. Nun aber rückte sie mit ihrer »Kriegserklärung« heraus. »Gegen Ende des Monats«, schrieb sie in ihrem ersten, Anfang April von Sophie überbrachten Brief an ihren Sohn, in dem sie ihm ankündigte, nie wieder in Geschäften mündlich mit ihm zu sprechen, »gegen Ende des Monats wünsche ich nun wieder zu meiner alten Einrichtung zurückzukehren und daß Du alsdann Dir entweder einen anderen Ort des Aufenthaltes erwählst oder im Fall Du hierbleibst Dich für Dich einrichtest«. Als Gründe dafür nannte sie die Beschwerlichkeit einer so großen Wirtschaft, die Beschränkung ihrer Freiheit während des Sommers, die fortwährende Gegenwart eines

Fremden wie Gans und in der Hauptsache, daß sie ungeachtet der Höhe des Kostgeldes »bei der jezigen Theuerung nicht damit auskomme«. Sie sei gewohnt, an den einmal eingegangenen Bedingungen festzuhalten, stelle es Arthur jedoch anheim, dem Dienerehepaar Duguet und der Köchin für die mit ihm und Gans gehabte Mühe bei seinem Fortgehen ein »ordentlich Trinkgeld« zu geben und es ihr zu ersparen, dies in seinem Namen zu tun.

Daraufhin überbrachte Sophie Johanna Schopenhauer einen Brief ihres Sohnes, in dem er ihren Vorwand, durch das Angebot der Erhöhung der Pensionsbeträge für sich und Gans aus der Welt zu schaffen versuchte, gleichzeitig aber auch feststellte, daß sie ihm »die Tür weise« und daß »das Familienband zerrissen« sei, weil sie nicht bereit sei, Gerstenbergk aufzugeben.

Sie weise ihm nicht die Türe und Gerstenbergk verdränge ihn nicht, erwiderte Johanna Schopenhauer ihrem Sohn in ihrem nächsten Brief, aber, so betonte sie: »Ich halte es nicht für gut, daß eine Mutter mit ihrem erwachsenen unabhängigen Sohn in einem Hausstande lebt, es kommt für beide nie etwas gutes dabei heraus ...« Ein Besuch des im gleichen Ort lebenden Sohnes hingegen wäre für beide eine »Freude und Erholung«. Da es in Dresden traurig, in Tübingen oder Stuttgart noch nicht recht geheuer sei und er nicht nach Berlin zurück möchte, würde sie ihm raten, sich in Weimar oder Ilmenau, Rudolstadt oder sonst einer schönen Gegend in der Nachbarschaft einzurichten. Dann aber ließ sie die Katze aus dem Sack und erwähnte, daß ihr Gerstenbergk zur Erleichterung ihrer finanziellen Lasten ihre Hinterstuben abmieten wolle. Mit anderen Worten: ihr Freund sollte in ihre eigene Wohnung ziehen und den Platz ihres Sohnes einnehmen. Die Beteuerung seiner Mutter, Gerstenbergk verdränge ihn nicht, mußte auf Arthur wie kalter Hohn wirken, als er am Ende dieses Briefes las: »Wollte ich Dir meinen Freund opfern weil ihr euch nicht miteinander vertragt so thäte ich Unrecht an ihm und mir. Du hast mir oft bei andern Gelegenheiten gesagt, wir beide sind zwei, und so muß es auch sein ... Warum soll ich mich von einem Freunde losreißen der mir treu ist und helfend so wie's Noth thut, der mir meine Existenz angenehmer macht und den ich und viele achtenswerthe Menschen für gut und rechtlich anerkennen?«

Schmerzerfüllt sah der Sohn eine Zukunft vor sich, in der seine Mutter mit ihrem Freund Gerstenbergk und seiner Schwester Adele jenes Stockwerk des Hauses bewohnen würde, in dem er nur als Besucher geduldet war. Von der Durchtrennung der Nabelschnur, die ihn einst körperlich mit seiner Mutter verbunden hatte, besaß er keine Erinnerung. Jetzt aber fühlte er sein von der Mutter zitiertes Wort »Ich und du sind zwei« nachträglich wie einen Schnitt in sein lebendiges Fleisch. Er vergaß, daß er nach seinen eigenen Worten als Geschlagener aus dieser brieflichen Kontroverse hervorging, wenn er sich dazu hinreißen ließ, grob zu werden. Doch er wurde grob. Er warf seiner Mutter alles an den Kopf, was sich an Vorwürfen in ihm aufgestaut hatte, ihre Verschwendungssucht, ihre Oberflächlichkeit, ihr affektiertes Wesen, ihren hochfahrenden Ton, ihre Hartherzigkeit gegenüber ihrem verstorbenen Gatten, ihre Rücksichtslosigkeit gegenüber ihrer Tochter, die komische Figur, die sie an der Seite ihres um vierzehn Jahre jüngeren Freundes machte, ja in letzter Übersteigerung: ihr Geschlecht.

So fiel es Johanna Schopenhauer nicht schwer, als Beleidigte den Schlußstrich zu ziehen. »Die Thüre die Du gestern nach dem Du Dich gegen Deine Mutter höchst ungeziemend betragen hattest so laut zuwarfst fiel auf immer zwischen mir und Dir«, schrieb sie in ihrem letzten, nicht nur von Geschäften handelnden Brief, den Sophie Mitte Mai 1814 dem Sohn überbrachte. »Ich bin es müde länger dein Betragen zu erdulden, ich gehe aufs Land und werde nicht eher wieder zu Hause kommen bis ich weis daß Du fort bist, ich bin es meiner Gesundheit schuldig, denn ein zweiter Auftritt wie gestern würde mir einen Schlagfluß zuziehen der tödlich werden könnte ... Nicht Müller, das betheuere ich hier vor Gott an den ich glaube, Du selbst hast Dich von mir losgerissen, Dein Mistrauen, Dein Tadeln meines Lebens, der Wahl meiner Freunde, Dein wegwerfendes Benehmen gegen mich, Deine Verachtung gegen mein Geschlecht, Dein deutlich ausgesprochener Widerwillen zu meiner Freude beizutragen, Deine Habsucht, Deine Launen denen du ohne Achtung gegen mich in meiner Gegenwart freien Lauf ließest, dies und noch vieles mehr das Dich mir durchaus bösartig erscheinen läßt, dies trennt uns ...«

Dann warf sie ihm vor, sich nicht an das Vermächtnis seines Vaters zu halten, forderte ihn auf, das Gebot von Vater und Mutter zu studieren, versicherte ihm, daß sie ihm nicht fluche, aber auch nicht mit einem Gefühl von ihm scheide, das ihm Segen bringen könne, und formulierte pathetisch: »Meine Pflicht gegen Dich ist vollendet ziehe hin mein leztes Geschäft mit Dir habe ich sachkundigen Männern vertraut ...«

Von da an wurden zwischen Mutter und Sohn nur noch Schriftstücke gewechselt, die sich mit Geld- und Vermögensangelegenheiten befaßten. Die menschliche Trennung war vollzogen; was übrig blieb, glich der Liquidation eines Geschäftes durch miteinander verfeindete und gegenseitig von äußerstem Mißtrauen erfüllte Teilhaber. Mehrmals mußte Sophie die Papiere, auf denen Zinsen und Pensionsbeträge für das Logis gegeneinander aufgerechnet wurden, mit Randbemerkungen von Mutter und Sohn von Zimmer zu Zimmer tragen. Dem Notar Wilhelm Ernst Schwabe schrieb Johanna Schopenhauer, ihre Gesundheit lasse es nicht zu, die Abwicklung ihrer Vermögensangelegenheiten persönlich vorzunehmen. Er solle ihrem Sohn sagen, er möge endlich aufhören, sie zu quälen, nicht ewige Schikanen suchen, die ihm nichts helfen, aber sie ins Grab bringen könnten. Sie liefere ihm seine ihm längst bekannten Papiere aus, weil er sie wolle, fordere aber die Quittung, die ihr zukomme. Diese auf 19 183 Taler und 6 Groschen in Summa lautende Quittung unterzeichnete Arthur noch am 17. Mai, behielt sich aber alle seine Erbansprüche an allem noch übrigen ungeteilten väterlichen Vermögen oder noch zu realisierenden Kapitalien seines väterlichen Vermögens ausdrücklich vor: »Übrigens entsage ich nunmehr in Rücksicht auf gegenwärtige Quittung allen Ausflüchten, sie heißen wie sie wollen, namentlich der Ausflucht nicht richtig geschehener Berechnung, des Irrthums, der List, des Betrugs, der Verletzung, nicht richtig geschehener Abgewährung, daß mir mehr zugekommen wäre, der Wiedereinsetzung in den vorigen Stand, und der Rechtsregel, daß ein allgemeiner Verzicht nicht gelte, wenn den einzelnen Einreden nicht besonders entsagt worden sei, habe diese General Quittung über mein obiges bis zum 22 August disponibel gewesenes väterliches Erbtheil eigenhändig geschrieben, nach reifer Ueberlegung wohlbedächtig unterzeichnet, mit meinem väterlichen Wappen bedruckt, und will mich zum Inhalt und Unterschrift gerichtlich bekennen«, schloß das Dokument.

Johanna Schopenhauer hatte ihrem Personal befohlen, ihren Sohn bis zum Morgen des Donnerstag, des 21. Mai 1814, in ihrem Hause wie sonst zu bedienen. Sie hatte sich inzwischen mit ihrer Tochter nach Jena begeben. Von dort schrieb Arthurs Schwester Adele an ihre Freundin Ottilie: »Mein Bruder hat sich schändlich gegen die Mutter benommen, für jetzt will sie ihn nicht sehen.« Nur noch die Dienerschaft war in dem Haus an der Esplanade. Man übergab Arthur seine Habseligkeiten und seine Bücher. Ein eisernes Bett mit Kattungardinen sollte erst noch taxiert werden, ehe es ihm nachgeschickt oder von seiner Mutter gekauft würde. Sophie, die »Parlamentärin« der letzten Tage, war nicht im Zweifel darüber, daß sich der »Sohn des Hauses« mit seinem Trinkgeld für immer von ihr verabschiedete. Aber auch sie weinte ihm keine Träne nach.

Arthur wußte, wohin er sich wenden wollte. Bereits am 24. April hatte er dem Studiendirektor der königlichen Pagen in Dresden, Karl August Böttiger, geschrieben, der ihm den wohlgemeinten Rat gegeben hatte, in Jena Vorlesungen zu halten: »Dennoch ist es nicht mein Plan ihn für jetzt zu befolgen. Ich erkenne zwar auf das lebhafteste meinen Beruf und die ihm mitgegebene individuelle Verpflichtung nicht nur schriftlich sondern auch mündlich öffentlich zu lehren, und bin fest entschloßen dieser Pflicht den größten Theil meines Lebens hindurch auf alle Weise ein Genüge zu thun und folglich eine Akademische Laufbahn anzutreten. Allein da das Schicksal mir eine Gunst werden ließ, die es so vielen andern würdigeren Dienern des Apolls und der Athene oft so schnöde versagte, da es mir ein Vermögen schenkte von deßen Zinsen ich überall bequem leben kann; so will ich jene Gunst dazu benutzen, daß ich mich auf alle Weise zu meiner Bestimmung vorbereite und erst völlig ausgebildet und mehr herangereift meine eigentliche Laufbahn beginne. Demnach will ich noch einige Zeit dem eigenen ernsten Studium widmen und später die schönern Länder Europens durchwandern. Erst dann sollen die Lehrjahre vollendet und die Zeit des Lehrens da seyn. Aus gar vielerlei Gründen ist Weimar nicht der rechte Ort für mich, am wenigsten im Sommer. Zwar hätte ich diesen Winter nirgends in der Welt lieber seyn mögen als hier, da der große Göthe mich seines näheren, mir unendlich lehrreichen Umgangs würdigte: aber theils bereist er im Sommer die Bäder, theils steht schon der große Abstand des Alters mir zu einer dauernden Verbindung mit ihm entgegen, theils endlich darf man wegen des Unbestandes mit welchem er bald diesen bald jenen auf eine Weile zu sich hinaufzieht, nicht auf ihn in seinen Plänen Rechnung machen. Mein beßres und eigentliches Leben ist mein philosophisches Studium, dem ist alles übrige tief untergeordnet, ja es ist nur eine leichte Zugabe dazu. Da ich aber wählen kann, wünsche ich mir einen Aufenthalt der mir schöne Natur, Gegenstände der Kunst und wißenschaftliche Hülfsquellen darbiete und mich auch die nöthige Ruhe finden läßt. Dies alles habe ich, so weit ich auch gereist bin, nirgends so schön vereinigt gesehn als in Dresden, u. schon längst war es daher mein Wunsch dort ein Mal einen dauernden Aufenthalt nehmen zu können. Ich habe daher große Lust jetzt nach Dresden zu gehn.« Er gab dieser Lust nach.

Der Abschied von Weimar wäre Arthur leichtergefallen, wenn es sich nur um die Trennung von der Mutter gehandelt hätte. Der Gedanke, mit dieser Frau nach derartigen Szenen auch nur in der gleichen kleinen Residenzstadt zu wohnen, war ihm gar nicht erst gekommen. Das Zerwürfnis zwischen ihr und ihm wäre auch ohne ihre demonstrative Abwesenheit bei seiner Abreise schon nach wenigen Stunden Gegenstand des Gesellschaftsklatsches geworden. Nach seinem letzten Besuch bei Goethe, den er am 15. Mai in Berka aufgesucht hatte, war Arthur klar, daß der Preis für die Trennung von seiner Mutter ein höherer war: die Zeit, in der er Goethe allein oder in Gesellschaft fast jede Woche einmal begegnet war, ging unweigerlich zu Ende.

Als Arthurs Erregung während der Fahrt abzuklingen begann, versuchte er so nüchtern, wie er es als Kaufmann gelernt hatte, Bilanz zu ziehen. Er hatte seine Mutter und, wie es ihm damals schien, auch seine Schwester verloren. In Weimar blieb sein lebendig gebliebenes Vorbild Goethe zurück. Die Erinnerung an seine erste Liebe, die Schauspielerin Karoline Jagemann, war bereits verblaßt und würde kaum mehr neue Nahrung erhalten. Einen Freund wie Josef Gans, der ihm eigentlich nur dazu gedient hatte, einem Gerstenbergk nicht allein gegenüberzustehen, würde er überall finden. Geblieben war ihm nach der Übergabe seines bisher von der Mutter verwalteten väterlichen Erbteils seine materielle Unabhängigkeit. Den größten ideellen Wert besaßen seine Dissertation, scin Doktordiplom und seine Manuskripte und — nicht zu vergessen — die erste öffentliche Besprechung seiner ersten philosophischen Abhandlung in den »Göttinger gelehrten Anzeigen« vom 30. April 1814 durch seinen Auferwecker zur Philosophie,

Gottlob Ernst Schulze. Diese Anerkennung durch den berühmten Verfasser des »Aenesidemus« wog um so schwerer, als Schulze ihm in einem Brief vom 20. Jänner 1814 über das Erstlingswerk geschrieben hatte: »Vermöge unserer ehemaligen Verbindung hatte es für mich ein besonderes Interesse, und da mir aus jener Verbindung Ihr philosophisches Talent bekannt war, so fieng ich es mit nicht geringen Erwartungen zu lesen an. Aber diese Erwartungen sind bey weitem übertroffen worden ... Sie wissen, wie wenig ich dazu Neigung habe, Ihnen Complimente zu machen, und ich brauche also nicht erst zu versichern, daß das obige allgemeine Urtheil über Ihre Schrift die reine Sprache meiner Überzeugung sey.« Das war für Arthurs Überzeugung, daß er auf dem richtigen Weg sei, in diesen Tagen die stärkste Stütze.

Der Umstand, daß er wieder einmal seinen Wohnsitz wechseln mußte, vermochte, für sich allein genommen, Arthurs Stimmung nicht weiter zu trüben. Die Zeit, in der er in Danzig, Hamburg und Le Havre noch in den Häusern einer Familie gewohnt hatte, lag weit zurück. Seit Gotha, Göttingen und Berlin führte er das Leben eines Junggesellen, der in jeder Studierstube zuhause war, in die er mit Platons und Kants Werken, mit Sokrates' Büste und Goethes Porträt und mit dem Bärenfell für seinen Pudel einzog. Sonst fand sich unter seinen Habseligkeiten wenig, worauf er Wert legte. Das plattierte Schreibzeug mit fehlendem Deckel, ein früheres Geschenk seiner Mutter, das ihm Sophie auf Geheiß ihrer Herrin mit eingepackt hatte, konnte ihm keine sentimentalen Gefühle entlocken. Was er in Zukunft schreiben wollte, die Begründung seines Systems der Philosophie, »lag« ihm, wie er in seinem Lebenslauf betonte, »damals bereits im Kopfe«.

Er brauchte nur noch Zeit, um seine Gedanken zu ordnen. Die entscheidenden Begegnungen mit den bedeutendsten lebenden und toten Philosophen hatte er bereits hinter sich. Er hatte in Göttingen, Berlin und Weimar Fichte und Schleiermacher gehört, er hatte zu den Werken von Kant, Schelling, Fichte, Platon, Baco von Verulam und Locke seine kritischen Anmerkungen gemacht und hatte neben anderen Aristoteles, Jakob Böhme und Spinoza kennengelernt. Und als besonderes Erbe der Weimarer Zeit führte er das »Oupnekhat« mit sich, die aus dem Sanskrit in das Persische und aus diesem in das Lateinische übersetzte, 1801/02 in Straßburg erschienene indische Weisheitslehre der Upanishaden, die zu seinem Andachtsbuch werden sollte.

Die Reise nach Dresden entführte Arthur weiter als jede frühere Reise seinem bisherigen Leben. Seine Mutter, die noch vierundzwanzig Jahre zu leben hatte, sollte Arthur nie mehr wiedersehen. Seiner Schwester sollte er erst in sechs Jahren wieder begegnen. Mit Goethe durfte er nur noch einmal zusammentreffen. Und bis zu einem Wiedersehen mit seiner Jugendliebe Karoline Jagemann als Frau von Heygendorff vergingen neunzehn Jahre. Ihr sollte er die Parabel von der Gesellschaft der Stachelschweine erzählen, die an einem kalten Wintertage zwischen den beiden Leiden des Erfrierens und des Gestochenwerdens hin und her geworfen wurden, »bis sie eine mäßige Entfernung von einander herausgefunden hatten, in der sie es am besten aushalten konnten... Wer jedoch viel eigene, innere Wärme hat, bleibt lieber aus der Gesellschaft weg, um keine Beschwerde zu geben, noch zu empfangen«.

Doch schon 1814 hatte Arthur in seinen Manuskripten

die ganze Bitterkeit seiner Lebenserfahrung verpackt. Der Satz: »Ob einer mehr Ursach hat die Menschen zu suchen oder zu meiden, hängt davon ab ob er mehr die Langeweile oder den Verdruß fürchtet«, stand dabei unmittelbar hinter dem Satz: »Um zu wissen wieviel Glück Einer im Leben empfangen kann, darf man nur wissen wieviel er geben kann.«

DRITTER TEIL

Nachkomme seiner selbst

XI

DRESDEN

Die Welt ist Selbsterkenntniß des Willens

»Die Welt ist Selbsterkenntniß des Willens«. In diesem einen Ausdruck ließ sich, wie Arthur Schopenhauer 1817 in Dresden schrieb, seine »ganze Philosophie« zusammenfassen. Im Alter erschien es ihm bemerkenswert, daß »schon im Jahre 1814 (seinem 27. Jahr) alle Dogmen ›seines‹ Systems, sogar die untergeordneten, sich feststellten«. Die Bogen, die er in den Jahren 1814 bis 1818 in Dresden vollschrieb, waren in seinen Augen der Ausdruck für den »Gährungsprozeß« seines Denkens, aus dem seine »ganze Philosophie hervorgieng, sich nach und nach daraus hervorhebend, wie aus dem Morgennebel eine schöne Gegend«. Was da zu einem später von ihm nie mehr in Frage gestellten Gedankengebäude wurde, waren nicht Einsichten, die er erst in Dresden gewann. Was hier in seinem Kopf »strahlenweise wie ein Kristall zu einem Zentrum konvergierend« zu einem philosophischen System »zusammenschoß«, hatte seine Richtung und seinen Stoff schon früher gewonnen: aus einem ebenso düsteren wie zur Klarsicht befähigenden Erbe, aus einer schon in zarter Kindheit erlebten Heimatlosigkeit und Angst, aus Einblicken des Jünglings in das Jammertal dieser Erde, aus den durch Tod und Zwietracht zerrissenen Familienbanden, aus der Weltsicht Platons, Kants und der Upanishaden und aus der Sinnarmut der jüngsten Geschichte. Die Dresdener Jahre vermochten der Weltanschauung des früh gereiften Mannes nur noch den letzten Schliff zu geben; die Form, in die neue Erfahrung gegossen wurde, stand bereits fest. Die Schönheit der Kunststadt Dresden und der sie umgebenden Natur und die Begegnung mit Werken christlicher Mystiker fügte sich in das fertige Weltbild ebenso fugenlos ein wie die noch tiefer werdende Entfremdung von der Mutter, das von Mißverständnissen getrübte Verhältnis zur Schwester und die gerade von der Farbenlehre ausgehende Scheidung der Geister zwischen Goethe und seinem Schüler Schopenhauer.

Dabei führte Schopenhauer in Dresden nicht das Leben eines Einsiedlers, wenn er auch den Ruf, ein Sonderling zu sein, erwarb. Es fehlte ihm nicht an Gesprächspartnern, und es gab zumindest eine Frau, der er körperlich so nahekam, daß sie ihm ein Kind gebar. Doch kein Mensch vermochte ihm das verlorengegangene Gefühl der Geborgenheit zu schenken, das notwendig gewesen wäre, um sein Denken mit dieser Welt zu versöhnen. So lebte er, scheinbar sorglos, von den Zinsen des väterlichen Erbes, las Bücher, betrachtete Gemälde, hörte Musik, ging spazieren und ritt aus, und wich doch in dem, was er schrieb, keinen Schritt von dem längst vorgezeichneten Wege ab: Ein gesunder, sinnlicher und zorniger junger Mann mit einer eigenwilligen Denkungsart, der in der Welt nichts als den Hexenkessel eines sich selbst zerfleischenden Willens sah, der der Menschheit weder einen Ausweg durch Fortschritt noch durch Untergang, sondern einzig und allein durch Verneinung des Willens zum Leben zeigte. Ein romantischer Jünger der Kunst, aber ganz und gar kein Heiliger, sah er in dem, was er lehrte, den Ausweg nur dort, wo im Einzelnen »der Wille der sich selbst erkennt sich wendet« und wo »statt der Sorge für das eigne Individuum Erbarmen gegen die Andern als Liebe auftritt, die Erkenntniß des fremden Jammers den eignen vergessen macht, Verneinung des Lebens als Selbstverläugnung sich darstellt«.

Was Schopenhauer in Dresden niederschrieb, war nicht zuletzt ein Protest gegen sein eigenes Schicksal, gekleidet in eine Anklage gegen das Wesen der Welt. Doch im Gegensatz zu kommenden Protestgenerationen gab er keinen Marschbefehl zur kollektiven Selbsterlösung aus, sondern predigte als Vereinzelter nur einzelnen den Rückzug auf sich selbst und aus sich selbst. Denn »daß wir überhaupt wollen« war seiner Meinung nach »unser Unglück«.

Wer im Mai 1814 nach Dresden kam, mußte die Schattenseiten des Lebens bereits kennengelernt haben, denn diese Stadt war nicht gesonnen, ihre Besucher schwermütig zu stimmen. Schon aus der Ferne sprach sie den Reisenden durch die von Kleist gerühmte »große, feierliche Lage« an, umkränzt von den Elbehöhen, die die Stadt »in einiger Entfernung, als ob sie aus Ehrfurcht nicht näher zu treten wagten«, umlagerten. Nur im Herzen der Stadt legte die im Mittelteil gesprengte Augustusbrücke noch Zeugnis von der Schlacht ab, bei der sich acht Monate zuvor die in der Altstadt stehenden Franzosen und die in der Neustadt stehenden Russen über die Elbe hinweg beschossen hatten. Doch zu beiden Seiten des Flusses boten das Schloß, die Hofkirche, der Zwinger, das Theater, die Brühlschen Terrassen und das Japanische Palais noch immer das auf den Veduten Canalettos festgehaltene barocke, von Poesie überhauchte Bild. Das Elb-Florenz mit seinen 57 000 Einwohnern beherbergte in seinen Mauern mehr Bücher und Gemälde als Menschen. Schon Winckelmann hatte es als die erste Kunststadt des Nordens gerühmt. Seit einem halben Jahrtausend ertönte hier der Knabenchor der »Kruzianer«, seit dem 16. Jahrhundert besaß die Stadt eine Hofkapelle, eine Bibliothek, eine Kunstkammer und seit 1666 ein Opernhaus. Zwischen 1720 und 1728 wurde sie durch ihre Porzellansammlung und ihr Kupferstichkabinett berühmt. Es war aber auch der Ehrgeiz der sächsischen Kurfürsten, die Stadt selbst zum Kunstwerk zu gestalten. Ihr Repräsentationsbedürfnis überließ nichts dem Zufall oder der bloßen Nützlichkeit; großen Architekten wurde die künstlerische Verantwortung für eine Raumkomposition übertragen, die nicht nur die hervorragenden Bauten, sondern auch die Wohnhäuser der Bürger den Gesetzen der Harmonie unterwarf. So entstand als architektonisches Kompositionszentrum, die Elbe nach Ost und West beherrschend, Chiaveris Katholische Hofkirche, als Verherrlichung der Polenpolitik Augusts des Starken Pöppelmanns barocker Zwinger und als Monument des evangelischen Bürgerglaubens Bährs wuchtig-strenger Kuppelbau der Frauenkirche. Wenn das gesamte Stadtbild charaktervolle Architekturen von großer Mannigfaltigkeit aufwies, ohne daß den repräsentativen Bauten ihr Rang streitig gemacht wurde, lag dies an einer Bauordnung, die schon 1733 verlangte, daß an allen Gebäuden »etwas Nobles, dabei aber doch an Schmuck und Zieraten nichts Überflüssiges sich eingerichtet finde, daß die Architektur durch die gegebenen Zieraten nicht verdunkelt noch unterdrückt werde«. So war Dresden imstande, nicht nur durch die Kunstschätze seiner Sammlungen, sondern durch sich selbst zu lehren, was Schönheit ist. Seit Jahrzehnten war die Stadt deshalb Anziehungspunkt für die Großen des Geisteslebens. Goethe stattete Dresden zwischen 1768 und 1813 fünf Besuche ab, Schiller wohnte hier 1785 im Haus der Familie Körner, 1799 vereinte Dresden in seinen Mauern die Dichter Novalis und Tieck, die Maler Caspar David Friedrich und Philipp Otto Runge und den Philosophen Schelling. Kleist, der schrieb, es gäbe, »selbst Paris nicht ausgenommen«, keine Stadt, in »welcher die Zerstreuung so leicht und angenehm« sei wie in Dresden, ließ hier 1808 seine Zeitschrift »Phoebus« erscheinen.

Für Arthur Schopenhauer war Dresden bereits ein vertrauter Ort. Schon als Zwölfjähriger hatte er die Stadt zum erstenmal betreten, sich in seinem Reisejournal von der bezaubernden Gegend, den schönen Gebäuden und der berühmten großen Brücke beeindruckt gezeigt und nach mancher frohen Stunde vom »lieben Dresden« Abschied genommen. Seine Europareise hatte ihn mit sechzehn Jahren neuerlich nach Dresden geführt, wo er sich auch noch 1812 während einer Ferienreise und 1813 nach der Flucht aus Berlin kurz aufgehalten hatte. Nun ließ er sich für mehr als vier Jahre in dieser Stadt seiner Wahl nieder, die einem kunstbegeisterten und naturliebenden Privatgelehrten alle Wünsche zu erfüllen vermochte. Seinen ersten Wohnsitz hatte Arthur Schopenhauer in der Großen Meißenschen Gasse der barocken Neustadt. Wer die Elbe auf der 800 Schritte langen Augustusbrücke überquerte und den Marktplatz der Neustadt mit dem Rathaus betrat, der erreichte durch die Große und die Kleine

Meißensche Gasse den Töpfermarkt und den Eingang des Japanischen Palais. In der Großen Meißenschen Gasse standen die klassischen Dresdner Barockhäuser, dreieinhalbgeschossige Mansardenhäuser mit übereinstimmender Hauptgesimshöhe, darunter das Pfund'sche Haus und zwei Thielemann'sche Häuser.

Das von Pöppelmann erbaute Japanische Palais mit seinem niedrigen Kupferdach trug im Fries seiner Fassade die Inschrift »Museum Usui Publico Patens«. Es beherbergte seit 1786 in seinem ersten und zweiten Stock in 21 Zimmern und drei Sälen die Landesbibliothek, die durch die 18 000 Bände umfassende Bibliothek des Zeremonienmeisters von Besser, die von Winckelmann betreute wissenschaftliche Bibliothek des Grafen Bünau mit 62 000 Bänden und die bibliophil bedeutsame Büchersammlung des Grafen Heinrich von Brühl mit 42 000 Bänden auf 200 000 Bände angewachsen war. Diese schon von Herder, Schiller, den Brüdern Schlegel, Kleist und E. T. A. Hoffmann benützte Bibliothek mit ihrem Indischen Schrank zählte Arthur Schopenhauer zu ihren regelmäßigen Besuchern. Hier konnte er im Eingangszimmer lesen und exzerpieren oder auch Bücher als »sichere Person« gegen Schein nach Hause nehmen. Am längsten, nämlich acht Monate lang, entlieh Arthur Schopenhauer eine Selbstbiographie: die der Madame Guyon, in der er eine »wahrhaft heilige Frau« sah. Auch in zahlreichen anderen Werken begegnete er christlichen Mystikern wie Johannes Tauler, Jakob Böhme, Fénélon und Swedenborg. Wenn der Privatgelehrte den Garten des Japanischen Palais mit seinen Blumengirlanden betrat, konnte er am anderen Ufer der Elbe die Villa des Prinzen Maximilian, die großen Linden der Ostrawiese und die Altstadt vor dem Hintergrund der Weinberge sehen. Vor seinem inneren Auge aber verschmolzen die Biographien indischer und christlicher Heiliger zu Vorbildern einer Philosophie, die die Verneinung des Lebens lehren sollte.

Ein anderer Anziehungspunkt für Schopenhauer war das von Goethe bewunderte »Heiligtum« der Gemäldegalerie, dem Winckelmann das Zeugnis ausstellte, »daß die größten Schätze Italiens, und was sonst Vollkommenes in der Malerei in anderen Ländern hervorgebracht worden war« dorthin geholt worden waren. Hier fanden sich gegen 1380 Gemälde von 368 Meistern, womit Dresden die Kaiserliche Gemäldegalerie in Wien knapp übertraf — Werke von Michelangelo, Lucas Cranach, Breughel, Paolo Veronese, Dürer, van Dyck, Holbein, Rembrandt und Rubens, vor allem aber die 1754 für 20 000 Dukaten aus Piacenza angekaufte »Sixtinische Madonna« Raffaels, die Arthur Schopenhauer 1815 zu dem Gedicht inspirierte:

»Sie trägt zur Welt ihn: und er schaut entsetzt
In ihrer Greu'l chaotische Verwirrung,
In ihres Tobens wilde Raserei,
In ihres Treibens nie geheilte Torheit,
In ihrer Qualen nie gestillten Schmerz —
Entsetzt: doch strahlet Ruh' und Zuversicht
Und Siegesglanz sein Aug', verkündigend
Schon der Erlösung ewige Gewißheit.«

Anziehungspunkte für den Musikfreund Schopenhauer waren das von Pöppelmann und Alessandro Mauro erbaute prächtige Opernhaus am Zwinger, damals mit seinen 2000 Plätzen das größte Theater in Deutschland, und das Theater auf dem Bade, wo die italienische Oper und die deutsche Nationaloper miteinander wetteiferten.

In der schönen Jahreszeit hielt sich der Privatgelehrte gerne auf den Brühl'schen Terrassen und im Botanischen Garten auf. Gesprächspartner mußten aber auch bei Wind und Wetter mit ihm den langen Weg von der Pirna'schen Vorstadt über die Elbebrücke bis zum schwarzen Tor hin- und zurückgehen. Überzeugt, daß ihm die besten Gedanken beim Gehen kamen, trug Arthur Schopenhauer bei seinen Spaziergängen am Ufer der Elbe stets ein Taschenbuch bei sich, um seine Einfälle mit wenigen Stichworten festzuhalten. Verlockend war für ihn aber auch die weitere Umgebung Dresdens, die bizarre Gebirgslandschaft der Sächsischen Schweiz, die er während eines fünftägigen Ausflugs kennenlernte, und Teplitz mit seinen Thermalquellen, welches zum Ziel einer neuntägigen Reise zu Pferde wurde.

Aus der jüngsten Geschichte Europas war in jenen Jahren nur schwer ein Sinn herauszulesen. Millionen Männer lagen in den Soldatengräbern, die von Spanien bis Moskau und zu den Pyramiden reichten. Sie waren für die Revolution und die Restauration, für das Feldherrngenie Napoleons und die Befreiung von der Franzosenherrschaft gefallen. Der Sturm auf die Bastille hatte mit der neuerlichen Thronbesteigung eines Bourbonen ein ebenso klägliches Ende gefunden wie der Siegeszug des Generals und selbstgekrönten Kaisers Napoleon Bonaparte mit der Verbannung auf St. Helena. Selbst die Deutschen hatten in den Befreiungskriegen nicht mehr erobert als die Trophäe der Ehre; die Freiheit aber und »ein Vaterland aller Deutschen« waren unerfüllte Hoffnungen geblieben.

Wer zwischen die Mühlsteine des Krieges geraten war, fand sein Schicksal immer noch am besten in Voltaires »Candide« beschrieben. Wer aus dem Traum von »Freiheit, Gleichheit und Brüderlichkeit« erwacht war, dem erschien die Welt noch immer als das »Tollhaus« Kants, wo jeder seine eigenen Absichten vernichtete. Und wer die Weltgeschichte nicht von den Feldherrnhügeln ihrer Lenker, sondern von den Grabhügeln ihrer Opfer aus betrachtete, dem schien Mephistopheles im Recht: »Denn alles, was entsteht, ist wert, daß es zugrunde geht; drum besser wärs, daß nichts entstünde.« Zu glauben, »es geschähe beständig etwas Neues ... das Ganze habe Anfang und Ende, Plan und Entwickelung und zum Ziel höchste Vervollkommnung im letzten (30 Jahr lebenden!) Geschlecht«, war deshalb in den Augen Arthur Schopenhauers ein unverzeihlicher Irrtum. Was sich in der Welt abspielte, erinnerte ihn vielmehr an die Dramen des Gozzi: »In allen diesen Stücken sind dieselben Personen, haben dieselben Absichten und dasselbe Schicksal: die Begebenheiten sind freilich geändert aber der Geist dieser Begebenheiten ist derselbe.« Er sah nicht mehr als ein ewiges Einerlei der gleichen Leidenschaften und Irrtümer, sah, wie neben »Kühnheit, Klugheit, Schlauheit, Scharfsinn, Witz, Vernunft, Bedacht, Genie« ein Übermaß an »Habsucht, Haß, Furcht, Gier, Neid, Lug und Trug ..., Kriecherei, und dann Dummheit, Stumpfheit, Plattheit, Blindheit« wie Lava hervorbrodelte, um »in Einem fort die große und kleine Weltgeschichte« aufzuführen: »Ihnen ist es gleichviel ob sie um Nüsse oder Kronen spielen: sie gerinnen und laufen zusammen zu tausendfältigen Gestalten ... in deren jeder der ganze Lebenswille ist.« Diese Anklage schleuderte er allen entgegen, die von sinnvollen Opfern, vom unaufhaltsamen Fortschritt und von verwirklichten Idealen in dieser besten aller möglichen Welten gesprochen hatten. Schopenhauer meinte, es sei ungleich wahrer zu sagen, »der Teufel hat die Welt geschaffen; als: Gott hat die Welt geschaffen: ebenfalls wahrer: die Welt ist Eins mit dem Teufel; als: die Welt ist Eins mit Gott.«

Die neuen »Progresse« in der »Menschenverachtung«, von denen Arthur Schopenhauer Goethe am 7. Februar 1816 berichtete, hatten ihre Ursache freilich nicht in weltgeschichtlichen, sondern persönlichen Dimensionen seines Lebens. Die »Zuckungen eines ungeheuren Schmerzes ... welcher die Erinnerung an eine furchtbare Epoche seines Lebens zu begleiten schien« — so Johann Gottlob Quandt über Schopenhauer an dessen Schwester Adele — stammten immer noch von der zum zweitenmal durchschnittenen Nabelschnur.

Mochte auch die räumliche Trennung von seiner Mutter einem komplikationslosen chirurgischen Eingriff gleichen, die alte Wunde schwärte aus nichtig erscheinenden Anlässen weiter. Als Arthur Schopenhauer von Jakob Kabrun, der am 25. Oktober 1814 in Danzig gestorben war, auf die briefliche Mahnung fälliger Zinsen keine Antwort erhielt, entschloß er sich, seiner Mutter zu schreiben, und erfuhr aus ihrer Antwort vom 24. November, daß sie bei Kabrun Schulden und außerdem 180 Arthur gehörende Taler einstweilen mitverbraucht hatte. Obwohl ihn die Mutter pathetisch beschwor, ihr »nichts Unangenehmes zu sagen«, weil ihre Gesundheit Schonung erfordere, wenn sie »nicht plötzlich an einem Schlagfluß aus der Welt gehen« solle, ließ sich der Sohn nicht davon abhalten, ihr die ärgsten Vorwürfe zu machen. Daraufhin erhielt er den in ärgerlicher Eile mit 14. Juni 1814 datierten, zweifelsfrei aber aus dem folgenden Jahr stammenden »Scheidebrief«, in dem zu lesen stand: »Dein Brief verdient keine Antwort von mir, andere Hände sollten sich damit befassen, deren Amt es ist, Menschen oder Philosophen zu behandeln, die ihre Mutter für eines Diebstahls für verdächtig erklären ... Dir fluche ich nicht, weil ich nicht fluchen kann, ob aber alles was Du mir thust und gethan hast und wahrscheinlich noch thun wirst, Dir nicht, ohne mein Zuthun einst zum Fluche werden wird, das wird die Geschichte Deines künftigen Lebens zeigen ...«

Damit war der Höhepunkt des Zerwürfnisses noch nicht erreicht. Johanna Schopenhauer hatte eine ihrem Sohn gehörende Obligation über 1000 Taler verpfändet und ihrem Sohn dafür einen Wechsel geschickt, der sich aber zur Verfallszeit als nicht einlösbar erwies. Aus diesem Anlaß schrieb sie am 28. Juni noch einmal an ihren Sohn, erklärte ihm, sie sei »gefährlich krank«, Wassersucht drohe ihr »einen langen qualvollen Tod« zu bereiten, und auch Adelens »Brustkrampf und Nervenschwäche« erfordere eine Kur. Sie unterstellte ihrem Sohn, er wolle sie verklagen und sie werde »allso dann ausgepfändet«, was, wie nicht nur zwischen den Zeilen stand, seiner Mutter das Leben und seiner Schwester die Gesundheit kosten könnte. Am 5. jenes März 1817, in dem Arthur Schopenhauer mit der Niederschrift seines Hauptwerkes begann, brach dann seine Mutter den Briefwechsel endgültig mit den Worten ab: »Du hast Dir in Deinem vorlezten Brief einen Ton gegen mich erlaubt der mich zu dem Entschluß brachte keine Feder für Dich mehr einzusetzen.«

Schmerzlicher noch als das längst vergiftete Verhältnis zu seiner Mutter aber mußte es Arthur berühren, daß auch der Versuch einer Verständigung mit seiner Schwester mißlang, die mehr denn je unter dem unwürdigen Dreiecksverhältnis mit Gerstenbergk litt. Adeles Tagebucheintragungen sprachen dafür, daß Johanna Schopenhauer ihren Freund um jeden Preis an sich zu binden versuchte, notfalls auch auf dem Umweg über ihre Tochter. Wenn Arthur Schopenhauer aus den Briefen seiner Schwester auch nur andeutungsweise das erfuhr, was sie ihrem Tagebuch anvertraute, dann konnte er in Abgründe seelischer Verzweiflung blicken: »Ich kann es nicht mehr aushalten, ich bin in ewiger Todesangst«, notierte Adele. »Meine Mutter soll ihren Freund behalten und mir nie, nie wiederholen, was sie gestern gesagt ... Ihn heiraten wäre das Klügste, ich kann nur nicht ... Gerstenbergk hat mich aufs äußerste getrieben, und wenn ich heirate, tue ichs, um nicht dies Gefühl der Schuld mein ganzes Leben mit mir herumschleppen zu müssen. Sieh, ich könnte es nicht ertragen, daß ich der Mutter Glück zerstört hätte ...«

Die Versuche der Geschwister, einander wieder näherzukommen, standen unter dem Unstern von Adelens Abhängigkeit und Arthurs Mißtrauen. »Arthur quält mich«, notierte Adele, als sie den ersten Brief ihres Bruders aus Dresden erhielt. Sie war noch nicht mündig und sollte auch, als sie es am 12. Juni 1818 wurde, nicht die Verfügungsgewalt über ihr Erbteil erreichen. Arthur Schopenhauer muß seine Mutter verdächtigt haben, das Erbteil seiner Schwester anzugreifen, denn Johanna Schopenhauer hatte ihm auf einen Brief am 14. März 1816 brüsk erwidert: »Was ich als Vormünderin Adeles thun darf und zu thun habe, weis ich, das ist meine Sorge.« Adele hatte nach den

Szenen, die sie in Weimar mit ihrer Mutter und Gerstenbergk erlebte, den Wunsch, ihren Bruder in Dresden zu besuchen, ja möglicherweise den Wunsch, zu ihm zu ziehen. Arthur aber witterte dahinter einen mit der Mutter abgesprochenen Plan, ihn durch die Schwester in Dresden beaufsichtigen zu lassen. »Armer, armer Arthur«, lautete eine Eintragung Adeles in ihr Tagebuch am 22. Juni 1816, in der sie »hinsichtlich Dresdens eine bestimmte Antwort« erwartete, die zwei Tage später eintraf und von ihr als »empörend« bezeichnet wurde. Schließlich sah Adele resignierend ein, daß alle Brücken, die sie »mühsam erbaute«, durch die »Härte« ihrer Mutter und das Mißtrauen ihres Bruders wieder »niedergerissen« wurden. Längst machten Mutter und Sohn aus ihrer gegenseitigen Abneigung kein Geheimnis mehr. Johanna Schopenhauer hatte schon am 12. April 1815 an Frommann geschrieben, ihr Sohn sei »der Mann der mit filosofischem Gleichmut seine Mutter wegen Wechselschuld verklagen könnte und dabei ruhig seine Pfeife rauchen könnte«. Arthur Schopenhauer ließ sich in Gesprächen unter vier Augen dazu hinreißen, Mutter und Schwester unterschiedslos als »dumme Gänse« zu bezeichnen. Und Gerstenbergk sorgte dafür, daß sich der Skandal auch in Dresden herumsprach. »Madame Schopenhauer ... würde gern nach Dresden einmal gehen«, hatte er schon am 19. Februar an den Leiter der Ritterakademie Carl August Böttiger geschrieben, »wäre nicht ihr ebenso geistreicher und unterrichteter als dem Wahnsinn oft naher und niederträchtiger Sohn dort, dem sie nicht nahe kommen mag.«

Auch seinem großen Vorbild Goethe kam Arthur Schopenhauer während seines Aufenthalts in Dresden nicht näher. Im Gegenteil, gerade der Versuch, sich sichtbar an die Seite des Mannes zu stellen, der ihn in seine Farbenlehre eingeführt hatte, führte dazu, daß sich die Wege trennten. »Wir verhandelten manches übereinstimmend miteinander, doch ließ sich zuletzt eine gewisse Scheidung nicht vermeiden, wie wenn zwei Freunde, die bisher miteinander gegangen, sich die Hand geben, der eine jedoch nach Norden, der andere nach Süden will, da sie denn einander sehr schnell aus dem Gesichte kommen«, charakterisierte Goethe 1816 in seinen »Tag- und Jahresheften« sein Verhältnis zu Arthur Schopenhauer. Mit seiner Abhandlung »Über das Sehn und die Farben«, die Arthur Schopenhauer im Jahre 1815 in Dresden niedergeschrieben hatte, wollte er Goethe in seinem Kampf gegen Newton unterstützen, indem er die Goethe fehlende Theorie durch eine eigene ersetzte. Dabei wurde ihm nicht bewußt, daß er damit in Widerspruch zu Goethe geriet, der in den Brechungsfarben »Kinder des Lichts und der Finsternis, gezeugt in und an der zwischen beide gestellten Trübe« sah.

Der Kant-Schüler Arthur Schopenhauer nahm derartige Farberscheinungen als Gesichtsempfindung und suchte sie aus der Beschaffenheit des Auges zu erklären; er setzte in seiner Theorie das Weiß mit der vollen Tätigkeit des Auges gleich Eins und das Schwarz mit der völligen Untätigkeit des Auges gleich Null, während Goethe in Schwarz und Weiß Gegenpole sah. In Goethes Augen hatte sich Schopenhauer dem Lichtzerspalter Newton genähert. Das Mißverständnis zwischen den beiden entsprang im Grunde genommen ihren Charakteren: Goethe war ein sich aus den Gegensätzen seiner Natur zu einem harmonischen Weltverständnis Steigernder, Schopenhauer aber fühlte sich von der Welt, die er in den düstersten Farben malte, abgestoßen. Als Arthur Schopenhauer Goethe das Manuskript seiner Abhandlung »Über das Sehn und die Farben« übersandt hatte, hatte er sich noch der Hoffnung hingegeben, daß Goethe sein Werk »mit seinem Feldzeichen« ausstatten und sich auf dem Titel neben ihm als Herausgeber nennen lassen werde. »Als zweifellos hatte ich erkannt«, schrieb Arthur Schopenhauer in seinem Lebenslauf, »daß Goethe nur das Wesen und die Entstehung der sogenannten physischen Farben gefunden, dagegen keineswegs eine allgemeine Farbentheorie gegeben habe, die nach meiner Ansicht offenbar weder eine physikalische noch chemische, sondern eine rein physiologische sein mußte. Über diese meine Farbentheorie nun ... verhandelte ich mit ihm, Briefe wechselnd, ein ganzes Jahr lang; ihr Beifall zu schenken versagte der große Mann jedoch beharrlich, obwohl er mir nie auch nur den geringsten Grund dagegen eingewendet hat; nur deshalb, weil meine Theorie, wie sie der Newtonschen in allen Stücken widerstreitet, so in einigen Einzelheiten auch mit der Goetheschen nicht im Einklang steht.«

In einem Brief vom 28. Jänner 1816 nahm Goethe Schopenhauer endgültig die Hoffnung, die sich allmählich doch bei ihm eingenistet hatte, nämlich, daß jemals Goethes Name neben dem seinen stehen würde. Nun gab Schopenhauer seine Abhandlung »in die Öffentlichkeit nicht zweifelnd«, daß er »als der Erste erstanden sei, der Goethen zugestimmt«. Goethe aber gab, als die Abhandlung gedruckt vor ihm lag, in einem Brief an Staatsrat Schulz unverhohlen seiner Enttäuschung Ausdruck: »Dr. Schopenhauer ist ein bedeutender Kopf, den ich selbst veranlaßte, weil er eine Zeit lang sich in Weimar aufhielt, meine Farbenlehre zu ergreifen ... Nun ist dieser junge Mann, von meinem Standpunkt ausgehend, mein Gegner geworden.«

Einem Genie vom Range Goethes sollte Arthur Schopenhauer in Dresden nicht begegnen. E. T. A. Hoffmann hatte die Stadt bereits verlassen, als er sich dort niederließ. Auch mit dem Arzt und Philosophen Carl Gustav Carus, seit 1814 Direktor der Dresdener Geburtshilfeklinik, und mit Karl Maria von Weber, seit 1816 Kapellmeister der Dresdener Oper, kam er nicht in Berührung. Es fehlte ihm zwar nicht an Gesellschaft, doch die Namen derer, mit denen er verkehrte, sollten der Nachwelt weniger sagen als der Name Schopenhauer. Seine Vorliebe für indische Philosophie und christliche Mystik teilte er mit dem um sieben Jahre älteren Pantheisten und Völkerbundphilosophen Karl Christian Friedrich Krause, der von 1814 bis 1816 mit ihm im gleichen Haus wohnte. Dem ihm noch von Göttingen her bekannten, sechs Jahre jüngeren Maler Ludwig Sigismund Ruhl begegnete er, als er fast schon ein Jahr in Dresden weilte, ganz unvermutet hinter der Kreuzkirche. Aus dem Bekanntenkreis seiner Mutter und Schwester lernte er den um ein Jahr jüngeren Kunstkenner und Mäzen Johann Gottlieb Quandt kennen. Zu seinem Dresdner Umgang zählte ferner der um drei Jahre ältere Gartenkünstler und Reiseschriftsteller Fürst Hermann von Pückler-Muskau, der gleichaltrige Theaterunternehmer und Schriftsteller Ferdinand Freiherr von Biedenfeld und das Dreigestirn der Literaturgemeinde der »Dresdener Abendzeitung«: ihr Leiter Friedrich August Schulze, der unter dem Namen Friedrich Laun 200 Romanbände füllte, der Humorist Gustav Schilling und der unter dem Namen Heinrich Clauren bekannt gewordene Erzähler Karl Hein. Zu keinem dieser Männer konnte Schopenhauer so wie zu Goethe aufblicken. Keinen empfand er auch nur als ebenbürtig. Keinen nannte er später mit »Goethe, Fernow, allenfalls F. A. Wolf« in einem Atemzug, als er sich darüber beklagte, er habe sich sein ganzes Leben hindurch »schrecklich einsam gefühlt und stets aus tiefster Brust geseufzt: ›Jetzt gieb mir einen Menschen!‹« Dabei bemühte sich Quandt um seine Freundschaft, Schulze half ihm aus einer galanten Affäre und Pückler wurde später zu einem Anhänger seiner Philosophie.

Kaum ein Jahr in Dresden, schrieb Arthur Schopenhauer schon trotzig die Worte nieder: »Wer wagt mir zu widersprechen, wenn ich sage, die Menschen sind wesentlich böse, wesentlich unglücklich, wesentlich thörigt?« Und voll Verbitterung ließ er sich im zweiten Jahr seines Aufenthaltes über den Unwert von Freunden aus: »Nichts verräth weniger Menschenkenntniß als wenn man als einen Beleg der Verdienste und des Werthes eines Menschen anführt, daß er viele Freunde hat: als ob die Menschen ihre Freundschaft nach dem Werth und Verdienst verschenkten! als ob sie nicht vielmehr ganz und gar wie die Hunde wären, die den lieben der sie streichelt oder gar ihnen Brocken giebt und weiter sich um nichts bekümmern! — Wer es am Besten versteht sie zu streicheln, und seien es die garstigsten Thiere, der hat viel Freunde.«

Doch war dieser Arthur Schopenhauer selbst noch zur Freundschaft fähig? Nach dem Urteil Biedenfelds »galt« er Ende der Zwanzig »allgemein für einen Sonderling und war es gewissermaßen wirklich.« Er hatte den Ruf, ein »schroffer, mitunter schwer zu ertragender Geselle«

und ein »Wauwau« zu sein. Ruhl sah ihn in der Erinnerung vor sich stehen »mit der blonden, von der Stirn aufstrebenden Phöbuslocke, mit der socratischen Nase, mit den stechend sich dilatirenden Pupillen, aus welchen gegen Kuhn und Kind, gegen Theodor Hell, Langbein, Steckfuß e tutti quanti der damaligen Dichtergrößen, die in Dresden le haut du pavé hielten, zerschmetternde Blitze fuhren«. Von Schulze hatte Arthur Schopenhauer den Spitznamen »Jupiter Tonans« erhalten. Biedenfeld nannte ihn einen »wahrhaft humoristischen Grobian, wobei nicht selten der Blondkopf mit den blaugrauen funkelnden Augen, der langen Wangenfalte auf jeder Seite der Nase, der etwas gellenden Stimme und den kurzen, heftigen Gestikulationen mit den Händen ein gar grimmiges Aussehen gewann«. In der Regel entspann sich in Gesellschaften, an denen er beteiligt war, »bald ein Kampf, wobei er mit seinem unverblümten Geradeheraus sehr den Unangenehmen spielte, mit den beißendsten Sarkasmen oft den Kaffee versalzte, seinem kritischen Humor ungenirt die Zügel schießen ließ, die ärgsten Brocken von Shakespeare und Goethe den Leuten ins Gesicht warf und dabei immer mit übereinander geschlagenen Beinen an ihrem Whisttische saß ...«. Bei allen wissenschaftlichen und literarischen Fragen in seinem Urteil »ungemein entschieden und fest« nannte er »Freund wie Feind gegenüber jedes Ding bei seinem rechten Namen«. Wer ihn »liebenswürdig, anziehend, belehrend haben wollte«, der mußte, wie Biedenfeld berichtete, »mit ihm allein spazieren gehen«. Jüngere Gesprächspartner, wie Ruhl, mußten bei eigenen Gedankenblitzen die Frage in Kauf nehmen, woher sie das hätten. Letzten Endes aber empfand sich Ruhl als Gewinner, wenn er mit Schopenhauers Hilfe über die Fragen »Wer bin ich? Warum bin ich? Und wäre es nicht besser, ich wäre gar nicht?« nachgrübeln durfte.

Der noch nicht dreißigjährige Arthur Schopenhauer konnte imponierend, provozierend, aber auch schrullig wirken, so wie auf jenen Aufseher im Treibhaus des Botanischen Gartens, der den jungen Philosophen bei der Betrachtung der Physiognomie der Pflanzen gestikulieren sah und laut mit sich selbst sprechen hörte. Neugierig fragte er den sonderbaren Herrn beim Weggehen, wer er sei, und erhielt darauf die verblüffende Antwort: »Ja, wenn Sie mir das sagen könnten, wer ich bin, dann wäre ich Ihnen vielen Dank schuldig.«

Was sich unter der Oberfläche dieses Mannes verbarg, entdeckte wohl am ehesten Gottlob Quandt, der am 26. Oktober 1818 an Adele Schopenhauer schrieb: »Die Menschen sind ungeschickt mit ihm umgegangen; Schwache haben den Starken leiten wollen, er hat sich von ihnen losgerissen und die morschen Stützen mit gebührender Verachtung zermalmt und von sich geworfen. Egoisten haben mit seinem arglosen Herzen ein grausames Spiel getrieben; er hat sich von ihnen zurückgenommen, wie man dem, der mit einem hohen Gute unwürdig umgeht, weil er es nicht zu würdigen vermag, es wieder nimmt; und Ohnmächtige sind vor ihm zurückgebebt, denn er ist ungestüm wie der Sturm, und die Menschspreu flog davon. So steht er sehr einsam in der Welt, und es ist nicht gut, daß der Mensch allein sei. Geben Sie ihm einen Freund, aber im vollen Sinn des Worts, und er ist gerettet und unter Tausenden der Trefflichste. Allerdings ist diese Aufgabe aus mehreren Gründen sehr schwer. Ihr Bruder ist gehaltreicher als Millionen, und nur Menschen von gleichem Gehalt können Freunde sein; denn wer hoch steht, kann wohl auf die Wege dessen recht freundlich herabschauen, der im Tale wandelt, aber Hand in Hand können sie nicht gehen. Sodann aber wird unser Freund so leicht keinen Freund finden, weil er nicht leicht einen Menschen achtet; denn er mißt nur die, welche tiefer, nicht gern die, welche auf gleichem Standpunkt mit ihm stehen ... Dennoch bin ich überzeugt, daß es gelingen kann, unseren Freund aus sich herauszureißen. Das kontemplative Leben führt zur Einseitigkeit und reizt die Phantasie gefährlich auf. Kein Mensch widerspricht seinen Meinungen selbst, es bietet ein jeder seinen Scharfsinn auf, um sich immer und immer recht zu geben; daher werden wohl Systeme in der Einsamkeit aufgebaut, Wahrheiten aber nur im frischen, bewegten Menschenleben empfunden und im Geist empfangen. Soll unser Freund zu den Menschen zurückkehren, so müssen wir einen Magnet finden, der es vermag, ihn in den Kreis des Lebens herüber, an sich zu ziehen und festzuhalten; denn es ist nicht hinreichend, daß in uns der Wunsch, das egoistische Verlangen erwacht, eine Seele zu gewinnen und an uns zu reißen, wir müssen eine Sehnsucht fühlen, uns hinzugeben, und ihr nicht widerstehen können, wenn der Umgang mit Menschen einen segensreichen Einfluß auf uns haben soll.«

Ein solcher Magnet hätte für Arthur Schopenhauer auch eine Frau sein können. Es fehlte in Dresden nicht an geistvollen Mädchen, die, ohne Blaustrümpfe zu sein, brennend wißbegierig waren und sich als Dilettantinnen in Musik, Malerei und Poesie hervortaten. Solch »treffliche« Frauen hatten, wie Quandt schrieb, gegen Schopenhauer zwar »keine Abneigung, alle aber eine eigene Furcht vor ihm«. Es soll in Dresden zu dieser Zeit in den niederen und höheren Klassen mehr Schönheiten als in den mittleren gegeben haben, und die »Gunst eines sehr schönen Weibes« zu gewinnen war nach Schopenhauers eigenen Worten »ein noch größrer Genuß für die Eitelkeit als für die Sinnlichkeit«. Man klagte in Dresden über die zunehmende Eheunlust der Männer, die in der Ehe nur mehr einen aus »List, Eigennutz und Jurisprudenz« zusammengewebten »Gürtel« sahen, und über die Zahl der unehelich geborenen Kinder, die bis »auf den fünften Theil der Summe aller Getauften« angestiegen war.

An Gelegenheiten zu galanten Affären fehlte es in der lebenslustigen Stadt nicht. An schönen Tagen »wallfahrteten« Tausende von Dresdnern »zu den kleinen und großen Capellen der Fröhlichkeit, die in Menge rings um die Stadt her« lagen: zu den kunstvoll angelegten Gärten mit Konzert und Illumination, zu Bauernstuben in den Weingärten oder zum Tanz auf den sogenannten Schusterhäusern. Die »Schöne«, von der Arthur Schopenhauer aus Dresden seinem Freund Anthime schrieb, war wohl keine von Mutter und Tanten an Konzert- und Balltagen behütete Tochter, denn Anthime antwortete am 1. Juni 1817: »Du bist sehr verliebt, wie es scheint, mein guter Freund, da sieht man alles für schön an. Als alter Praktikus gestehe ich Dir, daß ich mich schwer davon überzeuge, daß die Treue Deiner Schönen von langer Dauer sei. Ziehe indessen Nutzen aus der Illusion.« War diese »Schöne« identisch mit jener, bei der Friedrich August Schulze Schopenhauer aus einer »galanten Affäre« helfen mußte, oder handelte es sich bei dieser Affäre um jenes »Mädchen in Dresden«, von dem Adele Schopenhauer am 27. April 1819 in ihr Tagebuch schrieb, daß es »guter Hoffnung« sei? Wir wissen es nicht, wir wissen nur, daß Schopenhauer das, was er als Mann tat, als Philosoph nicht gelten ließ. Der Mensch als »Subjekt des Wollens« war für ihn ein »höchst elendes Wesen«. Für ihn spiegelte sich die »Einheit des Menschengeschlechtes und seiner Sündhaftigkeit« in der Tatsache, daß die vom Vater genossene »Wollust der Zeugung« von einem anderen durch »Leben und mithin durch den Tod gebüßt wird«. Er sah in der Geschlechtsbefriedigung die »Bejahung des Lebens über den Tod hinaus: sie ist gleichsam die blutige Verschreibung an den Teufel«. Der Leib war für ihn der »Einsatz« zu dem »Spiel« des Lebens. Es kam für ihn darauf an, ob wir »für diesen Einsatz spielen, d. h. die Freuden und Leiden des Lebens kosten wollen, oder den Einsatz ruhen lassen und nur erwarten, daß wir vom Spieltisch loskommen«. Diese Einsicht bewahrte ihn aber nicht vor der Leidenschaft, mit Frauen zu spielen, und er konnte sich nur mit dem Gedanken trösten, daß Geniale »oft heftige Begierden« haben und »der Wollust und dem Zorn ergeben« sind. 1815 hatte er noch geschrieben, daß die »an sich schlechthin verwerfliche ... Befriedigung des Geschlechtstriebes ... außer der Ehe ... doppelt verwerflich« sei, »weil sie noch dazu Verneinung des fremden Willens ist, indem das Mädchen mittelbar oder unmittelbar dadurch in Unglück geräth, der Mann also seine Lust auf Kosten des Glücks Andrer befriedigt«. Selbst die Ausnahme, die er damals gelten ließ, nämlich ein »Mädchen oder eine Witwe«, die »reich genug ist Kinder zu versorgen, und stark genug die fremde Meinung zu verachten«, traf auf sein Mädchen in Dresden, eine Kammerzofe, nicht zu. Seine elliptische Lebensfigur folgte ihm wie ein Schatten. Sein Wille entsprach nicht seiner Vorstellung.

So zwiespältig der Mensch Arthur Schopenhauer auch war, der Philosoph Arthur Schopenhauer besaß in Dresden alles, wovon ein Philosoph träumen konnte: die Muße, die andere ihrem Broterwerb opfern mußten; die Freiheit, die an anderen Orten und zu anderen Zeiten einen Schreibenden zögern ließ, seine Gedanken unzensuriert zu Papier zu bringen; und die Gewißheit, dem Übel der Welt auf die Spur gekommen zu sein, ohne die von anderen immer wieder empfundene Versuchung, die Welt ändern zu können und zu sollen. Die Welt war für ihn nur ein böser Traum, aus dem es in der Vereinzelung ein befreiendes Erwachen geben konnte: in den auch ihm zugänglichen begnadeten Augenblicken des reinen Kunstgenusses und in der Gnade der Weltüberwindung, die ihm nicht beschieden war, zu der aber sein besseres Bewußtsein den Weg des Heiligen wies. Er wollte kein theoretischer Philosoph sein, der die Vernunft »bereichert«, sondern ein praktischer, der die Vernunft »sich dienen« ließ. Als »Vernunftkünstler« wollte er — wie der Bildhauer aus dem Marmor — aus dem Stoff der Welt die »ewigen lebenden Ideen« herausmeißeln. Er war überzeugt, auf diese Weise das »letzte, unumstößliche, ganz befriedigende System der Philosophie« zu finden. ». . . jedes gute Philosophem muß aus einer Idee, das ist ein Phantasma, zuerst entspringen, dann ist es Weltanschauung, sonst taugt es nicht«, hatte er schon 1814 geschrieben. Nicht auf dem Weg der Wissenschaft, sondern auf dem der Kunst wollte er zu seiner Philosophie gelangen. »Begriffe haben nur, wie der Mond, geborgtes Licht . . . Ein Philosoph kann nur der seyn, der frei von aller Reflexion die Welt anschauen und die Ideen erfassen kann, wie der Bildende Künstler und der Dichter, zugleich aber die

Begriffe so in seiner Gewalt hat, daß er die Welt darin abdrücken und wiederholen kann«, lautete sein Vorsatz, den er durch das Dichterwort bekräftigte:

»Und was in schwankender Erscheinung schwebt,
Befestigt in dem dauernden Gedanken!«

Der Grundgedanke lag in beneidenswerter Klarheit vor ihm. Wenn er »die Idee alles dessen was ist und lebt gefunden und dargestellt haben wird«, dann werde, wie er meinte, »für die praktische Philosophie ein Nichtseynwollen sich ergeben. Denn es werde sich gezeigt haben, wie ... die Welt, das Reich des Zufalls, des Irrtums und der Bosheit ist; wie der Leib der sichtbare Wille ist, der immer will und nie zufrieden seyn kann, wie das Leben ein stets gehemmtes Sterben, ein ewiger Kampf mit dem Tode, der endlich siegen muß, ist; wie ... das Lebenwollen die wahre Verdammniß ist ...« Wenn das auch die fixe Idee eines Mannes war, der so, wie er gelebt hatte, nicht leben hätte wollen, und der deshalb gegen das Leben als solches — und nicht nur gegen einzelne Zustände — protestierte, so war es doch auch ein großer Wurf, die Generalisierung aller nur möglichen Proteste, die denkbar radikalste In-Frage-Stellung der Welt.

»Sie blühen, Herr Doctor«, hatte Schopenhauers Hauswirtin ausgerufen, als sie an seinem Rock eine Blüte entdeckte. »Ja«, hatte der Philosoph erwidert, der eben ganz berauscht vom Blütenmeer der Orangerie heimgekehrt war, »und wenn die Bäume nicht blühen, wie sollten sie Früchte tragen!« Selten war ein so düsteres Weltbild in einer so heiteren Umgebung entstanden. Seit dem Jahr 1816 wohnte Arthur Schopenhauer an der Ostra-Allee der Wilsdruffer Vorstadt im Hause Nr. 897, das der Witwe des Arztes Dr. Mittermaier gehörte. Die achthundert Schritte lange Allee, die nach dem großen Opernhaus zwischen dem Wassergraben des Zwingers und den Orangeriegärten gegen Westen führte, bot im Frühjahr 1817 ein idyllisches Bild. In einem Gartenhaus schrieb Arthur Schopenhauer, wenn er von seinen Spaziergängen heimkehrte, zwischen März 1817 und März 1818 seine Anklageschrift gegen die Welt nieder. »Nicht die Bücher, sondern die Welt hat mich befruchtet«, erinnerte er sich an dieses Blütejahr seines Geistes. »So mochte mein Auge treffen auf welchen Gegenstand es wollte — es redete Offenbarungen zu mir ...« Er schrieb sein Hauptwerk wie einer, der laut über das Leben nachdenkt, mit einer für Philosophen seltenen Anschaulichkeit und Lebhaftigkeit in einem ebenso kraftvollen wie treffsicheren Stil. Was immer er auch gegen die Welt einzuwenden hatte, Weltfremdheit konnte ihm niemand nachsagen. Hier sprach bei aller Bitterkeit ein weitgereister, naturkundiger und kunstbegeisterter junger Mann. Der Erkenntnistheoretiker illustrierte den »Schein« mit der Erfahrungstatsache, daß uns in reiner, durchsichtiger Luft liegende Gipfel näher erscheinen als in Wirklichkeit, so wie der »Montblanc von Salenche aus gesehen«. Der Idealist zog gegen den Materialismus nicht nur mit dem Argument zu Felde, daß dessen »letztes, so mühsam herbeigeführtes Resultat, das Erkennen, schon beim allerersten Ausgangspunkt, der bloßen Materie, als unumgängliche Bedingung vorausgesetzt war«; er rief auch den Freiherrn von Münchhausen zu Hilfe, um diese »Grundabsurdität« bildhaft zu erläutern, und verglich den Materialisten mit einem, »der, zu Pferde im Wasser schwimmend, mit den Beinen das Pferd, sich selbst aber an seinem nach Vorne übergeschlagenen Zopf in die Höhe zieht«. Der Philosoph begnügte sich nicht mit der Feststellung, daß die Erscheinungen des Willens vielfältiger seien als das von Vorstellungen geleitete Handeln von Menschen; der naturwissenschaftlich Gebildete erinnerte an die Larve des Hirschschröters, die »das Loch im Holze, wo sie ihre Verwandlung bestehen will, noch einmal so groß« beißt, »wenn sie ein männlicher Käfer werden will ... um Platz für Hörner zu haben, von denen sie noch keine Vorstellung hat«. Der Kunstkenner demonstrierte die graduelle Emanzipation vom Willen nicht nur mit der entwicklungsgeschichtlichen Verschiedenheit des Verhältnisses von Kopf und Rumpf, sondern schilderte den Apoll vom Belvedere: »Das weitumherblickende Haupt des Musensohnes steht so frei auf den Schultern, daß es dem Leib ganz entwunden der Sorge für ihn nicht mehr unterthan erscheint.« Und um die »Duplicität« des »Bewußtseyns« zu verdeutlichen, schilderte er wie ein Dichter das weite, im Sturm empörte Meer: »Häuserhohe Wellen steigen und sinken, gewaltsam gegen schroffe Uferklippen geschlagen, spritzen sie den Schaum hoch in die Luft, der Sturm heult, das Meer brüllt, Blitze aus schwarzen Wolken zucken und Donnerschläge übertönen Sturm und Meer.«

Vor diesem Hintergrund zeichnete er den Menschen in seiner Doppelrolle, einmal als »hinfällige Willenserscheinung, die der geringste Schlag jener Kräfte zertrümmern kann, hülflos gegen die allgewaltige Natur, abhängig, dem Zufall Preis gegeben, ein verschwindendes Nichts«, und das andere Mal als »ewiges ruhiges Subjekt des Erkennens, welches, als Bedingung des Objekts, der Träger eben dieser ganzen Welt ist und der furchtbare Kampf der Natur nur seine Vorstellung, es selbst in ruhiger Auffassung der Ideen, frei und fremd allem Wollen und allen Nöthen«. Dieser Arthur Schopenhauer war nicht nur ein guter Beobachter der Natur, sondern auch des Menschen und seiner Fähigkeit, sich selbst zu täuschen: »Denn wir betrügen und schmeicheln Niemandem durch so feine Kunstgriffe, als uns selbst.« Das Mißtrauen gegen das Glück weckte er mit Hilfe der Künstler, die nur durch einen Kunstgriff dem formlosen Leben Sinn zu verleihen vermögen. Kann doch »jede epische oder dramatische Dichtung ... immer nur ein Ringen, Streben und Kämpfen um Glück, nie aber das bleibende und vollendete Glück selbst darstellen. Sie führt ihren Helden durch tausend Schwierigkeiten und Gefahren bis zum Ziel: sobald es erreicht ist, läßt sie schnell den Vorhang fallen.« Ohne »Scheu vor der stets bleibenden Mehrheit der Gemeinheit und Plattheit« bekannte er sich dazu, daß »die wichtigste, größte und bedeutendste Erscheinung die die Welt liefern kann, nicht der Welteroberer, sondern der Weltüberwinder ist ...« Und über die Masse der Menschen sprach er, weniger von Mitleid als von Stolz erfüllt, sein wortgewaltiges Urteil: »Es ist wirklich unglaublich, wie nichtssagend und bedeutungsleer, von außen gesehen, und wie dumpf und besinnungslos, von innen empfunden, das Leben der allermeisten Menschen dahinfließt. Es ist ein mattes Sehnen und Quälen, ein träumerisches Taumeln durch die vier Lebensalter hindurch zum Tode, unter Begleitung einer Reihe trivialer Gedanken. Sie gleichen Uhrwerken, welche aufgezogen werden und gehen, ohne zu wissen, warum ...«

Als Schopenhauer im August 1818 das Vorwort zu seinem Hauptwerk schrieb, ahnte er noch nicht, daß die

»Welt als Wille und Vorstellung« nach ihrem Erscheinen kein Echo finden, sondern erst viel später seinen Ruhm begründen würde. Wohl war die Botschaft dieses philosophischen Werkes einfach und verständlich. »Was durch dasselbe mitgetheilt werden soll, ist ein einziger Gedanke«, hieß es in dem Vorwort. Doch was seine Philosophie von allen bisherigen unterscheiden sollte, daß sie nämlich keine Wissenschaft sein wollte, sondern Kunst, wurde erst in der zweiten Hälfte des XIX. und im XX. Jahrhundert gewürdigt. »Nie vorher habe ich soviel geistiges Glück genossen; Schopenhauer ist der größte Genius der Menschheit«, sollte Tolstoi 1869 schreiben. Und Thomas Mann nannte 1938 die »Welt als Wille und Vorstellung« ein Werk von »kosmischer Geschlossenheit«, einen »Geistesroman«, eine »aus *einem* überall gegenwärtigen Gedankenkern entwickelte Ideensymphonie«. Die Faszination, die später von diesem Werk ausging, lag in der Klarheit der Komposition, aber auch in dem schmerzhaft schrillen Ton, in dem es dem Leiden aller Kreatur Gehör zu verschaffen versuchte. Es waren vier Bücher in einem Buch, je zwei Betrachtungen der Welt als Vorstellung und als Wille, gewidmet dem Objekt der Erfahrung und der Wissenschaft und der Platonischen Idee: dem Objekt der Kunst, der Objektivation des Willens und der Grundfrage der Bejahung und Verneinung des Willens zum Leben bei erreichter Selbsterkenntnis, fortschreitend von der Erkenntnislehre über die Metaphysik und Ästhetik zur Ethik. »Die Kunst wurde«, wie es Arthur Hübscher formulierte, »über die Erkenntnis, die Sittlichkeit über die Natur gesetzt ... Im Genius und im Heiligen« stellten sie »die beiden höchsten Seinsformen des Menschen vor uns hin, in denen die Verneinung des blinden, dumpfen, ziellos strebenden und ewig unbefriedigenden Willens möglich ist.«

Hier erklang in der Tat eine »Schicksalssymphonie«. Der erste »Satz« intonierte als die allgemeinste Wahrheit in Beziehung auf jedes lebende und erkennende Wesen, daß die Welt nur seine Vorstellung sei. Der zweite Satz kündigte mit einem Paukenschlag die Enträtselung der Welt als Wille an; in immer reicher werdender Instrumentierung ließ er vom Pochen des Herzens bis zu den Sphärenklängen die gleiche Grundmelodie erkennen: Wille sei die »Kraft, welche in der Pflanze treibt ... den Magnet zum Nordpol wendet ... den Stein zur Erde und die Erde zur Sonne zieht«. Zugleich aber ließ er hören, daß dieser Wille nicht im Einklang mit sich selber stehe, sondern sich mit jeder Stufe seiner Entwicklung zu immer schrilleren Dissonanzen entzweie; von den Pflanzen, die einander verschonen, über Tiere, die einander fressen, bis zu Menschen, die andere Menschen auch ohne Not qualvoll töten und die Welt zu einer Leidensstätte ohnegleichen machen. Der dritte »Satz« aber unterbrach den dumpfen Grundrhythmus des Willens durch die reine Melodie des Schönen und verhieß dem Menschen in den vom Genius durch »reine Kontemplation aufgefaßten ewigen Ideen« Befreiung von dem »Sklavendienst des Willens«. Der vierte »Satz« ließ in einem Furioso den Jammer aus »Krankenhospitälern, Lazarethen und chirurgischen Marterkammern, Gefängnissen und Sklavenställen, Schlachtfeldern, Gerichtsstätten und all den finsteren Behausungen des Elends« bis zur Ohrenpein anschwellen, um begreiflich zu machen, daß alle Kreatur nur Ausdruck eines einzigen Willens ist, der »sich selbst verkennt, in einer seiner Erscheinungen gesteigertes Wohlseyn suchend, in der andern großes Leiden hervorbringt und so, im heftigen Drange, die Zähne in sein eigenes Fleisch schlägt ...« Die Auflösung dieses schauerlichen Kontrastthemas aber erfolgte durch das Leitmotiv menschlichen Erkennens, welches fremdes Leiden aus dem eigenen zu verstehen und ihm gleichzusetzen vermag, durch die indische Urweise des »Dies bist du«, ausklingend in der Einsicht »Alle wahre und reine Liebe ist Mitleid«. Doch der religiös anmutende Schlußakkord »Der die Werke der Liebe übt, dem ist der Schleier der Maja von den Augen gefallen«, verhallte gnadenlos, denn in die eingetretene Stille hinein sprach der Philosoph sein letztes Wort: »Wir bekennen es vielmehr frei: was nach gänzlicher Aufhebung des Willens übrig bleibt, ist für alle die, welche noch des Willens voll sind, allerdings Nichts. Aber auch umgekehrt ist denen, in welcher der Wille sich gewendet und verneint hat, diese unsre so sehr reale Welt mit allen ihren Sonnen und Milchstraßen — Nichts.« Schopenhauer »zauberte«, wie Ludwig Marcuse in unserem Jahrhundert schrieb, »noch einmal — ein letztes Mal: mit der Entzauberung. Es wurde nicht mehr erlöst zu einer besseren Welt — auf Erden oder im Himmel; es wurde aber doch erlöst von einer schlechteren Welt zu einem besseren Nichts«.

Als Arthur Schopenhauer im März 1818 das Manuskript seines Hauptwerkes abschloß, hatte er als Dreißigjähriger alles, was er über die Welt zu sagen hatte, gesagt. »Ich habe gelebt, um mein Buch zu schreiben«, formulierte er es später in einem Brief an Osann, »das heißt von dem, was ich in der Welt wollte und sollte, sind 99/100 getan und gesichert; der Rest ist Nebensache, folglich auch meine Person und ihr Schicksal.«

XII

VENEDIG

Zauberarme der Liebe

Um ein Haar hätte Schopenhauers Italienreise im Herbst 1818 Venedig zum Treffpunkt der vier großen Pessimisten des 19. Jahrhunderts gemacht. Doch Schopenhauer bekam weder Giacomo Leopardi noch den Vicomte de Chateaubriand zu Gesicht, und den gleichaltrigen Lord Byron ließ er am Lido von Venedig an sich vorüberreiten, ohne von einer Empfehlung Goethes Gebrauch zu machen. Als Schopenhauer Ende Oktober 1818 in Venedig eintraf, war sein Hauptwerk, die Frucht einer elfjährigen wissenschaftlichen Tätigkeit, vollendet. »Ich glaube nicht, daß ich je etwas Besseres oder Gehaltvolleres zu Stande bringen werde«, hatte er Goethe in dem Brief geschrieben, in dem er ihm das bevorstehende Erscheinen seiner »Welt als Wille und Vorstellung« ankündigte. Er war überzeugt, das Rätsel der Welt gelöst zu haben, und trug sich mit dem Gedanken, eine sich in den Abgrund stürzende Sphinx in sein Petschaft stechen zu lassen.

Venedig, diese »melancholische Witwe der Adria«, war längst von der so lange mit ihr vermählten Macht verlassen; auch die Tage des »ewigen Karnevals« waren vorbei, seit Bonaparte den letzten Dogen vertrieben und der Wiener Kongreß die Stadt Österreich zugesprochen hatte;

doch nichts hinderte Venedig, in der Novembersonne des Jahres 1818 im alten Glanz zu erstrahlen und seine Besucher zum Träumen zu verleiten. Schopenhauers Weltbild blieb unverrückt, als hätte er im Urgrund der Welt Anker geworfen — das Bild seines künftigen Lebens aber schwankte zwischen Hoffnung und Verzicht.

Es muß Tage gegeben haben, an denen ihm seine Zukunft mehrere Gesichter zeigte, darunter auch das eines glücklich verheirateten Mannes. In seinem »Reisebuch« war davon nur andeutungsweise die Rede. Am 1. November 1818 schrieb er: »Wer plötzlich in ein ganz fremdes Land oder Stadt versetzt wird, wo eine von dem seinigen sehr verschiedene Lebensweise, wohl gar auch Sprache herrscht, dem ist zuerst wie dem der ins kalte Wasser gestiegen: ihn berührt plötzlich eine von der seinigen weit verschiedene Temperatur, er fühlt eine gewaltsame überlegene Einwirkung von außen, die ihn beängstigt. Er ist in einem ihm fremden Element, in dem er sich nicht mit Leichtigkeit bewegen kann: obendrein fürchtet er, weil ihm alles auffällt, eben so allem aufzufallen. Aber sobald er sich etwas beruhigt, sich in die Umgebung gefunden und von deren Temperatur ein wenig angenommen hat, wird ihm, wie dem im kalten Wasser, außerordentlich wohl: er hat sich dem Element assimilirt, er hört sodann auf, sich mit seiner Person beschäftigen zu müssen und wendet seine Aufmerksamkeit rein auf die Umgebung, der er, eben durch die objektive, antheilslose Betrachtung jetzt sich überlegen fühlt, statt vorhin von ihr gedrückt zu werden.«

Neunzehn Tage später aber notierte er die vielsagenden Sätze: »Eben weil alles Glück negativ ist, kommt es, daß, wenn uns endlich einmal vollkommen wohl wird, wir es gar nicht recht gewahr werden, sondern Alles eben nur so leicht und sanft an uns vorüberzieht, bis es vorbei ist und nun der positiv gefühlte Mangel das verschwundene Glück ausdrückt: dann merken wir, daß wir es festzuhalten versäumt haben, und zur Entbehrung gesellt sich die Reue.« Was hatte Schopenhauer in diesen wenigen Tagen in Venedig festzuhalten versäumt? Zu welcher Entbehrung gesellte sich die Reue? War Venedig der Ort, an dem Schopenhauer seiner großen Liebe begegnete? Eine aussichtslose Schwärmerei wie für die Schauspielerin Caroline Jagemann — die lag nun schon neun Jahre zurück; ein handfestes Verhältnis, das nicht ohne Folgen blieb — das hatte er eben in Dresden mit einer Kammerzofe gehabt. Die »wunderbar weiche Stimmung«, von der Schopenhauer zu seiner Schwester über Venedig sprach, war anderer Natur; sie überkam ihn noch, wie Gwinner berichtet, im späten Alter, wenn er sich jener Stadt erinnerte, in der ihn die »Zauberarme der Liebe« lange umstrickt hielten. Schopenhauer konnte freilich auch weniger romantisch von dieser Zeit erzählen. »Ich damals die Welt von mir stoßen«, rief er im Alter von 68 Jahren aus und warf sich lachend ins Kanapee zurück, ehe er zu Carl Georg Bähr sagte: »Denken Sie, in einem Alter von 30 Jahren, wo das Leben mich anlachte! Und was die Weiber betrifft, so war ich diesen sehr gewogen — hätten sie mich nur haben wollen.« Und Julius Frauenstädt wußte zu berichten, Schopenhauer habe ihm selbst gestanden, daß »er arg nach den Weibern gewesen, daß er in Italien nicht bloß *das* Schöne, sondern auch *die* Schönen genossen hat«. Während Schopenhauer von den »Weibern« wiederholt in der Mehrzahl sprach, erzählte er dem Komponisten Robert von Hornstein über sein venezianisches Erlebnis 29 Jahre später in der Einzahl: »Mit meiner Geliebten ging ich auf dem Lido spazieren, als meine Dulcinea in der größten Aufregung aufschrie: ›Ecco il poëta inglese!‹ Byron sauste zu Pferd an mir vorüber, und die Donna konnte den ganzen Tag diesen Eindruck nicht loswerden. Da beschloß ich, Goethes Brief nicht abzugeben. Ich fürchtete mich vor Hörnern. Was hat mich das schon gereut!«

Schopenhauer war von Ende Oktober bis Mitte November 1818 zum erstenmal in Venedig und im Mai 1819 ein zweitesmal. Im März 1819 antwortete Adele Schopenhauer ihrem Bruder auf einen Brief, in dem von Venedig, von der Liebe und davon, daß er Byron nicht gesehen hätte, die Rede gewesen sein mußte. Byron war seit November 1816 in Venedig und hatte dort ein Verhältnis mit der verheirateten Gräfin Teresa Guicciolo. Er pflegte bei günstigem Wetter täglich seinen Ritt entlang des Lidostrandes bis Malamocco zu machen. Schopenhauer besaß eine von Goethe dem Brief vom 9. August 1818 beigelegte »Carte« als Empfehlung an Byron. Die Schilderung der Szene, die sich im Spätherbst 1818 am Lido von Venedig abgespielt hatte, entsprach also zweifellos den Tatsachen. Wer aber war Schopenhauers Geliebte?

Von Venedig reiste Schopenhauer über Bologna nach Florenz und von dort im Dezember 1818 nach Rom, wo er drei Monate verbrachte. Ungünstige Urteile über seine Person, die aus Weimar und Berlin stammten, waren ihm vorausgeeilt und in der römisch-deutschen Kolonie verbreitet; Schopenhauer beeilte sich noch, ihnen neue Nahrung zu liefern. Eine Zeitlang war er in Rom mit dem ihm aus Göttingen bekannten Karl Witte zusammen, der nach dem Urteil seiner Schwester ein »miserabler Kerl von

Hause aus« war, »der immer nur zu erschleichen, zu erbetteln verstand und seine Feigheit und seinen Übermuth zur Schau stellte.« Der Achtzehnjährige hatte ein Stipendium für eine mehrjährige Reise nach Italien erhalten und berichtete in einem Brief vom 19. Februar 1819 seiner Mutter über seine Begegnung mit Schopenhauer: »Mit Schopenhauer bin ich viel umgegangen. In der ganzen Zeit bemerkte ich nichts Schlechtes an ihm. Seine religiösen Ansichten würde ich nur dann so bezeichnen können, wenn sie auf sein Leben einen nachtheiligen Einfluß hätten. Dagegen habe ich viele Tugenden an ihm gefunden, unter denen seine unbeschränkte Wahrheitsliebe nicht die kleinste ist. Dagegen war sein Umgang in vielen Beziehungen lehrreich, in anderen interessant. Hier bestehen viele Vorurtheile gegen ihn, namentlich in Bezug auf das Verhältniß zu seiner Mutter, die ich möglichst zu widerlegen versucht habe. Wie die Deutschen hier nun einmal sind, hat er sie sich fast Alle durch seine Paradoxien zu Feinden gemacht, und ich bin wiederholt vor dem Umgang mit ihm gewarnt worden.« Schopenhauer selbst machte in seinen Briefen an seine Schwester Adele kein Hehl daraus, daß er in Rom keinen guten Ruf gehabt hatte, sich aber aus der Verachtung der Menschen nichts machte. »Es ist mir ein unaussprechlicher Schmerz wenn ich etwas derart höre«, antwortete ihm seine Schwester, »im Nothfall tritt das Urtheil mit Füssen aber ich beschwöre Dich, mache Dirs nicht zur Lust. Die Anklagen die Du mir nennst konte ich errathen: — laß Dir gestehen: daß ich mit aus Feigheit Dein Buch oft beiseite legte wenn ich irgendetwas einzelnes darin lese. Eure philosophischen Ansichten sind mir nicht ganz fremd, und ob ich gleich nichts weniger als bigott, nicht einmal ganz christlich bin, wie man es jetzt wenigstens so nennt, so fürchte ich doch: Dein Glauben Deine Meinung widerspricht der meinen und ich scheue den Schmerz dieser Verschiedenheit. Nie kan ich darin mit Dir übereinstimmen, daß Du Dir aus der Verachtung der Menschen nichts machst, reiße wie Du willst an der Lebenskette die uns alle verknüpft, Du reißest Dich nicht los, und es ist eine große Frage ob nicht Stunden kommen wo Du die Menschen brauchst, über die Du Dich jetzt stolz erhebst ...«

Schopenhauer aber fühlte sich in der Rolle eines enfant terrible offensichtlich wohl. Er bildete, wie Johann Friedrich Böhmer berichtete, »mit seinen mephistophelischen Witzen eine Zeitlang ein störendes Element« unter den Künstlern und Gelehrten des Café Greco. Als er sich einmal »zu der Behauptung verstieg: die deutsche Nation sei von allen die dümmste ... da erhob sich unter den Anwesenden ein Sturm der Entrüstung, und mehrere Stimmen drangen darauf: ›Laßt uns den Kerl hinauswerfen‹«. Karl Witte berichtete, Schopenhauer habe am gleichen Ort den für die antike Kunst so günstigen Umstand hervorgehoben, daß der Kreis der olympischen Götter den Künstlern die Aufgabe gestellt hätte, für die verschiedensten Individualitäten den leiblichen Ausdruck zu finden. Auf den Einwand des Bildhauers Eberhard, dafür hätte man ja die zwölf Apostel, soll Schopenhauer zum Entsetzen aller Anwesenden gelästert haben: »Gehn Sie mir doch mit Ihren zwölf Philistern aus Jerusalem!« Als schließlich auch zwischen Karl Witte und ihm eine Verstimmung eintrat, gab es in Rom niemanden mehr, der Schopenhauers Abreise bedauerte. Er besuchte nun Neapel, Pompeji, Herculanum, Puteoli, Bajä und Cumä und dachte in Paestum »im Angesicht der uralten, herrlichen, im Laufe von fünfundzwanzig Jahrhunderten nicht erschütterten Tempel der Poseidonstadt mit Ehrfurchtsschauer daran, daß er »auf dem Boden stehe, den vielleicht Platons Fußsohle betreten«. In Neapel hatte er von seiner Schwester frohe Nachricht über die Aufnahme seines Werkes erhalten: »Goethe empfing es mit großer Freude, zerschnitt gleich das ganze dicke Buch in zwei Theile und fing augenblicklich an, darin zu lesen.« Schon nach einer Stunde hatte er Adele Schopenhauer einen Zettel mit vier Seitenzahlen gesandt, die sich auf die Stellen über den angeborenen und erworbenen Charakter bezogen, und ihr sagen lassen, er danke ihrem Bruder sehr und glaube, daß das ganze Buch gut sei. In den nächsten Zeilen des Briefes seiner Schwester konnte Schopenhauer lesen: »Wenige Tage darauf sagte mir Ottilie, der Vater sitze über dem Buche und lese es mit einem Eifer, wie sie noch nie an ihm gesehen. Er äußerte gegen sie: auf ein ganzes Jahr habe er nun eine Freude; denn nun lese er es von Anfang zu Ende und denke wohl soviel Zeit dazu zu bedürfen. Dann sprach er mit mir und meinte, es sei ihm eine große Freude, daß du noch so an ihm hingest, da ihr euch doch eigentlich über die Farbenlehre veruneinigt hättet, indem dein Weg von dem seinen abgienge. In diesem Buche gefalle ihm vorzüglich die Klarheit der Darstellung und der Schreibart ... Auch gefalle ihm die ganze Eintheilung gar wohl ... Wenigstens bist du der einzige Autor, den Goethe auf diese Weise mit diesem Ernste liest; das, dünkt mich, muß dich freuen.« Wenn sich auch Goethe in Wirklichkeit nicht ein Jahr lang der Lektüre der »Welt als Wille und Vorstellung« widmete, dieser Brief seiner Schwester mußte in Schopenhauer den Eindruck erwecken, daß sein Genie von dem großen Goethe erkannt und anerkannt worden sei. Hochgestimmt schrieb deshalb Arthur Schopenhauer auf der Reise von Neapel nach Rom im April 1819 die »Unverschämten Verse« nieder:

»Aus langgehegten tiefgefühlten Schmerzen
Wand sich's empor aus meinem innern Herzen.
Es festzuhalten, hab ich lang gerungen:
Doch weiß ich, daß zuletzt es mir gelungen.
Mögt euch drum immer wie ihr wollt geberden:
Des Werkes Leben könnt ihr nicht gefährden.
Aufhalten könnt ihr's, nimmermehr vernichten:
Ein Denkmal wird die Nachwelt mir errichten.«

Nie mehr sollten sich Arthur Schopenhauer und seine Schwester Adele so nahestehen wie in der Zeit, da sie zwischen Italien und Deutschland Briefe wechselten. Damals besaß Adele das uneingeschränkte Vertrauen ihres Bruders, der ihr nicht nur alles über seine »Liebesgeschichten« gestand, sondern seiner 21jährigen Schwester auch zumutete, sich um die in Dresden zurückgebliebene Mutter seines unehelichen Kindes zu kümmern. Sie schrieb ihm in diesem Zusammenhang am 12. Mai 1819: »Ob ich das Kind in D. sehen kann, laß ich noch unentschieden, mit dem fremden Mann kann ich doch wahrlich nicht davon reden? Das ist wieder einer von Deinen unbegreiflich wunderlichen Einfällen. Kan ich jedoch für das Mädchen irgendetwas thun, so sage es unverhohlen, nimm Deine Pflicht nicht im gewöhnlichen engen Sinn in den Eure Schlechtigkeit sie gern reduziert — ich wollte, das Kind wäre nie ins Leben getreten, ists aber da, so sorge für dasselbe nach dem Grad des Bedürfnisses welches die spätern Jahre in ihm entwickeln mögen. Sobald ich nach D.

komme, will ich mich unter der Hand erkundigen wie es der Unglücklichen geht, und Dir dann schreiben. Sie dauert mich sehr obschon mir dieser Handel so ganz unbegreiflich ist, daß ich ihn nicht ohne Verachtung denken kan — ich habe allenfalls gelernt daß die Welt so ist nur kan ich mich noch immer nicht darin finden.«

In Adeles Briefen finden sich aber auch zahlreiche Hinweise auf Schopenhauers Erlebnisse in Venedig. In einer Antwort Adeles auf einen Brief ihres Bruders vom März 1819 steht zu lesen: »Da schreibst du närrischer Mensch, *außer mir* hättest du nie eine Frau ohne Sinnlichkeit geliebt. Ich habe sehr gelacht... Das Mädchen, die du nennst, jammert mich sehr, ich hoffe zu Gott du hast sie nicht betrogen; denn du bist ja gegen Alles *wahr*, warum denn gegen so ein armes schwaches Ding nicht? Was du für Kleinigkeiten von deiner Frau forderst! Nur eben Alles, wie Alle... Häusliches Glück ist wohl das Schönste, was uns dies Dasein giebt...« Und in dem schon erwähnten Brief vom 12. Mai 1819 schrieb Adele: »Wo magst Du sein? In Mailand oder Bologna oder gar im geliebten Venedig. Deine Geschichte daselbst fängt an mich zu interessieren, möge sie glücklich enden — die Geliebte ist reich, sie ist von Stande gar und doch meinst Du, sie werde Dir folgen wollen? Wunderlich, dazu gehörte Liebe! Hättest Du die wirklich gefunden dann thätest Du gar wohl sie zu erhalten — am Ende sitzest Du auch wohl bereits in Venedig? Und ökonomisch willst Du sein und verliebt dabei? Und triste raison! ausrufen und von zerstörten Träumen reden... Ach ich mache dumme Späße und doch thut mirs innerlich recht weh, daß in Deinem einem Briefe 2 Liebesgeschichten sind ohne Liebe, und das alles dies doch nicht ist was ich Dir gewünscht hätte. Diese Neigungen haben schon einmal eine traurige Wendung für das unglückselige Mädchen in Dresden genommen. Möge kein Unglück wenn auch anderer Art der Dame in Venedig od: Dir selbst drohen ... Möchtest Du doch nicht ganz die Fähigkeit verlieren, eine Frau zu schätzen wenn Du mit dem Gewöhnlichen und Gemeinem in unserm Geschlecht Dich abgiebst und führte Dir der Himmel einmal eine Frau zu, für die Du etwas tieferes empfinden köntest, als diese Wallungen, die ich nicht einmal verstehe.«

Von welchen »zerstörten Träumen« hatte Schopenhauer seiner Schwester geschrieben? Wer war die »Geliebte, reich und von Stande«? Von welchen »zwei Liebesgeschichten ohne Liebe« war da die Rede, von einer in Dresden und einer in Venedig oder von zwei in Venedig? Und war die Geliebte, mit der er am Strande des Lido spazierenging, jene, von der er meinte, sie werde »ihm folgen wollen«? Daß sie Byron kannte, mochte dafür sprechen, daß sie ihn auch las und eine Dame von Stande war. Daß jedoch Schopenhauer fürchtete, sie würde ihm schon nach der ersten Begegnung mit Byron Hörner aufsetzen, sprach nicht für eine Frau, die ihrem zukünftigen Manne zu folgen bereit war. Schopenhauer hat später selbst kein Hehl daraus gemacht, daß er sich in Italien mit Heiratsabsichten trug. Wenn seine Gesprächspartner dabei von Rom oder Florenz sprachen, dürfte wohl eine Verwechslung mit Venedig erfolgt sein. So berichtete der mit Schopenhauer befreundete Lustspieldichter Georg Römer: »Aber auch rührend konnte er erzählen, namentlich wenn er von seinem Liebesverhältniß in Rom oder Florenz sprach, dessen er häufig mit großer Wehmuth erwähnte, versichernd, daß er damals theils aus Neigung, theils aus Pflichtgefühl geheirathet haben würde, wenn nicht ein unübersteigliches Hinderniß eingetreten wäre, welches er, allem Schmerze zum Trotz, den es ihm bereitet habe, dennoch jetzt für ein Glück ansehen müsse, ›da eine Frau für einen Philosophen sich nicht schicke‹.« Der Geheime Oberregierungsrat Eduard Crüger, der später zum engeren Bekanntenkreis Schopenhauers zählte, ergänzte dies durch die Mitteilung, daß »Schopenhauer in Florenz mit einer Dame aus vornehmem Stande verlobt gewesen ist, die Verlobung aber aufgelöst hat, als er vernahm, daß jene lungenkrank sei«. Schließlich ergänzte Wilhelm Gwinner die Mitteilung, daß Schopenhauer in Venedig lange von den Zauberarmen der Liebe umstrickt wurde, mit der dichterischen Formulierung, »bis die innere Stimme ihm gebot, sich loszureißen und seinen Weg allein weiterzuwandeln«. Die Geliebte, mit der Arthur Schopenhauer an einem Spätherbsttag des Jahres 1818 am Lido von Venedig spazierenging, war jedenfalls nur eine der »Schönen«, mit denen er es in Italien zu tun hatte. Die Geliebte, reich und vom Stande, bei der er mit dem Gedanken an eine Ehe spielte, bis ihn ein »unübersteigliches Hindernis« wieder davon abbrachte, existierte wohl nicht nur in seinen Briefen an seine Schwester. Denn erst ihre Wirklichkeit erklärt Schopenhauers Wort von den »zerstörten Träumen«. Doch dieser Schopenhauer, der so »arg nach den Weibern gewesen«, wußte sich zur gleichen Zeit zu trösten. Das beweist ein erst später entdeckter Brief einer Teresa Fuga vom 12. Mai 1819, der in Venedig aufgegeben wurde und an einen Arthur »Scharrenhans« gerichtet war. Die am 31. Juli 1793 in Murano geborene Teresa Fuga mußte Schopenhauer schon bei seinem ersten Aufenthalt in Venedig kennengelernt haben, darüber läßt der Inhalt ihres Briefes keinen Zweifel:

»Lieber Freund! Mit viel Freude erhielt ich deinen Brief u. vernahm, daß du mich nicht vergessen hast u. daß du mir große Aufmerksamkeit schenkst; aber glaube mir, mein Lieber, auch ich habe dich nicht vergessen — ganz im Gegenteil; ich sagte mir, wie so soll man Männern glauben ... und ich sagte mir, er hat mir nicht einmal geschrieben — jetzt aber, da ich deinen Brief bekommen habe, weiß ich, daß es wahr ist, was du mir gesagt hast und mir sagst und ich bin dir umso mehr dankbar als ich höre, daß du dich jeden Tag an mich erinnert hast; es freut mich, daß du eine angenehme Reise von Neapel und Rom hattest und daß es dir gut geht; ich liebe dich und wünsche dich zu sehen, komm nur, ich erwarte dich, um dich zu umarmen und um ein paar Tage gemeinsam zu verbringen; ich habe schon einen Freund, der geht aber immer weg von Venedig und besucht mich nur ab und zu — auf alle Fälle fährt er Sonntag aufs Land, wo er 15 bis 20 Tage bleiben wird; du kannst also unbekümmert kommen, ich erwarte dich mit ganzem Herzen; ein Verhältnis mit dem ›impresario‹ habe ich nicht mehr, seit langem habe ich diesen anderen Freund; und Engländer, die aus England geflohen und nach Venedig aus Verzweiflung gekommen sind, solche habe ich auch nicht mehr für Liebeleien; ich schreibe dir sofort, damit dich mein Brief bald erreicht; mit Giulietta bin ich wohl befreundet, aber nicht mehr so sehr wie damals als du in Venedig warst — es ist wohl besser so, es bleibt uns mehr Freiheit; es ist wahr, daß weder du noch ich schlecht von ihr denken und es ist besser so; also mein Lieber, ich erwarte dich, bleib gesund, ich habe Lust dich bald zu sehen, lebe wohl mein Lieber

Deine Freundin
Teresa Fuga.«

Auf die tragikomische Episode mit der Teresa Fuga ist die Nachwelt nur durch diesen spät aufgefundenen Brief aufmerksam geworden. Schopenhauer selbst erwähnte den Namen nie, er sollte nur später in seiner »Metaphysik der Geschlechtsliebe« schreiben: »Das Verliebtseyn eines Menschen liefert oft komische, mitunter auch tragische Phänomene.« Im abgeklärten Alter glaubte er die Liebesleidenschaft als »Wahn« zu durchschauen, der »das, was nur für die Gattung Werth hat ... als für das Individuum werthvoll« vorspiegelt. Die Vorstellung, daß die Natur den Menschen mit Hilfe seines Geschlechtstriebes hinters Licht führe, hatte sich in seinem Denken freilich schon früher eingenistet. Sein Verhältnis zu den Frauen war von Anfang ein gestörtes, schwankend zwischen der Anbetung des Unerreichbaren und der Inbesitznahme des sich Preisgebenden. Den Keim zu dieser Störung hatte schon das Verhältnis zu seiner Mutter gelegt. Nicht erst in seiner »Metaphysik der Geschlechtsliebe«, sondern bereits in Venedig hätte Schopenhauer La Rochefoucauld zitieren können, der meinte, es sei »mit der leidenschaftlichen Liebe wie mit den Gespenstern. Alle redeten davon, aber Keiner hätte sie gesehen«. Der Wunsch seiner Schwester, der Himmel möge ihm eine Frau zuführen, für die er etwas Tieferes als »Wallungen« empfinden könnte, ging in Venedig nicht in Erfüllung. Er mußte sich mit jener Teresa Fuga begnügen, die nicht einmal seinen Familiennamen genau im Gedächtnis behalten und ihn in Abwesenheit ihres ständigen Freundes als Lückenbüßer zu sich eingeladen hatte. Das konnte nicht die Frau gewesen sein, die ihn in jene »wunderbar weiche Stimmung« versetzte, in der er noch im Alter von Venedig träumte. Wohl aber war es eine jener Frauen, bei denen er seiner Leidenschaft die Zügel schießen ließ und die in ihm die Überzeugung festigte, daß der am Ziel seiner Wünsche angelangte Mann nur ein Mittel zum Zweck der Erhaltung der Gattung sei.

Nüchtern berichtete Arthur Schopenhauer in seinem Lebenslauf über den zweiten Abschnitt seiner italienischen Reise nach seiner Rückkehr nach Rom: »Darauf verweilte ich wieder fast einen Monat in Florenz, besuchte zum zweiten mal Venedig, ging dann Padua, Vicenza, Verona und Mailand zu sehen und trat endlich über den St. Gotthardberg in die Schweiz ein. Nachdem ich so elf Monate auf Reisen zugebracht, kehrte ich im August dieses Jahres nach Dresden zurück.« In diesem Jahr 1819 brach das Schicksal alle Brücken zwischen ihm und den Frauen, die bisher in seinem Leben eine Rolle gespielt hatten, ab. Die dem Namen nach unbekannt gebliebene Geliebte aus vornehmem Stande und die erst in unseren Tagen identifizierte leichtlebige Teresa Fuga ließ er in Italien zurück. Als er am 25. August nach Dresden zurückkam, hatte der Tod auch einen Schlußstrich unter sein Verhältnis mit der dort lebenden Kammerzofe gezogen, denn schon am 8. September 1819 hatte Adele Schopenhauer ihrem Bruder auf seinen Brief geantwortet: »Daß Deine Tochter todt ist, thut mir leid, denn wenn das Kind älter worden wäre, hätte es Dir Freude gemacht. Du wärst nicht so allein gewesen.«

Inzwischen aber hatte noch ein anderes Ereignis sein in Italien so vertrauensvolles Verhältnis zu seiner Schwester überschattet. Am 12. Mai hatte Adele Schopenhauer ihrem Bruder noch von dem »albernen Gerücht« berichtet, daß »Muhl nicht mehr sicher stehe«. Doch schon am 28. Mai folgte ein Brief Adeles, der mit den Worten begann: »Vielleicht erhältst Du diesen Brief zwei Tage später als den andern — in diesen zwei Tagen liegt die Umwälzung meines ganzen Erdengeschicks — Muhl hat falliert.« Der Zusammenbruch des Danziger Handelshauses Abraham Ludwig Muhl traf Adele Schopenhauer am schwersten, denn Muhl hatte, als Adele noch unmündig war, die Verwaltung ihres Vermögens übernommen. Aber auch Arthur Schopenhauer war durch die über 8000 Taler, die er bei Muhl angelegt hatte, betroffen. Adeles Mitteilungen klangen alarmierend: »Entsetzlich ist's, daß Muhl nicht einmal die fälligen Zinsen geschickt hat — wir sind ganz ohne Geld, obendrein noch manches schuldig. Dennoch ist wohl das einzige Mittel sogleich nach Danzig zu reisen, die Mutter hat dies eingesehen und sich das Geld dazu geliehen.« In Danzig hatten zwei Belagerungen und eine siebenjährige Franzosenherrschaft bereits den Ruin mehrerer tausend Familien zur Folge gehabt. Der unmittelbare Anlaß aber war der Mißkredit, in den Muhl durch den Fall seiner Häuser in Hamburg und Riga geraten war. Adeles Hiobsbotschaft hatte Arthur Schopenhauer in Mailand erreicht und zum vorzeitigen Aufbruch nach Deutschland bewogen. Schon vorher hatte er in einem Brief an seine Schwester vom »Sterben« und »Testiren« gesprochen. Nun brach die tief in seinem Inneren schlummernde Angst aus und brachte so gegensätzliche Eigenschaften wie Großmut und Mißtrauen zu Tage. Während er sich in Heidelberg noch der Hoffnung hingab, an der Universität dieser Stadt Vorlesungen halten zu können, bot er seiner Mutter in einem Ende Juli 1819 geschriebenen Brief an, das »Wenige, was ihm geblieben« mit ihr und seiner Schwester zu teilen. Doch Johanna Schopenhauer las unvorbereitet auch den Nachsatz: »... obgleich sie das Andenken des Ehrenmannes, meines Vaters, weder in seinem Sohn, noch in seiner Tochter geehrt haben.« Dem folgte, wie Adele in ihrem Tagebuch festhielt, eine »schreckliche Szene«; entsprechend muß auch der Ton gewesen sein, in dem Johanna Schopenhauer von ihrem verstorbenen Manne sprach, denn Adele schrieb: »Ich erfuhr Schrecknisse, die ich geahndet«. Arthur Schopenhauer erhielt von seiner Mutter keinen Brief mehr, nur eine Aufzeichnung vom 22. November 1819, in der von ihm in der dritten Person die Rede war und die ihm zur Kenntnis übersandt wurde. Aber auch für Bruder und Schwester wurden die drohenden Vermögensverluste zu einer Belastungsprobe, bei der Adeles »weichere Frauen-Seele« der »Härte« von Arthurs »männlicher Natur« nicht standhielt. Vergeblich hatte sie gehofft, Arthurs Liebe zu ihr würde ihn alles, was er seiner Mutter vorwarf, vergessen lassen. Am 9. November schrieb sie ihm aus Danzig: »So sehr ich zuweilen die Blutsverwandtschaft zwischen Dir und mir empfinde, wenn Du plötzlich so aus meiner tiefsten Seele heraus denkst, so sehr schmerzt es mich wenn ich so betrachte wie Dir doch noch alle Hauptschlüssel zu meinem Herzen fehlen, wie Du sie gleichsam immer aus der Hand fallen lässest, in die ich sie lege.«

Aus den Briefen ihres Bruders mußte nicht nur das alte Mißtrauen gegen die Mutter, sondern auch ein ihr unverständliches Mißtrauen gegen sie gesprochen haben. Muhl hatte schließlich einen Vergleich angeboten, der seinen Gläubigern 30 Prozent der geschuldeten Gelder zugestand. Adele, für die ihr gesamtes Vermögen auf dem Spiele stand, beschwor ihren Bruder aus Angst vor einem Scheitern der Verhandlungen, diesem Vergleich um ihretwillen beizutreten. Doch Arthur Schopenhauer war nicht dazu zu bewegen.

Der nach Dresden Zurückgekehrte mußte sich einsamer als je zuvor gefühlt haben. Das erhoffte Echo seines Hauptwerkes war ausgeblieben und eine Dozentur war noch nicht in Sicht. Halb träumte er noch den in Venedig zerstörten Traum weiter, halb spielte er mit dem Gedanken, seinem Leben so wie sein Vater ein Ende zu setzen. Selbst seine Schwester, der er bisher sein Innerstes offenbart hatte, vermochte ihn nicht mehr ganz zu verstehen. Am 9. Dezember 1819 schrieb sie ihm: »Deinen gestern empfangenen Brief eile ich zu beantworten: er lastet auf meiner Seele. Und wie käme ich zu halbem Vertrauen? Kennst du mich oder kennst du mich nicht? Und wie käme die gemeine berechnende Klugheit in meine Seele, die Gott Lob nie kleinlich erschien? ... Du wirst mich immer gleich finden, aber ich will nicht in einem fort in den Himmel gehoben und dann verdammt werden; fasse endlich eine klare Idee meines Wesens — wo nicht, gieb mich auf ... Über Venedig bleibt mir nur eine Note zu machen: ich schrieb ›vielleicht‹ und dies Vielleicht ist eben die kleine Erklärung, daß ich's könnte, ich sage ganz kühn Alles für Alles, nichts für die Hälfte!«

XIII

BERLIN

Ignoriert und sekretiert

Ursachen, Reize und Motive als die drei Arten der Kausalität waren das Thema, das sich der Doktor der Philosophie Arthur Schopenhauer für seine Disputation pro venia legendi am 23. März 1820 vor der versammelten philosophischen Fakultät der Universität Berlin gewählt hatte. Bei der Wahl des Themas war er nicht schlecht beraten; wohl aber bei der Wahl des Zeitpunkts und des Ortes. Schon mit sechsundzwanzig Jahren hatte Arthur Schopenhauer seinen Beruf darin gesehen, »nicht nur schriftlich sondern auch mündlich öffentlich zu lehren«. Von den Zinsen seines väterlichen Erbteils lebend, hatte er, ganz wie es damals sein Plan gewesen war, zuerst sein Hauptwerk vollendet und war auf Reisen gegangen. Doch dann hatte der Zusammenbruch des Bankhauses Muhl ihm nur noch wenig Zeit zur Überlegung gelassen. Seine Versuche, sich in Heidelberg oder Göttingen zu habilitieren, waren fehlgeschlagen. Um so hoffnungsvoller hatte ihn der Antwortbrief seines früheren Berliner Lehrers Martin Hinrich Lichtenstein vom 8. Dezember 1819 gestimmt, der mit den Worten schloß: »Sollten Sie sich nach diesem Allem entschließen, bei unserer Universität Ihre akademische Laufbahn zu beginnen, so würde ich mich dessen ganz besonders freuen und Sie bitten, unser altes vertrauliches Verhältnis wieder eintreten zu lassen.«

Am 31. Dezember hatte Schopenhauer an die philosophische Fakultät dieser Universität sein lateinisches Gesuch um Zulassung als Dozent gerichtet. Was ihn von vornherein dazu bewogen hatte, Berlin in die engere Wahl zu ziehen, war nicht nur die Nähe zu seinem damaligen Aufenthaltsort Dresden, sondern die in seinem Brief an Lichtenstein ausgesprochene Hoffnung, daß er dort »wohl mehr als irgendwo ein Publikum fände«, wie es seinen Vorträgen angemessen sei, nämlich ein »schon reiferes und gebildetes«. Lichtensteins Hinweis »Seit Hegel hier ist, scheinen die philosophischen Studien mehr Freunde zu finden«, hatte Schopenhauer nicht mit Argwohn erfüllt. Noch am 18. März 1820 hatte er seinem früheren Berliner Lehrer, dem Dekan der philosophischen Fakultät August Boeckh, in einem Billett frohlockend mitgeteilt: »Herr Professor Hegel hatte die Güte, mir mit der größten Bereitwilligkeit seine Genehmigung dieses Themas meiner Vorlesung zu erteilen.« Doch schon fünf Tage später ließ sich bei der unter dem Vorsitz von Boeckh stattfindenden Probevorlesung das erste Donnergrollen einer schicksalhaften Konfrontation vernehmen. Der neunundvierzigjährige, auf der Höhe seines Ruhmes angelangte Georg Friedrich Wilhelm Hegel ließ den unbekannten zweiunddreißigjährigen Arthur Schopenhauer fühlen, wer auf dem akademischen Boden Berlins der Herr war. »Wenn nun ein Pferd sich auf der Straße hinlegt, wo ist da Motiv?« versuchte Hegel, Schopenhauer eine Falle zu stellen. »Der Boden, den es unter sich findet«, antwortete Schopenhauer, »im Zusammentreffen mit seiner Müdigkeit, einer Gemütsbeschaffenheit des Pferdes. Stünde das

Pferd an einem Abgrund, so würde es sich nicht hinlegen.« Da warf Hegel ein: »Sie rechnen die animalischen Funktionen gleichfalls zu den Motiven? Also der Schlag des Herzens, der Blutumlauf usw. erfolgt auf Anlaß von Motiven?« Und höhnisch fügte Hegel hinzu: »Da zeigte sich Monsieur Nichtwisser!« Schopenhauer entgegnete: »Nicht diese heißen animalischen Funktionen. In der Physiologie nennt man sie die bewußten Bewegungen des thierischen Leibes. Ich berufe mich hier nur auf Hallers Physiologie.« Hegel wollte das nicht gelten lassen: »Ach, aber das versteht man nicht unter animalischen Funktionen.« Da stand Lichtenstein, ein Mediziner von Fach, auf, um Hegel zu unterbrechen: »Herr Doctor, verzeihen Sie, wenn ich mich dazwischen lege, aber ich muß Herrn Doctor Schopenhauer in diesem Falle Recht geben, unsere Wissenschaft nennt allerdings die von ihm mit diesen Namen benannten Funktionen die animalischen.«

Damit fand der für eine Stunde berechnete Vortrag Schopenhauers sein vorzeitiges und scheinbar glückliches Ende, denn der Auszug aus dem Sitzungsprotokoll gab den Disput zwischen Hegel und Schopenhauer nur mit dem harmlosen Satz wieder: »Herr Prof. Hegel besprach sich darüber mit demselben. Die Fakultät beschloß, daß er als habilitiert betrachtet werden sollte, sobald er seine öffentliche Probevorlesung würde gehalten haben.« Doch es war mehr als der Disput zwischen einem angesehenen und einem damals noch unbekannten Philosophen. Schopenhauer unterschied sich von Hegel nicht nur durch den Umstand, daß er zuerst Medizin studiert und später als Student der Philosophie naturwissenschaftliche Vorlesungen gehört hatte. Hier trafen zwei Geister aufeinander, die durch Welten voneinander getrennt waren. Schopenhauer, der Sohn eines Danziger Großkaufmannes, der erst mit zweiundzwanzig Jahren zur Philosophie gefunden hatte, ging in seinem Denken den Weg »von der Wirklichkeit zur Idee«; Hegel, der Sohn eines kleinen württembergischen Finanzbeamten, der schon mit achtzehn Jahren sein Theologiestudium begonnen und sich später sein Brot als Hauslehrer verdient hatte, ging in seinem Denken den entgegengesetzten Weg »von der Idee zur Wirklichkeit«. Schopenhauer sah in der »Welt selbst das Weltgericht« und nicht die Offenbarung eines Weltgeistes wie Hegel. Schopenhauer führte in die Philosophie den Begriff des vom blinden Willen verursachten Leides ein, Hegel hingegen den dialektischen Begriff des Fortschritts. Schopenhauer sollte später tief auf das Gemüt enttäuschter Menschen wirken. Hegel aber sollte noch später — durch seine rechten wie durch seine linken Schüler — einschneidend die Welt verändern. Der 1818 nach Berlin berufene Hegel erfreute sich nicht nur der Gunst des damaligen Kultusministers, Freiherrn von Stein zum Altenstein, er besaß als Ordinarius auch großen Einfluß auf die bereits habilitierten Privatdozenten J. H. Fichte, H. von Keyserlingk, Heinrich Ritter und E. Stiedenroth, und er schlug, obwohl sein Stil dunkel und verklausuliert und sein Vortrag stockend und unbeholfen wirkte, auch die Studenten in seinen Bann. Der 1770 — im gleichen Jahr wie Napoleon und Beethoven — geborene Hegel, war 1820 bereits ein Denkmal seiner selbst, das niemand zu stürzen vermochte.

Gegen diesen Hegel, der sich bis zu der Behauptung verstiegen hatte, er lehre die Wahrheit und er sei die Wahrheit, wagte sich Schopenhauer zu stellen. Nur seine Tollkühnheit konnte dabei größer gewesen sein als seine

Verblendung. In seiner lateinischen Einführungsrede ließ Schopenhauer keinen Zweifel darüber, wen er meinte, wenn er erklärte, das von Kant entzündete heilige Feuer sei von denen wieder erstickt worden, die berufen gewesen wären, es zu nähren. Sophisten seien aufgetreten, die invita Minerva mit großem Geräusch und in barbarisch dunkler Rede zuerst die Aufmerksamkeit ihrer Zeit ermüdet, dann vom Studium der Philosophie abgeschreckt und diese in Mißkredit gebracht hätten. Es sei indessen nicht zu befürchten, daß nicht wiederum ein Rächer erstehe, der, mit besserer Kraft ausgerüstet, die Philosophie in allen Ehren restituiere.

In seinem ersten Kolleg über die »Gesamte Philosophie d. i. die Lehre vom Wesen der Welt und von dem menschlichen Geiste« stellte sich Schopenhauer bewußt gegen den von Hegel verkörperten Zeitgeist: »Um sagen zu können, wie viel Anlage Einer zur Philosophie hat, müßte ich wissen ... ob sein Bewußtseyn in diesem Strom der Zeit so tief eingetaucht ist, daß es selbst sich mit ihm fortbewegt, oder ob es den Strom der Zeit an sich vorüberfließen sieht und ihn als etwas Fremdes mit Verwunderung beobachtet.« Dieses erste sechsstündige Kolleg, das von einer kleinen Zahl Hörer belegt wurde, war zugleich sein letztes. Obwohl Schopenhauer sein Hauptwerk in 352 bezifferten Bogen mit großer Sorgfalt für seinen Vortrag völlig neu bearbeitet hatte, fand er unter den über tausend Studenten der Berliner Universität keine Hörer mehr. Schon sein erstes Kolleg hatte er provozierend zu den gleichen Stunden angesetzt, in denen Hegel sein Hauptkolleg »Logik und Metaphysik« vortrug. Auch für das Wintersemester 1820/21 und das Sommersemester 1821 kündigte er sein Kolleg zu denselben Stunden an, in denen Hegel über »Ästhetik« und »Logik und Metaphysik« las. Dann kündigte er bis 1822 nur noch pro forma ein zweistündiges Kolleg über die Theorie der Erkenntnis an. Im Wintersemester 1826/27 unternahm er noch einmal den Versuch, in den Stunden, in denen Hegel über die »Enzyklopädie der Wissenschaften« las, ein Kolleg zu halten. Die Ironie seines Schicksals wollte es, daß drei Medizinstudenten den alten Spruch »tres faciunt collegium« wahrmachten, ohne ihn zur Abhaltung einer Vorlesung bewegen zu können.

Fast wie ein Hohn auf seine Hoffnung, in Berlin ein »schon reiferes und gebildetes« Publikum zu finden, mußten ihm schließlich die fünf Interessenten erscheinen, die sich auf dem Anmeldebogen für sein Kolleg im Wintersemester 1828/29 eingetragen hatten: ein Hofrat Dorow, ein Wechselmakler Ehrhard, ein Zahnarzt Heß, ein Stallmeister Schur und ein Hauptmann von Versen. So kläglich endete die akademische Laufbahn, an deren Beginn Schopenhauer noch an die philosophische Fakultät der Universität Berlin geschrieben hatte: »Wenn Sie mich der erbetenen Befugniß und Ehre würdig finden sollten, werden Sie mich damit zu ewigem Dank verpflichten.« Ein Jahrzehnt lang, bis zum Wintersemester 1831/32, kam Schopenhauers »Verlangen zu lehren«, von dem er am Schluß seines Lebenslaufes gesprochen hatte, in Kolleganküdigungen zum Ausdruck. Obwohl Schopenhauer schon 1820 in seinem Reisebuch geschrieben hatte »Mein Zeitalter ist nicht mein Wirkungskreis«, machte ihm die »Kälte und Nichtbeachtung«, mit der man ihn aufnahm, doch so zu schaffen, daß er sich 1822 mit Byron trösten mußte: »Ich sah des Ruhmes heil'ge Kränze auf der gemeinen Stirn entweiht«. Nach und nach vertauschte er die Rolle des Dozenten, der auf Hörer wartete, mit der Rolle eines Privatgelehrten, der die »Brodprofessoren« verachtete. »Für die Philosophie könnte nichts besseres geschehn, als daß alle Professuren derselben aufgehoben würden«, schrieb er schließlich 1829 in seinen »Adversaria«.

Seine Verbitterung wäre wohl nicht so groß gewesen, hätte er an Stelle von Hörern wenigstens Leser gefunden. Doch das Echo, das sein Hauptwerk fand, war nicht weniger enttäuschend. Die ersten Rezensionen in den Wiener »Jahrbüchern der Litteratur« vom April-Juni 1819 und in dem von Kotzebue in Weimar begründeten »Litterarischen Wochenblatt« vom Oktober 1819 stammten nicht von Philosophen. Der Königsberger Philosoph Johann Friedrich Herbart, der sich 1820 in der Leipziger Zeitschrift »Hermes« noch hinter den Buchstaben »E.G.Z.« verbarg, attestierte zwar Schopenhauer, unter den Nachfolgern Kants der »klarste, gewandteste und geselligste« zu sein, nannte aber seine Philosophie eine »an sich nichtige Natur- und Kunst-Philosophie«. Die mit »F.E.B.« unterzeichnete Rezension, die im Dezember 1820 in der »Jenaischen Allgemeinen Literaturzeitung« erschien, stammte von jenem Friedrich Eduard Beneke, der Schopenhauers erstes Kolleg gehört hatte und inzwischen mit 22 Jahren selbst Privatdozent in Berlin geworden war. Er schloß seine ausführliche und wiederholt mit Gänsefüßchen versehene Darstellung der Schopenhauerschen »Verirrungen« mit einem Tadel der »unziemlichen Ausdrücke«, die Schopenhauer »zuweilen gegen andere philosophische Schriftsteller« gebraucht habe. Schopenhauer sandte der Zeitung eine »Notwendige Rüge erlogener Citate«, ließ sich, als Beneke deshalb zweimal bei ihm vorsprach, verleugnen, und veranlaßte den Abdruck auf seine Kosten.

Als sich Schopenhauer zehn Jahre nach dem Erscheinen von »Welt als Wille und Vorstellung« bei seinem Verleger Brockhaus nach dem Absatz des Werkes erkundigte, erhielt er die Auskunft, daß von den weniger als 800 gedruckten Exemplaren noch 150 auf Lager seien. Doch auch daraus lasse sich auf den Absatz nicht schließen, da vor mehreren Jahren »eine bedeutende Anzahl« zu Makulatur gemacht worden sei. Wenn auch Schopenhauer seinen 35. Geburtstag nicht in Berlin, sondern in Florenz feierte, muß er sich doch an die magische Grenze erinnert haben, die er seiner Genialität gezogen hatte. Wiederholt hatte er sich auf Helvetius berufen, wonach man »alle wirklich eigenthümlichen und originellen Grundansichten nur bis zum 35. Jahr hat«. Oder, wie er es selbst 1825 noch populärer formulierte: »Das Genie der Männer dauert so lange wie die Schönheit der Weiber, nämlich 15 Jahr: vom 20sten bis 35sten.« Ohne den Glauben, später noch etwas Großes schaffen zu können, mußte er zur Kenntnis nehmen, daß er für das Werk, von dessen Genialität er nach wie vor überzeugt war, weder Hörer noch Leser fand.

»Wie aber kann ich Ihrem herrlichen, mir unermeßlichen Berlin — dieser Bergstadt der deutschen Kultur, der gesellschaftlichen, ästhetischen und philosophischen, genug Dank und Freude bezeigen?« schrieb Jean Paul 1824 aus Bayreuth an Julius Eduard Hitzig, den Gründer der »Mittwochgesellschaft«, die ein Zentrum des Goethekultes war. Berlin, das 1831 bereits 230 000 Einwohner zählte, bot Künstlern, Dichtern, Gelehrten, Staatsmännern und großen Reisenden in der Zeit, in der Schopenhauer als Philosoph dort seine größten Enttäuschungen erlebte, mehr als eine glänzende Kulisse. 1820 war das neue Schauspielhaus am Gendarmenmarkt mit Goethes »Iphigenie« eröffnet worden; 1821 wurde Webers »Freischütz« dort uraufgeführt; 1829 erweckte Felix Mendelssohn-Bartholdy die verschollene Matthäus-Passion von Bach zu neuem Leben. In den Zeitungsannoncen fanden sich für Musikliebhaber so berühmte Namen wie Paganini und Franz Liszt. In der Spandauer Straße 53 traf sich die Dienstagsgesellschaft im Salon der Henriette Herz. Seit 1827 versammelte die Sonntagsgesellschaft Angehörige aller Berufe zu dichterischem Gedankenaustausch. Professoren, Literaten und Künstler trafen sich bei Steheley am Gendarmenmarkt. In dieser Stadt blieb Arthur Schopenhauer zwar nicht einsam, doch ein weithin Unbekannter. Am 1. Juli 1820 besuchte ihn seine Schwester Adele in Berlin. Sie konnte die Entfremdung, die zwischen ihr und ihrem Bruder seit dem Zusammenbruch des Bankhauses Muhl eingetreten war, nicht zur Gänze überwinden. In ihr Tagebuch schrieb sie: »Ich habe garnichts von allem gethan, was ich wollte, denn er war ganz anders als ich dachte — indeß die martervolle Stunde gieng glücklich vorüber, und nichts ist schlimmer, manches vielleicht besser.« Die Kluft zwischen Schopenhauer und seiner Mutter war unüberbrückbar: am 5. Juli 1823 enterbte Johanna Schopenhauer ihren Sohn.

Freunde besaß Schopenhauer nur wenige. Friedrich Gotthilf Osann gehörte zu ihnen, den er schon von der Weimarer Gymnasialzeit her kannte; das Verhältnis zu den Berliner Professoren Lichtenstein und Boeckh blieb ungetrübt; schließlich freundete er sich in Berlin mit dem

Baron Heinrich von Lotzow an, obwohl »dieser leichtsinnig war und oft die Unwahrheit sprach«. 1826 traf er mit Alexander von Humboldt zusammen, mit dem er viel, wenn auch nichts Wissenschaftliches besprach. Auch mit Adalbert von Chamisso verkehrte er, der ihn warnte, den Teufel nicht zu schwarz zu malen; ein gutes Grau sei ausreichend.

Nach wie vor bewohnte Arthur Schopenhauer chambres garnies, bestehend aus einem Schlaf- und einem Studierzimmer. Allein bis zum Jahre 1821 wechselte er dreimal sein möbliertes Logis. Sein Mittagmahl nahm er im Russischen Hof am Schinkelplatz ein. Im Lesezimmer der königlichen Bibliothek war er oft neben dem alten General Schlabbrendorf der einzige Besucher. Regelmäßig besuchte er die Konzerte der Singakademie und das Französische Theater.

Noch im Jahre 1821 lernte er die Choristin an der Berliner Oper Caroline Richter kennen, die den Künstlernamen Medon führte. Die damals Neunzehnjährige, die bereits ein uneheliches Kind geboren hatte, wurde später seine Geliebte. Die Medon besaß — nach zeitgenössischen Aussagen — große, sprechende Augen, einen sinnlichen Mund, dunkles Haar und eine »liebreiche Sinnesart«, die Schopenhauer veranlaßte, sie »Prinzeßchen« zu nennen.

Schopenhauer hatte nie Anstoß daran genommen, wenn Frauen bereits Beziehungen zu anderen Männern gehabt hatten. 1822/23 führte er in seinem Manuskript »Brieftasche« aus, daß das Weib in der Monogamie nur die Hälfte seiner Fähigkeiten nutze und nur die Hälfte seiner Wünsche befriedige. Ernsthaft erwog er die Vor- und Nachteile der »Tetragamie«, bei der zwei Männer ge-

Adele Schopenhauer,
die Schwester des Philosophen.

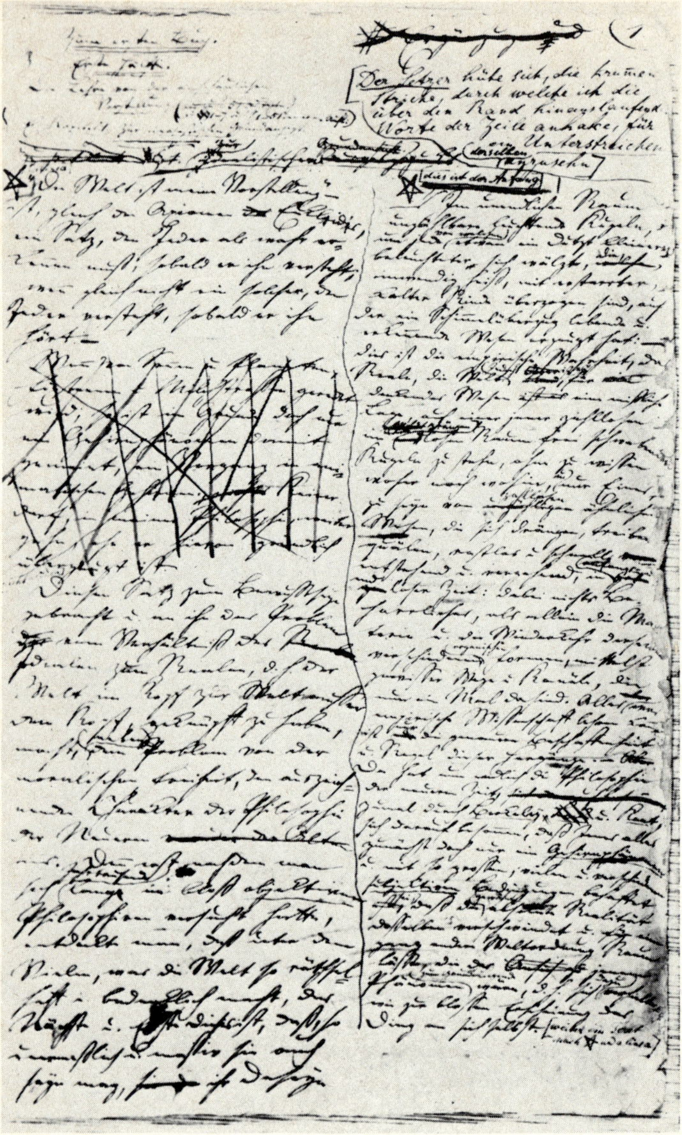
Der Setzer hüte sich, die krummen Striche, durch welche ich die über den Rand hinauslaufenden Worte der Zeile anhake, für Unterstreichen anzusehn
dies ist der Anfang

Arthur Schopenhauer, 1788–1860.

Linke Seite:
Eigenhändige Handschrift Schopenhauers zur ersten Seite des Werks
»Die Welt als Wille und Vorstellung«.

Nächste Seite:
Das Schopenhauer-Haus in Frankfurt,
das im Krieg zerstört wurde.

meinsam ein junges Weib nehmen sollten und dann gemeinsam ein zweites, jüngeres dazu, sobald das erste verblüht sei. Die Männer würden, solange diese Einrichtung nicht bestünde, sonst »die Hälfte ihres Lebens Hurer und die andre Hälfte Hahnreie« sein. Im übrigen war Schopenhauer der Ansicht, daß ein Mann, der den ersten Schritt gegenüber einer Frau getan und sie so über die Gefahr eines »refus« beruhigt hätte, die Sache »dann meistens ganz trätabel finden« werde. Im Zusammenhang mit seiner bevorstehenden Habilitierung scheint ihm jedoch die Gründung eines eigenen Hausstandes ratsam. »Da die eigentliche Zeit der genialen Conception für mich vorbei und mein Leben von nun an zum Lehrberuf am tauglichsten ist, muß dasselbe vor aller Augen offen liegen und einen Halt in der Gesellschaft haben, den ich als Junggeselle nicht gewinnen kann«, notierte er 1821/22 in seinem Geheimbuch. Was seine Beziehungen zur Medon anlangte, legte aber Schopenhauer anscheinend keinen Wert darauf, daß sie »offen vor aller Augen« lagen. Als er am 12. August 1821 einen Besuch der Medon erwartete und im Vorraum seines Logis in der Niederlagstraße 4 drei Frauenzimmer vorfand, forderte er diese auf, »sich sogleich wegzubegeben«. Zwei leisteten dieser Aufforderung Folge, die dritte jedoch, die siebenundvierzigjährige »Nähterin« Caroline Louise Marquet, die in seinem früheren Garderobekämmerchen hauste, weigerte sich. Wie Schopenhauer später in seiner Klagebeantwortung vom September 1821 erklärte, faßte er sie, »wie es zweckmäßig war, um den ganzen Leibe«, um die sich mit allen Kräften Wehrende hinauszuschleppen. Bei einem zweiten Versuch, sie hinauszuwerfen, bei dem er sie nur einmal »altes Luder« geschimpft habe, sei sie hingefallen. Schopenhauer betrachtete diesen Vorfall zunächst als »sehr unbedeutend«, doch entwickelte sich daraus ein Monsterprozeß.

Wenn Schopenhauer seinen Mißerfolg in Berlin bis zur bitteren Neige auskosten mußte, dann war dies nicht zuletzt auf die Heftigkeit zurückzuführen, mit der er an jenem 12. August 1821 ein Zusammentreffen zwischen seiner Geliebten Caroline Medon und der Caroline Marquet verhindern wollte. Nachdem die Injurienklage der Marquet am 1. März 1822 in erster Instanz abgewiesen worden war, sah Schopenhauer keinen Grund, länger in Berlin zu bleiben. Schon drei Semester hindurch hatte er an der Universität keine Hörer mehr. Und außerdem hatte sich seine harte Haltung gegenüber dem Handelshaus Muhl in Danzig gelohnt. Während seine Mutter und seine Schwester den angebotenen Akkord angenommen und zwei Drittel ihres Vermögens eingebüßt hatten, kündigte Schopenhauer erst nach Jahresfrist und in Abständen seine Wechsel, die nun voll und samt Zinsen honoriert wurden. Bis Juni 1822 erhielt er so 9400 Taler. Die »Pläne zur Wiedererlangung geraubter Schätze, von denen ich in Stunden vertraulicher Ergießung Sie oft unterhielt, sind vollkommen gelungen«, schrieb er am 20. April 1822 an seinen Freund Osann, der inzwischen Professor in Jena geworden war.

Am 27. Mai 1822 trat Arthur Schopenhauer im Alter von 36 Jahren die letzte größere Reise seines Lebens an. Er hatte sein Testament beim Berliner Hausvogtei-Gericht deponiert, sein Vermögen dem Bankhaus Mendelssohn und Fränckel anvertraut, sich einen mehrjährigen Paß und einen mehrjährigen Kreditbrief für Italien ausstellen lassen und sich schwere Alpenschuhe besorgt. Die Briefe, die er in diesem und im nächsten Jahr an seinen Freund Osann schrieb, zeugen von seltener Gelöstheit und lassen nur noch aus der Ferne den Groll über sein erstes Scheitern in Berlin erkennen. Schopenhauer berichtete von der langen und schönen Schweizer Reise, die »herrliche Erinnerungen« zurückließ, und von der er sich in Mailand ausruhte. Er fand seinen »zweiten Eintritt« in Italien noch »erfreulicher« als den ersten und begrüßte »jede italiänische Eigentümlichkeit« mit »Jubel«. In Florenz freute ihn »bisweilen das Heterogene« seiner Umgebung. »Ich belächle mich selbst«, schrieb er, »wenn ich mit einem weißen Dominikaner im Boboli promenire und den Verfall der Klöster beseufzen helfe, oder im kerzenhellen Urvätersaal einer Villa einer Englischen Dame die cour mache: ›doch wenn in unserer stillen Zelle das Lämpchen freundlich wieder brennt‹ — dann bin ich wieder ich selbst und weiß, wo mein Leben eigentlich liegt: da wünsche ich denn auch von Außen etwas zu vernehmen, was darauf Bezug hat. Sie wißen meine Wünsche hierüber, und ich kenne Ihre Güte. — Hat der neue Meßkatalog remarkable philosophica gebracht? — Drei philosophische Lehrstühle, in Heidelberg, in Breslau, in Berlin, waren zu besetzen: mit welchen Subjekten hat man sie ausgefüllt? — Hat sich irgend Jemand über mich ausgelaßen, oder gar wieder eine eigne pièce über meine Sache abgefaßt? — Die würde ich bitten mir mit der Post zu schicken und meines Dankes, wie des Kostenersatzes gewiß zu seyn.«

Schopenhauer nannte Florenz das »heiterste Logis von der Welt« und gestand Osann: »Ich war so gesellig wie lange nicht; kam sogar in die große und mitunter in die vornehme Welt... Besonders deutlich ist mir geworden, wie jämmerlich das Leben der Vornehmen in der Nähe ist und wie die Langeweile sie martert, trotz aller Gegenanstalten.«

Nachdem er den Winter 1822/23 in Florenz verbracht hatte, reiste Schopenhauer am 3. Mai über Trient nach München, wo er am 27. Mai 1823 eintraf. Ganz anders klang, was er dann am 21. Mai 1824 an Osann schrieb: »Vor einem Jahr kam ich hierher und etwa sechs Wochen darauf, als ich weiter wollte, fing eine Verkettung von Krankheiten an. Hämorrhoiden mit Fistel, Gicht, Nervenübel succedierten sich: Ich habe den ganzen Winter in der Stube zugebracht und sehr gelitten. Seit einem Monat bin ich wiederhergestellt, aber noch so nervenschwach, daß ich, vor Zittern der Hände, erst jetzt Ihren Brief und zwar mit vieler Mühe beantworten kann, mich matt dahinschleppe und bei Tage einschlafe: dabei ist das rechte Ohr ganz taub. Allen diesen Übeln soll das berühmte Bad Gastein in Süd-Österreich abhelfen.« In München hatte Schopenhauer wieder zu seiner pessimistischen Grundstimmung zurückgefunden und sarkastisch in seiner »Brieftasche« notiert: »Ueber die Uebel des Lebens tröstet man sich mit dem Tode, und über den Tod mit den Uebeln des Lebens. Eine angenehme Stellung.« Nach einer vierwöchigen Kur in Bad Gastein reiste er über München nach Mannheim. Jetzt fühlte er sich wieder völlig gesund. Vorsorglich hatte er sich bei Osann, der zwischen ihm und seiner Schwester zu vermitteln suchte, nach den Plänen seiner Mutter erkundigt, um »eine recontre imprévue zu vermeiden«. Am 27. August 1824 erhielt Adele Schopenhauer in Wiesbaden nach langer Zeit wieder einen Brief ihres Bruders, der ihr eine »so unbeschreiblich große Freude« bereitete, daß sie schon am nächsten Tag ihrem väterlichen Freund Goethe von der Möglichkeit einer Zusammenkunft mit ihrem Bruder in Frankfurt berichtete. Doch dazu sollte es nicht kommen, denn Schopenhauer reiste über Frankfurt weiter nach Dresden. Aus einer nach 1825 erfolgten Eintragung in seinem Geheimbuch geht hervor, daß ihn nach seiner Rückkehr von seiner zweiten italienischen Reise »alle Welt wunderbar verändert gefunden« habe, so groß sei vorher seine »Melancholie gewesen, als noch der natürliche Trieb zur Geselligkeit, die Lust sich mitzutheilen und das gefühlte Bedürfniß zu erlangender Erfahrung dem Ekel an den Menschen das Gleichgewicht« gehalten habe. Von da ab habe er allmählich ein »Einsamkeit blickendes Auge« bekommen, sei »systematisch ungesellig geworden« und habe sich vorgenommen, »den Rest des flüchtigen Lebens« ganz sich selbst zu widmen.

Charakteristisch für seine Ungeselligkeit waren in Dresden die Umstände seines Zusammentreffens mit dem früher von ihm so verehrten Ludwig Tieck. Schopenhauer bemängelte an Tieck nicht nur, daß er mit ihm nicht Englisch sprechen konnte, er kritisierte auch dessen Jugendfreund Friedrich Schlegel und schließlich kam es bei Diskussionen über unterschiedliche philosophische Systeme im Winter 1824/25 zu jener Szene, von der Karl von Holtei später berichtete: »Dies hatte, über Jakobi hinweg, den Tieck liebte, nach und nach auf religiöse Streitigkeiten geführt; und als Tieck in diesen von Gott gesprochen, war Schopenhauer, wie von der Tarantel gestochen, aufgesprungen, sich gleich einem Brummkreisel umherdrehend und mit höhnischem Gelächter wiederholend: ›Was? Sie brauchen einen Gott?‹ Ein Ausruf, den Ludwig Tieck bis an's Ende seiner Tage nicht vergessen kann.«

Körperlich gesund und frei von materiellen Sorgen, doch

ohne Hoffnung, die Welt mit seiner Philosophie zu beeindrucken, verlebte Schopenhauer acht Monate in Dresden. Er besaß nicht die Kraft zu neuer schöpferischer Tätigkeit, und die Langeweile begann auch ihn zu quälen. So exzerpierte er die berühmten »Rapports du physique et du moral de l'homme« des Arztes und Sensualisten Cabanis. Er trug sich mit dem Gedanken, Giordano Brunos »Della Causa, principio ed Uno« ins Lateinische und David Humes »Natural history of Religion« ins Deutsche zu übertragen und unterbreitete diese Pläne am 25. November 1824 einer Berliner Verlagsbuchhandlung. Übrig blieb von diesen Plänen nur die »Préface zu einer projektirten Uebersetzung Humes«, die mit den Worten Schopenhauers schloß: »Was nun endlich meinen Beruf zu dieser kleinen Arbeit betrifft, so liegt er bloß darin, daß mir seit meinem Aufenthalt in England im Knabenalter die Englische Sprache sehr geläufig ist, und ich eben gar viele Muße übrig habe, indem ich der Bearbeitung meiner eigenen Gedanken für die Mittheilung mich überhoben achte, da nun die Erfahrung bestätigt hat, was ich früher voraussah und voraussagte, daß solche unter den Zeitgenossen keine Leser finden.« Nur ein prominenter Leser des Schopenhauerschen Hauptwerkes bildete 1824 eine Ausnahme von der Regel. Jean Paul veröffentlichte ein Jahr vor seinem Tode in einer »Kleinen Nachschule zur ästhetischen Vorschule« die Zeilen: »›Schopenhauers Welt als Vorstellung und Wille‹, ein genialphilosophisches, kühnes, vielseitiges Werk, voll Scharfsinn und Tiefsinn, aber mit einer oft trost- und bodenlosen Tiefe — vergleichbar dem melancholischen See in Norwegen, auf dem man in seiner finsteren Ringmauer von steilen Felsen nie die Sonne, sondern — in der Tiefe nur den gestirnten Taghimmel erblickt und über welchen kein Vogel und keine Wolke zieht. Zum Glück kann ich das Buch nur loben, nicht unterschreiben.« Doch das war ein schwacher Trost angesichts der Entwicklung, die inzwischen die Affäre Marquet genommen hatte. Mit dem Beistand eines tüchtigen Advokaten verfolgte diese »höchst verschmitzte und boshafte Person«, wie Schopenhauer sie nannte, die Causa weiter. Sobald Demoiselle Marquet eine Verurteilung Schopenhauers in zweiter Instanz zu 20 Talern Geldbuße erreicht hatte, strengte sie einen neuen Prozeß an, weil sie angeblich »an der ganzen rechten Seite gelähmt sei und den Arm nur wenige Zeit mühevoll gebrauchen könne«. Schopenhauers bei Mendelssohn und Fränckel deponiertes Vermögen wurde gerichtlich beschlagnahmt und die Alimentenforderung der Klägerin von einem Erfüllungseide abhängig gemacht. Auf alles gefaßt, eilte Schopenhauer im Mai 1825 nach Berlin zurück. Er richtete Eingaben an den Appellationssenat des Kammergerichtes und an den Justizminister, doch der Eid der Näherin wog schwerer und der Oberappellations-Senat bestätigte am 4. Mai 1827 das Urteil, demzufolge Schopenhauer der Marquet vierteljährlich 15 Taler zu bezahlen habe. Sie bezog diese Alimente zwanzig Jahre lang.

Schopenhauer verbrachte weitere sechs Jahre in Berlin, das ihm nur noch als »physisch und moralisch vermaledeites Nest« erschien. Seine Geliebte, Caroline Medon, hatte inzwischen am 6. April 1823 einem Knaben das Leben geschenkt, den der am 27. Mai 1822 aus Berlin abgereiste Schopenhauer beim besten Willen nicht als seinen Sohn betrachten konnte. Es hieß, »un diplomate étranger« habe an seiner Stelle die »Tetragamie« praktiziert. Dennoch nahm Schopenhauer seine Beziehungen zu der Medon wieder auf. Ihre im August 1826 diagnostizierte Schwangerschaft im fünften Monat könnte Schopenhauer zum Urheber gehabt haben. Doch eine Fehlgeburt ließ den Philosophen, der in der Geschlechtsbefriedigung die »Bejahung des Lebens über den Tod hinaus« sah, wieder nicht zum Vater eines lebensfähigen Kindes werden. Noch einmal begann Schopenhauer mit dem Gedanken an eine Ehe zu spielen. Die Medon hatte zwar ihre Entlassung aus dem königlichen Chor erhalten, war jedoch — wie die mysteriöse italienische Geliebte — lungenleidend. Nicht Caroline Medon, sondern der siebzehnjährigen Flora Weiß machte der auf die Vierzig zugehende Schopenhauer einen Heiratsantrag. Er konnte nicht einmal, wie sein Vater, den Altersunterschied durch sichtbaren Wohlstand und stadtbekanntes Ansehen aufwiegen. Kein Wunder, daß das bildhübsche Mädchen dem »ollen Schopenhauer«, der ihr junge Männer als »dumme Laffen« hinzustellen versuchte, einen Korb gab. Um 1831 wußte sich dann Schopenhauer in seinem Geheimbuch mit der Eintragung zu trösten: »Der Verlust der freien Verfügung über meine eigene Person ist ein weit größeres Uebel als der Vortheil, der mir aus dem Gewinn einer andern erwachsen kann.«

»Die Zahl der Jahre, welche zwischen dem Erscheinen eines Buchs und seiner Anerkennung verlaufen, giebt das Maaß der Zeit, um die der Verfasser seinem Zeitalter vorausgeeilt war.« Mit dieser Formel versuchte 1827 Arthur Schopenhauer, die ausbleibende Resonanz seiner »Welt als Wille und Vorstellung« zu erklären. Bis zu einer zweiten Auflage dieses Werkes sollten noch weitere siebzehn Jahre vergehen. Schopenhauers uneingestandene Wachträume von einem für ihn noch erlebbaren Ruhm nahmen die Form von Entwürfen zur Vorrede einer solchen zweiten Auflage an. Wohl kein zweiter Autor dieser Zeit hat so viele Vorreden für ein bereits erschienenes Buch verfaßt. Der erste Entwurf stammte noch aus dem Jahre 1821. »An den Leser späterer Zeit richte ich diese Vorrede«, schrieb Schopenhauer und schloß vorsichtshalber: »Mein Zeitalter hat mir die große Ehre gezeigt, die ersten 10 Jahre hindurch von meinen Schriften keine Notiz zu nehmen, wodurch es bewiesen hat, daß zwischen ihm und mir wenig gemein ist.« In einem Entwurf aus dem Jahre 1825 ging er von der Annahme aus, daß das Publikum schon acht Jahre nach dem Erscheinen der ersten Auflage anfing, sein Werk zu lesen. Bissig fügte er hinzu, daß er bisher »dessen einziger Leser war (denn die Leutchen vom Fach auf den Universitäten sind nicht für Leser zu rechnen)«. Sogleich bezeichnete er selbstkritisch diesen Entwurf als »kleinlich und affektirt«. 1827 bezifferte er den Zeitraum, in dem die »Anwandlung dem Publico« seine »Gedanken vorzulegen ... nicht wieder gekommen sei«, bereits mit zwölf Jahren. 1828 sprach dann aus seinem Entwurf für eine »Vorrede zur 2ten Auflage 1836« bereits Erbitterung: »Stumpfen Zeitgenossen gegenüber auf mich selbst zurückgewiesen habe ich nicht mir, sondern der Wahrheit gelebt und ohne alle Theilnahme von Außen meine Sache durchgedacht und mein Werk vollendet ... Somit gebe ich dieses Werk jetzt, da ich mit ihm mein Leben als abgeschlossen betrachte, dem Strohme der Zeit hin, der es den Wenigen und Seltenen zuführen wird, die zu denken fähig sind, sehr unbekümmert, wie sich der zahllose Haufen der Uebrigen, der, Affen ähnlich, aus dem Guten wie aus dem Schlechten, sich das Spielzeug seines kurzen Tages macht, dabei gebärden wird.«

Immer lauter ertönte aus diesen Entwürfen die Stimme eines lebendig Totgeschwiegenen, der mit seinem Schicksal haderte. »Hört ein Mal, damit Ihr wißt, wer zu Euch redet«, hob sein erster Entwurf aus dem Jahr 1832 an, »ich bin nicht bestochen, weder von den Honoraren eurer Buchhändler, noch von den Professoren Eurer Regierungen.« In diesem Entwurf nannte er Fichte einen »Windbeutel« und Hegel einen »nichtswürdigen, plumpen Scharlatan« und sah sich selbst in der Rolle eines »Schiffbrüchigen«, der sein Buch wie eine »versiegelte Flasche den Wellen übergiebt«. Danach galt Schopenhauers Verdammungsurteil bereits allen Professoren der Philosophie, da »die Philosophie ihr Erwerb ist, und ihnen natürlich ihr Auskommen und Fortkommen mehr am Herzen liegt als die abstrakte Göttin Wahrheit.« Es wäre »für die Philosophie wünschenswert, daß ihr Unterricht auf Universitäten wegfiele, und junge Leute die Zeit, welche sie der Philosophie widmen wollen, ausfüllten mit dem Leben ächter, ursprünglicher, es ernstlich meinender Philosophen«, schloß er allzu durchsichtig. In einem Entwurf, den er mit 45 Jahren verfaßte, sah er sich bereits als Fünfzigjährigen, der hinter seinem dreißigsten Jahr zurücksteht und »ihm Respekt schuldig« ist; deshalb wage er nur das »Wenigste der zahlreichen Zusätze« dem ursprünglichen Text »einzuverleiben«. Von nun an entwarf er Vorreden zu den »Nachträgen zur Welt als Wille und Vorstellung« oder zu »Ergänzenden Betrachtungen«. 1833 prophezeite er, daß ihn die »werthen Zeitgenossen ... durch ihren etwa noch bevorstehenden Beifall unmöglich stolzer machen könnten« als sie ihn durch »ihre Geringschätzung gemacht haben«.

Im gleichen Jahr schrieb er pathetisch: »Es ist spät geworden: bald stehn wir vor dem Richterstuhl der Zeit«. Und fügte, sich selbst betrügend, hinzu, daß dank der zu einem großen Teil zu Makulatur gemachten ersten Auflage die »spät rege gewordene Aufmerksamkeit... sogleich eine 2te nöthig« machte. Seine Entwürfe und Eintragungen in seine Manuskriptbücher schwankten immer mehr zwischen tiefer Resignation und heller Empörung. »Meine Zeit läuft ab: die Jahre der Stumpfheit drohen heranzukommen«, schrieb er 1834. »Meine Lehre ward von den Universitäten verstoßen: aber das Palladium ist mit mir ausgewandert: die Wahrheit und das ächte Streben steht auf meiner Seite.« 1836: »Wir müssen vorbeugen, daß nicht die Philosophie des Eigennutzes, der Feilheit und der Niederträchtigkeit die Oberhand gewinne.« Im selben Jahr spricht er in einer Argumentensammlung, die er »Kleines Zeughaus« betitelt, von »feilen Miethlingen« und »gedungenen Mördern der Wahrheit«. Die Berliner Jahre, aber auch die nächsten Jahre, die Schopenhauer in Frankfurt am Main, in Mannheim und endgültig in Frankfurt verbrachte, waren die Jahre der heroischen Verzweiflung eines Mannes, der von der Welt sprach, ohne von ihr gehört zu werden. »Mein Zeitalter und ich passen nicht zusammen«, hieß die Jahr für Jahr härter werdende Lektion, die er als Lehrer ohne Schüler zu lernen hatte. In der Neujahrsnacht 1830/31 erschien ihm sein 1799 verstorbener Hamburger Jugendfreund Gottfried Jänisch im Traum: als ein »erwachsener, schlanker, junger Mann«, der ihn in einem unbekannten Land inmitten einer Gruppe Männer auf einem Felde stehend »bewillkommnete«. Als sich dann die asiatische Cholera Berlin näherte, faßte er diesen Traum als Warnung auf. Er vertraute nicht länger auf das Rezept, zwei Eßlöffel

Kochsalz in sechs Unzen siedendes Wasser zu geben und sogleich und auf einmal einzunehmen. Er verließ am 25. August 1831 Berlin, wo die Choleraepidemie bald darauf 1426 Menschen, darunter am 14. November auch Schopenhauers großen Gegenspieler Hegel, hinwegraffte.

In seinem Manuskriptbuch »Foliant II« nahm er, ohne sich dessen bewußt zu sein, das Geheimnis seines künftigen Erfolges mit sich. Angeregt durch die Übersetzung der ersten 50 Lebensregeln aus Balthasar Gracians »Handorakel der Weltklugheit« aus dem Spanischen, die er 1829 seinem Verleger Brockhaus vergeblich angeboten hatte, begann in seinem Denken auch das menschliche Streben nach Glückseligkeit Raum zu gewinnen. Wohl machte er noch in späteren Jahren — so 1847 gegenüber seinem ersten Schüler Julius Frauenstädt — »seiner Indignation über die gegen ihn beobachtete Taktik des Ingnorirens und Sekretirens in bitteren Ausdrücken Luft« und verglich sich mit einem Löwen, der, »nachdem er eine Weile ruhig im Käfig gelegen, wieder aufspringt und an den eisernen Stäben des Käfigs zu rütteln beginnt«. Doch der gleiche Schopenhauer, der in Berlin vergeblich dem Käfig des Totgeschwiegenwerdens zu entkommen versuchte, fand zwischen den Gitterstäben seiner Philosophie der Lebensverneinung einen Ausweg, um leben zu können. 1828 notierte er unter dem Titel »Eudämonologie«, womit seine später berühmt gewordenen Aphorismen beginnen sollten: »Das was den Unterschied im Loos der Sterblichen begründet läßt sich auf 3 Punkte zurückführen: 1) Was Einer ist . . . 2) Was einer hat . . . 3) Was einer vorstellt.« Inmitten seiner scheinbar unfruchtbaren Zeit gebar er für alle, die leben wollten, seine — Lebensweisheit.

XIV

FRANKFURT

Die Komödie meines Ruhmes

Am 4. Mai 1857 pilgerten zwei Herren den Mainquai entlang zum Hause an der Schönen Aussicht Nr. 17: es waren der damals vierundvierzigjährige Dramatiker Friedrich Hebbel und der achtunddreißigjährige Schriftsteller Wilhelm Jordan. Ihr Besuch galt dem Manne, der sich den zwiespältigen Ruf erworben hatte, der Narr und der Weise von Frankfurt zu sein. Sie kamen an einem geöffneten Fenster vorbei, auf dessen steinernem Vorsims ein Pfeifenkopf aus Porzellan zum Trocknen lag, betraten den Hausflur und klopften an die Tür der Parterrewohnung. Eine ältliche und an überraschende Besuche offenkundig gewöhnte Haushälterin führte die Herren in ein Empfangszimmer. Unter einem mit Wachstuch überzogenen Tisch lag ein brauner Pudel, der sie kaum eines Blickes würdigte. Das bescheidene Mobiliar hätte auch in einer Studentenbude stehen können, hätte nicht links vom Sofa eine reichvergoldete Buddhastatuette einen berühmteren Bewohner dieses Raumes vermuten lassen. »Behalten Sie Platz, meine Herren«, rief ein lebhafter Greis, das Zimmer betretend, in dem die Besucher auf einem altmodischen, mit Baumwollstoff überzogenen Sofa von unnachgiebiger Härte Platz genommen hatten. Seine hohe Stirn war von zwei weißen Haarlocken eingerahmt. Unter seinen buschigen Augenbrauen blitzten blaue Augen. Seine dünnen Lippen umspielte ein sarkastisches Lächeln. Sein imposanter Kopf ließ seinen Körper als zu klein geraten erscheinen.

Rasch kam das Gespräch in Fluß. Schopenhauer kannte das einzige Gegenwartsdrama des aus Wien angereisten Hebbel, das bürgerliche Trauerspiel »Maria Magdalena«, ebenso wie das dreibändige Mysterium »Demiurgos« von Jordan. Mit fechtermäßiger Schlagfertigkeit verteilte er Lob und Tadel, nannte die Vorrede zu »Maria Magdalena« schlecht und überflüssig, attestierte dem Stück hingegen Kern und Wahrheit. Sie haben da, wandte er sich an Hebbel, ein Kleinbild dieser verpfuschten, nur mit Bosheit einigermaßen haltbar aufgeleimten Welt geliefert, das — nun kam ein Seitenhieb auf Jordan — treffender ist als das kosmisch ausgereckte Kolossalgemälde des »Demiurgos«.

Friedrich Hebbel hatte erst kurz zuvor Schopenhauers »Parerga und Paralipomena« — Nebenwerk und Zurückgebliebenes — rein zufällig in die Hand bekommen. Am 29. März 1857 hatte er seinem Freund Emil Kuh geschrieben: »Wenn die erste Stelle, die man bei einem unbekannten Autor liest, nachstehendermaßen lautet: Ich habe die Menschheit manches gelehrt, was sie nie vergessen darf; darum werden meine Schriften nicht untergehen — und wenn man trotz momentanen Stutzens noch vor Abend ausruft: der Mann hat ganz recht! — so soll das gewiß was heißen.« Nach seinem Besuch bei Schopenhauer schrieb Hebbel am 6. Mai seiner Frau Christine, der Wiener Burgschauspielerin Enghaus: »Schopenhauer ist als grob und unzugänglich verrufen, wie ich es selbst bin. Das erfuhr ich schon in Berlin, und Jordan bestätigte es mir nicht nur, sondern warnte mich auch. Doch ich wußte aus eigener Erfahrung zu gut, welches Gesindel dergleichen Gerüchte in Umlauf bringt, um mich abschrecken zu lassen... Ich fand einen äußerst jovialen alten Herrn, der meinte, er sei mit einem Menschen zu vergleichen, der sich auf dem Theater hinter den Coulissen versäumt habe und nun der Vorhang aufgehe, ängstlich und beschämt davon laufe; die Komödie meines Ruhmes fängt an — setzte er hinzu — was will der Graukopf noch dabei? Wir würden ohne Frage Freunde werden, wenn ich in Frankfurt lebte...« Schopenhauer hatte sich in dem Gespräch mit Hebbel mit einem »Lampenputzer« verglichen, der, beim Hochziehen des Vorhanges mit dem Anzünden der Podiumslampen noch nicht ganz fertig, unter dem Gelächter und Geklatsche des Publikums als überraschter »Aufklärungsbesorger« hastig hinter den Kulissen verschwindet.

Die Komödie seines Ruhmes hatte tatsächlich mit den von Hebbel gelesenen »Parerga und Paralipomena« begonnen. Es war dies sein letztes Werk, das er nach dem Titel der gesammelten Abhandlungen des Berliner Popularphilosophen J. J. Engel auch »Meinen Philosophen für die Welt« nannte. Nach langem Suchen hatte er mit der A. W. Haynschen Buchhandlung in Berlin einen Verleger gefunden, der die beiden Bände im November 1851 in einer Auflage von 750 Exemplaren herausbrachte. An Stelle eines Honorars hatte Schopenhauer zehn Freiexemplare auf Velinpapier erhalten. Aber schließlich waren ja von seiner in 500 Exemplaren erschienenen Schrift »Über den Willen in der Natur«, der er zeitlebens besonderen Wert beimaß, nur 125 Exemplare verkauft worden. Die einzige öffentliche Anerkennung erfuhr der inzwischen 51 Jahre alt gewordene deutsche Philosoph durch die Krönung seiner Preisschrift »Über die Freiheit des Willens« durch die Königlich Norwegische Gesellschaft der Wissenschaften.

Die endlich zustandegekommene zweite Auflage seines Hauptwerkes bot Schopenhauer wohl zwei Jahre später die Gelegenheit zu einer echten Vorrede — »Nicht den Zeitgenossen, nicht den Landsgenossen, — der Menschheit übergebe ich mein nunmehr vollendetes Werk« —, doch der im wesentlichen unveränderte erste Band und ein in vierundzwanzigjähriger Arbeit fertiggestellter zweiter Band wurden nur in einer einzigen, ins Gewicht fallenden Besprechung gewürdigt. Über den Absatz der insgesamt 1250 Exemplare wußte der Verleger im August 1846 bloß zu berichten, daß er »damit ein schlechtes Geschäft gemacht habe«. Noch beherrschte der seit 15 Jahren tote Hegel die philosophische Szene. Schopenhauer wurde lediglich in der Geschichte der Kantischen Philosophie ein bescheidenes Plätzchen eingeräumt. »Mit diesem grüblerischen, naturliebenden, kunstentzückten, quietistischen Mystizismus endigt die Geschichte der Kantischen Philosophie«, schrieb Karl Rosenkranz 1839. »Schopenhauer ist der melancholische, mit geistvoller Ironie in sich hineinlächelnde, von Schmerz und Wonne zerrissene Eremit der Kant'schen Philosophie.« Was diesem Eremiten schließlich doch zum Durchbruch verhalf, war die in den vierziger Jahren rasch anwachsende Zahl von »Jüngern«, die allerdings, wie nicht anders zu erwarten, nicht aus dem Kreis der »Brodprofessoren« kamen. Ihr »Urevangelist«, wie ihn Schopenhauer nannte, war der Magdeburger Oberlandesgerichtsrat Friedrich Dorguth, der 1843 »Schopenhauer als den ersten realen, systematischen Denker in der ganzen Litteratengeschichte« bezeichnete. Durch Zufall stieß der spätere »Erzevangelist«, der junge Privatgelehrte Dr. Julius Frauenstädt, bei der Quellensuche für eine Berliner Preisaufgabe auf die »Welt als Wille und Vorstellung«, von deren Verfasser er in den philosophischen Kollegien noch nie etwas gehört hatte. 1841 stellte er Schopenhauer das Zeugnis aus, unter den neueren Philosophen der einzige zu sein, »welcher eine reine, ebenso tief- als scharfsinnige Philosophie geliefert hat«.

Als Schopenhauer 1851 seine Freiexemplare der »Parerga und Paralipomena« versandte, war die Zahl seiner »Jünger« auf sechs angewachsen: zu ihnen gehörten neben Frauenstädt und dem Mainzer Arzt Dr. A. Mayer gleich vier Juristen, nämlich außer Dorguth der Mainzer Kreisrichter Johann August Becker, der mit Schopenhauer befreundete jüdische Frankfurter Advokat Dr. Martin Emden und als jüngster Adam von Doß, der Schopenhauers Hauptwerk in einer Passauer Buchhandlung gefunden hatte und als »Apostel Johannes« zum Lieblingsjünger wurde.

Mit dem Erscheinen der in den »Parerga« enthaltenen »Aphorismen zur Lebensweisheit« setzte ein für einen Philosophen ungewöhnliches Presseecho ein. In den Jahren 1851/52 erschienen Rezensionen in den Hamburger »Jahreszeiten«, im »Litterarischen Centralblatt«, in Gutzkows »Unterhaltungen am häuslichen Herd« und in den »Blättern für litterarische Unterhaltung«. 1852/53 veröffentlichte dann der Goethe-Übersetzer John Oxenford in der »Westminster and foreign quarterly Review« nach einer großen Rezension der »Parerga« den Aufsatz »Iconoclasm in German Philosophy«. So kam Schopenhauer als »Bilderstürmer« gegen die Hegelei unter Umgehung der Universitäten mit der Öffentlichkeit ins Gespräch. Mit dem Schriftleiter an der »Vossischen Zeitung«, Dr. Ernst Otto Lindner, gewann er seinen ersten »Apostel« unter den Journalisten, und der Leipziger Handelslehrer Doktor David Asher veröffentlichte ein erstes Interview mit ihm. 1854 veröffentlichte Frauenstädt seine »Briefe über die Schopenhauersche Philosophie« und 1858 ließ de Sanctis in einem Dialog »Schopenhauer e Leopardi« den deutschen Philosophen und den italienischen Dichter als Geistesverwandte miteinander sprechen. Bereits 1856 schrieb die Philosophische Fakultät der Universität Leipzig eine »Darlegung und Kritik der Schopenhauerschen Philosophie« als Preisaufgabe aus, 1857 begannen in Bonn der katholische Professor Knoodt und in Breslau der Privatdozent G. W. Körber über die Philosophie Schopenhauers zu lesen. Das Bild der Menschen, die sich zu Schopenhauer hingezogen fühlten, wurde immer bunter: der junge Jurist und spätere Testamentsvollstrecker Wilhelm Gwinner, der Sohn eines regierenden Senators der Freien Stadt Frankfurt, gehörte ebenso dazu wie der aus der französischen Kolonie der Stadt kommende Maler Jules Lunteschütz oder der Altonaer Gymnasiallehrer und spätere Begründer der Charakterologie Julius Bahnsen. Karl Rosenkranz nennt Schopenhauer scherzhaft den neuerwählten Kaiser der Philosophie in Frankfurt am Main. Schopenhauer konnte nun von sich sagen: »Der Nil ist bei Kairo angelangt.« Schon drei Jahre vor dem Besuch Hebbels hatte Richard Wagner ihm seinen Ring der Nibelungen mit der handschriftlichen Widmung »Aus Verehrung und Dankbarkeit« geschickt, worauf ihm außer Dankesworten freilich nur ausgerichtet wurde: »Ich, Schopenhauer, bleibe Rossini und Mozart treu.«

Den weitaus größten Teil seines Lebens, nämlich 28 Jahre, verbrachte der früher so reiselustige Arthur Schopenhauer in Frankfurt am Main. Hier wurde er zu einem »festgewachsenen Pilz«. Nach einem Probejahr und einem einjährigen Aufenthalt in Mannheim hatte er sich am 6. Juli 1833 endgültig in dieser als »cholerafest« geltenden Stadt niedergelassen. Nachdem er noch so wie seit seiner Studentenzeit in der Schlesingergasse 32 und am Schneidwall Nr. 10 möblierte Logis bewohnt hatte, schaffte er sich im 52. Lebensjahr eigene Möbel an und zog am 1. März 1843 für sechzehn Jahre in die Parterrewohnung an der Schönen Aussicht Nr. 17 ein. Nur noch einmal, anläßlich einer viertägigen Rheinreise bis Koblenz, verließ er diese Wohnung über Nacht. Sonst tauchte er tagtäglich mit der Regelmäßigkeit einer lebensgroßen Uhrenfigur an den gleichen Stellen der Stadt auf. Um 1 Uhr stets im Frack und mit weißer Binde, begab er sich über den Roßmarkt zum Englischen Hof, wo er zu Mittag speiste; dann, zwischen 4 und 6, wanderte er im Geschwindschritt, oft unartikulierte Laute von sich gebend und mit einem dicken Bambusrohr heftig gegen den Boden stoßend, durch die umgrenzenden Anlagen der Stadt oder einsam über die Felder. Bis 1849 begleitete ihn ein weißer, dann ein brauner Pudel. Um 7 fand er sich im Lesekabinett der Frankfurter Kasinogesellschaft ein, die 1856 vom Eckhaus am Paradeplatz in das Haus Große Gallusstraße 21 übersiedelte, und zwischen 8 und 9 saß er wieder im Englischen Hof. Auch seine Extratouren waren abgezirkelt: im Frühjahr absolvierte er einen Fußmarsch in den Taunus, wo er in Königstein Rast hielt, im Sommer unternahm er Bäder im Main und einmal eine Fahrt nach Mainz, zum Freitagskonzert der österreichischen Militärmusik; und im Winter war er, solange es ihm sein Gehör erlaubte, ein eifriger Theater- und Konzertbesucher.

Was ihn sonst noch in Frankfurt am Main reizen konnte, hatte er schon zu Beginn der dreißiger Jahre auf dem Innendeckel seines Rechnungsbuches bei einem Vergleich zwischen Frankfurt und Mannheim in englischer Sprache Punkt für Punkt festgehalten. Für Frankfurt sprach in seinen Augen »gesundes Klima ... Das Naturhistorische Museum ... Mehr Engländer ... Bessere Kaffeehäuser ... Die Senckenbergische Bibliothek ... Weniger beobachtet ... Du bist uneingeschränkter und weniger mit Gesellschaft behelligt, die der Zufall, nicht deine Wahl dir gibt ... Ein geschickter Zahnarzt und weniger schlechte Ärzte ... Das Physikalische Kabinett.«

Was er damals noch nicht einkalkulieren konnte, war das politische Klima der freien Stadt, die durch den Artikel 9 der Wiener Kongreßakte zum Sitz der Bundesversammlung erklärt worden war. Als am 3. April 1833 Gießener Studenten die Hauptwache stürmten und österreichische und preußische Truppen zum Schutz der Bundesversammlung in Frankfurt einmarschierten, war Schopenhauer noch in Mannheim. Das Revolutionsjahr 1848 aber erlebte er in Frankfurt. Er sah diese Ereignisse auf sich zukommen. Täglich las er wie sein Vater zuerst die »Times«. Wieder einmal war es in Paris zu blutigen Straßenkämpfen gekommen. Aber auch die deutschsprachigen Zeitungen berichteten im Frühjahr dieses Jahres vom Aufstand in Wien, von Straßenkämpfen in Berlin und von Unruhen in München. »Ich habe diese vier Monate schrecklich leiden müssen«, schrieb Schopenhauer am 11. Juni 1848 an Frauenstädt, »durch Angst und Sorge: alles Eigentum, ja der ganze gesetzliche Zustand bedroht! In meinem Alter wird man von dergleichen schwer affectiert, — den Stab, an dem man das ganze Leben zurückgelegt und dessen man sich wert bewiesen, wanken zu sehen!« An Schopenhauers Tisch im Englischen Hof hatte sich in diesem Jahr einmal ein unbekannter »knotiger« vollbärtiger »Kerl« gesetzt, der auf ihn so unheimlich wirkte, daß er den Kellner bat, ihm an einem andern Tisch zu servieren: es war das Mitglied des Frankfurter Parlaments, der »Diktator von Leipzig«, Robert Blum. Am 18. September 1848 blieb Schopenhauer dann keine Möglichkeit mehr, seinen Ort zu verändern. Rechts gegenüber seinem nahe der Fahrgasse mainabwärts gelegenen Haus wurden auf der Sachsenhäuser Brücke Barrikaden errichtet. »Die Schurken bis dicht vor meinem Haus stehend, zielend und schießend auf das Militär in der Fahrgasse, dessen Gegenschüsse das Haus erschüttern«, berichtete er später an Frauenstädt. »Plötzlich Stimmen und Geboller an meiner verschlossenen Stubenthüre: ich denkend, es sei die souveräne Kanaille, verrammle die Thür mit einer Stange: jetzt geschehn gefährliche Stöße gegen dieselbe: endlich die feine Stimme meiner Magd: ›es sind nur einige Österreicher!‹ Sogleich öffne ich diesen werthen Freunden: 20 blauhosige Stockböhmen stürzen herein, um aus meinen Fenstern auf die Souveränen zu schießen; besinnen sich aber bald, es gienge vom nächsten Haus aus besser. Aus dem ersten Stock rekognoscirt der Offizier das Pack hinter der Barrikade: sogleich schicke ich ihm den großen doppelten Operngucker, mit dem Sie einst den Ballon sahen.« Der Sechzigjährige fühlte sich an diesem Tag von den Revolutionären bedroht und von den Soldaten beschützt. In seiner letztwilligen Verfügung vom 26. Juni 1852 setzte er deshalb »den in Berlin errichteten Fonds zur Unterstützung der in den Aufruhr- und Empörungskämpfen der Jahre 1848 und 1849 für Aufrechterhaltung und Herstellung der gesetzlichen Ordnung in Deutschland invalide gewordenen Preußischen Soldaten« zu seinem Universalerben ein.

Nach Schopenhauers Ansicht schwebte die menschliche Gesellschaft »wie ein Pendel zwischen 2 Anstößen, 2 polarisch sich entgegengesetzten Übeln: Despotismus und Anarchie«. Die Gefahr der Anarchie sah er 1848 als die größere an, denn »ihre Schläge treffen Jeden und täglich«. Obwohl er nicht an die »Perfektibilität« des Menschengeschlechtes glaubte, war er für dessen Leiden nicht blind geworden, im Gegenteil, sein 1844 erschienener Ergänzungsband zur »Welt als Wille und Vorstellung« war auch ein wortgewaltiger Protest gegen Krieg, Sklaverei und Ausbeutung. Er sprach von dem »Erzteufel«, der »in Gestalt eines Eroberers auftretend ... einige Hundert Tausend Menschen einander gegenüberstellt und ihnen zuruft: ›Leiden und Sterben ist euere Bestimmung: jetzt schießt mit Flinten und Kanonen aufeinander los!‹« Er nannte als ein Beispiel, »wie der Mensch mit dem Menschen verfährt«, die »Negersklaverei, deren Endzweck Zucker und Kaffee ist«. Und er erinnerte an das »Schicksal von Millionen«, die »im Alter von fünf Jahren eintreten in die Garnspinnerei, oder sonstige Fabrik, und von dem an erst 10, 12, endlich 14 Stunden täglich darin sitzen und dieselbe mechanische Arbeit verrichten«.

»O Ottily, wir werden alt und rücken zusammen! Rechts und links ist Alles weggestorben, zumal mir, der ich 10 Jahre älter bin«, schrieb Schopenhauer in seinem letzten Brief an Ottilie von Goethe: »An Ihnen habe ich noch Eins von den höchst Wenigen, die mich jung gekannt haben.« Die Jugendfreundin seiner Schwester Adele hatte Schopenhauer dazu beglückwünscht, daß er sein Ziel, »der Philosoph des 19. Jahrhunderts« zu werden, am Ende doch erreicht habe. Die zierliche Tochter einer geschiedenen und armen Adeligen, die Goethes Sohn August geheiratet hatte, war seit 1830 verwitwet und hatte in dem zwei Jahre nach seinem Sohn verstorbenen Goethe einen Vater gesehen. 1833, als sich Ottilie mit der Absicht trug, den englischen Captain Story zu heiraten, besuchte sie Schopenhauer zum erstenmal in Frankfurt, und bei einem zweiten Besuch im Jahre 1849 besichtigte sie mit ihm das in der Stadtbibliothek aufgestellte Goethe-Bildnis.

Nach und nach hatten die Menschen, die Schopenhauer durch die Bande des Blutes oder früher Freundschaft nahestanden, die Bühne des Lebens verlassen. Von seiner Mutter, die sich von Gerstenbergk getrennt hatte, erhielt er nach einem achtzehnjährigen Schweigen Briefe, aus denen die Besorgnis sprach, den Sohn könnte das Schicksal des Vaters ereilen. So schrieb Johanna Schopenhauer am 20. März 1832 an Arthur: »Was du über deine Gesundheit, deine Menschenscheu, deine düstere Stimmung schreibst, betrübt mich mehr als ich dir sagen kann und darf. Du weißt warum ...« Dennoch erfolgte zwischen Mutter und Sohn keine Versöhnung. Als Johanna Schopenhauer am 17. April 1838 — acht Wochen nach ihrem Freund Gerstenbergk — an einem Nervenschlag starb, hatte sie ihren Sohn am 31. Oktober 1837 zum drittenmal enterbt. Und als Schopenhauer 1852 durch Frauenstädt von einem Tagebuchblatt des großen Menschenkenners Anselm Ritter von Feuerbach Kenntnis erhielt, in dem seine Mutter als eine »reiche Witwe« beschrieben wurde, die »von der Gelehrsamkeit Profession« macht, »ohne Gemüt und Seele, selbstgefällig, nach Beifall haschend«, bemerkte er ungerührt: »Die Charakteristik ist nur gar zu treffend. Habe, Gott verzeih' mir's, lachen müssen.«

Seine Schwester Adele hatte er in Frankfurt nicht öfter gesehen als deren Freundin Ottilie von Goethe: 1842, als ihn Adele auf der Durchreise besuchte, und 1849, als Vermögensangelegenheiten zu regeln waren. Als Schopenhauer 1844 seiner Schwester ein Exemplar der zweiten Auflage der »Welt als Wille und Vorstellung« sandte, schrieb sie ihm am 16. August: »Dein sehr geistreiches Buch hat erstlich durch Stil, Schreibart und Darstellung mich sehr erfreut. Dein System kannte ich... Überraschend war mir der Gedanke der Möglichkeit, die endlose Reihe aufgedrungener Existenzen los zu werden, aber wo liegt der Beweis?... Vieles, was ich darüber denke, kann ich nicht schreiben, noch anderes nicht sagen, weil ich dich zu wenig kenne.« Adele Schopenhauer lebte seit dem Tod ihrer Mutter bei ihrer Freundin Sybille Mertens-Schaafhausen in Bonn. Am 11. August 1849 erfuhr Schopenhauer von Ottilie von Goethe, daß sie zwei Tage zuvor Adelens Krankenlager verlassen hatte. Er war »tief betrübt«, seine Schwester »so leidend zu wissen«, doch Frankfurt verließ er deshalb nicht. Adele starb am 25. August im Alter von 52 Jahren.

Von seinen Jugendfreunden hatte Schopenhauer in Frankfurt nur noch zwei lebend gesehen: am 19. und 20. Juli 1845 besuchte ihn Anthime in Begleitung seiner sechzehnjährigen Tochter Marie, doch erschien er Schopenhauer damals nur noch als ein »alter, unausstehlicher Mann«; Anfang Oktober 1857 suchte Christian Carl Josias von Bunsen auf der Rückreise von der Zusammenkunft der Evangelischen Allianz in Berlin seinen Göttinger Studienkollegen auf, wobei ihm seine Unterhaltung mit Schopenhauer während des Mittagessens »nicht eben erfreulich« erschien. »Man ›divergiert‹ immer mehr, je älter man wird«, meinte Schopenhauer zu Carl Georg Bähr. »Zuletzt steht man ganz allein da.«

1855 hatte Schopenhauer in seinem Geheimbuch von der Hoffnung gesprochen, »daß die Morgensonne« seines »Ruhmes mit ihren ersten Strahlen den Abend« seines »Lebens vergolden und ihm die Düsterkeit nehmen werde.« Diese Hoffnung ging nun in Erfüllung. Wenn er in seinen letzten Lebensjahren die »Einsamkeit« seine »Geliebte« nannte, war er nicht ganz frei von Koketterie. Die Besucherliste des »Einsamen« war in dieser Zeit ebenso lang wie eindrucksvoll. Der sechsundzwanzigjährige bucklige Jusstudent Carl Georg Bähr, der 1857 für seine Schrift »Die Schopenhauersche Philosophie in ihren Grundzügen dargestellt und kritisch beleuchtet« das Akcessit der Philosophischen Fakultät der Universität Leipzig erhalten hatte, durfte Schopenhauer im Mai 1858 jeden zweiten Tag besuchen. Wiederholt sah Schopenhauer gute Freunde, wie den in diesem Jahr verstorbenen Dr. Emden, Wilhelm Gwinner, Jules Lunteschütz und Johann August Becker, seine Anhänger Adam von Doß und Julius Bahnsen, zu denen 1852 der »Apostel« August Gabriel Kilzer, ein Bankbeamter, gestoßen war. Verleger und Herausgeber, wie Friedrich Emil Suchsland, Eduard Brockhaus und Karl Altmüller, fanden nun den Weg zu ihm, Gelehrte wie Alexandre Weill und Frédéric Morin und Diplomaten, wie der Gesandte Carl Graf Knyphausen, der spätere französische Botschafter in Wien, Graf Alexandre-Louis Foucher de Careil, und der spätere französische Außenminister Paul Armand Challemel-Lacour, machten ihm ihre Aufwartung. Die Besucher kamen aus den verschiedensten Berufen und Ländern: ein preußischer Offizier und ein Architekt, zwei Russen aus Moskau und Petersburg und zwei Schweden waren darunter. Es fehlte auch nicht an Damenbesuch: Jean Marie von Gayette, die Schopenhauer 1855 ein Huldigungsgedicht »Der Fremdling in seinem Vaterland« übersandt hatte, suchte ihn im Jahr darauf in Frankfurt auf.

Im Oktober 1859 ließ sich eine energische junge Dame von Schopenhauers Haushälterin nicht abweisen und drang bis zu dem berühmten Philosophen vor. Sie wolle eine Büste von ihm machen. Das sei ein unmögliches Verlangen, erwiderte Schopenhauer, er wünsche keine Büste zu haben, am wenigsten von einem unbekannten und mehr als kühnen »Mädchen«. Dieses »Mädchen« war eine Großnichte des »Fürsten von der Moskowa« Marschall Ney und hatte bei dem berühmten Bildhauer Christian Rauch gelernt. Die sechsundzwanzigjährige Elisabeth Ney, der acht Jahre später Bismarck und Garibaldi Modell sitzen sollten, war durch ihre Beschäftigung mit indischer Philosophie auf Schopenhauer gekommen. Mit ihrer Überredungskunst erreichte sie schließlich doch ihr Ziel. Schopenhauer räumte ihr in dem Hause Schöne Aussicht Nr. 16, das er seit 1. Juli 1859 bewohnte, ein abgesondertes Zimmer ein, wo sie fast vier Wochen wohnte. Als sie eines Tages beim Modellieren aufsah und Schopenhauers spöttisch-zweifelnde Miene bemerkte, fragte sie ihn: »Warum sehen Sie mich so an, Herr Doktor?« Der als Frauenfeind geltende Philosoph antwortete ihr: »Ich gebe mir alle Mühe, einen kleinen Anflug von Schnurrbart an Ihnen zu entdecken. Von Tag zu Tag erscheint es mir nämlich unglaublicher, daß Sie eine Frau sind.« Das aber war Elisabeth Ney ganz und gar. Mit ihrem von Lockenhaar umrahmten hohen Gesicht, ihren weitgeschwungenen Brauen und ihrem eindrucksvollen Mund sah sie nicht wie ein Blaustrumpf aus. Schopenhauers Vorurteile gegen das »niedrig gewachsene, schmalschultrige, breithüftige und kurzbeinige Geschlecht«, das »nur der vom Geschlechtstrieb umnebelte männliche Intellekt das schöne nennen konnte«, schmolzen in ihrer Gegenwart dahin. Mit jugendlicher Begeisterung berichtete der Einundsiebzigjährige über diese Idylle. »Ich habe nicht geglaubt, daß es ein so liebenswürdiges Mädchen geben könnte«, schrieb er an Lindner, und an Doß: »Wir harmonieren wunderbar ... Sie ist sehr hübsch und unbeschreiblich liebenswürdig.« Dem Komponisten Robert von Hornstein, der ihn während der Anwesenheit von Elisabeth Ney in Frankfurt im Oktober 1859 aufsuchte, erzählte Schopenhauer, noch unter dem unmittelbaren Eindruck seiner Begegnung mit der »talentvollen Bildhauerin«: »Sie arbeitet den ganzen Tag bei mir. Wenn ich vom Essen komme, trinken wir zusammen Kaffee, sitzen beieinander auf dem Sopha, da komme ich mir dann vor wie verheiratet.« Dabei rieb er sich vergnügt die Hände. Vielleicht bedauerte er im Grunde seiner Seele, daß er keine Gefährtin fürs Leben gefunden hatte.

Als ihn die siebenjährige Nachbarstochter Lucia Franz, die wohl von ihren Eltern einmal den Namen Johanna Schopenhauer gehört hatte, in dieser Zeit ahnungslos fragte, wo denn seine Frau sei, antwortete Schopenhauer mürrisch, die sei hinten in der Stube. Doch die Kleine ließ sich von diesem Hinweis auf seine Haushälterin nicht ablenken, sondern insistierte: »Nein, die meine ich nicht,

Ihre ganz wirkliche Frau meine ich.« Da wurde der alte Philosoph ganz wild: »Ich hab' doch keine Frau, frag' nicht so dumm!« Doch sonst verbarg sich unter der rauhen Schale Schopenhauers ein mitfühlendes Herz gegenüber Kindern. Als er an einem Sommertag des Jahres 1859 am Rechneigraben vorbeikam und sah, wie ein Knabe in den Weiher stürzte, eilte er hin und rief: »Lausbub, nimm den Stock und halt dich fest.« Er zog den achtjährigen Julius Frank aus dem Wasser, nahm ihn mit nach Hause und beruhigte ihn mit Kuchen. Auch später kümmerte er sich noch um den Knaben. Er ließ sich von ihm Zeugnisse vorlegen, erteilte ihm väterliche Ermahnungen und gab ihm Ratschläge.

»Der Ruhm, welcher zum Nachruhm werden will, gleicht einer Eiche, die aus ihrem Samen sehr langsam emporwächst; der leichte, ephemere Ruhm den einjährigen, schnell wachsenden Pflanzen, und der falsche Ruhm gar dem schnell hervorschießenden Unkraute, das schleunigst ausgerottet wird«, hatte Schopenhauer in seinen »Aphorismen zur Lebensweisheit« geschrieben. Nach einem Ruhm, wie Hegel ihn seiner Meinung nach erworben hatte — mit den Worten Lichtenbergs »ausposaunt von einer freundschaftlichen Kandidatenjunta und vom Echo leerer Köpfe widergehallt« —, gelüstete es ihn nicht. In den Jahren, in denen sein Werk ignoriert und totgeschwiegen wurde, hatte er zum Ruhm inneren Abstand gewonnen. »Der Ruhm beruht eigentlich auf dem, was einer im Vergleich mit den übrigen ist«, relativierte Schopenhauer das Verhältnis zwischen dem, was einer »ist«, und dem, was einer »vorstellt«. Er nannte es eine »elende Existenz, deren Wert oder Unwert darauf beruht, wie sie in den

Augen anderer erscheine ... Zudem sind die Köpfe der Menge ein zu elender Schauplatz, als daß auf ihm das wahre Glück seinen Ort haben könnte ... Welche gemischte Gesellschaft trifft doch in jenem Tempel des allgemeinen Ruhmes zusammen! Feldherren, Minister, Quacksalber, Gaukler, Tänzer, Sänger, Millionäre ...«

An seinem 70. Geburtstag war Schopenhauer selbst zu einer Berühmtheit geworden. Ein zwei Fuß hoher silberner Pokal mit seinem eingravierten Namen krönte seinen Gabentisch. Er stammte von dem brandenburgischen Gutsbesitzer Carl Ferdinand Wiesike, der Lunteschütz ein Schopenhauergemälde von der Staffelei weg abgekauft hatte. Nach sechsundzwanzigjährigem Schweigen hatte sich auch Caroline Medon zu den Gratulanten gesellt. Längst war Schopenhauers Ruf über den Kreis seiner Schüler hinausgedrungen. So erreichten ihn die Glückwünsche des in Wien lebenden Musikers Debrois van Bruyk und des Haarlemer Botanikers van Eeden. Freudig berichtete Schopenhauer Adam von Doß, daß das Ereignis seines 70. Geburtstages in »vielen Zeitungen gestanden«. Spät, aber um so ausführlicher würdigte am 8. Mai 1858 die »Wiener Zeitung« den Philosophen in einem acht Großfoliospalten langen Artikel. Anläßlich seines 71. Geburtstages registrierte Schopenhauer in einem Brief an Lindner acht Gratulationsbriefe, ein Sonett von Albert Möser, ein ganz frisches Bukett aus Berlin und die ihm gewidmete Ashersche Schrift »Arthur Schopenhauer als Interpret des Goetheschen Faust«, auf die bereits zehn Tage nach der ersten Anzeige 400 Bestellungen eingelaufen seien, bloß weil sein Name darauf stand. »Die Symptome meiner Celebrität mehren sich auffallend«, teilte Schopenhauer 1859 Carl Georg Bähr mit, der schon ein Jahr früher bemerkt hatte, daß Schopenhauer alle Beweise von Verehrung, auch solche an Anbetung grenzende, »mit Zufriedenheit, aber auch als ihm zu Recht gebührend« entgegennahm.

Ja, Schopenhauer scheute nicht davor zurück, diese »Anbetung« in religiös anmutenden Formen zu akzeptieren und zu stimulieren. Er war der Meinung, daß seine Philosophie dem Katholizismus weit mehr gerecht werde, als irgendeine seit der Zeit der Scholastiker, denn sie sei die erste, welche der Askese ihr Recht widerfahren lasse. Er fand nichts daran, an Asher zu schreiben, in Böhmen gebe es einen Herrn, der »nach eigener Äußerung mein Bildnis alle Tage frisch bekränzt« und Bähr zu erzählen, daß in Dresden ein alter Herr mit seinem Namen auf den Lippen gestorben sei. Als Wiesike von dem Plan sprach, für das Schopenhauer-Porträt ein eigenes Häuschen zu bauen, meinte der Philosoph: »Das wäre dann die erste mir errichtete Kapelle.«

Schopenhauer teilte seine Anhänger in »Apostel«, die seine Lehre mündlich weitergaben, und in »Evangelisten«, die über sie schrieben. Richard Wagner, Dr. Franz Arnold Wille und einen ungarischen Flüchtling bezeichnete er als seine Züricher »Gemeinde« und bat Carl Hebler, ihr seinen »apostolischen Segen« zu überbringen. Nicht ohne Stolz berichtete er von dem »gar wunderlichen Verehrer«, den er in der Person des Stellmachers Heinrich Jürgens in Hameln besaß: »Solche Leute machen mir Freude: denen ist's um die Sache zu thun, den Schmierern aber, die ihre Machwerke an den Mann bringen wollen, nur um ihre eigene Person.« So fand Schopenhauer schließlich doch Geschmack an der »gemischten Gesellschaft«, die sich im »Tempel« seines in »geometrischer Progreßion wachsenden

Ruhmes« eingefunden hatte: an »Studenten und Profeßoren, Handwerkern, Künstlern, Soldaten, Diplomaten, Pastoren und Blaustrümpfen«.

Im Herbst 1858 hatte ihn die Mitteilung der Verlagsbuchhandlung F. A. Brockhaus erreicht, daß die zweite Auflage seiner »Welt als Wille und Vorstellung« vergriffen sei. Als ihm der Buchhändler Baer mitteilte, daß er soeben eine »komplet spezifizierte Bestellung aller seiner Schriften« aus Batavia erhalten habe, konnte Schopenhauer triumphierend ausrufen: »Endlich in Asien!« Auch wenn sich Brockhaus nicht zu einer Neuauflage des Gesamtwerkes entschließen konnte, setzte er doch die dritte Auflage des Hauptwerkes mit 2250 Exemplaren fest und billigte Schopenhauer für jeden Druckbogen 3 Friedrichs-d'or zu. In der Vorrede zu dieser dritten Auflage konnte Schopenhauer schreiben: »Das Wahre und Aechte würde leichter in der Welt Raum gewinnen, wenn nicht Die, welche unfähig sind, es hervorzubringen, zugleich verschworen wären, es nicht aufkommen zu lassen. Dieser Umstand hat schon Manches, das der Welt zu Gute kommen sollte, gehemmt und verzögert, wo nicht gar erstickt. Für mich ist seine Folge gewesen, daß, obwohl ich erst dreißig Jahre zählte, als die erste Auflage dieses Werkes erschien, ich diese dritte nicht früher, als im zweiundsiebzigsten erlebe.« Dann zitierte er die Worte Petrarcas, die er im April 1837 seinem in Frankfurt begonnenen Manuskriptbuch »Spicilegia« vorangestellt hatte: »Si quis toto die currens, pervenit ad vesperam, satis est« — »Wenn einer, der den ganzen Tag gelaufen, am Abend ankommt, so ist's genug.«

XV

TOD

Zum wenigsten habe ich ein reines intellektuelles Gewissen

»Kommen Sie, der Doktor ist tot!«

Margarethe Schnepp hörte zuerst nur diese Worte. Dann sah sie den Geheimen Hofrat Salomon Friedrich Stiebel aus dem Zimmer stürzen, das er eben erst betreten hatte.

»Lungenschlag«, sagte der Hausarzt zu der Haushälterin, die er um Kopfeslänge überragte. Margarethe Schnepp sah Stiebels vorgeschobene Unterlippe unter der nach unten gebogenen Nase wie zur Bestätigung zucken. Da begriff sie, daß ihr Herr, der Dr. Arthur Schopenhauer, dem sie eben erst den Frühstückskaffee hingestellt hatte, nicht mehr unter den Lebenden weilte.

Hofrat Stiebel sah auf den schnurgeraden Mittelscheitel der treuen Dienerin und Besorgerin, die den Kopf gesenkt hielt und sich bekreuzigte. Für ihn als Arzt war dieser Tod nicht unerwartet gekommen. Klagen über Atembeschwerden und starkes Herzklopfen beim Gehen standen schon in Schopenhauers Brief vom 26. Juni 1860. Dann der Erstickungsanfall im August. Keine organischen Veränderungen. Rat zu schmälerer Kost. Anfang September die mit Bluterguß verbundene Lungenentzündung.

Stockend berichtete Margarethe Schnepp, was ihr Herr

dem Arzt nicht mehr sagen konnte. Gestern morgen ein heftiger Brustkrampf. Sogar gestürzt sei er dabei. Tagsüber keine Beschwerden. Fest geschlafen. Heute morgen wie gewöhnlich aufgestanden. Mit seinem Riesenschwamm den ganzen Oberkörper kalt gewaschen. Dann zum Frühstück gesetzt. Sie habe noch frische Morgenluft ins Zimmer gelassen und den Kaffee hingestellt. Und er habe ihn sich eben noch selber eingeschenkt ... !

Irritiert sah Margarethe Schnepp ein Lächeln um die Lippen des Hofrats zucken. Der Arzt hatte sich unwillkürlich daran erinnert, wie er und Schopenhauer sich nach dem Essen im Englischen Hof zu necken pflegten. Bei einem solchen freundschaftlich-groben Disput hatte Stiebel die Existenz einer eigenen Lebenskraft geleugnet, Schopenhauer aber hatte ihm vorgehalten, daß die Ärzte dafür Honorar nähmen. Nun, zumindest der Tod bedurfte keines Beweises.

Das Winseln eines Hundes erinnerte das ungleiche Paar daran, daß es noch einen Überlebenden gab: Schopenhauers braunen Pudel Putz, den Frankfurter Spaßvögel den »jungen Schopenhauer« nannten und den sein Herr in Fällen eines ungehörigen Benehmens mit den Worten »Komm, Mensch« zur Ordnung zu rufen pflegte.

Hofrat Stiebel und Margarethe Schnepp wechselten nur ein paar knappe Worte. Das Stichwort »Hinterbliebene« lieferte wenig Stoff. Es gab keine Frau und keine Kinder zu verständigen, auch keine Geschwister und nahen Verwandten, nur den Executor testamenti Doktor Gwinner, der die Nachricht dem kleinen Kreis der Freunde überbringen würde.

Stiebel versprach, alles von seiner Seite Erforderliche zu veranlassen, und verabschiedete sich mit einem stummen

Gruß. Margarethe Schnepp betrat das Zimmer mit dem Toten und räumte mit niedergeschlagenem Blick die Kaffeetasse vom Tisch, als fürchte sie, jeden Augenblick von ihrem aus tiefem Schlaf erwachenden Herrn angefahren zu werden. Sie hatte ihm seit elf Jahren gedient und wußte, wie zornig, ja mächtig drohend er sein konnte. Nie hatte sie verstanden, was die Leute an ihm fanden. Sie wußte nur, wie schlecht er allein mit den Dingen des Alltags fertig wurde. Jetzt würde er sie nie mehr brauchen. Unwillkürlich ging ihr der Gedanke durch den Kopf, wie hoch wohl das Legat sein werde, auf das sie ihr Herr bei jeder Bitte um mehr Lohn vertröstet hatte. Und sie erinnerte sich daran, daß er hinzugefügt hatte, da müsse sie aber bis zu seinem Tode in seinem Dienst sein, und sie solle sich ja nicht einbilden, daß er ihr zuliebe schon morgen oder übermorgen stürbe. Nun war er am ersten Herbsttag des Jahres 1860 gestorben. Hinter Margarethe Schnepp huschte auch der Pudel Putz von seinem angestammten Platz auf dem schwarzen Bärenfell aus dem Zimmer. Arthur Schopenhauer blieb, was er schon zu seinen Lebzeiten so oft gewesen war: allein mit sich selbst. Obwohl es ein schöner Tag war, hatte Margarethe Schnepp pietätvoll die Fenster geschlossen. Das Geräusch des Lebens, das vor dem Hause weiterging, drang nur gedämpft herein. Der Mainquai belebte sich mit Passanten und Fuhrwerken. Unter der Sachsenhäuser Brücke fuhr mit geknicktem Schornstein ein Raddampfer hindurch. Am jenseitigen Mainufer lag die graue Masse des Deutschherrenhauses. Arthur Schopenhauer hatte keine Zeit mehr gehabt, von seiner gewohnten Umgebung Abschied zu nehmen.

Erst seit dem Juli 1859 hatte er das »viel größere und schönere Logis« im Parterre des Werthheimberschen Hauses an der Schönen Aussicht Nr. 16 bewohnt. Die saalartige Größe des Wohn- und Arbeitszimmers mit der Aussicht auf den Main erlaubte ihm die Unterbringung seiner gesamten, 1375 Bände umfassenden Bibliothek. All die Großen des Geistes, die ihm ein Leben lang Gesellschaft geleistet hatten, waren hier versammelt. Platon und Kant, von denen sein Philosophieren ausgegangen war, die Aufklärer Voltaire, Helvetius, Rousseau und Hume, aber auch die Mystiker Johannes Tauler, Jakob Böhme, Madame de la Mothe-Guyon und Meister Eckhart, seine lateinischen Lieblingsautoren Horaz und Seneca, seine Lieblingsdichter Shakespeare und Goethe, Calderon und Lord Byron, die Moralisten und Psychologen, mit Gracian an der Spitze, gefolgt von Montaigne, La Rochefoucauld und Lichtenberg, und unter den Schriften morgenländischer Weisheit sein Andachtsbuch, der Oupnekhat. Die Möbel waren noch die gleichen, die er sich zwanzig Jahre zuvor angeschafft hatte: das Ledersofa im Stile Louis-Philippe, auf dem er zurückgesunken lag, davor der runde Tisch, der hohe Sekretär mit den Geheimfächern, das Pfeilerschränkchen mit Spiegel, der mit Wachstuch überzogene viereckige Tisch und ein paar Stühle.

Vom Leben des toten Philosophen erzählten in diesem Raum sonst nur noch Bilder und Büsten. Der Gipsabdruck eines Hundekopfes mit langen herabhängenden Ohren erinnerte an den 1849 eingegangenen weißen Pudel. An den Wänden hingen sechzehn Kupferstiche von Woollet und Ridinger, die Hunde zeigten. Über dem Sterbesofa war Goethe zu sehen, wie ihn Gerhard von Kügelgen 1808 nach dem Leben gemalt und Karoline Bardua in einer verkleinerten Kopie festgehalten hatte. Goethe war der einzige Mann, dessen überragende Größe Schopenhauer in lebendiger Begegnung erfahren hatte. Die Hagemannsche Büste Kants, die Kupferstichporträts von Kant und Matthias Claudius, von Shakespeare und Cartesius erinnerten nur an die Begegnung Schopenhauers mit den Werken dieser großen Geister.

Von einer tieferen menschlichen Bindung an eine Frau war auf den ersten Blick keine Spur zu finden. Wohl hing ein von Karoline Bardua geschaffenes Pastellbild der Mutter des Toten im Zimmer. Doch Johanna Schopenhauer lächelte auf diesem Porträt nicht ihrem Sohne zu. Sie war im Alter von vierzig Jahren als blühende Schöne dargestellt, die sich nach dem Tode ihres Mannes anschickte, die Weimarer Gesellschaft für sich zu erobern. Lange Zeit hatte sie als berühmte Schriftstellerin ihren Sohn in den Schatten gestellt. In den letzten vierundzwanzig Jahren ihres Lebens war sie mit ihm nur noch über eines einig, über den Wunsch, einander nicht mehr zu sehen.

Sonst gab es nur noch einen sichtbaren Hinweis auf das andere Geschlecht: die Fotografie der Bildhauerin Elisabeth Ney, die einen Ehrenplatz erhalten hatte. Der 46 Zentimeter hohe Gipsabguß von Schopenhauers Porträtbüste, die unter ihren Händen entstanden war, befand sich auf dem Bücherteil des Sekretärs. Dieser Schopenhauer sah noch immer mit prüfenden Augen unter den Denkbeulen seiner hohen Stirne ins Zimmer. Der auf dem Sofa liegende Tote, dessen weißes Haar von den Schläfen weg in die Höhe strebte, verleugnete nicht seine Ähnlichkeit mit dem künstlerischen Abbild, wenn auch nach dem Verlust der Zähne der Mund dünner und breiter wirkte und die hellblauen Augen unter den geschlossenen Lidern verschwunden waren. Schopenhauers Gesicht zeigte keine Spuren eines Todeskampfes. Er bot einen in sich gekehrten, friedlichen Anblick. Seine Behauptung, er werde sich auf das »solitäre Geschäft« des Sterbens besser verstehen als andere, weil er ein Leben lang einsam gewesen sei, hatte sich bewahrheitet.

Den Preis für diesen schönen Tod symbolisierte mehr als alles andere in diesem Sterbezimmer die vergoldete Buddhastatue, die auf ihrer Eckkonsole wie ein Heiligtum im Licht der Morgensonne erstrahlte. Schon in seinem siebzehnten Jahre war Arthur Schopenhauer, wie Buddha, vom Jammer des Lebens ergriffen worden. Als Achtundsechzigjähriger hatte er dann dem Königlich preußischen geheimen Oberregierungsrat Eduard Crüger den Auftrag erteilt, ihm aus Paris eine echte Buddha-Statue mitzubringen. Bei einem Antiquar am Quai Voltaire hatte Crüger für den ausgesetzten Preis von 30 Francs die sitzende Figur mit übereinandergeschlagenen Beinen und in den Schoß gelegten offenen Händen erstanden. Schopenhauer hatte den schwarzen Lack entfernen und die Bronze vergolden lassen. Seither hatte er seine Besucher immer wieder voll Stolz auf den seiner Meinung nach wohl hundert Jahre alten und vermutlich aus Tibet stammenden Buddha aufmerksam gemacht. Bei solchen Gelegenheiten hatte Schopenhauer mit besonderer Wärme und ausdrucksvollen Gebärden erzählt, wie Buddha zum Heile geführt wurde, wie an diesem Prinzen aus königlichem Hause auf einer Bahre ein Toter vorübergetragen wurde und Buddha bebend fragte, ob solches allen Menschen bevorstehe, und wie sein Begleiter gleichgültig geantwortet habe, dem Tode entgehe keiner. Worauf Buddha zu ihm sprach: »Führt zu Alter, Krankheit, Tod unser Dasein, oh, so will ich nicht leben, fort will ich von Euch, — in die Wüste will ich gehen und — meditieren!«

Für den toten Arthur Schopenhauer stand noch keine Bahre bereit. Zwei Chirurgiegehilfen, von denen der eine sein Friseur war, schleppten ihn in sein Schlafzimmer. Fast aufrecht saß er nun in seinem Bett, nur sein Kopf lag tief auf den von Margarethe Schnepp mit Mühe gefalteten Händen. So fand der herbeigeeilte Testamentsvollstrecker Dr. Wilhelm Gwinner den Philosophen. Er hatte Schopenhauer dreizehn Jahre zuvor persönlich kennengelernt. Keinem hatte Schopenhauer so viel von sich anvertraut wie diesem jungen Doktor der Jurisprudenz und der Philosophie, dessen hohe, schöngeformte Stirn die Gelehrtennatur verriet. Schopenhauer war in seiner Offenheit sogar so weit gegangen, Gwinner einzugestehen, an sich selbst gefalle ihm wohl die intellektuelle Physiognomie, nicht aber die moralische. Nachdenklich stand der Testamentsvollstrecker vor dem wie betend in sich zusammengesunkenen Greis. War das der Mann, den noch im späten Alter eine weiche Stimmung überfiel, wenn er von Venedig gesprochen hatte? Hatte dieses an Enttäuschungen reiche Leben nun doch seine Vollendung gefunden? War dieser Kronzeuge einer unheilen Welt am Ende in Frieden aus der Welt geschieden?

Wenn dieses Leben auch in seiner zweiten Hälfte weniger bewegt gewesen war, frei von Angst war es — was Gwinner bald bestätigt finden sollte — nie gewesen. Aus den etwa 30 losen Blättern des autobiographischen Manuskriptes "Εις ἑαυτόν" ging hervor, daß die Natur »ein übriges gethan« hatte, um das »Herz« dieses Menschen »zu isoliren, indem sie es mit Argwohn, Reizbarkeit, Heftigkeit und Stolz in einem mit der mens aequa des Philosophen fast unvereinbaren Maaße bedachte«. Nicht Schopenhauers Ende, aber der größte Teil seines Lebens war unter dem Vorzeichen der Angst gestanden. Schon als sechsjähriges Kind wähnte er sich von seinen Eltern »für immer verlassen«. Als Jüngling quälten ihn »eingebildete Krankheiten und Streithändel«. Während seines Studiums in Berlin hielt er sich »eine Zeit lang für auszehrend«. Beim Ausbruch des Krieges 1813 verfolgte ihn die Furcht, zum »Kriegsdienst gepreßt zu werden«. Aus Neapel vertrieb ihn die »Angst vor Blattern, aus Berlin die Cholera«. In Verona ergriff ihn die »fixe Idee, vergifteten Schnupftabak« genommen zu haben. Als er 1833 im Begriff war, Mannheim zu verlassen, überkam ihn »ohne alle äußere Veranlassung ein unsägliches Angstgefühl«. Jahrelang verfolgte ihn die »Furcht vor einem Criminalprocesse« wegen der Affäre Marquet und die »Furcht vor dem Verluste« seines »Vermögens«. Entstand in der Nacht Lärm, so fuhr er aus dem Bette auf und »griff nach Degen und Pistolen«. Die Schußwaffen hatte er »beständig geladen«. Nie vertraute er sich dem Schermesser eines Barbiers an, sondern rasierte sich vor dem Mittagessen selbst. Um beim Wassertrinken nicht angesteckt zu werden, führte er stets ein ledernes Schiffchen mit sich. Die Spitzen und Köpfe seiner Tabakpfeifen nahm er nach jedem Gebrauch sorgfältig unter Verschluß.

Keine Aufzeichnung, die sein Vermögen, seine häusliche Ökonomie und seine sonstigen Privatangelegenheiten betraf, vertraute er in der Landessprache dem Papier an; er führte sein Rechnungsbuch seit seiner Rückkehr aus Italien englisch und bediente sich bei wichtigen Geschäftsnotizen des Lateinischen und Griechischen. Um sich vor Dieben zu schützen, wählte er täuschende Aufschriften, verwahrte seine Wertpapiere, besonders die Zinsabschnitte, als »Arcana medica«, als Geheimmittel, in alten Briefen und Notenheften; sein Notpfennig an Goldstücken war unter dem Tintenfasse im Schreibpult verborgen. In seinem Testament waren Anweisungen zur sorgfältigen Durchsuchung dieses Schreibpultes enthalten, das »Stück für Stück zu zerlegen« sei, bis »nicht zwei Bretter mehr zusammenhängen. Denn so erst wird man die Hauptsache finden«, hieß es darin. Ja, genaugenommen überlebte ihn seine Angst noch, denn aus Furcht vor dem Scheintod hatte er verordnet, daß seine Leiche über die gewöhnliche Zeit hinaus offen beigesetzt werden solle.

Und doch hatte aus diesem Toten, als er noch lebte, zuletzt die Stimme philosophischer Gelassenheit gesprochen. Drei Tage war es erst her, daß Gwinner — am Abend des 18. September — ihn zum letztenmal gehört hatte. Schopenhauer saß damals auf dem Sofa und klagte über intermittierende Palpitationen, obgleich seiner Stimme nichts von der gewohnten Stärke fehlte. Während des langen Gesprächs war es dunkel geworden, und Margarethe Schnepp hatte die Kerzen angezündet, denn das verdeckte Licht einer Lampe mochte ihr Herr nicht. In Schopenhauers hellem Blick war nichts von Krankheit und Alter zu lesen. Es wäre doch erbärmlich, meinte er, wenn er jetzt sterben sollte: er habe den Parergen noch wichtige Zusätze zu geben. Doch vorher hatte er scherzend bemerkt, es sei ihm kein arger Gedanke, daß seinen Leib nun bald die Würmer zernagen würden. Dagegen denke er mit Grauen daran, wie sein Geist unter den Händen der »Philosophieprofessoren« zugerichtet würde. Er gab sich wärmer und weicher, als Gwinner ihn jemals gesehen hatte. Schopenhauer sagte, früher hätte er geglaubt, seiner Feinde wegen lange leben zu müssen, jetzt lebe er gern, um sich in der warmen Anerkennung zu sonnen, die ihm von allen

Seiten entgegengebracht wurde. Am meisten freue es ihn, wenn er stets neue Beweise erhalte, daß seine scheinbar irreligiösen Lehren »als Religion anschlugen«. Zum Schluß äußerte er noch, ganz ernst geworden, es würde für ihn nur eine Wohltat sein, zum Nichts zu gelangen, aber der Tod eröffne leider keine Aussicht darauf. Allein es gehe, wie es wolle, er habe »zum wenigsten ein reines intellektuelles Gewissen«.

Für Margarethe Schnepp war die Uhr ihres gewohnten Tagewerks schlagartig stehengeblieben. Dr. Gwinner hatte ihr beim Verlassen des Hauses 20 Gulden für die Anschaffung eines Trauerkleides ausgehändigt. So hatte es Schopenhauer in dem Kodizill zu seinem Testament bestimmt, das er am 4. Februar 1859, kurz vor seinem 71. Geburtstag, niedergeschrieben hatte. Es wäre auch ganz im Sinne ihres Herrn, hatte Dr. Gwinner zu der Magd gesagt, wenn sie sich des Pudels annehme. Und als er ihren fragenden Blick bemerkte, hatte er noch hinzugefügt, daß der Herr Doktor natürlich auch für sie gesorgt habe, ohne zu verraten, daß Schopenhauer die jährliche Leibrente für Margarethe Schnepp »infolge ihrer langen und treuen Dienste« von 105 auf 315 Taler erhöht hatte.

Als die Magd die Tür hinter dem Testamentsvollstrecker geschlossen hatte, war es in der Wohnung unheimlich still. Die Harthörigkeit ihres Herrn hatte Margarethe Schnepp gelehrt, auf jedes Geräusch zu achten. Seit April 1849 hatte sie ihm Tag für Tag gedient und sich an das Gleichmaß seines und damit ihres Lebens gewöhnt. Sie hatte gehört, wann er aufstand — da war es sieben, spätestens acht — und sich anschließend selbst den Kaffee bereitete. Zwischen 8 und 10 Uhr hatte er sich nie aus dem Zimmer gerührt, und sie hatte strenge Weisung, sich um diese Zeit nicht blicken zu lassen. Am Anfang war er ihr unheimlich gewesen, denn sie hatte aus seinem Zimmer, während der Pudel bei ihm war, ein Brummen und Knurren gehört, und dann wieder seine Stimme, obwohl er in den Morgenstunden keine Besucher empfing. Aus der wachsenden Zahl der Besucher in den späteren Vormittagsstunden hatte sie gelernt, die Bedeutung ihres Herrn, aber auch ihre eigene abzulesen. Wenn auch der Herr Doktor ihre Kochkunst verschmäht hatte, der Weg seiner Freunde und Anhänger, der an seinen Werken Interessierten oder bloß auf seine Person Neugierigen, hatte eindeutig über Margarethe Schnepp geführt. Sie hatte ihrem Herrn nicht nur die Visitenkarten der Vorsprechenden überreicht, ihr Herr hatte ihr zuletzt auch soweit vertraut, daß sie Besucher, die ihrer eigenen Einschätzung nach unwillkommen waren, von vornherein abweisen durfte. Wenn auch der Haushalt ein bescheidener gewesen war, die Studenten und Gelehrten, Diplomaten und Adeligen, die Frankfurter Bürger und die Vergnügungsreisenden aus so fernen Ländern wie England, Schweden, Rußland und der Türkei hatten ihm fast den Anstrich einer Hofhaltung gegeben. Da ihr Herr bei seinen Gesprächen oft auf die Mittagsstunde vergessen hatte, war es ihre Aufgabe gewesen, für seine Besucher das Zeichen zum Aufbruch zu geben. Doch auch dann war es nie so still gewesen wie jetzt, weil ihr Herr vor dem Ankleiden zum Mittagessen noch eine Stunde lang Flöte gespielt hatte. Was er sonst noch in seinem Studierzimmer getan, war ihr nie ganz erklärlich gewesen. Sie wußte nur, daß er in den frühen Morgenstunden geschrieben, am Nachmittag und noch vor dem Schlafengehen gelesen hatte. Gebetet hatte er wohl nie, obwohl sie eines Tages beim Abstauben seiner Bücher ein Werk über das Leben der Heiligen gefunden hatte. Woran ihr Herr eigentlich geglaubt hatte, war ihr unklar geblieben. Mit Bestimmtheit wußte sie nur, wie sehr er den garstigen Götzen verehrt hatte. Als ihr einmal angesichts der vergoldeten Buddhastatue die Bemerkung entfahren war »Der sitzt ja wie ein Schneider da!«, hatte ihr Herr sie angefahren: »Sie grobe Person, so spricht sie von dem Siegreich-Vollendeten! Habe ich jemals ihren Herrgott gelästert?« Doch die Frage, ob sie den Doktor Schopenhauer im Jenseits noch einmal begegnen würde, beschäftigte Margarethe Schnepp nicht lange. Zwei Jahre war es her, da hatte ihr Herr ihr die Bitte, zu einem Verwandtenbesuch eine Woche aufs Land zu fahren, aufbrausend abgeschlagen, obwohl sie ihn doch im Lauf von neun Jahren noch nicht einen Tag verlassen hatte. Daran dachte sie, während sie begann, die Wohnung ein letztes Mal in Ordnung zu bringen.

Der siebenundzwanzigjährige Komponist Robert von Hornstein hatte die Absicht gehabt, mit Schopenhauer einen Abend im Englischen Hof zu verbringen. Als er am 21. September 1860 mit der Bahn nach Frankfurt fuhr, stiegen zwei Herren zu ihm ins Coupé. »Haben Sie schon gehört, heute früh ist Schopenhauer gestorben«, sagte der eine zum anderen. Als Hornstein am nächsten Morgen im Sterbehaus eintraf, nahm er von dem Toten Abschied und schnitt sich zur Erinnerung eine Locke ab. Dann kam Dr. Gwinner, um die Leiche auf den Friedhof zu bringen, und bat Hornstein, etwaige Besuche zu empfangen.

Der junge Mann blieb allein mit seinen Erinnerungen. »Daß ich Sie annahm, verdanken Sie meiner Haushälterin, die Sie einen Studenten nannte«, hatte Schopenhauer zu ihm gesagt, als ihn Hornstein im September 1855 zum erstenmal aufgesucht hatte, um ihm die Grüße Richard Wagners zu überbringen. Wie oft hatte er mit Schopenhauer über Musik gesprochen, die nach Ansicht des Philosophen »viel mächtiger als das Wort« war, so daß »Musik und Worte« der »Vermählung eines Prinzen mit einem Bettlermädchen« glichen. »Da meint man doch, aller Erdenpein sei man für ewig entronnen«, hatte Schopenhauer nach dem zweiten Satz von Beethovens Symphonie Nr. 8 ausgerufen. Sein musikalisches Ideal aber war Rossini gewesen, dessen sämtliche Opern er, für eine Flöte arrangiert, Jahr für Jahr einmal durchspielte. Obwohl ihn Hornstein oft darum gebeten hatte, hatte ihm Schopenhauer nie erlaubt, ihm zuzuhören.

Um so deutlicher erinnerte sich Hornstein an Schopenhauers Stimme. Noch im Oktober des vergangenen Jahres hatte ihm Schopenhauer stillvergnügt von seinem idyllischen Zusammensein mit der Bildhauerin Elisabeth Ney erzählt, doch als Hornstein seine bevorstehende Verlobung ankündigte, hatte er zu toben begonnen: »Sind Sie des Teufels? Heiraten heißt seine Verpflichtungen verdoppeln und seine Rechte halbieren.« Und er sah noch Schopenhauers ängstliche Miene vor sich, als er ihm mitgeteilt hatte, seine Braut und seine Großmutter seien von Mainz nach Frankfurt herübergekommen. Nur den Tod schien Schopenhauer nicht zu fürchten. »Ich werde uralt«, hatte er zuletzt noch renommiert, »mein langer Schlaf und mein guter Magen sagen mir das. Ich möchte 90 Jahre werden. Selbst bei den Achtzigern hat der Tod noch etwas Gewaltsames. Bei den Neunzigern gehen Leben und Tod ruhig ineinander über. Ein Neunziger in Aschaffenburg wollte eine Weintraube vom Gelände schneiden, als er tot umfiel. So möchte ich sterben. Nur nicht lange leiden.« Sein letzter Wunsch war in Erfüllung gegangen, wenn auch schon im 72. Lebensjahr.

Dr. Carl Georg Bähr hatte von Schopenhauer zum letztenmal am 25. Februar 1860 gehört. Schopenhauer hatte ihm für Geburtstagsglückwünsche gedankt und seinen Brief mit den Worten geschlossen: »Wenn nur Ihre Gesundheit gut ist; fast alle haben irgendein wiederkehrendes oder chronisches Uebel, ich seh's täglich. Ich aber nicht.« Daran mußte Carl Georg Bähr denken, als er in Dresden von Schopenhauers Tod erfuhr. Gesehen hatte er ihn zum letztenmal am Abend des 21. Mai 1858. Er hatte immer noch die eigentümlichen Intervalle, Hebungen und Dehnungen von Schopenhauers Stimme im Ohr, als sich dieser an der Ecke der Weiß-Adlerstraße von ihm verabschiedete: »Also, nun mein liebster Herr Bähr, wir sehen uns jetzt — zum letzten Mal«, hatte er langsam gesprochen und dann schnell hinzugefügt: »Oh, wir werden uns schon wieder sehn!« Bähr entsann sich noch sehr gut der Schwierigkeiten, die er bei langen Unterhaltungen mit Schopenhauer zu überwinden hatte: Er mußte sich dessen geistiger Überlegenheit und Lebhaftigkeit unterordnen, mußte in Kauf nehmen, daß er seinem Alter gemäß auf Erwiderungen und Einwände nur wenig achtete, und mußte nicht zuletzt mit seiner Harthörigkeit rechnen. Er kannte Schopenhauers unterschiedliche Seiten.

Als er mit ihm zum letztenmal bei der Table d'hôte saß, hatte Schopenhauer frivol gesagt: »Wenn mich so ein Mensch einmal geärgert hat, so denke ich, wie bald wird der auch tot sein. Es ist wahr, die Menschen sterben unglaublich schnell, nicht blos Alte, sondern auch Junge. Wieviel Menschen habe ich schon vor mir sterben sehen! Sie fallen wie die Fliegen.« Als Bähr dazu bemerkte, »und Sie bleiben dabei so ruhig wie die Natur selbst«, hatte das Schopenhauer so gut gefallen, daß er in seiner besonderen Weise gelacht hatte, indem er den Kopf ziemlich unter den Tisch senkte und fast lautlos in sich hineinkicherte.

Derselbe Schopenhauer konnte aber auch ganz feierlich werden, wie etwa an jenem 1. Mai 1858, an dem er Bähr in seinem Studierzimmer ein kleines, auf seinem Schreibpult liegendes Buch gezeigt hatte. Als Bähr die Frage, ob er dieses Buch mit dem Titel »Deutsche Theologie« kenne, verneinte, hatte Schopenhauer auf das Deutschherrenhaus am anderen Ufer des Mains gewiesen und zu erzählen begonnen, von einem alten Ritter, der dort im 13. Jahrhundert gelebt und zuerst die Verneinung des Willens gelehrt habe, von einem Geistesverwandten des Meister Eckhard und des Johannes Tauler, dessen namenloses Buch nur den verächtlichen Titel »Teutsche Theologie von em Frankforter« erhalten habe. Diese Männer, die zuerst die Askese gelehrt hätten, seien seine »Geistesgenossen«. Er habe vergeblich jeden Winkel in dem alten Deutschherrenhaus durchsucht, um eine Spur seines Vorgängers zu finden. Von all dem hatte er so ergriffen berichtet, als hätte er den ehrwürdigen Mann lebend gekannt. Dann hatten sie noch über die indische Weisheitslehre und über den Buddhismus gesprochen, wobei sich Schopenhauer des Ausdrucks »Wir Buddhisten« bediente. Als sie sich erhoben, hatte Schopenhauer ihm noch einmal, wie schon zwei Jahre zuvor, die inzwischen vergoldete Buddhastatuette gezeigt. Als Carl Georg Bähr später niederschrieb, mit welch tiefer Empfindung ihm Schopenhauer von Buddha erzählt hatte, mußte er vor Rührung weinen. Schopenhauer, der Sohn eines aufgeklärten Vaters, der durch die Schule des Pietismus gegangen war, hatte in der Mystik keine Widersacherin der Aufklärung gesehen; nur jeder Dogmatismus in Religion und Philosophie blieb ihm zeitlebens fremd. Er besaß zwar keine deutliche Einsicht in die ursprüngliche Form des Buddhismus und dessen reinliche Scheidung vom Brahmaismus, wohl aber eine tiefe Ahnung von der Weisheit der Inder, die im Du und in der Welt das andere Ich sahen.

Dr. Carl Georg Bähr hatte schon mit 21 Jahren, als Leipziger Student, das Referat über Schopenhauers Philosophie übernommen und sie drei Jahre später in ihren Grundzügen dargestellt. Seiner Meinung nach wurde Schopenhauers Annahme, daß »das allen Dingen zum Grunde liegende Reale trotz aller Verschiedenheit und Vielheit in der Erscheinung seinem Wesen nach Eines« sei, erst durch »das Mitleid, in welchem wir uns mit Andern identificiren«, zur Wahrheit. »Wie ungleich realer und unserem Verständniß zugänglicher als die todte Abstraktion einer transcendentalen Einheit der Naturwesen ... ist doch die Bedeutung jenes ›tat twam asi‹ (dies bist Du), welches bei Anblick fremden Wehs uns die Stimme des Mitleids zuruft«, hatte Carl Georg Bähr geschrieben.

Als Caroline Richter, genannt Medon, wohnhaft in Berlin, Monbijou-Platz No. 8, die Nachricht vom Tode Arthur Schopenhauers erhielt, wußte sie noch nicht, daß ihr der Verstorbene ein ansehnliches Legat vermacht hatte. Zehn Jahre lang hatte sie, wenn auch mit Unterbrechungen, mit Schopenhauer jene »liaison secrette« gehabt, von der er Grégoire in einem Brief vom 19. Dezember 1831 berichtet und in dem er sie als ein Mädchen, das er »sehr geliebt«, bezeichnet hatte. Keine Frau hatte Schopenhauer länger und näher gekannt als die Medon. Bei ihr hatte er, gezeichnet von seinem Mißerfolg als Dozent in Berlin, immer wieder Trost gefunden. Auch als er Berlin auf der Flucht vor der Cholera verlassen hatte, waren seine Gedanken zu ihr zurückgekehrt. Er hatte ihr die Übersiedlung nach Frankfurt angeboten, doch daran die Bedingung geknüpft, daß sie sich von ihrem am 6. April 1823 geborenen Sohn Carl Ludwig Gustav, den er nicht als den seinen anerkannte, trennen müsse. Sie hatte es abgelehnt, sich von dem Knaben, für den Schopenhauer »auch nicht ein Geringes hatte tun wollen«, loszusagen.

26 Jahre hatte zwischen Schopenhauer und seiner Berliner Geliebten Schweigen geherrscht. Erst als Caroline Medon in der »Vossischen Zeitung« eine Würdigung Schopenhauers aus Anlaß seines 70. Geburtstages las, hatte die 56jährige in einem Brief vom 3. März 1858, in dem sie sich als »Madame Paßabel« bezeichnete, ihren ehemaligen Freund beglückwünscht. Obwohl Schopenhauer von ihr nur einmal im Jahr zu hören wünschte, hatte die alte gefühlsmäßige Bindung wieder aufzuleben begonnen. Zum Jahreswechsel 1858/59 hatte ihr Schopenhauer einen »Rosaner«, ein rosarotes Glückwunschschreiben, gesandt und später das Lichtbild einer Frankfurter Stadtansicht, auf dem er seine Wohnung »an der Schönen Aussicht« angezeichnet hatte. Auch nach ihrer wirtschaftlichen Lage hatte sich der Philosoph, der durch kaufmännisch kluge Veranlagung sein Vermögen inzwischen auf 70 000 rheinische Gulden vermehrt hatte, vorsorglich erkundigt. Caroline Medon hatte daraus aber keinen Vorteil zu schla-

gen versucht, sondern ihm mitgeteilt, daß ihr Sohn als erster Tanzlehrer ein Einkommen von 1500 Talern habe. Überdies hätte er eine junge Witwe geheiratet, das einzige Kind des reichen Baumeisters Siegel, dessen Haus sie nunmehr bewohne. »Erst theilte ich mit meinem Kinde, jetzt theilt er mit seiner Mutter ... Wir führen ein anständiges Leben«, hatte sie dem »innigstgeliebten, guten Arthur« geschrieben. Nicht weil sie Hilfe notwendig hatte, wohl aber weil er etwas gutmachen wollte, war Schopenhauer vor seinem 71. Geburtstag zu dem Entschluß gekommen, der Medon persönlich ein nicht auf ihren Sohn übergehendes Legat von 5000 Talern zu vermachen. Noch am 7. Jänner 1860 hatte Caroline Medon Arthur Schopenhauer in einem Brief daran erinnert, daß er sie einst »Prinzeßchen« genannt. Nun trauerte sie ihrem Verflossenen ebenso nach wie ihrer Jugend, und war zugleich stolz darauf, daß sie einen so bedeutenden Mann unter ihren Geliebten gehabt hatte. In Schopenhauers Wohnung lagen noch ein Notizbuch, ein Brillenetui und ein Schlüsselfutteral, die die Medon gestickt hatte.

»Der Sarg dieses Mannes, der ein Menschenalter hindurch in unserer Mitte lebte und gleichwohl ein Fremdling unter uns blieb, fordert seltene Gefühle heraus. Keiner steht hier, der ihm durch die innigen Bande des Bluts angehört; einsam, wie er gelebt, ist er gestorben.« Mit diesen Worten versuchte Dr. Wilhelm Gwinner am 26. September 1860 das Wesentliche an Arthur Schopenhauer noch einmal zum Leben zu erwecken. Die Luft in der Leichenhalle war stickig, der tote Leib hatte zu lange offen gelegen. Margarethe Schnepp, die einzige Frau, die Arthur Schopenhauer bis hierher gefolgt war, verstand nur Bruchstücke der langen Trauerrede. »Diese heiße Begierde nach der Erkenntnis des Ewigen, die Meisten nur im Angesicht des Todes, nur selten und flüchtig wie im Traum beschleichend — ihm war sie die unwandelbare Gefährtin seines langen Lebens ... Dieser tiefe, sinnige Mensche, dem doch ein Herz in der Brust schlug, lief er nicht beleidigt wie ein Kind, das sich im Spiel erzürnt, durch sein ganzes Leben dahin — einsam und unverstanden, nur sich selbst getreu ...? Welche von uns so glücklich waren, dem außerordentlichen Manne näherzustehen, ich meine zu einer Zeit, da noch kein Tagblatt von ihm sprach und der ›Narr‹ in unserer Mitte noch nicht als der ›Weise von Frankfurt‹ in Geltung stand ...« Es sagte Margarethe Schnepp nichts, als Dr. Gwinner davon sprach, daß Schopenhauers »überkühne, idealistische Grundansicht ... als das kräftigste Gegengift gegen die zersetzende Säure des Materialismus« erscheine und daß seinem Scharfblick nicht »der Stand der Erniedrigung, der Korruption, in dem wir leben«, entging. Sie horchte erst wieder auf, als der Testamentsvollstrecker davon sprach, daß ihrem Herrn ein »weiches, unendlich empfängliches, freilich auch unendlich empfindliches, reizbares Herz in der Brust« geschlagen hatte, und daß er, »wie gering er von den Menschen auch dachte«, mit ihnen fühlte. »Er war voll Mitleid«.

Mehrere Personen hatten schon während dieser Rede den Raum verlassen. Nach ihrem Ende traten die restlichen Trauergäste ins Freie und atmeten die frische Regenluft ein. Nur wenige Menschen folgten mit Margarethe Schnepp dem Sarg: der evangelische Pfarrer Dr. Basse, der Testamentsvollstrecker Dr. Wilhelm Gwinner, der Komponist Rudolf von Hornstein, der Kreisrichter Johann

August Becker und der Bankbeamte August Gabriel Kilzer.

Schopenhauers Grab wurde, sobald sich die Erde gesetzt hatte, mit einer schweren Platte aus schwarzem belgischen Granit bedeckt. Der Philosoph, der beinahe ein Engländer geworden wäre, hatte nichts von der englischen Sitte der Nekrologe gehalten. Nach seinem letzten Willen sollte auf seinem Grab nur sein Name stehen. Arthur Schopenhauer — »nichts weiter, kein Datum, noch Jahreszahl, keine Sylbe«. Der Mensch, der unter dieser Grabplatte lag, wollte nur sein Werk für sich sprechen lassen.

»Wenn ich zu Zeiten mich unglücklich gefühlt«, hatte er schon mit 40 Jahren seinem Geheimbuch anvertraut, »so ist dies mehr nur vermöge einer mémprise, eines Irrthums in der Person geschehen, ich habe mich dann für einen Andern gehalten, als ich bin, und nun dessen Jammer beklagt: z. B. für einen Privatdozenten, der nicht Professor wird und keine Zuhörer hat ... oder für den Liebhaber, den jenes Mädchen, auf das er capricirt ist, nicht erhören will ... das Alles bin ich nicht gewesen, das Alles ist fremder Stoff, aus dem höchstens der Rock gewesen ist, den ich eine Weile getragen und dann gegen einen andern abgelegt habe. Wer aber bin ich denn? Der, welcher die Welt als Wille und Vorstellung geschrieben und vom großen Problem des Daseins eine Lösung gegeben ...«

Ein Mensch, der als Kind am Meer aufgewachsen war, hatte als Jüngling die »hohe Alpenstraße der Philosophie« beschritten, als Mann in die Abgründe seines Scheiterns geblickt und sich im Greisenalter als Nachkomme seiner selbst in der aufgehenden Sonne seines Ruhmes gewärmt, ehe er für immer erkaltete. Einem zutiefst mit sich selbst

Entzweiten, dem kein Du und kein Glaube an den einen Gott Halt bot, hatte die Welt nur ein Doppelgesicht zeigen können. Schopenhauer hatte nicht so gelebt, wie er es gelehrt hatte. Aber er hatte gelehrt, was er im Innersten erlebt hatte. »Sein oder Nichtsein?«, das war die Frage, die er sich gestellt. Mit seinem Werk hat er darauf seine Antwort gegeben. Das Leben aber blieb über seinen Tod hinaus fragwürdig wie eh und je.

ANHANG

Besonderen Dank schulden Autor und Verlag dem Präsidenten der Schopenhauer-Gesellschaft, Dr. Arthur Hübscher, für seine mündliche und schriftliche Beantwortung von Fragen, seine Hinweise auf neues Quellenmaterial und die Überlassung von Bilddokumenten.

I. BIBLIOGRAPHIE*

1. Werke

Bäumler, A. (Hg.), Arthur Schopenhauer, Philosophische Menschenkunde. Das Werk als Anthropologie (= Kröners Taschenausgabe. 240). Stuttgart 1957.

Deussen, P./Mockrauer, F./Hochstetter, E./Gruber, R./Gebhardt, K./Hübscher, A. (Hg.), Arthur Schopenhauer, Sämtliche Werke. Bd. 1–5, 9–11 u. 13–16 ersch. München 1911/42.

Frauenstädt, J. (Hg.), Arthur Schopenhauers sämtliche Werke. 6 Bde. Leipzig 1873/74, ^{2}1878.

Grisebach, E. (Hg.), Arthur Schopenhauers sämtliche Werke. 6 Bde. Leipzig 1890/92. 3. Aufl., bearbeitet v. E. Bergmann. 1921/24.

Grisebach, E. (Hg.), Arthur Schopenhauers sämtliche Werke. Großherzog-Wilhelm-Ernst-Ausgabe. 5 Bde. Leipzig 1920.

Gwinner, Ch. v. (Hg.), Arthur Schopenhauers Reisetagebücher aus den Jahren 1803–1804. Leipzig 1923.

Hübscher, A. (Hg.), Arthur Schopenhauer, Sämtliche Werke. 7 Bde. Leipzig 1937/41. Wiesbaden ^{2}1946/51.

Hübscher, A. (Hg.), Arthur Schopenhauer, Zürcher Ausgabe. Werk- und Studienausgabe in 10 Bdn. in völliger Neuedition (= Diogenes-Taschenbücher, detebe 140/I–X). Zürich 1977.

* Auswahlbiographie selbständiger Veröffentlichungen. Literaturverzeichnisse bieten u. a. auch die Werke von Abendroth, Haffmans und Sorg, die laufenden Neuerscheinungen verzeichnet das Schopenhauer-Jahrbuch.

Hübscher, A. (Hg.), Arthur Schopenhauer, Der handschriftliche Nachlaß. 5 Bde. Frankfurt a. M. 1975.

Löhneysen, W. Frh. v. (Hg.), Arthur Schopenhauer, Sämtliche Werke. 5 Bde. Stuttgart/Wiesbaden 1965. Darmstadt ²1968.

Mockrauer, F. (Hg.), Schopenhauer-Mappe. 28 Textstücke aus nachgelassenen Handschriften. München 1918.

Schopenhauer, A., Journal einer Reise von Hamburg nach Carlsbad und von dort nach Prag, Rückreise nach Hamburg. Anno 1800. Leipzig 1922.

Arthur Schopenhauers sämtliche Werke. Mit einer Einleitung von R. Steiner. 12 Bde. Stuttgart/Berlin 1894.

Weiß, O. (Hg.), Arthur Schopenhauer, Philosophische Aphorismen. Leipzig 1924.

2. Dokumente

Becker, J. A. (Hg.), Schopenhauers Gespräche und Selbstgespräche. Berlin 1898. 2. Aufl., hg. v. E. Grisebach. Berlin 1902.

Brahn, M. (Hg.), Arthur Schopenhauer, Briefwechsel und andere Dokumente. Leipzig 1911.

Busch, H. (Hg.), Das Testament Arthur Schopenhauers. Wiesbaden 1950.

Gebhardt, C./Hübscher, A. (Hg.), Der Briefwechsel Arthur Schopenhauers. 3 Bde. München 1929/1933/1942. (Ergänzungen in den Schopenhauer-Jahrbüchern 1965 u. 1970–1977.)

Grisebach, E. (Hg.), Schopenhauers Briefe an Becker, Frauenstädt, v. Doss, Lindner, Asher sowie andere, bisher nicht gesammelte Briefe aus den Jahren 1813–1860 (= Reclams Universal-Bibliothek. 3376–3380). Leipzig 1930.

Hübscher, A. (Hg.), Arthur Schopenhauers Gespräche (= Jahrbuch der Schopenhauer-Gesellschaft. 20). Heidelberg 1933. Neue, stark erw. Ausg. Stuttgart 1971.

Lebenslauf des Doctors der Philosophie Arthur Schopenhauer. Verfaßt anläßlich des Gesuches um Zulassung als Dozent an die philosophische Fakultät der Universität Berlin. 1819.

Schopenhauer, Adele, Tagebücher. Leipzig 1909.

Schopenhauer, Johanna, Jugendleben und Wanderbilder. Danzig 1884.

3. Literatur

Abendroth, W., A. Schopenhauer in Selbstzeugnissen und Bilddokumenten (= Rowohlts Monographien. 133). Reinbek 1967.

Aby, H., Schopenhauer und die Scholastik (= Schriften der Elsaß-Lothringischen Wissenschaftlichen Gesellschaft zu Straßburg. B. 3). Heidelberg 1930.

Arnold, H., Lebensdrang und Todesverlangen in der deutschen Literatur von 1850–1880 im Zusammenhang mit der Philosophie Schopenhauers. Diss. Bruchsal 1933.

Asher, D., Offenes Sendschreiben an den hochgelehrten Herrn Dr. Arthur Schopenhauer. Leipzig 1855.

Bähr, C. G., Die Schopenhauersche Philosophie, in ihren Grundzügen dargestellt und kritisch beleuchtet. Dresden 1857.

Bäschlin, D. L., Schopenhauers Einwand gegen Kants transzendentale Deduktion der Kategorien (= Zeitschrift für philosophische Forschung. Beiheft 19). Meisenheim a. Gl. 1968.

Bahr, H.-D., Das gefesselte Engagement. Zur Ideologie der kontemplativen Ästhetik Schopenhauers (= Abhandlungen zur Philosophie, Psychologie und Pädagogik. 66). Bonn 1970.

Barth, H., Wahrheit und Ideologie. Zürich 1945.

Bierens de Haan, D. J. D., Schopenhauer. s'Gravenhage 1933.

Vier ostdeutsche Biographien. Unvergängliche Spuren (= Deutscher Osten. 4). Düsseldorf/Köln 1952.

Biscardo, R., Il pessimismo romantico nel »Mondo« di Schopenhauer. Bolzano/Rovereto 1955.

Borch, R., Schopenhauer. Sein Leben in Selbstzeugnissen, Briefen und Berichten. Berlin 1941.

Braun, H. W., Schopenhauer und das Judentum (= Abhandlungen zur Philosophie, Psychologie und Pädagogik. 97). Bonn 1975.

Brinkmann, K., Die Rechts- und Staatslehre Schopenhauers (= Schriften zur Rechtslehre und Politik. 9). Bonn 1958.

Brockdorff, C. v., Die Differenz zwischen Schopenhauer und den Nachkantianern. Kiel/Leipzig 1919.

Bucher, E./Payne, E. F. J./Kurth, K. O. (Hg.), Von der Aktualität Schopenhauers. Festschrift A. Hübscher (= Schopenhauer-Jahrbuch. 53). Frankfurt a. M. 1972.

Copleston, F., Arthur Schopenhauer. Philosopher of Pessimism. London ²1975.
Covotti, A., La metafisica del bello e dei costumi di Arturo Schopenhauer (= Collezione di studi filosofici. Serie storica. Monografie. 2). Napoli 1934.
Dauer, D. W., Schopenhauer as Transmitter of Buddhist Ideas (= Europäische Hochschulschriften. I, 15). Bern 1969.
de Sanctis, F., Opere. Bd. 4 (Schopenhauer e Leopardi). Bari 1852.
Döring, W. O., Schopenhauer. Hamburg ⁴1947.
Durant, W., Schopenhauer (= The story of Philosophy, the Lives and Opinions of the Greater Philosophers). New York 1926.
Emge, C. A., Über die logisch-ontischen Strukturverhältnisse in den rechtsphilosophischen Gedanken Schopenhauers (= Akademie der Wissenschaften und der Literatur. Abhandlungen I. Geistes- und sozialwissenschaftliche Klasse. 1955, 7). Mainz 1955.
Emge, C. A. (Hg.), Kreise um Schopenhauer. Festschrift A. Hübscher. Wiesbaden 1962.
Emge, C. A./Schweinichen, O. v. (Hg.), Gedächtnisschrift Arthur Schopenhauer zur 150. Wiederkehr seines Geburtstages (= Philosophische Untersuchungen. 6). Berlin 1938.
Escher di Stefano, A., La filosofia di Arturo Schopenhauer. Saggio interpretativo (= Pubblicazioni dell'Istituto universitario di Magistero di Catania. Serie filosofica. Monografie. 5). Padova 1958.
Festschrift zum 150. Geburtstage von Arthur Schopenhauer. Gedenkfeiern in seiner Geburtsstadt Danzig vom 21.–26. Februar 1938. Danzig 1938.
Fischer, K., Arthur Schopenhauer. Heidelberg 1893. 2. Aufl. u. d. T.: Schopenhauers Leben, Werke und Lehre. Heidelberg 1898. ⁴1934.
Franellich, C., Caratteri e vicende. Goethe e Schopenhauer. Foligno 1926.
Frauenstädt, J., Briefe über die Schopenhauersche Philosophie. Leipzig 1854.
Gardiner, P., Schopenhauer (= Pelican Books. A 614). Harmondsworth/Middlesex 1963.

Garwood, H., Thomas Hardy. An Illustration of the Philosophy of Schopenhauer. Nachdruck. Folcroft, Pa. 1969.
Gebhardt, C., Das Schopenhauer-Archiv. Heidelberg 1929.
Grisebach, E., Edita und Inedita Schopenhaueriana. Leipzig 1888.
Grisebach, E., Schopenhauer. Geschichte seines Lebens. Berlin 1897
Grisebach, E., Schopenhauer. Neue Beiträge zur Geschichte seines Lebens. Berlin 1905.
Gruber, R., Schopenhauers Geliebte in Berlin. Wien 1934.
Gwinner, W., Schopenhauer und seine Freunde. Leipzig 1863.
Gwinner, W., Arthur Schopenhauer, aus persönlichem Umgang dargestellt. Ein Blick auf sein Leben, seinen Charakter und seine Lehre. Hg. v. Ch. v. Gwinner. Frankfurt a. M. 1963.
Haffmans, G. (Hg.), Über Arthur Schopenhauer. Essays von Thomas Mann, Max Horkheimer, Ludwig Marcuse und Arthur Hübscher. Zeugnisse von Jean Paul bis Arno Schmidt. Aphorismen aus dem handschriftlichen Nachlaß Schopenhauers (= Diogenes-Taschenbücher, detebe 153). Zürich 1977.
Hasse, H., Schopenhauers Religionsphilosophie und ihre Bedeutung für die Gegenwart. München ²1932.
Hausegger, Fr. v., R. Wagner und Schopenhauer. Leipzig 1878.
Haym, R., Arthur Schopenhauer. Berlin 1864.
Hoffmann, P. Th., Schopenhauer und Hamburg (= Schopenhauer-Jahrbuch). Frankfurt a. M. 1932.
Horkheimer, M., Sozialphilosophische Studien. Frankfurt a. M. 1972.
Hübscher, A., Denker gegen den Strom. Schopenhauer, gestern, heute, morgen. Bonn 1973.
Hübscher, A., Denker unserer Zeit. München 1958.
Hübscher, A., Hegel und Schopenhauer. Ihre Nachfolge, ihre Gegenwart (= Schopenhauer-Jahrbuch. 32). Minden in Westf. 1948.
Hübscher, A., Schopenhauer. Biographie eines Weltbildes (= Reclams Universal-Bibliothek. 7216/17). Stuttgart 1952, ²1967.
Hübscher, A., Der junge Schopenhauer. München 1938.
Hübscher, A., Arthur Schopenhauer. Ein Lebensbild. Leipzig 1938. Wiesbaden ²1949.

Hübscher, A., Arthur Schopenhauer und seine Verleger. – Brahn, H., Betrachtungen eines Bücherfreundes. Zum 100. Todestag des Philosophen, 21. Sept. 1960 (= Bibliothek des Schweizerischen Gutenbergmuseums. 27). Bern 1960.

Hübscher, A., Schopenhauer-Bildnisse. Eine Ikonographie. Frankfurt a. M. 1968.

Jordan, W., Erinnerungen an Schopenhauer. Frankfurt a. M. 1891.

Klages, L., Schopenhauer in seiner Handschrift (= Sämtliche Werke). Bonn 1971.

Knox, I., The Aesthetic Theories of Kant, Hegel, and Schopenhauer. New York 1936. Neuaufl. London 1958.

Kowalewski, A., Arthur Schopenhauer. Halle 1905.

Krauss, I., Studien über Schopenhauer und den Pessimismus in der deutschen Literatur des 19. Jahrhunderts. Bern 1931.

Küntzel, G., Arthur Schopenhauer. Ausstellung zum 100. Todestag. Unter Mitarbeit v. B. Leber. Frankfurt a. M. 1960.

Kurth, K. O., Arthur Schopenhauer (= Der Göttinger Arbeitskreis. 20). Kitzingen a. M. 1952.

Lehmann, G., Die intellektuelle Anschauung bei Schopenhauer (= Berner Studien. 44). Bern 1906.

Lehmann, R., Arthur Schopenhauer. Berlin 1894.

Lindner, E. O./Frauenstädt, J., Arthur Schopenhauer. Berlin 1863.

Lion, F., Lebensquellen der deutschen Metaphysik. Frankfurt a. M. 1960.

Lorenz, Th., Zur Entwicklungsgeschichte der Metaphysik Schopenhauers. Leipzig 1897.

Ludendorff, M. (d. i. Kemnitz, M. v.), Ein Wort der Kritik an Kant und Schopenhauer. Erstaufl. 1940 (= Tutzinger Schriften. 7). Pähl 1976.

Lybeck, M., Schopenhauer. Scener ur hans ungdom. Helsingfors 1932.

McGill, V. J., Schopenhauer, Pessimist and Pagan. New York 1931. Faks.-Nachdr. New York 1971.

Mann, Th., Schopenhauer (= Ausblicke. 11). Stockholm 1938. Neuaufl. Zürich 1948.

Marcuse, L., Pessimismus, ein Stadium der Reife. Hamburg 1953.

Martinetti, P., Schopenhauer. Milano 1941.
Maurer, S. H., Schopenhauer in Russia. His Influence on Turgenev, Fet, and Tolstoi. Diss. Ann Arbor, Mich. 1969.
Mazzantini, C., L'etica di Kant e di Schopenhauer. Torino 1965.
Mertens, G. (Hg.), Das Schöne. Schopenhauers Ästhetik (= Philosophische Quellenhefte. 4). Leipzig 1927.
Méry, M., Essai sur la causalité phénoménale selon Schopenhauer (= Bibliothèque d'histoire de la philosophie. 55). Paris 1948.
Michaelis, G., Arthur Schopenhauer zum 150. Geburtstag. Eine Einleitung in seine Philosophie. Leipzig 1937.
Micheletti, M., Lo schopenhauerismo di Ludwig Wittgenstein (= Studi e ricerche. 21). Bologna 1967. Neuaufl. (= Università di Parma. Istituto di scienze religiose. Saggi. 5). Padova 1973.
Mittasch, A., Schopenhauer und die Chemie. Heidelberg 1939.
Most, O. J., Zeitliches und Ewiges in der Philosophie Nietzsches und Schopenhauers. Hg. v. H. Böhringer. (= Studien zur Philosophie und Literatur des 19. Jahrhunderts. 33.) Frankfurt a. M. 1977.
Muller, L., De osterfelijkheidsgedachte bij Schopenhauer onder invloed van Kant en Plato. s'Gravenhage 1956.
Muses, C., East-West Fire. Schopenhauer's Optimism and the Lankavatara Sutra. London 1955.
Neidert, R., Die Rechtsphilosophie Schopenhauers und ihr Schweigen zum Widerstandsrecht (= Juristische Studien. 3). Tübingen 1966.
Nietzsche, F., Schopenhauer als Erzieher (= Reclams Universal-Bibliothek. 7125). Leipzig 1931. Neuausg. in: Unzeitgemäße Betrachtungen. Stuttgart 1974.
Oehlke, W., Schopenhauers Ideenlehre. München 1923.
Padovani, U. A., Arturo Schopenhauer. L'ambiente, la vita, le opere (= Pubblicazioni della Università cattolica del Sacro Cuore. 1, 21). Milano 1934.
Pfeiffer-Belli, W., Schopenhauer und die Humanität des Großen Asien. Bad Wörishofen 1948.
Pfeiffer, K., Das Bild des Menschen in Schopenhauers Philosophie. Berlin 1932.
Pfeiffer, K., Arthur Schopenhauer. Die Persönlichkeit und das

Werk, in eigenen Worten des Philosophen dargestellt. Leipzig 1925.
Piclin, M., Schopenhauer ou le tragédien de la volonté. Paris 1974.
Rauschenberger, W., Ahnentafel des Philosophen Arthur Schopenhauer. Leipzig 1938.
Rauschenberger, W., Schopenhauers Abstammung und Ahnenerbe nach neuesten Forschungen. Frankfurt a. M. 1936.
Reichert, H., Schopenhauer. Seine Persönlichkeit, seine Lehre, seine Bedeutung (= Aus Natur und Geisteswelt. 81). Leipzig 1920.
Ribot, Th., Arthur Schopenhauer. Paris 1874, [9]1903.
Richert, R., Arthur Schopenhauer. Leipzig 1905, [4]1920.
Ricondo, G., Schopenhauer, interprete dell'Occidente (= Biblioteca di filosofia. I. Ricerche. 2). Milano 1969.
Rosset, C., L'esthétique de Schopenhauer (=Initiation philosophique. 88). Paris 1969.
Ruyssen, Th., Arthur Schopenhauer. Paris 1911.
Saitschick, R., Genie und Charakter. Shakespeare, Lessing, Goethe, Schiller, Schopenhauer, Wagner. Darmstadt/Leipzig 1925.
Salzsieder, P., Die Auffassungen und Weiterbildungen der Schopenhauerschen Philosophie. Leipzig 1928.
Sans, E., Richard Wagner et la pensée schopenhauerienne. Paris 1969.
Schilling, K., Schopenhauer. Das Kunstwerk als einsamer Genuß (= Geschichte der sozialen Ideen). Stuttgart 1957.
Schlüter, R., Schopenhauers Philosophie in seinen Briefen. Leipzig 1900.
Schmidt, A., Drei Studien über Materialismus. Schopenhauer, Horkheimer. Glücksproblem (= Reihe Hanser. 235). München 1977.
Schneider, W., Schopenhauer. Eine Biographie. Wien 1937.
Schoenhofen, P., Schopenhauers Aprioritätslehre nach seinem handschriftlichen Nachlasse und den verschiedenen Auflagen seines Hauptwerks. Diss. München 1912.
Arthur Schopenhauer und sein Werk. Festrede und Vorträge anläßlich der Reichsfeier zum 150. Geburtstag des deutschen Denkers in Danzig. Danzig 1938.

Schopenhauer-Archiv, Frankfurt am Main. Frankfurt a. M. 1962.
Schopenhauer-Jahrbuch. Hg. v. A. Hübscher. Frankfurt a. M. 1948ff. (vorm. Kiel. 1912ff.; Heidelberg. 1920ff.)
Schröder, W., Beiträge zur Entwicklungsgeschichte der Philosophie Schopenhauers. Rostock 1911.
Schwarz, Th., Sein, Mensch und Gesellschaft im Existenzialismus (= Marxistische Paperbacks. 35). Frankfurt a. M. 1973.
Sørensen, V., Schopenhauer. København 1969.
Sorg, B., Zur literarischen Schopenhauer-Rezeption im 19. Jahrhundert (= Beiträge zur neueren Literaturgeschichte. III, 21). Heidelberg 1975.
Stäglich, H., Die japanischen Übersetzungen der Werke Schopenhauers. Frankfurt a. M. 1960.
Stimmel, E., Einfluß der Schopenhauerschen Philosophie auf Wilhelm Raabe. Borna/Leipzig 1919.
Tuczyński, J., Schopenhauer a Młoda Polska. Gdańsk 1969.
Vecchiotti, I., La dottrina di Schopenhauer. Le teorie schopenhaueriane considerate nella loro genesi e nei loro rapporti con la filosofia indiana. Roma 1969.
Verrechia, A., Schopenhauer e la vispa Teresa (= Schopenhauer-Jahrbuch). Frankfurt a. M. 1975.
Viscidi, F., Il problema della musica nella filosofia di Schopenhauer. Padova 1959.
Volkelt, J., Arthur Schopenhauer. Seine Persönlichkeit, seine Lehre, sein Glaube (= Frommanns Klassiker der Philosophie. 10). Stuttgart 1916, ^{5}1923.
Wagner, G. F., Encyklopädisches Register zu Schopenhauers Werken. Karlsruhe 1909.
Weichelt, H., Schopenhauer. Leipzig 1926.
Weiß, O., Zur Genesis der Schopenhauerschen Metaphysik. Leipzig 1907.
Weyers, R., Arthur Schopenhauers Philosophie der Musik (= Kölner Beiträge zur Musikforschung. 88). Regensburg 1976.
Wolff, H. M., Arthur Schopenhauer. Hundert Jahre später (= Dalp-Taschenbücher. 349). Bern/München 1960.
Zimmern, H., Schopenhauer, his Life and Philosophy. London 1932.

Zini, Z., Schopenhauer (= Piccola Biblioteca di coltura filosofica. 2). Milano 1923.
Zint, H., Schopenhauer als Erlebnis. München/Basel 1954.

II. QUELLENNACHWEISE ZU EINZELNEN KAPITELN
(Auswahl)

Kapitel I

Friedrich Meinecke: *Das Zeitalter der deutschen Erhebung.* Bielefeld, 1924.

Theodor Schieder: *Deutscher Geist und ständische Freiheit im Weichsellande.* Königsberg, 1940.

Erich Keyser: *Geschichte der Stadt Danzig.* Kitzingen am Main, 1951.

Niels von Holst: *Danzig. Ein Buch der Erinnerung.* Hameln, 1949.

Laura Frost: *Johanna Schopenhauer. Ein Frauenleben aus klassischer Zeit.* Berlin, 1905.

Kapitel II

Jonas-Ludwig von Hess: *Hamburg, topographisch, politisch und historisch beschrieben.* Hamburg, 1810–1811.

Bernhard Studt und Hans Olsen: *Hamburg. Die Geschichte einer Stadt.* Hamburg, 1951.

Kapitel III

Gaston Legoy: *»Quelques monuments du Havre par les dessinateurs du XIXème siècle«.* Katalog der »Musées du Havre«. Le Havre, 1975.

Jean-Philippe Damais: *»Création et évolution du port et de la ville du Havre«. In* »Centre de documentation cartographique et géographique«. Paris, 1963.

Arthur Young: *Voyage en France pendant les années 1787–88–89 et 90 . . .* Paris, 1792.

Alexis de Tocqueville: *L'ancien Régime et la revolution.* Paris, 1856. Oder: *Der alte Staat und die Revolution.* Bremen, 1959.

E. H. Jenkins: *A History of the French Navy.* London, 1973.

Gustav Radbruch und Heinrich Gwinner: *Geschichte des Verbrechens.* Stuttgart, 1951.

Kapitel IV

Paul Th. Hoffmann: *Schopenhauer und Hamburg.* Schopenhauer-Jahrbuch 1932.

Journal einer Reise von Hamburg nach Carlsbad und von dort nach Prag; Rückreise nach Hamburg. Von Arthur Schopenhauer. Leipzig, 1922.

Kapitel V

Arthur Schopenhauers Reisetagebücher aus den Jahren 1803 bis 1804. Herausgegeben von Charlotte von Gwinner. Leipzig, 1923.

Johanna Schopenhauer: *Reise durch England und Schottland.* Leipzig, 1818.

Kapitel VI

Johanna Schopenhauer: *Damals in Weimar.* Leipzig, 1924.

Alfred Rach: *Biographien zur deutschen Erziehungsgeschichte.* Weinheim & Berlin, 1968.

Wilhelm Heinrich Wackenroder: *Herzensergießungen eines kunstliebenden Klosterbruders.* Jena, 1910.

Kapitel VII

Kurt Schmidt: *Gotha.* Gotha, 1931–1938.

Eckart Kleßmann: *Deutschland unter Napoleon in Augenzeugenberichten.* München, 1976.

Walter Migge: *Weimar zur Goethezeit.* Weimar, 1961.

Kapitel VIII

Walter Nissen: *Göttingen heute und gestern.* Göttingen, 1972.

Kapitel IX

Werner Vogel: *Führer durch die Geschichte Berlins.* Berlin, 1966.
Paul Ortwin Rave: *Berlin – das Werden eines Stadtbildes.* Leipzig, 1941.
Francis Petre: *Napoleons Last Campaign, Germany 1813.* London, 1974.

Kapitel X

Richard Friedenthal: *Goethe. Sein Leben und seine Zeit.* München, 1975.

Kapitel XI

Arthur Schopenhauer: *Die Welt als Wille und Vorstellung.* Leipzig, 1819.
Friedrich Christian August Hasse: *Dresden und die umliegende Gegend.* Dresden, 1804.
Ortrud Reichel: *Zum Beispiel Dresden.* Frankfurt, 1964.
Bernhard Geyer: *Das Stadtbild Alt-Dresdens.* Berlin, 1964.
Lothar Kempe: *Dresden. Festschrift.* Dresden, 1956.

Kapitel XII

Anacleto Verrecchia: *Schopenhauer e la vispa Teresa.* Schopenhauer-Jahrbuch 1975.

Kapitel XIII

Robert Gruber: *Schopenhauers Geliebte in Berlin.* Wien, 1934.

Kapitel XIV

Eugen Mueller (Eugen Mueller-Münster): *Elisabeth Ney*. Leipzig, 1931.

Kapitel XV

Hugo Busch: *Das Testament Arthur Schopenhauers.* Wiesbaden, 1950.
Hermann Meinert: *Frankfurter Geschichte.* Frankfurt am Main, 1964.
Waldemar Kramer: *Bilder zur Frankfurter Geschichte.* Frankfurt am Main, 1950.

1788	*22. Februar: Arthur Schopenhauer als Sohn des Großkaufmanns Heinrich Floris Schopenhauer und seiner Frau Johanna Henriette, geb. Trosiener, in Danzig geboren.*
	3. März: Taufe in der St.-Marien-Kirche.
	Arthur übersiedelt mit seiner Mutter auf den Landsitz Oliva, wo er seine Kindheit verlebt.
	Kant: »Kritik der praktischen Vernunft«.
1789	*Arthurs Großvater Christian Heinrich Trosiener pachtet den Stutthof.*
	4. März: Proklamation der amerikanischen Verfassung.
	5. Mai: Die französischen Generalstände treten – erstmals seit 1614 – in Versailles zusammen.
	17. Juni: Der Dritte Stand konstituiert sich in Frankreich als Nationalversammlung (1789–91 Verfassunggebende Versammlung).
	20. Juni: Ballhaus-Schwur.
	14. Juli: Sturm auf die Bastille.
1790	20. Februar: Kaiser Joseph II. gestorben. Leopold II. wird Nachfolger.
1791	15. Januar: Franz Grillparzer geboren.
	2. April: Mirabeau gestorben.
	20.–25. Juni: Mißglückte Flucht der französischen Königsfamilie nach Varennes.
	27. August: Pillnitzer Deklaration. König Friedrich Wilhelm II. von Preußen und Kaiser Leopold II. beschließen, die Monarchie in Frankreich zu stützen.
	5. Dezember: Wolfgang Amadeus Mozart gestorben.
1792–1797	Erster Koalitionskrieg.
1792	1. März: Leopold II. gestorben. Sein Sohn Franz I. wird römisch-deutscher Kaiser.
	10. August: Erstürmung der Tuilerien in Paris.

20. September: Kanonade von Valmy. Rückzug Preußens.
Das linke Rheinufer wird besetzt und Belgien durch die Revolutionsheere erobert.

1793 21. Januar: König Ludwig XVI. von Frankreich hingerichtet. Daraufhin schließen sich das Deutsche Reich, England, Holland, Spanien, Portugal, Sardinien und Neapel zur antifranzösischen Koalition zusammen.
2. Teilung Polens. Danzig, Thorn, Posen und Kalisch werden preußisch. König Friedrich Wilhelm II. verhängt über Danzig die Blockade.
Kurz vor der Besetzung verläßt die Kaufmannsfamilie Schopenhauer die Stadt und übersiedelt nach Hamburg (Altstädter Neuer Weg Nr. 76).
Juni: In Hamburg, Jungfernstieg, wird das »Bade-Schiff«, die erste deutsche Badeanstalt, eröffnet.
13. Juli: Ermordung Jean Paul Marats.
September: In Frankreich beginnt die Schreckensherrschaft.
16. Oktober: Königin Marie Antoinette hingerichtet.
23. Dezember: Andreas Schopenhauer, Arthurs Großvater, in Ohra gestorben.
Goethe: »Reineke Fuchs«.

1794 *März/April: Johann Friedrich Schopenhauer, Arthurs Onkel, in Danzig gestorben.*
5. April: Danton und Desmoulins werden in Frankreich hingerichtet.
28. Juli: Es folgen die Hinrichtungen von Saint-Just und Robespierre.

1795–1799 Regierung des Direktoriums in Frankreich.

1795 5. April: Friede von Basel zwischen Frankreich und Preußen. Dritte Teilung Polens.
21. Dezember: Leopold von Ranke geboren.

1796 *Die Familie Schopenhauer bezieht das Haus Am Neuen Wandrahm 92 in Hamburg.*
Italien-Feldzug Napoleons.

	17. November: Katharina die Große von Rußland gestorben.
	Paul I. wird Zar.
	Goethe: »Hermann und Dorothea«.
1797	*Christian H. Trosiener, Arthurs Großvater, gestorben.*
	10. Januar: Annette von Droste-Hülshoff geboren.
	31. Januar: Franz Schubert geboren.
	18. April: Vorfriede von Leoben.
	23. April: Fall von Kehl.
	12. Juni: Schopenhauers Schwester Luise Adelaide Lavinia (Adele) geboren.
	Juli: Arthur mit dem Vater nach Paris und Le Havre. Dort lebt er für zwei Jahre bei der Familie Grégoire de Blésimaire. Freundschaft mit Anthime, dem Sohn der Familie. Studium der französischen Sprache und Literatur.
	4. September: Staatsstreich Napoleons.
	4. Oktober: Jeremias Gotthelf geboren.
	17. Oktober: Friede von Campoformio zwischen Frankreich und Österreich.
	13. Dezember: Harry (Heinrich) Heine geboren.
1798/99	Ägypten-Feldzug Napoleons.
1798	19. Januar: Auguste Comte geboren.
	13. Februar: Wilhelm Heinrich Wackenroder gestorben.
	Februar: Bonaparte plant den Bau von Kanonen und Transportern in den Werftanlagen von Le Havre.
1799–1802	Zweiter Koalitionskrieg gegen Frankreich.
1799	»An meinen Sohn H.« von Matthias Claudius erscheint anonym.
	Frühjahr: Arthur Schopenhauers Jugendfreund Gottfried Jänisch in Hamburg gestorben.
	20. Mai: Honoré Balzac geboren.
	August: Schopenhauer kehrt wegen der politischen Lage in Frankreich auf dem Seeweg nach Hamburg zurück.

Er besucht dort (bis 1803) die Privatschule von Dr. Runge.

Freundschaft u. a. mit Charles Godeffroy, Kaufmannssohn, und Georg Christian Lorenz Meyer, dem Sohn eines Weinhändlers.

9. November: Staatsstreich Napoleons.

Vicomte Lancelot de Quatre Barbes errichtet den ersten Alsterpavillon in Hamburg.

1800 *Reise der Familie Schopenhauer durch Deutschland nach Prag und Karlsbad. Begegnung mit Schiller in Weimar und mit Iffland in Berlin.*

17. Oktober: Rückkehr nach Hamburg.

1801 9. Februar: Friede von Lunéville zwischen Frankreich und Österreich.

Ende der dänischen Besetzung Hamburgs.

Johann Heinrich Wilhelm Tischbein übersiedelt nach Hamburg.

22. März: Klopstock in Hamburg geboren.

23. März: Zar Paul I. ermordet. Alexander I. folgt auf dem russischen Thron.

25. März: Novalis gestorben.

11. Dezember: Christian Dietrich Grabbe in Detmold geboren.

1802 *Schopenhauer liest die »Liebesabenteuer des Chevalier de Faublas« von Jean Baptiste Louvet de Couvray.*

26. Februar: Victor Hugo geboren.

26./27. März: Friede von Amiens zwischen Frankreich und England.

24. Juli: Alexandre Dumas d. Ä. geboren.

August: Napoleon wird Konsul auf Lebenszeit.

13. August: Nikolaus Lenau geboren.

1803 25. Februar: Reichsdeputationshauptschluß von Regensburg.

14. März: Friedrich Gottlieb Klopstock gestorben.

Schopenhauer entscheidet sich – gemäß dem väterlichen Wunsch – gegen Gymnasialstudium und Ge-

lehrtenberuf. Er tritt eine mehrjährige Reise durch Holland, England, Frankreich und Österreich an und beginnt anschließend eine kaufmännische Lehre.
3. Mai: Reisebeginn.
18. Mai: England erklärt Frankreich den Krieg.
26. Mai: Frankreich marschiert im Kurfürstentum Hannover ein.
30. Juni – 20. September: Schopenhauer studiert an der Boarding School von Wimbledon die englische Sprache.
28. September: Prosper Mérimée geboren.
18. Dezember: Johann Gottfried von Herder gestorben.

1804 12. Februar: Immanuel Kant gestorben.
19. Juni: Familie Schopenhauer in Braunau/Österreich.
25. August: Ende der Auslandsreise.
September: Schopenhauer für drei Monate in Danzig. Lehre bei dem Handelsherrn Jakob Kabrun, dem Gründer der späteren Handelsakademie.
8. September: Eduard Mörike geboren.
23. Dezember: Charles-Augustin Saint-Beuve geboren.

1805 Dritter Koalitionskrieg gegen Frankreich.
Jahresanfang: Schopenhauer lernt bei dem Großkaufmann Senator Martin Johann Jenisch in Hamburg. Er hört außerdem Theologievorlesungen bei Dr. Runge.
20. April: Selbstmord (?) des Vaters.
9. Mai: Friedrich von Schiller gestorben.
August: Johanna Schopenhauer verkauft das Haus Am Neuen Wandrahm. Die Familie zieht in das Anwesen Kohlhöfen Nr. 87.
21. Oktober: Nelson besiegt bei Trafalgar die französisch-spanische Flotte.
23. Oktober: Adalbert Stifter geboren.
2. Dezember: Dreikaiserschlacht bei Austerlitz. Sieg Napoleons.

	15. Dezember: Vertrag von Schönbrunn.
	26. Dezember: Friede von Preßburg. Gebietsverluste Österreichs. Italien wird Königreich.
1806	Vierter Koalitionskrieg gegen Frankreich.
	Mai: Johanna Schopenhauer in Begleitung des Schwagers Ratzky in Weimar.
	Anthime, Arthurs Jugendfreund, kommt zur Kaufmannslehre nach Hamburg.
	12. Juli: Gründung des Rheinbundes unter der Führung Frankreichs.
	August: Franz II. dankt als römisch-deutscher Kaiser ab.
	21. September: Adele und Johanna Schopenhauer übersiedeln endgültig nach Weimar.
	Freundschaft zwischen Johanna Schopenhauer und Goethe.
	14. Oktober: Schlacht von Jena und Auerstedt. Sieg der französischen Truppen.
	Fichte: »Anweisungen zum seligen Leben«.
1807	*Ende Mai: Schopenhauer reist von Hamburg über Weimar nach Gotha. Freundschaft mit Carl Ludwig Fernau.*
	Juni: Studienbeginn am Gymnasium Gotha bei Friedrich Jacobs. Schopenhauer wohnt bei Professor Karl Gotthold Lenz.
	7.–9. Juli: Friede von Tilsit. Königreich Westfalen und Großherzogtum Warschau werden gebildet.
	Dezember: Ein Spottgedicht auf Professor Christian Ferdinand Schulze bringt Schopenhauer Unannehmlichkeiten. Er verläßt das Gymnasium und zieht nach Weimar zu Franz Ludwig Passow. Bekanntschaft mit Johannes Daniel Falk und Zacharias Werner.
	Fichte: »Reden an die deutsche Nation«.
1808–1814	Krieg Napoleons gegen Spanien und Portugal.
1808	*September: Schopenhauer und Daniel Falk sind beim Treffen zwischen Zar Alexander und Napoleon in Erfurt zugegen.*

4. Dezember: Carl Ludwig Fernau gestorben.
Gerard de Nerval geboren.
In Dresden erscheint Heinrich von Kleists Zeitschrift »Phoebus«.

1809 *3. Februar: Schopenhauer nimmt zugleich mit der verehrten Caroline Jagemann an einer Redoute in Weimar teil.*
22. Februar: Volljährigkeit.
31. Mai: Joseph Haydn gestorben.
Krieg Österreichs gegen Frankreich.
Mai: Niederlage Napoleons in der Schlacht von Aspern.
5./6. Juli: Schlacht bei Wagram. Napoleon besiegt die österreichischen Truppen.
Oktober: Friede von Schönbrunn.
7. Oktober: Schopenhauer geht nach Göttingen, wo er am 9. Oktober das Medizinstudium aufnimmt.
Freundschaft mit Christian Carl Josias von Bunsen, dem späteren preußischen Gesandten im Vatikan und in London, sowie mit William Backhouse Astor.
Schopenhauers Lehrer der Philosophie sind Friedrich Bouterwek und Gottlob Ernst Schulze, durch den er zu Platon und Kant hingeführt wird.
Eröffnung der Universität in Berlin.
Goethe: »Die Wahlverwandtschaften«.

1810 1. März: Frédéric Chopin geboren.
8. Juni: Robert Schumann geboren.
17. Juni: Ferdinand Freiligrath geboren.
Johanna Schopenhauers Biographie über C. L. Fernau (Fernow) erschienen.

1811 *Ostern: Schopenhauer und Christian Bunsen in Weimar.*
September: Schopenhauer für zwei Jahre an der Universität Berlin, wo Johann Gottlieb Fichte lehrt. Beschäftigung mit dessen Philosophie.
Beginn der Freundschaft mit Martin Hinrich Lichtenstein, dem Professor der Zoologie.

22. Oktober: Franz Liszt geboren.
21. November: Heinrich von Kleist gestorben.

1812 28. März: Französische Truppen in Berlin.
Sommersemester: Schopenhauer setzt sich mit Friedrich Ernst Daniel Schleiermacher auseinander.
24. Juni: Beginn des französischen Rußlandfeldzugs.
Sommer: Schopenhauer reist über Weimar und Dresden nach Teplitz.
17. September: Brand von Moskau.
17. Oktober: Adalbert von Chamisso in Berlin immatrikuliert.
Oktober/November: Rückzug der Großen Armee.

1813/14 Deutsche Befreiungskriege.

1813 20. Januar: Christoph Martin Wieland gestorben.
18. März: Friedrich Hebbel geboren.
2. Mai: Während der Schlachten von Lützen und Großgörschen flüchtet Schopenhauer aus Berlin.
5. Mai: Sören Kierkegaard geboren.
11. Mai: Napoleon bei Dresden.
22. Mai: Schopenhauer in Dresden.
22. Mai: Richard Wagner geboren.
Juni: In Weimar. In Rudolstadt schreibt Schopenhauer an seiner Dissertation.
16.–19. Oktober: Völkerschlacht von Leipzig.
17. Oktober: Georg Büchner geboren.
31. Oktober: Auflösung des Rheinbundes.
5. November: Schopenhauer kehrt nach Weimar ins Haus seiner Mutter zurück, wo auch Müller von Gerstenbergk lebt.
Ende November: Goethe würdigt Schopenhauers Leistungen. Es folgen lange Gespräche, besonders über die Farbenlehre Goethes.

1814 19. Januar: Johann Gottlieb Fichte gestorben.
31. März: Einzug der Alliierten in Paris.
6. April: Napoleon dankt ab. Verbannung nach Elba.
10. April: Ludwig XVIII. wird König von Frankreich.

April: Die Auseinandersetzungen zwischen Schopenhauer und seiner Mutter sowie Gerstenbergk kommen zu einem Höhepunkt.
30. April: In den »Göttinger gelehrten Anzeigen« erscheint die erste Besprechung von Schopenhauers philosophischer Arbeit.
Mai: Endgültige Trennung von der Mutter. Schopenhauer verläßt Weimar und lebt für vier Jahre in Dresden.
Bekanntschaft mit dem Pantheisten Karl Christian Friedrich Krause, dem Maler Ludwig Sigismund Ruhl, dem Mäzen Johann Gottlieb Quandt, dem Schriftsteller Hermann von Pückler-Muskau und Ferdinand Freiherr von Biedenfeld.
30. Mai: Erster Friede von Paris.
November: Beginn des Wiener Kongresses.

1815 *»Über das Sehn und die Farben« (1816 gedruckt).*
21. Januar: Matthias Claudius gestorben.
1. März: Napoleon landet in Frankreich. Die Herrschaft der Hundert Tage beginnt.
1. April: Otto von Bismarck geboren.
8. Juni: Wiener Kongreßakte.
18. Juni: Schlacht bei Waterloo.
22. Juni: Zweite Abdankung Napoleons.
26. September: Heilige Allianz.
20. November: Zweiter Friede von Paris.

1816 *Schopenhauer wohnt an der Ostra-Allee in der Wilsdruffer Vorstadt (Dresden).*

1818 *März: Manuskript zu »Die Welt als Wille und Vorstellung« abgeschlossen.*
5. Mai: Karl Marx geboren.
31. Mai: Georg Herwegh geboren.
August: Schopenhauer schreibt das Vorwort zu seinem Hauptwerk.
Kongreß von Aachen. Vorzeitiger Abzug der Besatzungstruppen aus Frankreich.
14. September: Theodor Storm geboren.

22. Oktober: Joachim Heinrich Campe gestorben.
Herbst: Italienreise Schopenhauers.
Oktober/November: In Venedig.
Dezember: Aufenthalt in Florenz.

1819 *Jahresanfang: »Die Welt als Wille und Vorstellung« bei F. A. Brockhaus erschienen.*
Januar/Februar: Schopenhauer in Rom.
Februar-April: Reise nach Neapel, Pompeij, Herculanum, Cumä und Paestum.
23. März: Der Student K. L. Sand ermordet August von Kotzebue.
Rückkehr von Rom über Norditalien (Florenz, Venedig, Verona) in die Schweiz.
19. Juli: Gottfried Keller geboren.
25. August: Schopenhauer wieder in Dresden.
Finanzkrise der Familie durch den Zusammenbruch des Danziger Handelshauses Abraham Ludwig Muhl.
Oktober: In den Wiener »Jahrbüchern der Litteratur« und dem »Litterarischen Wochenblatt« (Weimar) erscheinen erste vernichtende Kritiken der »Welt als Wille und Vorstellung«.
30. Dezember: Theodor Fontane geboren.
31. Dezember: Gesuch um Zulassung als Dozent der Philosophie an der Universität Berlin.
Goethes »West-östlicher Diwan« abgeschlossen.
Erste Fahrt eines Ozeandampfers.

1820 29. Januar: Georg III. von England gestorben. Nachfolger auf dem Königsthron wird sein Sohn Georg IV.
23. März: Schopenhauers Disputation pro venia legendi vor der Philosophischen Fakultät der Universität Berlin.
Auseinandersetzungen mit Hegel. Mißerfolg des ersten und einzigen durchgeführten Kollegs »Gesamte Philosophie, das ist die Lehre vom Wesen der Welt und von dem menschlichen Geiste«.

	15. Mai: Wiener Schlußakte. Grundgesetz des Deutschen Bundes.
	28. November: Friedrich Engels geboren.
	Eröffnung des Neuen Schauspielhauses in Berlin.
	Ausbruch der Revolution in Spanien und Portugal.
1821–1829	Griechischer Unabhängigkeitskrieg.
1821	Uraufführung von Webers »Freischütz« in Berlin.
	Schopenhauer lernt die Sängerin Caroline Richter alias »Medon« kennen, seine spätere Geliebte.
	Januar: Europäischer Kongreß in Laibach.
	7. April: Charles Baudelaire geboren.
	5. Mai: Napoleon auf Sankt Helena gestorben.
	12. Dezember: Gustave Flaubert geboren.
	Hegel: »Grundlinien der Philosophie des Rechts oder Naturrecht und Staatswissenschaft im Grundrisse.
1822	6. Januar: Heinrich Schliemann geboren.
	27. Mai: Antritt der Reise durch die Schweiz und nach Mailand und Florenz.
	»Affäre Marquet.« Die Injurienklage wird in erster Instanz abgewiesen.
	26. Juni: E. T. A. Hoffmann gestorben.
	Niepce erfindet die Fotografie.
1823	17. Januar: Zacharias Werner gestorben.
	3. Mai: Schopenhauer in Trient. Rückkehr über München, wo er den Rest des Jahres verbringt.
	5. Juli: Johanna Schopenhauer enterbt ihren Sohn.
	2. Dezember: Monroe-Doktrin. Prinzip der Nichteinmischung europäischer Mächte in die Angelegenheiten der USA.
1824	*26. Mai–19. Juni: Kur in Bad Gastein.*
	September: Schopenhauer in Dresden.
	4. September: Anton Bruckner geboren.
	16. September: Ludwig XVIII. gestorben. Karl X. wird König von Frankreich.
1825	11. April: Ferdinand Lassalle geboren.
	19. Mai: Claude-Henri de Saint-Simon gestorben.
	14. November: Jean Paul gestorben.

	1. Dezember: Zar Alexander I. gestorben. Sein Bruder Nikolaus wird Nachfolger.
1826	14. Februar: Johannes Daniel Falk, Schriftsteller, in Weimar gestorben.
	29. März: Wilhelm Liebknecht geboren.
	Wintersemester: Schopenhauer letzter Versuch, ein Kolleg abzuhalten.
1827	17. Februar: Johann Heinrich Pestalozzi gestorben.
	26. März: Ludwig van Beethoven gestorben.
1828	9. September: Leo Tolstoi geboren.
	19. November: Franz Schubert gestorben.
1829	*Schopenhauer übersetzt Balthasar Gracians »Handorakel der Weltklugheit«. Das Werk wird vom Verleger Brockhaus nicht angenommen.*
	12. Januar: Friedrich von Schlegel gestorben.
	26. Juli: Johann Heinrich Wilhelm Tischbein gestorben.
	Goethe vollendet »Wilhelm Meisters Wanderjahre«.
1830/31	Polnische Revolution.
1830	25. Juni: Georg IV. von England gestorben. Sein Bruder Wilhelm IV. wird König.
	26. Juli: Julirevolution in Frankreich. Karl X. dankt ab und flieht nach England.
	Louis Philippe zum »König der Franzosen« proklamiert.
1831	21. Januar: Achim von Arnim gestorben.
	25. August: Schopenhauer verläßt aus Angst vor der Cholera Berlin.
	8. September: Wilhelm Raabe geboren.
	14. November: Georg W. Fr. Hegel in Berlin an der Cholera gestorben.
	Jahresende: Schopenhauer in Frankfurt.
1832	22. März: Johann Wolfgang von Goethe gestorben.
	27. Mai: Hambacher Fest.
	Ab Juli: Schopenhauer in Mannheim.
	21. September: Sir Walter Scott gestorben.
1833	7. Mai: Johannes Brahms geboren.

	6. Juli: Schopenhauer läßt sich für 28 Jahre, den Rest seines Lebens, in Frankfurt am Main nieder.
	Ottilie von Goethe zu Besuch in Frankfurt.
1834–1839	Karlistenkriege in Spanien.
1834	Gründung des Deutschen Zollvereins.
	12. Februar: Friedrich Schleiermacher gestorben.
1835	*»Über den Willen in der Natur.«*
	2. März: Kaiser Franz I. von Österreich gestorben. Ferdinand I. wird Nachfolger.
	8. April: Wilhelm von Humboldt gestorben.
1836	12. September: Christian Dietrich Grabbe gestorben.
1837	*Denkschrift »An das Commitee Zur Errichtung des Göthischen Monuments«.*
	10. Februar: Alexander Puschkin fällt im Duell.
	12. Februar: Ludwig Börne gestorben.
	16. Februar: Georg Büchner gestorben.
	3. April: Der Theologe Friedrich Heinrich Christian Schwarz gestorben.
	20. Juni: Wilhelm IV. gestorben. Königin Victoria besteigt den englischen Thron.
	Daguerre erfindet sein fotografisches Verfahren, Morse den Schreibtelegraphen.
1838	Februar: Gerstenbergh gestorben.
	17. April: Johanna Schopenhauer gestorben.
	21. August: Adelbert von Chamisso gestorben.
	Dezember: Feuerbachs »Zur Kritik der positiven Philosophie« erschienen.
1839	*Preisschrift »Über die Freiheit des menschl. Willens«.*
	21. März: Modest Mussorgski geboren.
1840	*Preisschrift »Über das Fundament der Moral«.*
	7. Januar: König Friedrich Wilhelm III. von Preußen gestorben. Sein Sohn Friedrich Wilhelm IV. wird Nachfolger.
	22. Februar: August Bebel geboren.
	2. April: Emile Zola geboren.
	7. Mai: Peter Iljitsch Tschaikowski geboren.
	25. August: Karl Immermann gestorben.

1841 *Dr. Julius Frauenstädt wird Schüler von Arthur Schopenhauer.*

1842 *Adele Schopenhauer besucht ihren Bruder.*
18. März: Stéphane Mallarmé geboren.
23. März: Stendhal (= Henri Beyle) gestorben.
28. Juli: Clemens Brentano gestorben.

1843 *1. März; Schopenhauer zieht in die »Schöne Aussicht Nr. 17« in Frankfurt.*
7. Juni: Friedrich Hölderlin gestorben.
Friedrich Dorguth: »Die falsche Wurzel des Idealrealismus«.
In diesem Werk wird Schopenhauers Lehre anerkannt.

1844 *»Die Welt als Wille und Vorstellung« in 2. Auflage bei F. A. Brockhaus erschienen.*
30. März: Paul Verlaine geboren.
16. April: Anatole France (A. Thibaut) geboren.
15. Oktober: Friedrich Nietzsche geboren.
Weberaufstand in Schlesien.
Heine: »Deutschland. Ein Wintermärchen«.

1845 12. Mai: August Wilhelm von Schlegel gestorben.
20. Juli: Jugendfreund Anthime zu Besuch in Frankfurt.
Dorguth: »Schopenhauer in seiner Wahrheit«.

1847 *2. Auflage der Dissertation.*

1848 Februar: Kommunistisches Manifest von Karl Marx und Friedrich Engels.
22.–24. Februar: Februar-Revolution in Frankreich. Abdankung des Bürgerkönigs. Ausrufung der Republik.
März–Mai: Aufstände in Berlin, Wien, München.
18. Mai: Deutsche Nationalversammlung in der Paulskirche eröffnet.
24. Mai: Annette von Droste-Hülshoff gestorben.
23.–26. Juni: Pariser Juni-Aufstand der Arbeiter.
2. Dezember: Kaiser Ferdinand I. dankt ab. Franz Joseph I. besteigt den österreichischen Thron.

1849 28. März: Die Deutsche Reichsverfassung wird in Frankfurt angenommen.
Friedrich Wilhelm IV. von Preußen zum deutschen Kaiser gewählt.
28. April: Er lehnt die Kaiserwürde ab.
Mai: Aufstände in Dresden und Baden.
25. August: Adele Schopenhauer gestorben.
17. Oktober: Frédéric Chopin gestorben.

1850 31. Januar: In Preußen tritt die vom König oktroyierte Verfassung in Kraft.
März/April: Erfurter Parlament.
2. Juli: Friede von Berlin zwischen Preußen und Dänemark.
5. August: Guy de Maupassant geboren.
18. August: Honoré de Balzac gestorben.
22. August: Nikolaus Lenau gestorben.
30. November: Wiederherstellung des Deutschen Bundes.
Vertrag von Olmütz zwischen Preußen und Österreich.

1851 *November: »Parerga und Paralipomena« wird bei A. W. Hayn in Berlin verlegt. Positive Rezensionen.*
Erste Weltausstellung in London.

1852 4. März: Nikolai Gogol gestorben.
2. Dezember: Louis Napoleon wird als Napoleon III. französischer Kaiser (»Zweites Kaiserreich«).

1853 28. April: Ludwig Tieck gestorben.

1854 *»Über den Willen in der Natur« in 2. Auflage erschienen.*
20. August: Friedrich von Schelling gestorben.
20. Oktober: Jean-Arthur Rimbaud geboren.
22. Oktober: Jeremias Gotthelf gestorben.
Frauenstädt: »Briefe über die Schopenhauersche Philosophie«.
Heinrich Goebel erfindet die elektrische Glühbirne.

1855 11. November: Sören Kierkegaard gestorben.
Weltausstellung in Paris.

1856 17. Februar: Heinrich Heine in Paris gestorben.
6. Mai: Sigmund Freud geboren.
9. Juli: Robert Schumann gestorben.

1857 2. Mai: Alfred de Musset gestorben.
4. Mai: Friedrich Hebbel und Wilhelm Jordan zu Besuch in Frankfurt.
An der Bonner Universität wird Schopenhauers Philosophie gelehrt.
Anfang Oktober: Christian Carl Josias von Bunsen bei Schopenhauer.
August Comte gestorben.

1858 *22. Februar: Schopenhauers 70. Geburtstag.*
Schopenhauer lehnt die Mitgliedschaft bei der königlichen Akademie der Wissenschaften in Berlin ab.
De Sanctis: »Schopenhauer e Leopardi«.

1859 *»Die Welt als Wille und Vorstellung« in 3. Auflage erschienen.*
27. Januar: Friedrich Wilhelm von Preußen, der spätere Kaiser Wilhelm II., in Potsdam geboren.
11. Juni: Fürst Clemens von Metternich gestorben.
Juli: Umzug in die »Schöne Aussicht Nr. 16«.
Oktober: Elisabeth Ney fertigt eine Büste Schopenhauers.

1860 29. Januar: Anton Tschechow geboren.
August: Erstickungsanfall.
9. September: Ausbruch der Lungenentzündung.
21. September: Arthur Schopenhauer gestorben.
26. September: Beisetzung auf dem Städtischen Hauptfriedhof in Frankfurt.

PERSONENREGISTER